ANDRÉ THEVET

LES SINGULARITEZ DE LA FRANCE ANTARCTIQUE

NOUVELLE ÉDITION

Avec Notes et Commentaires

PAR

PAUL GAFFAREL,

Professeur à la Faculté des Lettres de Dijon.

PARIS

MAISONNEUVE & Cie, LIBRAIRES-ÉDITEURS,

25, QUAI VOLTAIRE, 25

1878

LES SINGULARITEZ

DE LA

FRANCE ANTARCTIQUE.

ANDRÉ THEVET

LES SINGULARITEZ DE LA FRANCE ANTARCTIQUE

NOUVELLE ÉDITION

Avec Notes et Commentaires

PAR

PAUL GAFFAREL,

Professeur à la Faculté des Lettres de Dijon.

PARIS

MAISONNEUVE & Cie, LIBRAIRES-ÉDITEURS,

25, QUAI VOLTAIRE, 25.

1878.

NOTICE BIOGRAPHIQUE.

ANDRÉ Thevet, l'auteur de l'ouvrage dont nous publions une nouvelle édition, n'est pas un de ces écrivains de premier ordre qui, par la sûreté de leur critique, le charme de leur style, ou l'intérêt de leurs écrits commandent l'admiration à leurs contemporains et s'imposent à la postérité. Il passait au contraire, même de son temps, pour ne pas avoir un jugement très sûr, et, à une époque où le Français était manié par tant d'auteurs avec une grâce naïve qui nous enchante encore, il n'écrivait que lourdement, parfois même avec pédantisme. Ses ennemis, et il en eut beaucoup, ne l'épargnèrent pas. Ils mirent en relief ses erreurs, et l'attaquèrent avec une vivacité que ne justifiaient pas les livres de l'infortuné Cordelier. Malheureux pendant sa vie, il fut encore malheureux après sa mort, car le silence se fit autour de son nom, et, même de nos jours, le plus consciencieux des bibliographes américains, M. Harrisse, a oublié ou négligé de le citer parmi les auteurs qui ont écrit sur la Nouvelle France [1]. Pourtant les *Singularitez de la France antarctique* commencent à être fort recherchées, non seulement par les bibliophiles et par les Américanistes, qui se disputent à des prix presque fabuleux les rares exemplaires de cet ouvrage, mais aussi par tous ceux qui s'occupent du XVIe siècle. Il nous a donc paru utile d'éditer de nouveau, en l'accompagnant de notes qui éclaircissent ou corrigent le texte, ce précieux recueil, où se trouvent consignés tant de renseignements curieux non-seulement sur l'essai de colonisation tenté par la France au Brésil, mais aussi sur les origines Canadiennes et les premières années de la prise de possession de l'Amérique par les Européens. Nous n'avons pas, contrairement à tant d'éditeurs, la prétention d'avoir remis en lumière un chef-d'œuvre : nous n'avons cherché qu'à faire connaître une œuvre secondaire, mais utile et surtout intéressante.

André Thevet naquit à Angoulême en 1502. Nos recherches, dans sa ville natale, sur sa famille et ses premières années n'ont pas abouti. Il est probable néanmoins qu'il était d'origine modeste et qu'il ne reçut qu'assez tard une éducation fort superficielle : car il porta toute sa vie le fardeau de son ignorance

[1] HARRISSE. *Notes pour servir à l'histoire, à la bibliographie et à la cartographie de la Nouvelle France* (1545-1700).

native, et, malgré ses efforts pour se donner les apparences de l'érudition, le bonnet, dont le coiffa si libéralement le malin Rabelais, laissa toujours passer le bout de l'oreille [1]. A défaut de la science qui lui manquait, Thevet avait une extrême curiosité, une véritable passion de connaître, qui s'étendait à tout, aux livres, aux médailles, aux monuments, aux plantes et aux animaux. Il aimait les *Singularités*, pour employer son langage, non pas seulement les objets extraordinaires, mais plus encore les objets rares ou peu connus. Ce fut un collectionneur de haute volée. S'il eut vécu de nos jours, il aurait été possédé de la manie du bric-à-brac. On peut lui refuser le discernement, mais non ce goût des recherches patientes, cette admiration naïve pour les œuvres artistiques de toutes les époques, cet enthousiasme de bon aloi pour les savants et pour la science, qui font d'André Thevet un personnage, dont on pourra médire, mais qu'on n'aura pas le droit de dédaigner.

Thevet prit de bonne heure l'habit de Cordelier et étudia la théologie. Il ne paraît pas que la scholastique et les argumentations de l'école aient eu pour lui beaucoup d'attraits, ni même qu'il ait toujours

1 Cette fine remarque est de M. Ferdinand DENIS. Cf. l'intéressante notice qu'il a consacrée à Thevet. *Lettre sur l'introduction du tabac en France*, 1851.

fidèlement observé les règles de l'ordre; car il lui arriva certain jour, en Espagne, une mésaventure, qu'il nous racontera lui-même [1] : « Quant à ces inquisiteurs de la foi, ils sont (cõme semble) un peu trop speculatifs en premiere instance, sans ouyr le plus souuent les défenses d'aucun. Et ne dy ceci sans cause : attendu que estant à Seville, certains imposteurs, soubs pretexte que lon me trouua à dix heures du matin au lict, iour de Sainct Thomas, me menerent lié et bagué deuant un d'iceux, crians que i'estois Lutherien, et que ce iour ie n'auois esté à la messe, sans auoir esgard que i'estois arriué le soir auparauant en ladicte ville, fasché et rompu de la tempeste et ondes marines. Vray est que, comme estant prest à partir, pour estre conduit en la prison obscure, i'eusse deuant la compaignie tiré un agnus Dei, enchassé en or, et une petite croix de bois rouge, faite à la grecque que i'auois apportée de Hierusalem, cela fut occasion de ma delivrance, moyennant aussi ledit agnus Dei, que me print ce gentil inquisiteur, qui me commanda de vuider bientost la ville, sur peine d'estre attaint du crime, dõt lon m'accusoit. » Thevet ne fut donc jamais un théologien de profession. Lorsque le vice-amiral de Bretagne, Villegaignon, l'emmena avec lui au Brésil pour essayer d'y fonder une France

[1] THEVET. *Cosmographie universelle.* T. II. P. 491.

américaine, notre Cordelier eut grand soin de ne jamais se mêler aux discussions religieuses, qui compromirent si rapidement les destinées de notre colonie, et même, dès qu'il comprît qu'il allait être forcé de se prononcer, il demanda à regagner la France.

Ce n'était pas en effet aux tournois théologiques que se complaisait Thevet : non pas qu'il ait jamais jeté le froc aux orties, ou qu'il ait témoigné pour la religion une indifférence, que ne comportaient ni sa robe, ni son caractère, mais les voyages l'intéressaient bien autrement. A vrai dire, il ne pouvait tenir en place. Il avait hâte de connaître par lui-même les villes et les pays dont il lisait la description. Ses supérieurs eurent le bon sens d'utiliser cette humeur voyageuse. Au lieu de le confiner dans un de leurs cloîtres, ils lui enjoignirent de courir le monde pour la plus grande gloire de l'ordre : seulement, comme ils n'étaient pas riches, ils l'avertirent qu'ils le soutiendraient de leur influence, mais non de leur bourse.

Thevet ne demandait rien autre chose : Il se mit aussitôt en marche et partit pour l'Italie. Il eut l'heureuse chance d'être présenté à Plaisance au cardinal Jean de Lorraine, et sut lui plaire par sa naïve curiosité. Le cardinal était libéral et généreux. Il résolut de faire un heureux, et fournit à Thevet les moyens de visiter l'Orient. Ce dernier s'embarqua à

Venise, et commença une longue série de pérégrinations, qu'il a racontées dans le premier de ses ouvrages, la *Cosmographie du Levant*, et sur lesquelles il est revenu plus tard dans sa *Cosmographie universelle*. Nous n'essaierons pas de le suivre dans ses marches et contre-marches. Aussi bien ses aventures ne furent jamais bien dramatiques. Nous préférons céder la parole à un de ses amis, au poète A. de Baif, qui nous a tracé en quelque sorte son itinéraire [1].

Aux ans plus forts de ta jeunesse
Volant à l'ancienne Grece
Et la terre des vieux Hébrieux,
T'embarquas au port de Venise,
Et commenças ta belle emprise
De veoir les hommes et les lieux.
Tu vis l'isle où de Diomède
Les compagnons malgré son ède
Furent transmuez en oyseaux.
Tu vis la terre Phéacie
Où les peuples passaient leur vie,
Faisant festins et ieux nouveaux.
De là costoyant la Morée
L'isle à Pelops jadis nommée,
Surgis au bers de Jupiter
Où seiournas neuf lunes pleines,
Puis vas par les eaux Egiènes
Dans Chio deux mois habiter.

[1] Ode insérée dans la préface de la *Cosmographie universelle*.

Là tu sceus par les Caloiers
Des Grecs les chrestiennes manieres,
En devis humains et plaisans,
Puis tu vis la nouvelle Rome
Qui du grand Constantin se nomme
Où fis ta retraicte deux ans

De là tu vis la cité belle
Qui du nom d'Adrian s'appelle.
Et vis la cité que fonda
Philippe de luy surnommée :
Puis à travers la mer Egée
Ta nef à Rhodes aborda :

Où fut plantée la masse grosse
De ce demesuré Colosse
Qui l'entré' du Port eniamboit.
De là, la cité d'Alexandre
Te voit en Egypte descendre
Au pays que le Nil boit.

Au peril de ta chere vie
De là passas par l'Arabie
La pierreuse au mont Sinaï :
Visitas la mer Erythrée,
Isles et roches où Persée
Tua le grand monstre envahy.

Toy de là par ceste mer creuse
Tu vas en l'Arabie heureuse
Prendre terre au port de Sidem :
Par Gazer ville Sanscrinine
Tu reviens en la Palestine
Voir la saincte Hierusalem.

La lune par neuf tours emplie,
Vins à Tripoli de Surie
Voir le mont du cedreux Liban :
De là dans Cypre tu prins terre,
Et bien que la peste y fit guerre
Y seiournas le quart d'un an.

De là redesirant la France
Le cher pays de ta naissance,
T'en vins par Malte nous revoir
Et des lors tu mis en lumiere
Aux tiens celle course premiere
N'estant chiche de ton sçauoir.

On ne sait à quelle époque Thevet avait quitté la France pour visiter l'Orient. Mais, comme nous lisons dans sa *Cosmographie universelle* [1] que ses « lointaines nauigations furent continuées dix-sept ans ou enuiron », et comme, d'un autre côté, nous savons qu'il était revenu en 1554, puisque c'est en 1554 que parut à Lyon, chez Jean de Tournes et Guillaume Gazeau, la première édition de sa *Cosmographie du Levant* (petit in-4°), n'avons-nous pas le droit de conclure qu'il commença ses voyages dix-sept ans auparavant, c'est-à-dire en 1537 ? Cette absence paraîtra peut-être un peu longue : mais Thevet ne se contentait pas de passer d'un lieu à un autre. Il faisait parfois de longs

[1] THEVET. *Cosmographie universelle*. Préface.

séjours. A. de Baïf ne nous a-t-il pas appris qu'il demeura deux mois à Chio, deux ans à Constantinople, neuf mois à Jérusalem et trois à Chypre ?

A peine de retour en France, une magnifique occasion lui fut présentée de satisfaire encore sa curiosité en visitant le nouveau monde. Villegaignon se disposait en effet à partir pour le Brésil, et faisait appel à tous les volontaires. Lors de son séjour à Malte, Thevet avait entendu parler de ce remuant personnage, qui passait pour un des plus braves chevaliers de la milice chrétienne. On lui avait vanté son courage, son intelligence et son activité. Le cardinal Charles de Lorraine, le neveu de son premier protecteur, était un des plus chauds partisans de Villegaignon. Il crut lui rendre service, et en même temps faire plaisir à Thevet en le lui donnant comme aumônier. L'un et l'autre acceptèrent avec empressement cette proposition, qui leur convenait à tous deux, et c'est ainsi que Thevet monta sur la petite flotte qui conduisait au Brésil nos nouveaux colons.

Le spectacle grandiose qui se déroulait à ses yeux frappa Thevet d'admiration. Il ne se lassait pas de contempler l'Océan et ses merveilles encore inconnues. Les forêts vierges du Brésil, ses animaux et ses tribus barbares achevèrent de l'émerveiller. Il se mit à ramasser fièvreusement des notes, et commença une belle collection d'oiseaux, d'insectes, de plantes, d'armes et d'ustensiles, dont il se promettait bien de faire l'ornement de son cabinet, quand il retournerait en France. Cette occupation paraît l'avoir absorbé, car il ne semble pas avoir joué un rôle actif lors des premiers jours de notre occupation. Uniquement adonné à la contemplation des *Singularités* de la nouvelle France, il ne se mêlait pas aux discussions qui commençaient déjà et allaient bientôt entraîner la ruine de la colonie; mais, poussé par une insatiable curiosité, il faisait partie de toutes les reconnaissances opérées dans l'intérieur du pays, ramassant ce qu'il rencontrait, interrogeant les indigènes, non seulement sur les productions du sol, mais aussi sur leurs mœurs, leur langue et leurs traditions. Il n'hésitait pas à s'aventurer fort loin dans le pays. C'est ainsi qu'il accompagna quelques matelots envoyés à la découverte par Villegaignon dans la direction de la Plata. Ce fut même dans cette expédition qu'il faillit devenir la victime des Patagons. Il était malade et attendait sur la grève le retour de ses compagnons, quand il fut assailli par les sauvages qui le dépouillèrent de ses vêtements et se disposaient à l'enterrer vivant dans le sable du rivage. Par bonheur survint un Ecossais, qui l'arracha aux mains des sauvages et le transporta à bord.

Cette mésaventure, les fatigues de ses excursions, et surtout la crainte des discordes qu'il prévoyait, engagèrent Thevet à solliciter son congé. Aussi bien, il avait fait une ample moisson d'observations et de curiosités, et n'aspirait qu'à rentrer en France pour en faire part à ses amis. Villegaignon à ce moment cherchait sa voie ; il hésitait entre le catholicisme et la réforme. Il venait d'écrire à Calvin pour lui demander des colons et des ministres. Il s'imagina que Thevet, protégé du cardinal de Lorraine, pourrait devenir un témoin embarrassant, et lui octroya le congé demandé.

Thevet revint sans encombre en Europe. On s'occupait alors beaucoup du Brésil. Plusieurs négociants s'apprêtaient à y envoyer leurs navires, et de nombreux colons demandaient à s'y établir. Thevet fut très-entouré, très-interrogé : On le pria même, afin de satisfaire la curiosité générale, de composer le récit de son voyage, et de décrire cette France américaine qui hantait les imaginations. Thevet s'exécuta de bonne grâce, et, tout en surveillant la double réimpression de sa *Cosmographie du Levant* (Jean Richard, au Soleil d'or, Anvers, 1556, petit in-8° avec figures. — Jean de Tournes, Lyon, 1556, petit in-4° avec figures sur bois), composa son nouvel ouvrage. Afin d'ajouter plus de crédit à ses descriptions, il voulut les accompagner de gravures reproduisant les scènes étranges, dont il avait été le témoin, ou les objets curieux qu'il rapportait avec lui. Jusqu'alors, on n'avait que très peu pratiqué à Paris l'imprimerie dite en taille-douce. Anvers et Lyon en avaient pour ainsi dire le monopole. Ce fut Thevet qui attira ces artistes graveurs à Paris, ou du moins il s'en vante dans la préface d'un de ses ouvrages [1] : « I'ai attiré de Flandre les meilleurs graveurs, et, par la grace de Dieu, ie me puis vanter estre le premier qui ai mis en vogue à Paris l'imprimerie en taille douce. » On ne sait trop le nom de l'artiste auquel Thevet aurait confié l'exécution des bois qui ornent ses *Singularitez*. D'après l'auteur des *Annales Plantiniennes*, il se nommerait Assuerus van Londerzeel, et l'ouvrage de Thevet, qui parut en 1558, fut un des premiers qui sortit des presses de Plantin, cet illustre imprimeur n'ayant commencé à exercer qu'en mai 1555. Qu'il nous soit néanmoins permis de soulever une objection : L'édition princeps des *Singularitez* parut bien en 1558, non pas à Anvers chez Plantin, mais à Paris chez les héritiers d'Ambroise de la Porte (1 vol. in-4° auec VIII ff. d'introduction, 166 ff. de texte, et 2 ff. pour la table) : L'édition dont parlent les auteurs des *Annales Plantiniennes* n'est que la seconde (1 vol.

[1] THEVET. *Vrais portraits et vies des hommes illustres*, etc.

in-8°, 8 ff. d'introd., 163 ff. texte, 1 f. table). Ce qui le prouve c'est que les bois de cette seconde édition ne sont que la reproduction très diminuée et peu soignée des bois de l'édition in-quarto. Or l'auteur des bois de cette première édition nous paraît être notre illustre Jean Cousin. On sait, en effet, que Cousin a exécuté beaucoup de gravures sur bois, et sans jamais les signer. Comme l'écrit M. A. Didot [1] dans le beau livre, qu'il a consacré à la mémoire et aux travaux de ce grand artiste, « on n'a pour les reconnaître que le style, d'autre présomption qu'une similitude avec ce qu'on sait de Jean Cousin, d'autre indice que les rapports qu'il eut avec les imprimeurs de Paris qui recoururent à son talent, le tout corroboré par des traditions conservées dans la famille Papillon, et consignées par un de leurs descendants dans son traité historique et pratique de la de la gravure sur bois. » Que si nous examinons avec soin les gravures des *Singularitez*, elles nous rappelleront, en effet, la manière à la fois large et expressive de Cousin, sa science anatomique et son burin spirituel. De plus, on sait que, parmi les imprimeurs qui le firent travailler, on trouve Maurice de La Porte (1524-1548) et sa veuve Catherine Lhéritier (1548-1558). Puisque les *Singularitez* ont été imprimées à Paris en 1558, et par les

1 A. Didot. *Étude sur Jean Cousin*. Paris, 1872.

héritiers de Maurice de La Porte, il est donc probable que les gravures doivent être attribuées à notre Cousin et non pas à Assuérus Van Londerzeel. Ce dernier se serait contenté de copier, en les réduisant, pour l'édition d'Anvers, les gravures composées par Cousin pour l'édition de Paris.

Les *Singularitez de la France antarctique* excitèrent à leur apparition une vive curiosité. On lisait alors avec avidité tous les récits de voyage relatifs au nouveau monde, et Thevet parlait d'un pays sur lequel l'attention publique s'était portée dans ces derniers temps. Sans doute Villegaignon, Barré, Cointa et les autres chefs de l'expédition avaient donné de leurs nouvelles à leurs amis et parents, et leurs lettres passaient de main en main, mais personne encore ne s'était adressé au public pour lui décrire les merveilles de cette France nouvelle. La première édition fut si rapidement enlevée, que Thevet dut en donner presque aussitôt une seconde. Ce fut à Anvers qu'elle parut. Elle dût être composée hâtivement, car les fautes d'impression sont assez nombreuses. Il est visible que l'imprimeur était pressé par l'impatience publique, et que son travail de correction en souffrit. Le succès de Thevet ne s'arrêta pas à la frontière. Son livre fut lu à l'étranger et tellement apprécié qu'un certain Guiseppe Horologgi le traduisit en italien. Voici le titre exact de cette traduction, qui parut en 1561 : *Historia della India America, detta altramente Francia Antartica di M. Andrea Thevet, tradotta di francese in lingua Italiana.* Venezia, Gab. Giolito de Ferrari, in-8°. Cette traduction eut à son tour les honneurs d'une réédition. (Venetia appresso i Gioliti 1584, pet. in-8°).

Ce n'est pas à dire que les *Singularitez* ne prêtent le flanc à aucune critique. Il est certain que l'érudition de Thevet n'est pas toujours très solide. Bien qu'il aime à étaler sa prétendue science de l'antiquité, et à faire de fréquentes citations, ses connaissances ne sont pas très profondes ni ses citations fort exactes. Pline est son auteur favori. Il en use et en abuse, parfois même il le traduit; or nous n'apprendrons rien à personne en rappelant ici que Pline n'a pas dit le dernier mot de la science. Quant aux auteurs grecs, Thevet paraît ne les avoir jamais connus que dans des traductions latines ou françaises, et parfois il leur a prêté, surtout à Aristote, de bien singulières théories.

Nous avouerons encore que Thevet n'est pas toujours d'une parfaite exactitude. Sans doute, tout ce qu'il a vu de ses propres yeux, tout ce qu'il a observé lui-même, il le décrit avec fidélité, et même avec minutie, mais encore a-t-il une fâcheuse tendance à l'exagération. Pour les phénomènes dont il n'a pas été le témoin, pour les événements auxquels il n'a pas pris part, il se contente trop aisément de ce qu'on veut bien lui raconter. De là des contes à dormir debout ou même des absurdités qui déparent son œuvre. On connaissait tellement sa crédulité qu'on l'exploitait. Le grave De Thou[1] ne raconte-t-il pas qu'étant un jour, « pour se divertir, allé voir Thevet avec quelques-uns de ses amis, gens habiles et d'un esprit fin, ces derniers lui firent accroire, en sa présence, des choses absurdes et ridicules, que même des enfants auraient eu de la peine à croire. »

Nous reprocherons également à Thevet la composition bizarre de son ouvrage. Son plan est bien de décrire les pays au fur et à mesure qu'il les visite, mais à peine un nom propre se présente-t-il à lui qui éveille ses souvenirs, aussitôt il se lance dans une digression qui n'est pas toujours fort heureuse, et à laquelle néanmoins il trouve tant de charmes qu'il la recommencera quelques chapitres plus loin. C'est ainsi qu'il parle à diverses reprises des Antipodes, de l'Equateur, du cap de Bonne-Espérance. A la longue, ce manque de méthode impatiente et ces digressions perpétuelles, fatiguent l'attention.

Que dire enfin de son style ? La langue du XVIe siècle est si franche d'allures, si pittoresque avec son

[1] De Thou. *Histoire de France.* Liv. XVI.

mélange de recherche archaïque et de naïveté gauloise qu'elle plaira toujours aux lecteurs, mais, disons-le tout de suite, Thevet ne fut jamais un maître en l'art d'écrire. Il dit simplement ce qu'il pense, avec une précision très suffisante, mais sans élégance et surtout sans émotion. De plus, sa phrase est à chaque instant coupée par quelque citation qui l'alourdit et l'embarrasse. Il ne connaît pas l'usage des alinéas; il semble croire que plus une période est longue, plus elle est majestueuse. Mais ce sont là des taches légères, plutôt celles de l'époque que celles de l'écrivain. Le livre de Thevet se lit couramment, malgré les défauts que nous venons de signaler, et, d'ailleurs, les matières traitées sont si curieuses et si neuves que le fond l'emporte toujours sur la forme. Aussi bien Thevet n'a jamais recherché la réputation d'écrivain. Il ne voulait que satisfaire la curiosité des savants, et il y a pleinement réussi. Sans les *Singularitez de la France Antarctique*, une foule de particularités précieuses sur l'Amérique n'auraient pas été préservées de l'oubli. Quand nous aurons fait la part de la fantaisie, nous trouverons que celle de la réalité est encore fort considérable, et nous comprendrons que des hommes éminents n'aient pas hésité à lui donner leur approbation.

Les ouvrages de Thevet, sa réputation de voyageur, et surtout la candeur et l'aménité de son caractère lui valurent des protecteurs et des amis. Le cardinal Charles de Lorraine, qui s'intéressait à lui, continua de lui témoigner une précieuse bienveillance. Un autre cardinal, l'archevêque de Sens, Jean Bertrand, garde des Sceaux depuis 1557, accepta la dédicace de son livre, et sans doute trouva le moyen de lui témoigner sa gratitude. Nous savons, en effet, que Thevet fut nommé successivement aumônier de la reine Catherine de Médicis, historiographe et cosmographe du roi. C'étaient deux sinécures qui assuraient son existence matérielle, et, tout en lui donnant un certain relief, lui permettaient de continuer ses travaux favoris. Il est probable que ce furent ses deux protecteurs qui lui valurent cette double charge. Nous le trouvons peu après pourvu d'un nouveau titre : garde des curiosités du Roi. On ne sait au juste en quoi consistaient ces fonctions, mais elles n'étaient pas purement honorifiques. Thevet parle à diverses reprises, dans ses autres ouvrages, des collections dont il avait la garde, et des visiteurs qu'il initiait à la connaissance de ses trésors. C'étaient surtout des plantes et des animaux, quelques pierres précieuses, et aussi des médailles, et ce que nous nommerions aujourd'hui des antiquités. Il avait lui-même ramassé la plus grande partie de ces curiosités, et cherchait à les augmenter avec un zèle louable [1]. Les divers rois qui se succédèrent si rapidement en France, depuis Henri II jusqu'au moment de sa mort en 1592, honorèrent Thevet de leur faveur. L'un d'entre eux, tout porte à croire que ce fut Charles IX, lui donna même une abbaye en Saintonge, celle de Masdion. Il ne semble pas y avoir beaucoup résidé, mais, ainsi que beaucoup d'autres abbés de l'époque, il en percevait régulièrement les revenus. Aussi bien, sur la fin de sa vie, Thevet semblait avoir oublié qu'il faisait partie de la miliçe de Saint François. Il ne portait même plus la robe de cordelier, si du moins nous en croyons le beau [2] portrait, en tête de sa *Cosmographie universelle*, où il est représenté en costume du temps, front découvert, barbe majestueuse, tenant une sphère qu'il mesure de son compas. Des amours, chargés des attributs de la navigation, servent d'encadrement au portrait et à l'inscription suivante :

[1] Léry (*Histoire d'un voyage fait au Bresil.* § XI) raconte qu'il avait rapporté en Europe un grand nombre de plumes de perroquets, « mais un quidam de chez le Roy, auquel ie les monstray, ne cessa iamais que, par importunité, il ne les eust de moy. » Ce quidam pourrait bien être Thevet.

[2] M. Vaslet d'Angoulême nous a signalé un autre portrait, d'ailleurs fort insignifiant, de Thevet, par Léonard Gaultier.

Andreæ fuit hæc Thevetis imago,
Toto qui impiger ambulavit orbe,
Europamque, Asiam, Africamque, partes
In quas scinditur orbis universus,
Lustravit, simul et plages remotas,
Antarcto positas polo sub astro,
Ignotasque dedit videre primus.

Ces charges de cour et ces honneurs, au lieu de l'endormir, surexcitèrent l'activité de Thevet. Il se crut obligé de prouver qu'il n'était pas indigne de la bienveillance royale, et, jusqu'à la fin de sa vie, ne cessa de composer de nombreux ouvrages. Nous avons de lui un *Discours de la Bataille de Dreux avec le portrait d'icelle (1563)*, et surtout une *Cosmographie universelle illustrée des diverses figures des choses les plus remarquables veues par l'auteur, et incogneües de noz anciens et modernes*. Paris, Pierre l'Huilier, 1575, 2 vol. in-f°. Le premier a 18 ff. non paginés de préface, 467 ff. de texte et 12 de tables, plus 88 cartes ou figures; le second 3 ff d'introduction, 558 de texte, 22 de tables, et 120 cartes et figures. Nous n'avons pas à nous prononcer ici sur le mérite de cet ouvrage qui souleva d'ardentes contradictions, et qui mérite en effet de nombreuses critiques, mais qui n'en constitue pas moins une source abondante de renseignements précieux. La *Cosmographie* n'eut jamais les honneurs d'une seconde édition, mais, en 1858, le prince A. Galitzin en détacha tous les fragments relatifs à la Russie, et en composa sa *Cosmographie moscovite*, qu'il enrichit de commentaires et de précieuses notes (1 vol. in-16, XVI pp. préface, 181 ff. texte. Paris. Techener). Nous citerons encore de Thevet plusieurs cartes dont la plus curieuse est l'*Univers réduit en fleur de lys*, 1583, et enfin son grand ouvrage intitulé : *Les vrais portraits et vies des hommes illustres, Grecs, Latins et payens, anciens et modernes*. Paris, Ve Kernert et Guillaume Chaudière, 1584. 2 vol. en un grand in-folio, 81 portraits dans le premier tome, et 138 dans le second. Le texte fut réimprimé en 1670-1671, avec de nombreuses augmentations et corrections, sous le titre d'*Histoire des plus illustres et savants hommes de leurs siècles* (8 vol. in-12 avec figures, mais sans les pièces liminaires de l'édition de 1584.) L'éditeur paraît avoir été Guillaume Colletet.

Telles sont les œuvres imprimées de Thevet : Il en laissa beaucoup d'autres, manuscrites, et pour la plupart inédites. M. Galitzin écrivait, en 1858, dans la préface de sa *Cosmographie moscovite*, que la bibliothèque impériale possédait une quantité de pièces le concernant. Bien que les recherches ne soient pas toujours faciles dans l'énorme accumulation de documents entassés à la rue Richelieu, nous avons, en effet, constaté l'existence de divers manuscrits de Thevet. En voici l'indication exacte : 1° *Le grand Insulaire et Pilotage* (Saint-Germain, 932-933, Fonds français Saint-Germain, 654. — Catalogue actuel, 15452-15453); 2° *Description de plusieurs isles* (Saint-Germain, 934. — F. fr. 655. — Catal. 17174); 3° *Histoire de Thevet ou relation de deux voyages par lui faits aux Indes australes et occidentales* (Saint-Germain, 935. — F. fr. 656. — Catal. 15454); 4° *Second voyage dans les mêmes pays* (Saint-Germain, 936. — F. fr. 657.—Catal. 17175); 5° *Quinziesme livre de la naturelle et générale description des Indes* (Saint-Germain, 2299. —F. fr. 1633.—Catal. 19031); 6° *Traduction de l'itinéraire de Benjamin de Tudele* (ancien fonds français, 10264. — Catal. actuel 5646; 7° *Description de tout ce qui est compris sous le nom de Gaule.* — (F. fr. 9617. — Catal. 4941.)

Malgré ces labeurs incessants, Thevet trouvait le temps de ne pas oublier ses amis. Nous citerons parmi eux le président Bourdin [1], qui devint plus tard procureur général, et auquel on doit de savantes observations sur l'ordonnance de Moulins. C'était un bibliophile distingué, et Thevet, qui éprouvait pour les beaux livres la même passion que pour les autres raretés, s'estima fort heureux d'être admis dans

[1] RONSARD. Odes V. XXII.

sa bibliothèque. Deux professeurs au collége de France, Gilbert Genebrard, l'hébraïsant, et Jean Dorat, l'hélleniste et le poète, furent également ses amis. Le premier lui dédia deux [1] poèmes hébraïques qu'il imprima en tête de ses ouvrages, et le second lui adressa plusieurs [2] pièces latines et grecques, qu'il eut grand soin de conserver. Ce fut encore Dorat qui le mit en rapport avec les poètes de la Pleïade. Parmi eux Joachim du Bellay [3], Etienne Jodelle [4] et Baif [5], composèrent en son honneur des odes et des épitres [6]. Guy Lefevre de la Borderie lui dédia un véritable poème avec neuf strophes, neuf antistrophes et neuf épodes. Ronsard [7] enfin, « le maître du chœur, » ne tarit pas en éloges sur son compte.

> Combien Thevet auprès de luy [8]
> Doit auoir en France auiourd'hy
> D'honneur, de faueur et de gloire,
> Qu'a veu ce grand uniuers,
> Et de longueur et de trauers,
> Et la gent blanche et de la gent noire.

[1] Thevet. Préface de la *Cosmographie universelle.*

[2] Préface des *Singularitez* et de la *Cosmographie.*

[3] Id.

[4] Id.

[5] Id.

[6] Préface de la *Cosmographie.*

[7] Ronsard. Edit. 1584. — Ed. 1858. — Liv. V, ode XXII.

[8] Jason.

Qui de près a veu le soleil
Aux Indes faire son reueil
Quand de son char il prend les brides,
Et l'a veu de près sommeiller
Dessous l'Occident, et bailler
Son char en garde aux Néréïdes.
Qui a pratiqué mille ports
Mille rivages, mille bords,
Tous sonnant un diuers langage,
Et mille fleuues tous bruyants
De mille parts diuers fuyants
Dans la mer d'un tortu voyage.
Qui a descrit mille façons
D'oiseaux, de serpens, de poissons,
Nouueaux à nostre cognoissance;
Puis en ayant sauué son chef
Des dangers, a logé sa nef
Dedans le beau port de France.

Ces éloges étaient peut-être hors de proportion avec les mérites de Thevet, mais, puisque Ronsard les avait décernés, il aurait dû ne pas les renier, ou tout au moins ne pas les resservir à un autre contemporain. C'est pourtant ce qu'il n'hésita pas à faire. L'ode, dont nous avons cité quelques fragments, ne figure, avec sa dédicace, que dans les œuvres de Thevet et dans l'édition in-folio de 1584 de Ronsard. Dans les éditions suivantes on s'aperçoit avec étonnement que le nom de Thevet est remplacé par celui d'un autre voyageur, d'ailleurs illustre et méritant, Piere Belon. Cette substitution de noms peut ne pas être à l'avantage de Thevet, mais elle n'est pas non plus à l'honneur du poète Vendomois.

Aussi bien Thevet n'eût pas que des amis fidèles ou de faux amis, il eût également des ennemis acharnés. Nous citerons parmi eux Jean de Léry [1], l'auteur du *Voyage au Brésil*, qui ne perd pas une occasion de tourner en ridicule et même d'attaquer dans son honneur l'auteur des *Singularitez*. Fumée, dans son *Histoire des Indes* et Belleforest, dans ses *Additions à la cosmographie de Munster*, ne l'ont pas épargné. Ce dernier avait d'abord jugé à propos de flagorner Thevet pour lui arracher de précieuses indications. « L'an mil cinq cẽs soixante et quatre, raconte avec indignation notre cordelier [2], ce commingeois qui met le nez partout, me la fureta (il s'agissait d'une généalogie des rois Lombards), ensemble plusieurs autres mémoires que i'auois apportez d'Italie, et desquels auiourd'huy il en a fait parade. » Il est vrai que Belleforest se repentit plus tard de ses plagiats, et, sur son lit de mort, pria Thevet de lui pardonner. Thevet

[1] JEAN DE LÉRY. *Histoire d'un voyage fait au Brésil.* La préface de la seconde édition est tout entière dirigée contre Thevet.

[2] *Cosmographie universelle.* P. 706.

y consentit de bonne grâce, mais il prit soin de le constater dans un de ses ouvrages [1].

Léry et Fumée, par jalousie de métier, Belleforest, par ingratitude, avaient attaqué Thevet. On comprend moins l'acharnement de de Thou. A l'entendre, Thevet n'aurait eu ni talent, ni conscience : « Il s'appliqua [2], dit-il, par une ridicule vanité à écrire des livres, qu'il vendait à de misérables libraires : après avoir compilé des extraits de différents auteurs, il y ajoutait tout ce qu'il trouvait dans les guides des chemins et autres livres semblables qui sont entre les mains du peuple. Ignorant au-delà de ce qu'on peut imaginer, il mettait dans ses livres l'incertain pour le certain et le faux pour le vrai, avec une assurance étonnante.» A part le reproche d'ignorance, ou tout au moins de

[1] *Eloge des hommes illustres*. Édit. 1671. T. VII. P. 292. « De ma part, quand il m'auroit plus offensé qu'il n'a, ie serois bien fasché de satyriser et mal parler d'un mort. Ioint qu'a la fin de ses jours, reconnaissant le tort qu'il sçauoit, d'auoir fait imprimer ces livres, où contre sa conscience il déchiroit la renommée des gens de bien, et de ceux qui lui auoient mis le pain en main, il me manda, et, en présence de deux docteurs de la Sorbonne, son médecin et son marchand libraire et imprimeur, Gabriel Buon, après m'auoir baisé les mains, confessa publiquement qu'il sentoit sa conscience chargée des blasmes qu'il m'auroit imposés : parquoy il me demanda pardon par plusieurs fois. »

[2] THOU. *Histoire de France*. Liv. XVI.

fausse érudition, que nous avons déjà signalé, rien n'est moins fondé que cette virulente attaque. Au lieu d'exploiter, Thevet fut, au contraire, et cela toute sa vie, plus qu'exploité : volé. Comme il avait beaucoup voyagé, beaucoup vu et beaucoup retenu, et que, de plus, il était d'une inépuisable complaisance, les écrivains du temps faisaient volontiers appel à ses souvenirs : mais, s'ils aimaient à se servir de lui, ils ne lui rendaient que rarement justice. Lui qui, quoique en dise de Thou, poussait jusqu'au scrupule la délicatesse littéraire [1], lui qui citait toujours avec empressement ses autorités, combien de fois fut-il indignement pillé ! De temps à autres il en riait, et se moquait de ceux qui profitaient de ses labeurs « soubs prétexte de mẽdicité et repues franches [2], » mais le plus souvent il s'en indignait. Sur la fin de sa vie il était tellement habitué à ces plagiats qu'il s'étonnait naïvement quand, par hasard, on le citait : « J'en

[1] Jean de Bray, échevin, lui ayant communiqué sa collection de médailles, il a grand soin de l'indiquer, et ajoute : « Et si d'aduenture il y a quelques-uns qui ayent des mémoires de l'antiquité de leurs villes on autres choses étrangères, il leur plaise m'en faire part pour insérer en ce mien œuvre à la seconde impression : ie ne seroy ingrat de le recognoistre par mes escrits. » Préface de la *Cosmographie universelle*.

[2] *Cosmographie*. I, 403.

envoiay, écrit-il, à ce docte allemand Gesnerus, qui confesse l'auoir reçu de moy, sans user d'ingratitude, comme plusieurs autres ont fait de mon temps, s'estans servi de mes labeurs [1]. »

Le plus impudent et, pour Thevet, le plus regrettable de ces plagiats, fut commis par Jean Nicot de Villemain, ambassadeur de France en Portugal. Ce diplomate passe pour avoir introduit le tabac en France. Il reçut, il est vrai, d'un négociant flamand qui revenait d'Amérique, des graines de cette précieuse solanée, et les donna comme un présent de grande valeur, à la régente Catherine de Médicis, au grand prieur, et à plusieurs grands personnages. Mais Thevet, bien avant lui, avait observé et décrit le tabac. Bien avant lui, il en avait apporté des plants en France : nous ne pouvons que renvoyer le lecteur au chapitre XXXII du présent ouvrage, où il trouvera la description très-complète et fort exacte du tabac. Dès 1558, Thevet avait donc fait connaître le tabac à ses ingrats compatriotes : il considérait même comme un titre d'honneur pour lui d'avoir introduit cette plante en France, et, dans sa *Cosmographie universelle* [2], il eut grand soin de protester contre les prétentions de Jean Nicot. Le

[1] *Cosmographie universelle.* I, 27.

[2] *Cosmographie universelle.* T. II. P. 926.

passage est curieux : « Ie me puis vanter auoir esté le premier en France, qui a apporté la graine de cette plante, et pareillement semée, et nommé ladite plante, l'herbe Angoumoisine. Depuis un quidam, qui ne feit jamais le voyage, quelque dix ans apres que je fus de retour de ce païs, luy donna son nom. » La légitime revendication de Thevet ne fut jamais écoutée. On ne voulut pas accepter cette dénomination d'*herbe angoumoisine* qu'il avait pourtant le droit de lui imposer, et l'oublieuse postérité continua et continue encore à rendre grâces à Nicot d'un bienfait dont elle ne lui est pas redevable. Qu'il nous soit du moins permis de nous inscrire en faux contre cet inique jugement, et de proclamer bien haut que c'est à Thevet et rien qu'à Thevet, que le trésor public doit le plus magnifique de ses revenus, et la majorité de nos lecteurs une jouissance quotidienne.

En souvenir de ce bienfait méconnu, puissent ces mêmes lecteurs fermer les yeux sur les imperfections qui déparent l'œuvre de Thevet, et ne plus voir dans ce modeste écrivain, trop attaqué de son vivant, trop oublié après sa mort, que le premier ou du moins le plus ancien des historiens français de l'Amérique.

Paul GAFFAREL.

LES SINGVLARITEZ DE LA FRANCE ANTARCTIQVE, AVtrement nommée Amerique: & de plusieurs Terres & Isles decouuertes de nostre temps.

Par F. André Theuet, natif d'Angoulesme.

A PARIS,
Chez les heritiers de Maurice de la Porte, au Clos Bruneau, à l'enseigne S. Claude.
1558.
AVEC PRIVILEGE DV ROY.

PRIVILEGE.

HENRY *par la grace de Dieu Roy de France, aux Preuost de Paris, Baillif de Rouen, Seneschal de Lyon, Thoulouse, Bordeaux, ou leurs lieutenans, et à tous noz autres iusticiers et officiers salut. Nostre amé F. André Theuet d'Angoulesme, nous a fait remonstrer, qu'apres auoir longuement voyagé et discouru par l'Amerique, et autres terres et isles decouuertes de nostre temps, qu'il a redigé par escript, auec grand peine et labeur, les Singularitez de toutes les contrées dessusdictes, ayant le tout mis en bonne forme et deue, pour le contentement et profit des gens studieux de nostre Royaume, et pour l'illustration et augmentation des bonnes lettres : lesquelles Singularitez il auroit grand desir faire imprimer et mettre en lumiere, s'il nous plaisoit de grace luy permettre les faire imprimer par tel ou tels Libraires et Imprimeurs de noz villes de Paris et Lyon qu'il voudra eslire. Mais il doubte que quelques autres des Imprimeurs de nostre Royaume le voulant frustrer de son labeur, facent imprimer ledit liure, ou en vendent qui ayent esté imprimez par autre que par celuy ou ceux ausquels il en donnera la charge. Nous requerant sur ce luy impartir noz lettres et grace especiale. Pource est il que nous inclinans à sa requeste pour les causes susdites et autres à ce nous mouuans, auons permis et octroyé, permettons et ottroyons de grace especiale par ces presentes audit suppliant, que luy seul puisse par tels Libraires et Imprimeurs que bon luy semblera, et qui luy sembleront plus capables et diligens en nos dites villes de Paris et Lyon, et autres, faire imprimer ledit liure. Et à fin que le Libraire ou Imprimeur auquel ledit Theuet suppliant aura donné la charge de ce faire, se puisse rembourser des frais qu'il aura faits pour l'impression.*

Auõs inhibé et defendu, inhibons et defendons à tous autres Libraires et Imprimeurs et autres personnes quelconques de nosdites Preuotez, Bailliages, et Senechaucés, et generalement à tous noz subiets d'imprimer ou faire imprimer, vendre, ou distribuer ledit liure iusques à dix ans apres la premiere impression d'iceluy à compter du iour qu'il aura esté acheué d'imprimer, sans la permission et consentement dudit Libraire ou Imprimeur : et ce sur peine de confiscation des liures imprimez et d'amende arbitraire. Si vous mandons et commandons par ces presentes, et à chacun de vous si comme à luy appartiendra, que de noz presente grace, permission, et ottroy, vous faciez, souffriez, et laissez ledit suppliant, ou celuy ou ceux ausquels il aura donné charge de faire ladite impression, iouyr et vser plainement et paisiblement de nostre dite presente permission et ottroy. Et à fin que personne n'en pretẽde cause d'ignorance, nous voulons que la copie en soit mise et inserée dedans les liures qui serõt imprimez, et que foy y soit adioustée comme au present original. Car ainsi nous plaist il estre fait. Donné à Saint Germain en Laye, le dix huitiesme iour du mois de Decembre, L'an de grace mil cinq cens cinquante six, et de nostre regne le dixiesme. Ainsi signé, Par le Roy, vous present.

FIZES.

A MONSEIGNEVR

Monseig. le Reverendissime Cardinal de Sens, Garde des seaux de France, F. André Theuet desire paix et felicité.

MONSEIGNEUR [1], estant suffisammẽt auerty, combien, apres ce treslouable, et nõ moins grãd et laborieux exercice, auquel à pleu au Roy employer vostre prudence, et preuoyant sçauoir, vous prenés plaisir, nõ seulement à lire, ains à voir et gouster quelque belle histoire, laquelle entre tant de fatigues puisse recréer vostre esprit, et luy dõner vne delectable intermissiõ de ses plus graues et serieux negoces : i'ay bien osé m'enhardir de vous pre-

[1] Jean Bertrand, né en 1470, mort en 1560. Issu d'une des plus anciennes familles du Languedoc, capitoul de Toulouse en 1519, premier président au Parlement de cette ville en 1536. Transféré au Parlement de Paris par la protection d'Anne de Montmorency, il fut nommé premier président de cette compagnie en 1550, et garde des sceaux après la disgrâce du chancelier Olivier. Devenu veuf, il entra dans les ordres, et devint d'abord évêque de Comminges, puis archevêque de Sens, et, en 1557, cardinal.

senter ce mien discours, du lointain voyage fait en l'Inde Amerique (autrement, de nous nommée la France Antarctique, pour estre partie peuplée, partie decouuerte, par noz Pilottes,) terre, qui pour le iourd'huy se peut dire la quatrieme partie du monde, non tant pour l'elongnemēt de nos orizons, que pour la diuersité du naturel des animaux, et temperature du ciel de la contrée : aussi pource que aucun n'en a fait iusques icy la recherche, cuidans tous Cosmographes (voire se persuadans) que le monde fut limité en ce que les Anciens nous auoient descrit. Et iaçoit que la chose me semble de soy trop petite, pour estre offerte deuant les yeux de vostre Seigneurie, toutefois la grādeur de vostre nom fera agrandir la petitesse de mon œuure : veu mesmement que ie m'asseure tant de vostre naïfue douceur, vertu et desir d'ouïr choses admirables, que facilement vous iugerez mon intention ne tendre ailleurs, qu'à vous faire congnoistre, que ie n'ay plaisir, qu'à vous offrir chose, de laquelle vous puissiez tirer et receuoir quelque cōtentemēt, et où quelquefois vous trouuiez relasche de ces grands et ennuyeux soucis, qui s'offrent en ce degré, que vous tenez. Car qui est l'esprit si cōstant, qui quelquefois ne se fasche, voire se consume en vacquant sans interualle, aux affaires graues du gouuernement d'vne republique ? Certes, tout ainsi que quelquefois, pour le soulagement du corps, le docte medecin ordonne quelque mutation d'alimens : aussi l'esprit est alleché, et comme semonds à grands choses, par le recit diuersifié de choses plaisantes, et qui par leur veritable douceur, semblent chatouiller les oreilles. Cecy est la raison pourquoy les Philosophes anciens, et autres, se retiroient souuent à l'escart de la tourbe, et enueloppement d'affaires publiques. Comme aussi ce grãd orateur Ciceron tesmoigne s'estre plusieurs fois absenté du Senat de Rome (au grand regret toutefois des citoyens) pour, en sa maison champestre, cherir plus librement les douces Muses. Doncques puisqu'entre les nostres, ainsi que luy entre les Romains, pour vostre singuliere erudition, prudence, et eloquence, estes comme chef, et principal administrateur de la triomphãte Republique Frãçoise, et tel à la verité, que le descrit Platon en sa Republique, c'est à sçauoir grand Seigneur, et hõme amateur de science et vertu : aussi n'est-il hors de raison de l'imiter et ensuiuir en cest endroit. Or Monseigneur, ainsi que retournant tout attedié et rompu de si long voyage, i'ay esté par vous premierement, de vostre grace, receu et bien venu, qui me donnoit à congnoistre, qu'estes le singulier patron de toute vertu, et de tous ceux qui s'y appliquent : aussi m'a semblé ne pouuoir adresser en meilleur endroit ce mien petit labeur qu'au vostre. Lequel s'il vous plaist receuoir autant humainement, cõme de bon et affectionné vouloir le vous presente et dedië, et si lisez le contenu d'iceluy, trouuerez à mon opinion en quoy vous recreer, et m'obligerez à iamais (combien que desia, pour plusieurs raisons, ie me sente grandement vostre tenu et obligé) à faire tres humble et tresobeïssant seruice à vostre Seigneurie : à laquelle ie supplie le Createur donner accomplissement de toute prosperité.

ESTIENNE IODELLE [1]

SEIGNEVR DV LIMODIN. A M. THEVET.

Ode.

Si nous auions pour nous les Dieux,
Si nostre peuple auoit des yeux,
Si les grands aymoient les doctrines,
Si noz magistrats traffiqueurs
Aymoient mieux s'enrichir de meurs,
Que s'enrichir de noz ruines,
Si ceux la qui se vont masquant
Du nom de docte en se mocquant
N'aymoient mieux mordre les sciences
Qu'en remordre leurs consciences,
Ayant d'vn tel heur labouré
Thevet tu serois asseuré

[1] Etienne Jodelle né à Paris en 1532, mort dans la même ville en 1573 : grand ami de Ronsard, imitateur passionné de l'antiquité, composa une *Cléopâtre* et une *Didon*, ainsi qu'une comédie, *Eugène* ou *La rencontre*. On peut consulter sur le talent poétique trop vanté de Jodelle, SAINTE-BEUVE. *Poésie française au XVI*e *siècle*. P. 209. — GERUZEZ. *Essais d'Histoire littéraire*. Thevet a été si fort enchanté de cette pièce de Jodelle qu'il l'a reproduite en tête de sa *Cosmographie universelle*.

Des moissons de ton labourage,
Quand fauoriser tu verrois
Aux Dieux, aux hommes et aux Roys
Et ton voyage et ton ouurage.

Car si encor nous estimons
De ceux la les superbes noms,
Qui dans leur grand Argon ozerent
Asseruir Neptune au fardeau,
Et qui maugré l'ire de l'eau
Iusque dans le Phase voguerent :
Si pour auoir veu tant de lieux
Vlysse est presque entre les Dieux,
Combien plus ton voyage t'orne,
Quand passant soubs le Capricorne
As veu ce qui eust fait pleurer
Alexandre ? si honnorer
Lon doit Ptolomée en ses œuures
Qu'est ce qui ne t'honoreroit
Qui cela que l'autre ignoroit
Tant heureusement nous descœuures ?

Mais le ciel par nous irrité,
Semble d'vn œil tant dépité
Regarder nostre ingrate France.
Les petits sont tant abrutis,
Et les plus grands qui des petits
Sont la lumiere et la puissance
S'empeschent tousiours tellement
En vn trompeur accroissement,
Que veu que rien ne leur peut plaire,
Que ce qui peut plus grands les faire,

Celuy la fait beaucoup pour soy
Qui fait en France comme moy,
Cachant sa vertu la plus rare,
Et croy veu ce temps vicieux,
Qu'encore ton livre seroit mieux
En ton Amerique barbare.

Car qui voudroit vn peu blasmer
Le pays qu'il nous faut aymer,
Il trouueroit la France Arctique
Auoir plus de monstres, ie croy
Et plus de barbarie en soy
Que n'a pas ta France Antarctique.
Ces barbares marchent tous nuds,
Et nous nous marchons incognus,
Fardez, masquez. Ce peuple estrange
A la pieté ne se range.
Nous la nostre nous mesprisons,
Pipons, vendons et deguisons.
Ces barbares pour se conduire
N'ont pas tant que nous de raison,
Mais qui ne voit que la foison
N'en sert que pour nous entrenuire ?

Toutesfois, toutesfois ce Dieu,
Qui n'a pas bani de ce lieu
L'esperance nostre nourrice,
Changeant des cieux l'inimitié,
Aura de sa France pitié
Tant pour le malheur que le vice.
Ie voy noz Roys et leurs enfans
De leurs ennemis triomphans,

Embrasser les choses louables,
Et noz magistrats honorables
Separans les boucs des agneaux,
Oster en France deux bandeaux,
Au peuple celuy d'ignorance,
A eux celuy de leur ardeur,
Lors ton liure aura bien plus d'heur
En sa vie, qu'en sa naissance.

A MONSIEVR THEVET

Angoumoisin, Autheur de la presente histoire,

François de Belleforest [1] *Comingeois.*

Ode.

Le laboureur, quand il moissonne
Courbé par les champs vndoyans :
Ou quand sur la fin de l'Autonne
Contraint ses bœufs (ia panthelans
Dessoubs le ioug, soubs l'atellage)
Recommencer le labourage,
Qui pouruoir puisse aux ans suyuans :

[1] François de Belleforest né à Sarzan en 1530, mort à Paris 1583. Très médiocre poète, gâté par les succès qu'il obtint en province, il devint prosateur plus détestable encore, quand sa pauvreté le força à se mettre aux gages de quelques libraires. Ses principales œuvres sont : *Vingt jours d'agriculture.* — *Les règles du laboureur.* — *Les histoires tragiques*, traduites de BANDELLO. — La *Cosmographie.* — La *Chasse d'amour.* — *Histoire des neuf rois de France qui ont eu le nom de Charles.* — *Annales de l'Histoire de France*, etc. Il s'avisa, sur le tard, de devenir un des détracteurs les plus passionnés de Thevet. Voir BAYLE. *Dictionnaire*, article Belleforest.

Ne s'esbahist, quoy que la pene,
Que la rudesse du labeur
Cassent son corps, ains d'vne halene
Forte, attend le temps, qui donneur
D'années riches, luy remplisse
Ses granges, et luy parfournisse
L'attente d'un esperé heur.

Ainsi ta plume qui nous chante
Les meurs, les peuples du Leuant,
Du passé point ne se contente,
Quoy qu'elle ait espandu le vent
D'vne gloire immortalisée,
D'vne memoire eternisée,
Qui court du Leuant au Ponent.

Car encor que l'antique Thrace,
Que l'Arabe riche ayes veu,
Que d'Asie la terre grasse,
D'Ægypte les merueilles sceu :
Encor que ta plume diuine
Nous ait descrit la Palestine,
Et que de ce son loz ait eu :

Toutesfois ce desir d'entendre
Le plus exquis de l'vniuers,
A fait ton vol plus loing estendre :
Luy a fait voir de plus diuers,
Tant peuples, que leurs païsages,
Hommes nuds allans, et Sauuages,
Iusque icy de nul decouuers.

Ie voy ton voyage, qui passe
Tous degrez et dimensions
D'vn Strabon, qui le ciel compasse,
Et les habitez orizons,
Lesquels Ptolomée limite :
Mais leur congnoissance petite
Surpassent tes conceptions.

Car avant costoyé d'Aphrique
Les regnes riches, et diuers,
Les loingtains païs d'Amerique
Doctement nous as decouuers :
Encore en l'Antarctiq'auances,
Non vne, mais deux telles Frances
Qui soient miracle à l'vniuers.

Et ce que iamais l'escrit d'homme
N'auoit par deça rapporté
Tu l'exprimes, tu le pains, somme
Tel tu le fais, qu'en verité
L'obscur[i]té mesme en seroit clere :
Tant que par ce moyen i'espere
Que lon verra resuscité

Des Mondes cest infini nombre,
Qui feit Alexandre plourer.
O que d'arbres icy ie nombre,
Quels fruits doux i'y peuz sauourer :
Que de monstres diuers en formes,
Quelles meurs de viure difformes
Aux nostres tu sçais coulourer !

Ie voy la gent qui idolatre
Tantost un poisson escaillé,
Ors vn bois, vn metal, vn plastre
Par eux mis en œuure, et taillé :
Tantost vn Pan, qui mis en œuure
Nostre Dieu tout puissant descœuure,
Qui de l'vniuers emaillé

Par maintes beautez, feit le moule,
Et l'enrichit d'animaux maints,
Qui la terre en forme de boule
Entoura des ciels clers serains.
De là sortent tes Antipodes,
Ces peuples que tu accommodes
A ces Sauuages inhumains.

Desquels quand la façon viens lire
Auec tant d'inhumanitez,
D'horreur, de pitié, et puis d'ire,
Ie poursuis ces grands cruautez.
Quelquefois de leur politique
Ie loüe la saincte pratique,
Auecques leurs simplicitez.

Làs ! si de ton esprit l'image
Dieu eust posé en autre corps,
Lequel d'vn marinier orage
Eust euité les grands effors,
Qui eust craint de voir par les vndes
Les esclats, les coups furibondes
Des armés, et cent mille morts.

Pas n'aurions de ceste histoire
Le docte et veritable trait :
Mais Dieu soigneux et de ta gloire
Et de l'equitable souhait
De la France, qui nę desire
Que choses rares souuent lire,
Ce desir a mis en effait.

C'est quand il estrena ce pole
De ton bon esprit, et t'esleut,
O Theuet, pour porter parolle
De ces peuples, ainsi voulut
Que de voir désireux tu fusses,
Et pour le mieux, il feit que peusses
Parfaire ce que autre onc ne sceut.

Ainsi l'Europe tributaire
A ton labeur, t'exaltera :
Pas ne pourra France se taire,
Ains t'admirant s'esgaïera,
Lisant ces merueilles cachées
Et par nul escriuant touchées :
Les lisant, elle t'honorera.

IN THEVETVM NOVI ORBIS

PERAGRATOREM ET DESCPIPTOREM

IO. AURATUS [1]

LITERARUM GRÆCARUM REGIUS PROFESSOR.

Avre tenus, sed non pedibus, nec nauibus vllis,
Plurimus et terras, mensus et est maria.
Multa tamen non nota maris terræque relicta
His loca, nec certis testificata notis.
At maria et terras pariter vagus iste Theuetus
Et visu est mensus nauibus, et pedibus.
Pignora certa refert longarum hæc scripta viarum,
Ignotíque orbis cursor et author adest.
Vix quæ audita aliis, subiecta fidelibus edit
Hic oculis, terra sospes ab Antipodum.
Tantum aliis hic Cosmographis Cosmographus anteit,
Auditu quanto certior est oculus.

[1] Jean Dorat, né à Limoges, mort à Paris en 1588. Il fut le maître de Ronsard et de plusieurs des membres de la Pléiade, qui plus tard, par reconnaissance, l'admirent parmi eux. François Ier l'avait nommé précepteur de ses pages. Il devint professeur de langue grecque au collége royal. Charles IX lui décerna le titre de poète royal. Ses poésies sont fort au-dessus de leur réputation. Il aimait Thevet, et lui dédia deux autres poèmes, l'un en vers grecs, l'autre en vers latins, que ce dernier inséra pieusement en tête de sa *Cosmographie universelle*.

PRÉFACE AVX LECTEVRS.

Considerãt à par moy, combien la longue experience des choses, et fidele obseruation de plusieurs païs et nations, ensemble leurs meurs et façons de viure, apporte de perfection à l'homme : comme s'il n'y auoit autre plus louable exercice, par lequel on puisse suffisamment enrichir son esprit de toute vertu heroïque et sciẽce tressolide : outre ma premiere nauigation au païs de Leuant, en la Grece, Turquie, Egypte, et Arabie, laquelle autrefois ay mis en lumiere, me suis derechef soubs la protection et conduite du grand Gouuerneur de l'vniuers, si tant luy a pleu me faire de grace, abandonné à la discretion et mercy de l'vn des elemens le plus inconstant, moins pitoyable, et asseuré qui soit entre les autres, auec petis vaisseaux de bois, fragiles et caduques (dont bien souuent lon peut plus esperer la mort que la vie) pour nauiger vers le pole Antarctique, lequel n'a iamais esté decouuert ne congneu par les Anciens, comme il appert par les escrits de Ptolomée et autres, mesme le nostre de Septentrion, iusques à l'Equinoctal : tant s'en faut qu'ils ayent passé outre, et pource a esté estimé inhabitable. Et auons tant fait par noz iournées, que sommes paruenus à l'Inde Amerique, enuiron le Capricorne, terre ferme de bonne temperature, et habitée : ainsi que particulierement et plus au long nous deliberons escrire cy apres. Ce que i'ay osé entreprendre à l'imitation de plusieurs grands personnages, dont les gestes plus qu'heroiques, et hautes entreprises celebrées par les histoires, les font viure encores auiourd'huy en perpetuel honneur et gloire immortelle. Qui a donné argument à ce grand poete Homere, de tant vertueusement celebrer par ses escrits Vlysses, sinon ceste longue peregrination et loingtain discours, qu'il a fait en diuers lieux, auec l'experiẽce de plusieurs choses, tãt par eau que par terre, apres le sacagemẽt de Troïe ? Qui a esté occasion à Virgile de tãt louablemẽt escrire le Troien Enée (combien que, selon aucuns Historiographes, il eust malheureusemẽt liuré son propre païs es mains de ses ennemis) sinõ pour auoir vertueusement resisté à la fureur des vndes impetueuses, et autres incõueniens de la marine, il y ait veu et experimẽté plusieurs choses, et finablemẽt paruenu en Italie ? Or tout ainsi que le souuerain Createur a composé l'hõme de deux essences totalement differentes, l'vne elementaire et corruptible, l'autre celeste, diuine, et immortelle : aussi a il remis toutes choses contenuës soubs le caue du ciel en la puissance de l'homme pour son vsage : dessus, à fin d'en congnoistre autant qu'il luy estoit necessaire, pour paruenir à ce souuerain bien : luy laissant toutefois quelque difficulté, et varieté d'exercice : autremẽt se fust abastardi par vne oisiueté et nõchallance. L'homme donc biẽ qu'il soit creature merueilleusemẽt bien accõplie, si n'est il neãtmoins qu'organe des actes vertueux, desquelz Dieu est la premiere cause : de façon qu'il peut eslire tel instrument qu'il luy plaist, pour executer son dessein, soit par mer ou par terre. Mais il se peut faire, comme lon voit le plus souuẽt aduenir, que quelques vns soubs ce pretexte, facent coustume d'en abuser. Le negociateur pour vne auarice et appetit insatiable de quelque biẽ particulier et temporel, se hazardant indiscretemẽt, est autãt vituperable, ainsi que tres biẽ le reprẽd Horace en ses Epistres, cõme celuy est louable, qui pour l'embellissement et illustration de son esprit, et en faueur du bien public, s'expose libremẽt à toute difficulté. Ceste methode a bien sceu pratiquer le sage Socrates, et apres luy Platon son disciple, lesquels non seulemẽt ont esté contens d'auoir voyagé en païs estranges, pour acquerir le comble de philosophie, mais aussi pour la communiquer au public, sans espoir d'aucun loyer ne recõpense. Cicerõ n'a il pas enuoyé son fils Marc à Athenes, pour en partie ouyr Cratippus en Philosophie, en partie pour apprendre les meurs et facons de viure des citoyens d'Athenes ? Lysander eleu pour sa magnanimité, Gouuerneur des Lacedemoniens, a si vaillament executé plusieurs belles entreprises cõtre Alcibiades, homme preux et vaillant : et Antiochus son lieutenant sur la mer, que quelque iacture ou detriment qu'il ait encouru, n'eut iamais le cueur abaissé, ains a tant poursuyui son ennemy par mer et terre, que finablement il a rendu Athenes soubs son obeïssance. Themistocles non moins expert en l'art militaire, qu'en philosophie, pour monstrer combien il auoit desir d'exposer sa vie pour la liberté de son païs, a persuadé aux Atheniens, que l'argent recueilly es mines, que lon auoit accoustumé de distribuer au peuple, fust conuerti et employé à bastir nauires, fustes, et galeres, cõtre Xerxes, lequel pour en partie l'auoir deffait, et en partie mis en route, cõgratulant à ceste heureuse victoire (contre le propre d'vn ennemy) luy a fait present de trois les plus apparẽtes citez de son empire. Qui a causé à Seleuc Nicanor, à l'Empereur Auguste Cesar, et à plusieurs Princes et notables personnages de porter dans leurs deuises et enseignes le Daulphin, et l'anchre de la nauire, sinon donnans instruction à la postérité, que l'art de la marine est le premier, et de tous les autres le plus vertueux ? Voila sans plus long discours, exemple en la nauigation, cõme toute chose, d'autant qu'elle est plus excellente, plus sont difficiles les moyens pour y paruenir : ainsi qu'apres l'experiẽce nous tesmoigne Aristote, parlant de vertu. Et que la nauigation soit tousiours accompagnée de peril, cõme un corps de son vmbre, l'a biẽ monstré quelquefois Anacharsis Philosophe, lequel apres auoir interrogé de quelle espesseur estoient les ais et tablettes, dont sont composées les nauires : et la response faicte, qu'ils estoient seulement de quatre doigts : De plus, dit-il, n'est elongnée la vie de la mort de celuy qui auecques nauires flotte sus mer. Or messieurs, pour auoir allegué tant d'excellens personnages, n'est que ie m'estime leur deuoir estre comparé, encor moins les egaler : mais ie me suis persuadé que la grandeur d'Alexandre, n'a empesché ses successeurs de tenter, voire iusques à l'extremité, la fortune : aussi n'a le scauoir eminent de Platon iusques là intimidé Aristote, qu'il n'aye à son plaisir traicté de la Philosophie. Tout ainsi, à fin de n'estre veu oyseux et inutile entre les autres, non plus que Diogenes entre les Atheniens, i'ay bien voulu reduire par escrit plusieurs choses notables, que i'ay diligemment obseruées en ma nauigation, entre le Midy et le Ponent : C'est à scauoir la situation et disposition des lieux, en quelque climat, zone, ou parallele que ce soit, tant de la marine, isles, et terre ferme, la temperature de l'air, les meurs et facons de viure des habitans, la forme et propriété des animaux terrestres, et marins : ensemble d'arbres, arbrisseaux, auec leurs fruits, mineraux et pierreries : le tout representé viuemēt au naturel par portrait le plus exquis, qu'il m'a esté possible. Quant au reste, ie m'estimeray bien heureux, s'il vous plaist de receuoir ce mien petit labeur, d'aussi bon cueur que le vous presente : m'asseurāt au surplus que chacun l'aura pour agreable, si bien il pense au grand trauail de si longue et penible peregrination, qu'ay voulu entreprendre, pour à l'œil voir, et puis mettre en lumiere les choses plus memorables que ie y ay peu noter et recueillir, comme lon verra cy apres.

ADVERTISSEMENT AV LECTEVR

PAR M. DE LA PORTE.

IE ne doute point, Lecteur, que la description de ceste presente histoire ne te mette aucunemẽt en admiration, tant pour la varieté des choses qui qui te sont à l'œil demõstrées, que pour plusieurs autres de prime face te semblerõt plustost monstrueuses que naturelles. Mais apres auoir meuremẽt cõsideré les grãs effects de nostre mere Nature, ie croy fermement que telle opinion n'aura plus de lieu en ton esprit. Il te plaira semblablemẽt ne t'esbahir de ce que tu trouueras la description de plusieurs arbres, cõme des palmiers, bestes, et oyseaux, estre totalement contraire à celle de noz modernes obseruateurs, lesquels tant pour n'auoir veu les lieux, que pour le peu d'experience et doctrine qu'ils ont, n'y peuuent adiouster foy. Te suppliant auoir recours aux gens du païs qui demeurẽt par decà, ou à ceux qui ont fait ce voyage, lesquels te pourront asseurer de la verité. D'auãtage s'il y a quelques dictions Francoises qui te semblent rudes ou mal accõmodées, tu en accuseras la fiebure, et la mort. La fiebure, laquelle a tellemẽt detenu l'Autheur depuis son retour, qu'il n'a pas eu loysir de reuoir son liure auant que le bailler à l'Imprimeur, estant pressé de ce faire par le cõmandemẽt de Monseigneur le cardinal de Sens. La mort qui a preuenu AMBROISE DE LA PORTE, hõme studieux et bien entendu en la langue Francoise, lequel auoit pris l'entiere charge du present liure. Toutefois tu te doibs asseurer, que nostre deuoir n'a point esté oublié, souhaitant pour toute recompense qu'il te puisse estre agreable.

CHAPITRE Ier.

|| *L'embarquement de l'auteur.* Fol. 1.

COMBIEN que les elemens et toutes choses qui en prouiennent sous la lune iusques au centre de la terre, semblent (comme la verité est) auoir esté faittes pour l'hõme : sî est-ce que nature, mere de toutes choses, a esté et est tousiours telle, qu'elle a remis et cache au dedans les choses les plus precieuses et excellentes de son œuure, voire bien s'y est remise elle-mesme : au contraire de la chose artificielle. Le plus sçauant ouurier, fusse bien Appelles ou Phidias, tout ainsi qu'il demeure par dehors seulement pour portraire, grauer, et enrichir le vaisseau ou statue, aussi n'y a que le superficiel qui reçoiue ornement et polissure : quant au dedans il reste totalement rude et mal poli. Mais de nature nous en voyons tout le contraire. Prenons exẽple premierement au corps humain. Tout

Toutes choses ont esté faittes pour l'hõme.

Differẽce d'art et de nature.

l'artifice et excellence de nature est cachée au dedans et centre de nostre corps, mesme de tout autre corps naturel : le superficiel et exterieur n'est rien en comparaison, sinon que de l'intrieur il prend son accomplissement et perfectiõ. La terre nous monstre exterieurement une face triste et melancholique, couuerte le plus souuent de pierres, espines et chardõs, ou autres semblables. Mais si le laboureur la veut ouurir auecques soc et charrue, il trouuera ceste vertu tant excellente, preste de luy produire à merueilles et le recompenser au centuple. Aussi est la vertu vegetatiue au dedans de la racine et du tronc de la plante, rẽparée à l'ẽtour de dure escorce, aucunes fois simple, quelque fois double : et la partie du fruict la plus precieuse, où est ceste vertu de produire et engendrer son semblable, est serrée cõme en un lieu plus seur, au centre du mesme fruict. Or tout ainsi que le laboureur ayant sondé la terre et receu grand emolument : un autre non content de voir les eaux superficiellement les a voulu sonder au semblable, par le moyen de ceste tant noble nauigation, auec nauires et autres vaisseaux. Et pour y auoir trouué et recueilli richesses inestimables (ce qui n'est outre raison puisque toutes choses sont pour l'homme) la nauigation est deuenue peu à peu tant frequentée entre les hõmes, que plusieurs ne s'arrestant perpetuellement es isles inconstantes et mal asseurées, ont finablement abordé la terre ferme, bonne et fertile : ce que auant l'experience l'on n'eust iamais estimé, mesme selon l'oppiniõ des anciens. Docques la principale cause de nostre nauigation aux Indes Ameri-

Utilité de la navigation.

Cause de la navigation de

ques, est que Monsieur de Villegagnon [1] Cheualier de Malte, homme genereux, et autant bien accõpli, soit à la || marine, ou autres honestetez, qu'il est possible, ayant auecques meure deliberation, receu le commandement du Roy, pour auoir esté suffisamment informé de mon voyage au païs de Leuant [2], et l'exercice que ie pouuois auoir fait à la marine, m'a instammẽt solicité, voire sous l'autorité du Roy monseigneur et Prince (auquel ie dois tout honneur et obeissance) expressement commandé luy assister pour l'execution de son entreprise. Ce que librement i'ay accordé, tant pour l'obeissance, que ie veux rendre à mon Prince naturel, selon ma capacité, que pour l'honesteté de la chose, combien qu'elle fust laborieuse. Pour ce est-il que le sixiesme iour de may mil cinq cens cinquante cinq, apres que ledit Sieur de Villegagnon eut donné ordre pour l'asseurance et commodité de son voyage à ses vaisseaux, munitions, et autres choses de guerre : mais auec plus grande difficulté que en une armée marchant sur terre au nombre et à la qualité de ses gens de tous estats, gentilshommes, soldats, et varieté d'artisans : bref le tout dressé au meilleur equipage qu'il fut possible : le temps venu de nous embarquer au Hable de grace, ville moderne, lequel en passant, ie diray auoir esté appellé ainsi

l'auteur aux Ameriques.

Fol. 2.

Loüenges du Seigneur de Villegagnon.

Embarquement des François pour aller aux Indes Ameriques.

Hable de grace et pourquoy

[1] Sur Villegaignon et sa biographie, on peut consulter H. DE GRAMMONT. *Relation de l'expédition de Charles-Quint contre Alger*. P. 1, 26, 141, 148. — P. GAFFAREL. *Histoire du Brésil français au XVI*e *siècle*..

[2] Thevet l'a raconté dans sa *Cosmographie du Levant*. Lyon, 1554, 1556, in-4°.

est ainsi appellé. Hable [1], selon mon iugement de ce mot 'Αὐλώψ qui signifie mer ou destroict : ou si vous dictes Haure, *ab hauriendis aquis,* située en Normandie à nostre grand mer et Ocean Gallique, où abandonnans la terre feismes voile, nous acheminans sus ceste grande mer à bon droit appellée Ocean par son impetuosité, de ce mot 'Ωκύς comme veulent aucuns, et totallement soubmis à la mercy et du vent et des ondes.

Superstition des anciens auãt que nauiger. Ie scay bien qu'en la superstitieuse et abusiue religion des Gentils plusieurs faisoyent vœux, prieres, et sacrifices à diuers dieux, selõ que la necessité se présentoit. Dõcques entre ceux qui vouloient faire exercice sur l'eau, aucuns iettoyent au commencement quelque piece de monnoye dedans, par maniere de present et offrande, pour auecques toute congratulation rendre les dieux de la mer propices et fauorables. Les autres attribuans quelque diuinité aux vents, ilz les appaisoient par estranges cerimonies : comme lon trouue les Calabriẽs auoir faict à Iapix, (vent ainsi nommé) et les Thuriens et Pamphiliens à quelques autres. Ainsi lisons nous en l'Eneide de Virgile (si elle est digne de quelque foy) combien, pour l'importune priere de Iuno vers Eolus Roy des Vẽts, le miserable Troïen a enduré sur la mer, et la querelle des Dieux qui en est ensuyuie. Par cela peut on euidemment cognoistre l'erreur et abus, dont estoit aueuglée l'antiquité en son gentillisme dam-

[1] Inutile de faire remarquer l'absurde étymologie donnée par Thevet. Havre est un mot d'origine germanique, une corruption de Hafen, port ou baie.

nable, attribuant à une créature, voire des moindres, et soubs la puissance de l'homme, ce qui appartient au seul Createur : lequel ie ne sçaurois suffisamment louër en cest endroit, pour s'estre communiqué à nous et nous auoir exempté d'une si tenebreuse ignorance. Et de ma part, pour de sa seule grace auoir tant fauorisé nostre voyage, que nous donnant le vent si bien à poupe, nous auons tranquillement passé le destroict, et de la aux Canaries, isles distantes de l'Equinoctial de vingt sept degrez, et de nostre France de cinq cens lieues ou enuiron. Or pour plusieurs raisons m'a semblé mieux seât commencer ce mien discours à nostre embarquement, cõme par une plus certaine me || thode. Ce que faisant, i'espere Fol. 3.
amy (Lecteur) si vous prenés plaisir à le lire, de vous conduire de point en autre, et de lieu en lieu, depuis le commencement iusques à la fin, droit, comme auec le fil de Thesée, obseruant la longitude des païs et latitude. Toutesfois ou ie n'auroys faict tel deuoir, que la chose et vostre iugement exquis meriteroit, ie vous supplie m'excuser, considerant estre mal aisé à un homme seulet, sans faueur et support de quelque Prince ou grand Seigneur, pouuoir voyager et descouurir les païs lointains, y obseruant les choses singulieres, n'y executer grandes entreprises, combien que de soy en fust assez capable. Et me souuient qu'à ce propos dit tres-bien Aristote, qu'il est impossible et fort malaisé, que celuy face choses de grande excellence et dignes de louëge, quand le moyen, c'est à dire, richesses luy defaillent : ioinct que la vie de l'homme est breue, subiecte à mille fortunes et aduersitez.

CHAPITRE II.

Du destroict anciennement nommé Calpe, et au-iourhuy Gibaltar.

Destroit de Gibaltar.

COSTOYANS donc l'Espaigne à senestre, auec un vent si calme et propice, vinmes iusques vis à vis de Gibaltar, sans toutesfois de si pres en approcher pour plusieurs causes : auquel lieu nous feimes quelque seiour. Ce destroit est sus les limites d'Espaigne, diuisant l'Europe d'auec l'Afrique : comme celuy de Constantinople, l'Europe de l'Asie. Plusieurs tiennent iceluy estre l'origine de nostre mer Mediterranée, comme si la grande mer pour estre trop pleine se degorgeoit par cest endroist sur la terre, duquel escript Aristote [1] en son liure du monde en ceste manière : l'Ocean, qui de tous costez nous enuironne, vers l'Occident pres les colonnes d'Hercules se respand par la terre en nostre mer comme en un port, mais par un embouchement fort estroict. Aupres de ce destroit se trouuent deux

Isles et autres

[1] ARISTOTE. *De mundo*, III. 3. Ἐν δὲ τῷ πρὸς δύσιν στενοπόρῳ διανεωγὸς στόματι, κατὰ τὰς Ἡρακλείους λεγομένας στήλας, τὸν ἔισρουν εἰς τὴν ἔσω θάλασσαν ὡς ἂν εἰς λίμενα ποιεῖται.

isles assez prochaines [1] l'une de l'autre, habitées de barbares, coursaires, et esclaues, la plus grande part auec la cadene à la iambe, lesquels trauaillent à faire le sel, dont il se fait là bien grand traffique. De ces isles l'une est Australe et plus grande, faite en forme de triangle si vous le voyez de loin, nommée par les anciens Ebusus, et par les modernes Ieuiza : l'autre regarde Septentrion, appellée Frumentaria. Et pour y aller est la nauigation fort difficile, pour certains [2] rochers qui se voient à fleur d'eau, et autres incommoditez. D'auantage y entrent plusieurs riuieres nauigables, qui y apportent grand enrichissement, cõme une appellée Malue [3], separant la Mauritanie de la Cesariense : une autre encore nommée Sala [4], prenant source de la montagne de Dure : laquelle ayant trauersé le royaume de Fes, se diuise en forme de ceste lettre grecque Δ, puis se va rendre dans ce destroit : et pareillement quelques autres, dont à present me deporte. Ie diray seulement en passant, que ce destroit passé, incontinent sur la coste d'Afrique iusques au tropique de Cãcer, on ne voit gueres croistre ne decroistre la mer, mais par de la sitost que l'on ap || proche de ce grand fleuue Niger, unze degrez

singularitez de Gibaltar.

Ebusus Ievisa et Frumentaria.

Malve, fl.

Sala, fl.

Fol. 4.

[1] Les îles dont parle Thevet et qui sont les Baléares ne sont pas si « prochaines » de Gibraltar qu'il veut bien le dire.

[2] Ces deux îles sont en effet entourées d'une chaîne de récifs et d'îlots dont les principaux se nomment Conejera, Bleda, Esporto, Vedra, Espalmador, Espartel, etc.

[3] C'est la Malouïa actuelle.

[4] C'est l'Oued Sebou actuel. Quant à la montagne Dure elle paraît correspondre à l'El Dschibbelam.

de la ligne, on s'en apperçoit aucunement selon le cours de ce fleuue. En ce destroict de la mer Mediterranée y a deux mõtagnes d'admirable hauteur, l'une du costé de l'Afrique, selon Mela, anciennement dite Calpe, maintenãt Gibaltar ; l'autre Abyle, lesquelles ensemble l'on appelle colonnes d'Hercules : pour ce que selon aucuns il les diuisa quelquefois en deux, qui parauant n'estoient qu'une montagne continue, nommée Briareï : et là retournant de la Grece par ce destroit feit la consommation de ses labeurs, estimant ne deuoir ou pouuoir passer oultre, pour la vastité et amplitude de la mer, qui s'estendoit iusques à son orizon et fin de sa veue. Les autres tiennent que ce mesme Hercules, pour laisser memoire de ses heureuses cõquestes, feit là eriger deux colomnes [1] de merueilleuse hauteur du costé de l'Europe. Car la coustume a esté anciennement que les nobles et grands Seigneurs faisoyent quelques hautes colomnes, au lieu ou ils finissoient leurs voyages et entreprises, ou biẽ leur sepulture et tombeau : pour monstrer par ce moyen leur grandeur et eminence par sus tous les autres. Ainsi lisons [2] nous Alexandre auoir laissé quelques signes aux lieux de l'Asie maieure, ou il avoit esté. Pour mesme cause a esté

Diuerses opinions sur l'erection des colõnes d'Hercules.

Coustumes des anciens Roys et Seigneurs.

[1] Sur les colonnes d'Hercule on peut consulter RIANT. *Pélerinages des Scandinaves en Terre Sainte.* P. 76, 77. — DOZY, *Recherches sur l'Espagne.* II, 340, Appendice n° XXXV. — SUAREZ DE SALAZAR. *Grandezas y antigüedades de la ciudad de Cadiz.* — REDSLOB. *Thulé.* I, id. IV. — MOVERS. *Die Phönizier.* II, p. 1, 525, etc.

[2] ARRIEN. *Anabasis.* V, 19.

érigé le colosse à Rhodes [1]. Autant se peut dire du Mausolée, nombré entre les sept merueilles du monde et basti par Artemisia en l'honeur et pour l'amitié qu'elle portoit à son mary : autant des pyramides de Memphis, sous lesquelles estoyent inhumez les Roys d'Egypte. D'auantage à l'entrée de la mer maieure [2], Iule Cœsar feit dresser une haute colomne de marbre blanc : de laquelle et du colosse de Rhodes, trouuerés les figures en ma Description du Leuant. Et pourtant que plusieurs ont esté de ce nom, nous dirons auec Arrian [3] Historiographe, ce Hercules auoir esté celuy que les Tyriens ont celebré : pour ce qu'iceux ont edifié Tartesse [4] à la frontière d'Espagne, où sont les colomnes dont nous avons parlé : et là un temple à luy consacré et basti à la mode des Pheniciens, avec les sacrifices et cerimonies qui s'y faisoyent le temps passé : aussi a esté nommé le lieu d'Hercules. Ce destroit auiourd'hui est un vray asile et receptacle de larrons, pyrates et escumeurs de mer, cõme Turcs, Mores et Barbares [5], ennemis de nostre religion

Quel Hercules a esté, duquel sont nõmées ces colomnes.

Tartesse, ancienne ville d'Afrique.

[1] Sur le colosse de Rhodes, voir PLINE. H. N. Liv. XXXIV, §. 18. — C'était réellement une statue coulée en bronze par Charès de Lindos, élève de Lysippe. Rhodes avait encore une centaine d'autres colosses, dont cinq faits par Bryaxis. Voir LACROIX. *Iles de la Grèce.*

[2] Il s'agit ici de la mer noire.

[3] THEVET. *Cosmographie universelle.* Liv. I, § 4, p. 7.

[4] ARRIEN. *Anabase.* II, 16. Tartessus n'a jamais été en Afrique, mais bien en Espagne. Confusion avec Gadès. Voir STRABON. Liv. III, § 1.

[5] Sur les pirateries des Barbaresques à cette époque et dans cette région, on peut consulter SANDER RANG et F. DENIS.

chrestienne : lesquels voltigeans auecques nauires volent les marchants qui viennent traffiquer tant d'Afrique, Espagne, que de Frãce : mesmes qu'est encores plus à deplorer, la captiuité de plusieurs Chrestiẽs, desquels ils usent autant inhumainement que de bestes brutes en tous leurs affaires, outre la perdition des ames pour le violement et transgression du Christianisme.

Gibaltar, lieu de traffique de l'Europe et d'Afrique.

CHAPITRE III.

De l'Afrique en general.

PASSANS outre ce destroict, pour ce qu'auions costoyé le païs d'Afrique l'espace de huit iournées, semblablement à senestre iusques au droit du cap de Canti [1], distant de l'equinoctial trente trois degrez, nous en

Cap de Canti.

Fondation de la régence d'Alger. — CHARRIÈRE. *Négociations de la France dans le Levant.*

Le livre fort curieux de NICOLAS DE NICOLAY. *Nauigations et pérégrinations orientales.*

[1] Le cap Cantin actuel, au nord de Mogador.

escri || rons sommairement. Afrique selon Ptolemée, est une des trois parties de la terre, (ou bien des quatre, selon les modernes géographes, qui ont escrit depuis, que par nauigations plusieurs païs anciennement incongneus ont esté découuers, comme l'Inde Amerique, dont nous pretendons escrire) appellée selon Iosephe [1], Afrique, de Afer, lequel comme nous lisons ès histoires Grecques et Latines, pour l'auoir subiugée, y a regné, et faict appeller de son nom : car auparauant elle s'appelloit Libye, comme veulent aucũs, de ce mot grec Λίβυς, qui signifie ce vent du midy , qui là est tant frequent et familier : ou de Libs, qui y regna. Ou bien Afrique a esté nommée de ceste particule a, et Φρίκη, qui signifie froid, comme estant sans aucune froidure : et parauant appellée Hesperia. Quant à sa situation elle commence veritablement de l'Ocean Atlantique, et finit au destroit de l'Arabie, ou à la mer d'Egypte, selon Appian : comme pareillement en peu de parolles escrit tres bien Aristote. Les autres la font commencer du Nil, et vers Septentrion à la mer Mediterranée. Dauantage l'Afrique a esté appellée (ainsi que descrit Iosephe aux Antiquités Iudaïques) tout ce qui est cõpris d'un costé depuis la mer de Septẽtrion, ou Mediterranée, iusques à l'Océan meridional, separée toutefois en deux, vieille et

Fol. 5.

Quatre parties de la terre selon les modernes geographes.

Etymologie diuerse de ce mot Afrique.

Situatiõ de l'Afrique.

[1] Voici le passage de JOSÈPHE : *Antiquités Judaïques*, I, 15. Λέγεται δὲ ὡς οὗτος ὁ 'Ωφρὴν στρατεύσας ἐπὶ τὴν Λιβὺην κατέσχεν αὐτὴν, καὶ οἱ υἱώναι αὐτοῦ, κατοικήσαντες ἐν αὐτῇ, τὴν γὴν ἀπὸ τοῦ ἐκείνου ὀνόματος 'Αφρικὴν προσηγόρευσαν.

nouuelle : la nouuelle commence aux monts de la Lune ayant son chef au cap de Bonne Esperance, en la mer de midi, trente-cinq degrez, sus la ligne, de sorte qu'elle contient de latitude, vingt-cinq degrez. Quant à la vieille elle se diuise en quatre prouinces, la premiere est la Barbarie, contenant Moritanie ou Tingitaine, Cyrene et Cesariense. Là tout le peuple est fort noir : autresfois ce païs a esté peu habité, auiourd'huy beaucoup plus, sans parler de diuers peuples au milieu de ceste contrée, pour la diuersité des mœurs et de leur religion, la cognoissance desquelz meriteroit bien voyage tout expres. Ptolemée n'a faict mention de la partie exterieure vers le midy, pour n'auoir esté decouuerte de son temps. Plusieurs l'ont descritte plus au long, comme Pline, Mela, Strabo, Apian, et autres, qui m'empeschera de plus m'y arrester. Ceste region dit Herodian estre feconde et populeuse, et pourtant y auoir gens de diuerses sortes, et façons de viure. Que les Pheniciens quelquefois soyent venuz habiter l'Afrique, monstre ce qu'est escrit en langue Phenicienne en aucunes colonnes de pierre[1], qui se voyent encores en la ville de Tinge, nommée à present Tamar, appartenant au Roy de Portugal. Quant aux meurs : tout ainsi qu'est diuerse la temperature de l'air, selon la

Colõnes de pierre ou sont caracteres Pheniciens.

[1] Thevet n'a jamais vu ces colonnes. Il en parle sans doute d'après PROCOPE. *De bello Vandalico*, II, 10. Ἔνθα στῆλαι δυό ἐκ λίθων λευκῶν πεποιημέναι ἄγχι κρήνης εἰσὶ τῆς μεγάλης, γράμματα Φοινικικὰ ἐγκεκυλαμμένα ἔχουσαι τῇ Φοινίκων γλώσσῃ. Cf. SUIDAS. Au mot Χάνααν·

diuersité des lieux : ainsî acquerent les personnes variété de temperamens, et par consequence de meurs, pour la sympathie qu'il y a de l'ame auec le corps : cõme monstre Galien au liure qu'il en a escrit. Nous voyons en nostre Europe, mesme en la France, varier aucunement les meurs selon la varieté des païs. Comme en la Celtique autrement qu'en l'Aquitanie, et la autremẽt qu'en la Gaule Belgique : encores en chacune des trois on trouuera quelque varieté. En general lon trouue les Africains cauteleux : comme les Syriens auares : les Siciliens subtils : les Asians, voluptueux. Il y a aussi grande varieté de religions : les uns gentilisent mais d'une autre façon qu'au temps passé : les autres sont Mahometistes, quelques || uns tiennent le Christianisme d'une maniere fort estrange, et autrement que nous. Quãt aux bestes brutes, elles sont fort variables. Aristote dit les bestes en Asie estre fort cruelles, robustes en l'Europe, en Afrique monstrueuses. Pour la rarité des eaux [1], plusieurs bestes de diuerse espece sont contraintes de s'assembler au lieu où il se trouue quelque eau : et la bien souuent se communiquent les unes aux autres, pour la chaleur qui les rend aucunement promptes et faciles. De là s'engendrent plusieurs animaux monstrueux, despeces diuerses representées en un mesme individu. Qui a

Meurs et religions des Africains.

Fol. 6.

Cause pour laquelle prouiennent en Afrique bestes mõstrueuses.

Prouerbe.

[1] Thevet s'est presque contenté de traduire Pline (H. N., vii, 17.) Africa hæc maxime spectat, inopia aquarum ad paucos amnes congregantibus se feris. Ideo multiformes ibi animalium partus, varie feminis cujusque generis mares aut vi aut voluptate miscente, unde etiam vulgare Græciæ dictum : semper aliquid novi Africam afferre.

donné argument au prouerbe, que l'Afrique produit tousiours quelque chose de nouueau. Ce mesme prouerbe ont plus auant pratiqué les Romains, comme plusieurs fois ils ayent faict voyages et expeditions en Afrique, pour l'auoir par long temps dominée. Comme vous auez de Scipion surnommé Africain, ils emportoyent tousiours ie ne sçay quoy d'estrange, qui sembloit mettre et engendrer scandale en leur cité et Republique.

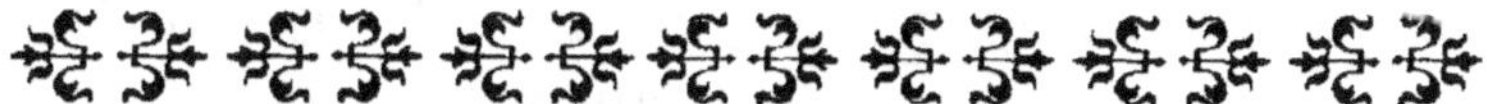

CHAPITRE IV.

De l'Afrique en particulier.

Barbarie partie de l'Afrique pourquoy ainsi nommée.

OR quant à la partie d'Afrique, laquelle nous auons costoyée vers l'Oceã Atlantique comme Mauritanie, et la Barbarie, ainsi appellée pour la diuersité et façon estrange des habitans : elle est habitée de Turcs, Mores, et autres natifs du païs, vray est qu'en aucuns lieux elle est peu habitée, et comme deserte, tant à cause de l'excessiue chaleur, qui les contraint demeurer tous nuds, hors-mis les parties honteuses, que pour la sterilité d'aucuns endroits pleins d'arenes, et pour la quantité de bestes sauuages, comme Lions, Tigres, Dragons, Leopards, Buffles, Hyenes, Pantheres, et autres, qui contraignẽt les gens du païs aller en troupes à leurs affaires et trafiques, garnis d'arcs, de flèches, et autres bastons pour soy defendre. Que si quelquefois ils sont surpris en petit nombre, cõme quand ils vont pescher, ou autrement, ils gaignent la mer, et se iettãs dedans se sauuent à bien nager : à quoy par contrainte se sont ainsi duits et accoustumez. Les autres n'estans si habiles, ou n'ayans l'industrie de nager, mõtent aux arbres, et par ce mesme moyẽ euitent le danger d'icelles bestes. Faut aussi noter que les gẽs du païs meurẽt plus souuent par rauissement des bestes sauuages, que par mort naturelle : et ce depuis Gibaltar iusques au cap Verd. || Fol. 7.

Religion et ceremonies des Barbares.

Ilz tiennent la malheureuse loy de Mahomet, encore plus superstitieusement que les Turcs naturels. Auant que faire leur oraison aux tẽples et mousquées, ils se lauent entièrement tout le corps, estimans purger l'esprit ainsi cõme le corps par ce lauement exterieur et cerimonieux auec un elemẽt corruptible. Et est l'oraison faicte quatre fois le iour, ainsi que i'ay veu faire les Turcs à Constãtinoble. Au tẽps passé que les Payens eurent premieremẽt et auant tous autres receu ceste damnable religion, ils estoyent cõtraints une fois en leur vie faire le voyage de Mecha, où est inhumé leur gẽtil Prophète : autrement ils n'esperoyẽt les delices, qui leur estoyẽt promises. Ce qu'obseruent encores auiourd'huy [1] les Turcs et

Mecha sepulchre de Mahomet.

Voyage des

[1] Ces grandes caravanes se font encore non seulement au

Turcs en Mecha. s'assemblent pour faire le voyage auec toutes munitions, cõme s'ils vouloyent aller en guere, pour les incursions des Arabes, qui tiennent les montagnes en certains lieux. Quelles assemblées ay-ie veu, estant au Caire, et la magnificence et triomphe que lon y fait! Cela obseruẽt encores plus curieusemẽt et estroittemẽt les Mores d'Afrique, et autres Mahometistes, tant sont ils aueuglez et obstinez : qui m'a donné occasion de parler en cest endroit des Turcs, et du voyage, auãt qu'entreprendre la guerre, ou autre chose de grande importance. Et quãd principalement le moyẽ leur est osté de faire ce voyage, ils sacrifient quelque beste sauuage ou domestique, ainsi qu'il se rencontre : qu'ils appellent tãt en leur langue qu'en *Corban.* Arabesque, *Corban*, dictiõ prise des Hebreux et Chaldées, qui vaut autant à dire, cõme present, ou offrãde. Ce que ne font les Turcs de Leuant, mesmes deuant Constantinoble. Ils ont certains prestres, les plus grãds imposteurs du monde : ils font croyre et entendre au vulgaire, qu'ils sçavent les secrets de Dieu, et de leur Prophete, pour parler souuẽt auecques eux. D'auãtage ils usent d'une maniere d'escrire fort estrange, et s'attribuẽt le premier usage d'escriture, sur toutes autres nations. Ce que ne leur *Les Egyptiẽs premiers inuenteurs des* accordent iamais les Egyptiens, ausquels la meilleure part de ceux qui ont traité des antiquitez, donnent la premiere inuention descrire, et representer par quel-

Caire, mais même à Constantinople. Thevet les a décrites dans sa *Cosmographie du Levant*. Cf. THEVENOT. *Voyages*. T. I et II, passim.

ques figures la cõception de l'esprit. Et à ce propos a escrit Tacite [1] en ceste maniere, les Egyptiens ont les premiers representé et exprimé la cõceptiõ de l'esprit par figures d'animaux, grauans sus pierres, pour la memoire des hõmes, les choses anciennement faites et aduenues. Aussi ils se dient les premiers inuenteurs des lettres et caracteres. Et ceste inuention (comme lon trouue par escrit) a esté portée en Grece des Pheniciens, qui lors dominoyent sus la mer, reputans à leur grande gloire, cõme inuenteurs premiers de ce qu'ils auoient pris des Egyptiẽs. Les hõmes en ceste part du costé de l'Europe sont assés belliqueux, coustumiers de se oindre d'huile, dõt ils ont abondance, auant qu'entreprendre exercice violent : ainsi que faisoient au temps passé les athlètes, et autres, à fin que les parties du corps, comme muscles, tendons, nerfs, et ligamens adoucis par l'huile, fussent plus faciles et dispos à tous mouuemẽs, selon la varieté de l'exercice : car toute chose molle et pliable est moins subiecte à rompre. Ils font guerre principalemenr contre les Espagnols de frontiere, en partie pour la religion, en partie pour autres causes. Il est certain que les Portugais [2], depuis

lettres et caracteres.

Barbares assez belliqueux.

[1] Tacite. *Annales*. XI. 14. Primi per figuras animalium Ægyptii sensus mentis effingebant..., et litterarum semet inventores perhibent; inde Phœnicas, quia mari præpollebant, intulisse Græciæ, gloriamque adeptos, tanquam reppererint quæ acceperant.

[2] Cf. Major. *The life of Prince Henry of Portugal*. — Codine. *Bulletin de la société de géographie de Paris*. Avril, juin, juillet, août 1873.

Fol. 8.

S. Crois, ville en Barbarie.

Fertilitè de la Barbarie.

certains temps ençà, ont pris quelques places enceste Barbarie, et basty villes et forts, ou ils || ont introduit nostre religion : specialemẽt une belle ville, qu'ils auoyẽt nommé Saincte Croix, pour y estre arriuez et arestez un tel iour et ce au pied d'une belle mõtagne. Et depuis deux ans ença la canaille du païs assemblez en grand nõbre, ont precipité de dessus ladicte montagne, grosses pierres, et cailloux, qu'ils auoyent tiré des rochers : de maniere que finablement les autres ont esté contrains de quitter la place. Et a tousiours telle inimitié entre eux, qu'ils trafiquẽt de sucre, huile, ris, cuirs, et autres marchandises par hostages et personnes interposées. Ils ont quantité d'assez bons fruits, comme oranges, citrons, limons, grenades, et semblables, dont ils usent par faute de meilleures viãdes : et du ris au lieu de blé. Ils boiuent aussi huilles, ainsi que nous beuuõs du vin. Ils viuent assez bon aage, plus (à mon aduis) pour la sobrieté et indigence de viande qu'autremẽt.

CHAPITRE V.

Des isles Fortunées, maintenant appellées Canaries.

Situatiõ des isles Fortunées, et

ESTE Barbarie laissée à main gauche, ayans tousiours vent en poupe nous congneumes par l'instrument de marine, de

pourquoy ainsi appellées des Anciens.

combien nous pouuions lors approcher des isles Fortunées, situées aux frõtieres de Mauritanie deuers l'Occident, ainsi appellées par les Anciens, pour la bonne temperature de l'air, et fertilité d'icelles. Or le premier iour de Septembre audit an, à six heures du matin, commençasmes à voir l'une de ces isles par la hauteur d'une montagne, de laquelle nous parlerons plus amplement et en particulier cy apres. Ces isles, selon aucuns, sont estimées estre dix en nombre : desquelles y en a trois, dont les auteurs n'ont fait mention pour ce qu'elles sont desertes, et non habitées : les autres sept, c'est assçauoir Tenerife, l'isle de Fer, la Gomiere, et la grande isle signamment appellée Canarie, sont distantes de l'equinoctial de vintsept degrez : les trois autres, Fortauenture, Palme et Lencelote, de vingt huit degrez. Et pourtant lon peut voir, que depuis la premiere iusques à la derniere, il y a un degré qui vaut dixsept lieües et demye, pris du Nort au Su : selon l'opinion des pillots, mais sans en parler plus auant qui voudra rechercher par degrez celestes la quantité de lieües et stades, que contient la terre, et quelle proportion il y a de lieüe et degré (ce que doit obseruer celuy qui veut escrire des païs comme vray cosmographe) il pourra veoir Ptolomée [1] qui en traitte bien amplement en sa Cosmographie. Entre ces isles n'y a que la plus grande qui fut appellée Canarie : et ce pour la multitude des grans chiens, qu'elle nourrist : ainsi que recite Pline, et plusieurs autres apres luy, qui disent encores que Iuba en

Nombre des isles Fortunées.

[1] Ptolémée. § iii, iv, v, vi.

emmena deux : maintenant sont toutes appellées Canaries pour ceste mesme raison, sans distinction
Isles Fortunées parquoy maintenant appellées Canaries. aucune. Mais selon mon opinion [1] i'estimeroye plustost auoir esté appellées Canaries pour l'abondance des cannes et roseaux sauuages, qui sont sur le riuage de la mer : car quant aux roseaux portans sucre, les Espagnols en ont planté quelque partie, depuis le temps qu'ils ont commencé à habiter ces lieux là : mais des sauuages y en auoit au parauant, que ce païs aye porté chiens ne grands ne petis : ce que aussi n'est vraysemblable : car principalement ay congneu par experience, que tous ces Sauuages décou-
Fol. 9. uers depuis certain temps en ça, onques n'a || uoyent eu congnoissance de chat, ne de chien : comme nous monstrerons en son lieu plus amplement. Ie sçay bien toutefois que les Portugais y en ont mené et nourry quelques uns, ce qu'ilz font encores auiourd'hui, pour chasser aux cheures et autres bestes

[1] Malgré l'opinion de Thevet, la véritable étymologie des Canaries paraît être le mot *canis*, et nullement *canna,* attendu que les cannes à sucre furent transportées seulement à l'époque de la découverte. Quant aux chiens que Thevet prétend ne pas exister dans cet archipel, ils existaient encore au temps de Béthencourt, puisque nous lisons dans le *Canarien.* § 69, p. 129, édit. Gravier. « Ils sont bien garniz de bestes, c'est assauoir : pourciaulx, chieures et brebis, et de chiens sauuages qui semblent loups, mais ils sont petis. » THOMAS NICOLS, cité par BORY DE SAINT-VINCENT. *Essai sur les îles Fortunées.* P. 211, assure également que non-seulement on trouvait des chiens aux Canaries, mais encore que les insulaires les châtraient et les mangeaient.

sauuages. Pline [1] donc en parle en ceste maniere, la premiere est appellée Ombrion, ou n'y a aucun *Ombrion.* signe de bastiment ou maison : es montagnes se voit un estang, et arbres semblables à celui qu'on appelle Ferula, mais blancs et noirs, desquels on épraint et *Arbre estrange.* tire eau : des noirs, l'eau est fort amere : et au contraire des blancs, eau plaisante à boire. L'autre est appellée Iunonia, ou il n'y a qu'une maisonnette *Iunonia.* bastie seulement de pierre. Il s'en voit une autre prochaine, mais moidre et de mesme nom. Une autre est pleine de grãds lesards. Vis à vis d'icelles y en *Isle de neiges.* auoit une appellée l'isle de neiges, pour ce qu'elle est tousiours couuerte de neiges. La prochaine d'icelle *Canaria.* est Canaria ainsi dite pour la multitude des grãds chiens qu'elle produit comme desia nous auons dit : dont Iuba Roy de Mauritanie en amena deux et en icelle y a quelque apparence de bastimens vieux. Ce païs anciennement a esté habité de gens [2] sauuages et

[1] Voici le passage de Pline (H.N. VI. 37.). « Primam vocari Ombrion nullis ædificiorum vestigiis : habere in montibus stagnum, arbores similes ferulæ, ex quibus aqua exprimatur, ex nigris amara, ex candidioribus potui jucunda. Alteram insulam Junoniam appellari, in ea ædiculam esse tantum lapide exstructam. Ab ea in vicino eodem nomine minorem. Deinde Caprariam, lacertis grandibus refertam. In conspectu earum esse Nivariam quæ hoc nomen accepit a perpetua nive nebulosam. Proximam ei Canariam vocari a multitudine canum ingentis magnitudinis ex quibus perducti sunt Jubæ duo : apparentque ibi vestigia ædificiorum. »

[2] Les anciens habitants se nommaient les Guanches. C'était un peuple civilisé. Voir Bory de Saint-Vincent. Ouv. cité, p. 46-121. Ils résistèrent avec énergie aux Espagnols qui finirent

barbares, ignorans Dieu et totalement idolatres, adorans le Soleil, la Lune et quelques autres planetes, comme souueraines deitez, desqueles ils receuoyent tous biens : mais depuis cinquante ans les Espagnols les ont defaits et subiuguez, et en partie tuez, et les autres tenus captifs et esclaues : lesquels s'habituans là, y ont introduit la foy Chrestienne, de maniere qu'il n'y a plus des anciens et premiers habitateurs, sinon quelques uns qui se sont retirez et cachez aux montaignes [1] : comme en celle du Pych, de laquelle nous parlerons cy apres. Vray est que ce lieu est un refuge de tous les bannis d'Espagne, lesquels par punition on enuoye là en exil : dont il y a un nombre infini aussi d'esclaves, desquels ils se sçauent bien seruir à labourer la terre, et à toutes autres choses laborieuses. Ie ne me puis assez emerueiller comme les habitans de ces Isles et d'Afrique pour estre voysins prochains, ayent esté tant differens de langage, de couleur, de religion et de meurs : attēdu mesme que plusieurs sous l'Empire Romain ont conquesté

Habitās des Canaries reduits à la foy chrestienne.

par les exterminer. En 1532, les nouveaux possesseurs du sol supplièrent la cour d'Espagne de leur accorder la permission d'établir aux Canaries l'Inquisition, « afin de forcer le reste des anciens insulaires, qu'ils ne pouvaient souffrir, à ne plus les tourmenter; ne pouvant pas les traduire devant les tribunaux, par ce qu'ils ne commettaient aucun délit qui fut de la compétence de la justice. » L'Inquisition ne remplit que trop bien son mandat.

1 Ces derniers Guanches ont disparu. Clavijo qui avait longtemps résidé aux Canaries, assure qu'on ne saurait y trouver d'autres Guanches que leurs momies et leurs corps embaumés. (L. IX. § 28. Lamentable extinction de la nation guanchinesa.)

et subiugué la plus grand part de l'Afrique, sans
toucher à ces isles, comme ils firent en la mer
Mediterranée, consideré qu'elles sont merueilleusement fertiles, seruant à present de grenier et caue
aux Espagnols, ainsi que la Sicile aux Romains et
Genevois. Or ce païs tres bõ de soy estãt ainsi bien *Bõté des isles*
cultiué raporte grãds reuenuz et emolumens, et le *Canaries.*
plus en sucres : car depuis quelque temps ils y ont
planté force cannes, qui produisent sucres en grande
quantité, et bons à merueille : et non en ces isles
seulement, mais en toutes autres places qu'ils tiennent
par de là : toutesfois il n'est si bon par tout qu'en ces *Sucre de*
Canaries. Et la cause qu'il est mieux recueilly et *Canarie.*
desiré, est que les isles en la mer Mediterranée, du
costé de la Grece, comme Mettelin, Rhodes, et autres
esclades rapportans tres bons sucres, auãt qu'elles
fussent entre les mains des Turcs, ont esté demolies
par negligence, ou autrement. Et n'ay veu en tout *Sucre de Egypte.*
le païs de Leuãt faire sucre, qu'en Egypte : et les
cannes, qui le produisent, croissent sur le riuage du
Nil lequel aussi est fort bien estimé du peuple et des
marchans, qui en traffiquent autant et plus que de
celuy de noz Canaries. Les Anciens [1] estimerent fort *Sucre de Arabie.*
le sucre de l'Ara || bie, pour ce qu'il estoit merueilleu- Fol. 10.
sement cordial et souuerain specialement en medi-
cines, et ne l'appliquoyent gueres à autres choses :
mais auiourd'huy la volupté est augmentée iusques
là, specialement en nostre Europe, que lon ne sçau-

1 Pline. H. N. xii, 17. Saccharum et Arabia fert, sed laudatius India : est autem mel... ad medicinæ tantum usum.

roit ſaire si petit banquet mesme en notre maniere de viure accoustumée, que toutes les saulces ne soyentsucrées, et aucunesfois les viandes. Ce qu'a esté defendu aux Atheniens par leurs loix, comme chose qui effeminoit le peuple : ce que les Lacedemoniens ont suiuy par exemple. Il est vray, que les plus grands seigneurs de Turquie boyuent eaux sucrées, pour ce que le vin leur est defendu par leur loy. Quant au vin, qu'a inuenté ce grand Hippocrates medecin, il estoit seulement permis aux personnes malades et debilitées : mais ce iour d'huy il nous est preque autant commun, que le vin est rare en autre païs. Nous auons dit cela en passant sur le propos de sucre, retournons à nostre principal subiect. De bleds, il y en a quãtité en ces isles aussi de tres bõ vin, [1] meilleur que celuy de Candie, où se trouuent les maluaisies, comme nous declarerons aux isles de Madere. De chairs, suffisamment, comme cheures sauuages et domestiques, oyseaux [2] de toute espece, grande quantité d'oranges [3], citrons, grenades, et autres fruits, palmes, et grande quantité de bon miel. Il y a aussi aux riues des fleuues, des arbris-

Fertilité des Canaries.

Arbrisseaux

[1] La vigne croissait naturellement aux Canaries, puisqu'on en trouve des feuilles enfouies : mais il n'est pas douteux que le plant producteur du Malvoisie des Canaries y a été apporté par les Espagnols.

[2] Les oiseaux les plus répandus sont les fameux serins, qui, depuis, se sont si bien acclimatés en Europe.

[3] Les oranges croissent spontanément aux Canaries. Le botaniste Ferari a publié un traité spécial, sur les pommes d'or des Hespérides, qui, d'après lui, ne sont autres que les oranges des Canaries. Voir Bory de Saint-Vincent. P. 335-341.

seaux, que l'on nomme papier, et ausdits fleuues des poissons nommez silures [1], que Paulus Ionius en son liure des Poissons, pense estre esturgeons, dont se repaissent les pauures esclaues, suans de trauail à longue haleine, le plus souuent à faulte de meilleure viande : et diray ce mot en passant, qu'ils sont fort durement traitez des Espagnols, principalement Portugais, et pis que s'ils estoient entre les Turcs, ou Arabes. Et suis cõtraict d'en parler, pour les auoir ainsi veu maltraicter. Entre autres choses se trouue une herbe contre les montaignes, appellée vulgairement Oriselle, laquelle ils recueillẽt diligemmẽt pour en faire teinture. En outre ils font une gomme noire qu'ils appellẽt Bré, dont a grande abondance en la Teneriffe. Ils abatent des pins, desquels y a grande quantité : et les rõpẽt en grosses busches iusques a dix ou douze chartées, et les disposent par pieces l'une sur l'autre en forme de croix : et dessoubs cest amas y à une fosse rõde de moyenne profondité, puis mettent le feu en ce bois presque par le couppeau du tas : et lors rend sa gomme qui chet en ceste fosse. Les autres y procedent auecques moindre labeur, la fosse faicte mettans le feu en l'arbre. Ceste gomme leur rapporte grands deniers pour la traffique qu'ils en font au Peru, de laquelle ils usent à callefeutrer nauires, et autres vaisseaux de marine, sans l'appliquer à autre chose. Quant au cueur de cest arbre tirant sur couleur

nõmés papiers.

Oriselle, herbe.

Bré, gomme noire et la maniere de la faire.

Bois flãbant, en

[1] D'après Bory de Saint-Vincent (p. 364), il n'y aurait pas aux Canaries de poissons d'eau douce. Cet ouvrage de Paolo Giovio est intitulé · *De Romanis piscibus libellus.* Rome, 1524-1527.

usage au lieu de chãdelle. rouge, les pauures gens des montagnes le couppent par bastons assez longs, comme de demy brassée, gros d'un pouce : et l'alumans par un bout, s'en seruent au lieu de chandelle. Aussi en usent les Espagnols en ceste maniere.

Fol. 11.

|| CHAPITRE VI.

De la haute montagne du Pych.

Admirable hauteur et circuit de la mõtagne du Pych. En l'une de ces isles, nommée Teneriffe, y a une montagne [1] de si admirable hauteur, que les montagnes d'Armenie, de la Perse, Tartarie, ne le mont Liban en Syrie, le mont Ida, Athos, ne Olympe tant celebré par les histoires, ne lui doiuent estre comparez : contenant de circuit sept

[1] Le pic de Teyde, plus connu sous le nom de Teneriffe, atteint en effet 3710 mètres au-dessus du niveau de la mer, et s'aperçoit en mer à une distance énorme. C'est ce pic que LE TASSE célébra dans sa *Jerusalem délivrée* (XV. 34) : « Dans un vague lointain s'offrit au regard des deux guerriers une montagne dont le sommet était caché dans les nues. Ils approchent, les ombres s'éclaircissent, la montagne s'allonge en pyramide, et de son sommet sortent des torrents de fumée. »

lieües pour le moins, et de pied en cap dix huit lieües. Ceste mõtagne est appellée le Pych, en tout temps quasi nebuleuse, obscure, et pleine de grosses et froides vapeurs, et de neige pareillemẽt : cõbien qu'elle ne se voit aisément, à cause (selon mon iugement) qu'elle approche de la moyenne region de l'air, qui est tres froide par antiperistase des deux autres, comme tiennent les Philosophes, et que la neige ne peult fondre, pourtant qu'en cest endroit ne se peut faire reflexion des rayons du soleil, ne plus ne moins que contre le deual : parquoy la partie supérieure demeure tousiours froide. Ceste montagne est de telle hauteur, que si l'air est serain, on la peut voir sur l'eau de cinquante lieües, et plus. Le fest et couppeau, soit qu'on le voye de pres ou de loing, est fait de ceste figure Ω [1], qui est o mega des Grecs. Iay veu semblablement le mont Etna en Sicile de trente lieües : et sur la mer pres de Cypre, quelque montagne d'Armenie [2] de cinquãte lieues, encores que je naye la veüe si bonne que Lynceus, qui du promontoire Lilybée en Sicile voyoit et discernoit les nauires au port de Carthage. Ie m'asseure qu'aucuns trouuerõt cela estrange, estimans la portée de l'œil n'auoir si lõg orizon. Ce qu'est veritable en planeure, mais en haulteur, non. Les Espagnols ont plusieurs

Hauteur de la mõtagne de Etna et autres.

[1] On connaît mieux aujourd'hui la véritable forme du pic. Il présente trois pointes distinctes qui ressemblent aux racines d'une molaire. La principale se nomme le *Pan de Azucar.*

[2] Thevet se trompait, il a confondu l'Arménie avec l'Anatolie ou plutôt avec la côte de Syrie et les cimes du Liban.

fois essayé à sonder la hauteur de ceste montagne [1]. Et pour ce faire ils ont plusieurs fois enuoyé quelque nombre de gens auec mulets portans pain, vin, et autres munitions : mais oncques n'en sont retournez, ainsi que m'ont affermé ceux qui la ont demeuré dix ans. Pourquoy ont opiniõ qu'en la dite montagne, tant au sommet qu'au circuit y a quelque reste de ces Canariens [2] sauuages, qui se sont là retirez, et tiennent la montagne, viuans de racines et chairs sauuages, qui saccagent ceux qui veulẽt recognoistre, et s'approcher pour decouurir la mõtagne. Et de ce Prolemée [3] a biẽ eu cognoissance, disant, que outre les colonnes d'Hercules en certaine isle y a une mõtagne de merueilleuse hauteur : et pour ce le coupeau estre tousiours couuert de neiges. Il en tombe grãde abondãce d'eau arrosant toute l'isle : qui la rend plus fertile tant en cannes et sucres que autres choses : et n'y en a autre que celle qui vient de ceste mótagne, autrement le païs qui est enuiron le tropique de Cancer demeureroit sterile pour l'excessive chaleur.

Ptolémée a cõgneu ceste montagne.

Pierres poreuses

[1] Elle est encore de nos jours inaccessible, au moins pendant l'hiver. Les ascensionnistes partent d'Orotava, gravissent le Monte-Verde, et arrivent au pic par le défilé de Portillo.

[2] Les anciens insulaires ou Guanches ont en effet longtemps maintenu leur indépendance dans les montagnes de l'archipel. Voir Bory de Saint-Vincent. *Les îles Fortunées.* Webb et Berthelot. *Histoire des Canaries.* Fray Alunzo Espinosa, qui écrivait au commencement du XVIIe siècle, rapporte qu'on en rencontrait encore quelques-uns à Candellaria et à Guisnar, mais ils étaient mauvais chrétiens et haïs des Espagnols. Depuis ils ont disparu.

[3] *Sic.*

Elle produit abondamment certaines pierres fort poreuses, [1] comme esponges, et sont fort legeres, telement qu'une grosse comme la teste d'un homme, ne pese pas demye livre. Elle produit autres pierres comme excrement de fer. Et quatre ou cinq lieües en montant, se trouuent autres pierres sentans le souffre, dont estiment les habitans qu'en cest endroit y a quelque mine de souffre.

et autres de diuerse sorte.

|| CHAPITRE VII.

Fol. 12.

De l'isle de Fer.

NTRE ces isles i'ay bien voulu particulierement descrire l'isle de Fer [2], prochaine à la Teneriffe, ainsi appellée, parceque dedans

Isle de Fer pourquoy ainsi appellée.

[1] Sur la constitution géognostique, et les phénomènes volcaniques, consulter Avezac. *Iles de l'Afrique*. P. 126-127. — Bory de Saint-Vincent. Ouv. cité, p. 265-302.

[2] Les anciens Guanches appelaient cette île *Hera*, mot qui pourrait bien venir de *Hero*, fente, fissure de rocher, et non de l'espagnol *Hierro*, qui veut dire fer, car les anciens Canariens n'auraient pu tirer le nom de leur pays d'un mot espagnol, et d'ailleurs il n'y a pas de fer dans leur île. Voir Bory de Saint-Vincent. *Essai sur les îles Fortunées*. P. 219.

se trouuent mines de fer : comme celle de Palme pour l'abondance des palmes, et ainsi des autres. Et encores qu'elle soit la plus petite en toute dimension (car son circuit n'est que de six lieües) si est elle toutesfois fertile, en ce qu'elle contient, tant en cannes portãs sucres, qu'en bestial, fruits, et beaux iardins par sus tous les autres. Elle est habitée des Espagnols ainsi que les autres isles. Quant au blé il n'y en a pas suffisance pour nourrir les habitans : parquoy la plus grande part, comme les esclaues, sont contraincts de se nourrir de laict, et fourmages de cheures, dont y en a quantité : parquoy ils se montrent frais, dispos, et merueilleusement bien nourris : par ce que tel nourrissement par coustume est familier à leur naturel, ensemble que la bõne temperature de l'air les fauorise. Quelque demy philosophe ou demy medecin (honneur gardé à qui le mérite) pourra demander en cest endroit, si usans de telles choses ne sont graueleux, attendu que le laict et formage sont matiere de grauelle, ainsi que l'on voit aduenir à plusieurs en nostre Europe : ie repondray que le fourmage de soy peut estre bõ et mauuais, graueleux, et non graueleux selõ la quãtité que lon en prend et la diposition de la personne. Vray est qu'à nous autres, qui à une mesme heure non contens d'une espece de viãde, en prenons bien souuent de vingt cinq ou trente, ainsi qu'il vient, et boire de mesme, et tant qu'il en peut tenir entre le bast et les sangles, seulement pour honorer chacune d'icelles, et en bonne quantité et souuent : si le fourmage se trouue d'abondant, nature desia greuée de la multitude, en pourra mal faire son proffit, ioint

Fertilité de l'Isle de Fer.

Laict et fourmage graueleux.

cinq à six iours de telle vehemence et ardeur, qu'ils furent cõ || traints de se sauuer et garantir à leurs nauires et les autres qui n'auoyent ce moyen et liberté, se ietterent en la mer, iusques à tant que la fureur du feu fust passée. Incõtinent apres se mirẽt à labourer [1], planter, et semer graines diuerses, qui proffitent merueilleusement bien pour la bõne dispositiõ et amenité de l'air : puis bastirent maisons et forteresses de maniere qu'il ne se trouue auiourd'huy lieu plus beau et plus plaisant. Entre autres choses ils ont plã-té abondãce de cãnes, qui portent fort bon sucre : dont il se fait grand traffique, et auiourd'huy est celebre le sucre de Madere. Ceste gẽt qui auiourd'huy habite Madere, est beaucoup plus ciuile et humaine que celle des Canaries, et traffique auec tous autres le plus humainemẽt qu'il est possible. La plus grãde traffique est de sucre [2], de vin, (dont nous parlerons plus amplemẽt), de miel, de cire, orenges, citrons, limons, grenades, et cordouans. Ils font confitures en bõne quãtité, les meilleures et les plus exquises qu'on pourroit souhaitter : et les font en formes d'hõmes, de femmes, de lyons, oyseaux, et poissons, qui est chose belle à contempler et encores meilleure à gouster. Ils mettent dauantage plusieurs fruits en confitures, qui se peuuẽt garder par ce moyen, et transporter es

Fol. 14.

Sucre de Madere celebré entre autres.

Cõfitures de Madere.

Fertilité des

[1] D'après Cadamosto, le sol ainsi amendé rendit jusqu'à soixante pour un.

[2] Au XVe siècle, Madère produisait déjà par an 400 quintaux de sucre, et les Portugais y trouvaient la majeure partie de leur approvisionnement, mais depuis que la canne a été naturalisée aux Indes, la vigne seule fut cultivée dans l'archipel.

isles de Madere. païs estranger, au solagement et recreation d'un chacun. Ce païs est donc tresbeau, et autant fertile : tant de son naturel et situation (pour les belles montagnes accompagnées de bois, et fruits estrãges, lesquels nous n'auons par deça) que pour les fontaines et viues sources, dont la cãpagne est arrosée, et garnie d'herbes et pasturages suffisamment, bestes sauuages *Gomme.* de toutes sortes : aussi pour auoir diligẽment enrichi le lieu de labourages. Entre les arbres qui y sont, y a plusieurs qui iettent gommes, lesquelles ils ont appris auec le temps à biẽ appliquer à choses neces- *Espece de gaiac.* saires. Il se void là une espece de gaiac, mais pour ce qu'il n'a esté trouué si bon que celuy des Antilles, ils n'en tiennẽt pas grand conte : peut estre aussi qu'ils n'entendent la maniere de le bien preparer et accõmoder. Il y a aussi quelques arbres qui en certain *Sang de dragon.* tẽps de l'année iettent bonne gõme, qu'ils appellent Sang de dragõ [1] : et pour la tirer hors percent l'arbre par le pied, d'une ouverture assez large et profonde. Cest arbre produit un fruict iaune de grosseur d'une cerize de ce païs, qui est fort propre à refrechir et desal- *Cynabre de Dioscoride.* terer, soit en fieure ou autremẽt. Ce suc ou gõme n'est dissemblable au Cynabre dont écript Dioscoride. Quãt au Cynabre, dit-il, on l'apporte de l'Afrique, et se vẽd cher, et ne s'ẽ trouue assés pour satisfaire aux peintres : il est rouge et nõ blafard, pourquoy aucuns

[1] Ce n'était pas à Madère mais surtout aux Canaries qu'on trouvait le dragonnier (Dracena draco). Les Guanches faisaient des boucliers de son bois. Son suc est fort recherché en pharmacie. Voir Pomet. *Traité des drogues.* — *Magasin Pittoresque.* 1869. P. 185.

ont estimé que c'estoit sang de dragon : et ainsi a estimé Pline [1] en son luire trẽte troisiesme de l'histoire naturelle, chap. septiesme. Desquels tãt Cynabre que sãg de Dragõ, ne se trouue auiourd'huy de certain ne naturel par deça, tel que l'ont descript les Anciens, mais l'un et l'autre est artificiel. Doncques attẽdu ce qu'en estimoyent les Anciens, et ce que i'ay congneu de ceste gõme, ie l'estimeroye estre totalement semblable au Cynabre, et sang de dragon, ayant une vertu astringẽte et refrigerative. Ie ne veux oublier entre ces fruits tant singuliers, comme gros limons, orenges, citrons, et abondance de grenades doulces, vineuses, aigres, aigres doulces, moyennes, l'escorce desquelles ils appliquent à tanner et enforcer les cuirs, pour ce qu'elles sont fort || astringentes. Et pense qu'ils ont apris Fol. 15. cela de Pline, car il en traite au liure treziesme chap. dix-neufiesme de son histoire. Brief, ces isles tãt fertiles et aménes surmonteront en delices celles de la Grece, fusse Chios, que Empedocles a tãt celebré, et Rhodes Apollonius, et plusieurs autres.

1 Thevet a donné une fausse indication : Voici le passage de Pline (XXXIII. 38.) : Sic appellant saniem draconis elisi elephantorum morientium pondere, permixto utriusque animalis sanguine, ut diximus (VIII. 12.).

CHAPITRE IX.

Du vin de Madere.

Nous auons dit combien le terrouër de Madere est propre et dispos à porter plusieurs especes de bõs fruits, maintenãt faut parler du vin, lequel entre tous fruits pour l'usage et necessité de la vie humaine, ie ne sçay s'il merite le premier degré, pour le moins ie puis asseurer du second en excellence et perfectiõ. Le vin et sucre pour une affinité de temperature, qu'ils ont ensemble, demandent aussi mesme disposition : quant à l'air et à la terre. Et tout ainsi que noz isles de Madere apportẽt grande quantité de tresbon sucre, aussi apportent elles de bon vin [1], de quelque part que soyent venuz les plãts et marquotes. Les Espagnols m'ont affermé n'auoir esté apportez de Leuant, ne de Candie, combien que le vin en soit aussi bõ, ou meilleur : ce que dõcques ne doit estre attribué à autre chose, sinon à

Vin et sucre de Madere.

[1] Les variétés de vigne cultivées à Madère se réduisent à neuf : *verdelho, negro, molle, bastardo, bual* et *tinta* que l'on mêle ordinairement ensemble, *cadel, babora* et *malvazion* qui fournissent le malvoisie. La vigne est cultivée jusqu'à l'altitude de 634 mètres, mais mal cultivée, car la diminution de production n'a pas cessé de s'accroître surtout dans ces dernières années.

la bonté du territoire. Ie sçay bien que Cyrus Roy des Medes et Assyriens, auant que d'auoir conquesté l'Egypte [1], feit plãter grand nombre de plantes, lesquelles il feit apporter de Syrie, qui depuis ont rapporté de bons vins, mais qui n'ont surpassé toutesfois ceux de Madere. Et quant au vin de Candie, combien que les maluaises y soyent fort excellentes, ainsi que anciennement elles ont esté grandement estimées ès banquets des Romains, une fois seulement par repas, pour faire bonne bouche : et estoyẽt beaucoup plus celebrées que les vins de Chios, Metellin et du promontoire d'Aruoise, que pour son excellence et suauité à esté appellé bruuage des dieux. Mais auiourd'huy ont acquis et gaigné reputation les vins de nostre Madere, et de l'isle de Palme [2], l'une des Canaries, ou croist vin blanc, rouge et clairet : dont il se fait grand traffique par Espagne et autres lieux. Le plus excellent se vend sus le lieu de neuf à dix ducats la pipe : duquel païs estant transporté ailleurs, est merueilleusement ardent, et plus tost venin aux hommes que nourrissement, s'il n'est pris auec grãde discretion. Platon a estimé le vin estre nourrissement tresbon, et bien familier au corps humain, excitant l'esprit à vertu et choses honestes, pourvu que lon en use modere-

Maluaisie de Candie.

Vin de l'isle de Palme.

Utilité du vin

[1] Erreur de Thevet : Cyrus ne conquit jamais l'Egypte, ce fut son fils Cambyse.

[2] Le vin de Palme est encore aujourd'hui fort renommé. D'après Bory de Saint-Vincent (Ouv. cité. P. 215.) « la vigne y réussit à merveille et donne assez de vin pour qu'on puisse en exporter, ainsi que d'excellente eau-de-vie ».

pris moderémēt. ment. Pline [1] aussi dit le vin estre souueraine medecine. Ce que les Perses congnoissans fort bien estimerent les grandes entreprises, apres le vin moderemēt pris, estre plus valables, que celles que lõ faisoit à ieun, c'est a sçauoir estant pris en suffisante quantité, selon la complection des personnes. Nous auons dit, qu'il n'y a que la quantité és aliments qui nuise. Dõcques ce vin est meilleur à mon iugement la seconde ou troisieme année, que la premiere, qu'il retient ceste ardeur du Soleil, laquelle se cõsume auec le temps, et ne demeure que la chaleur naturelle du vin : comme nous pourrions dire de noz vins de ceste année 1556 : ou bien apres estre trans-
Fol. 16. portez d'un lieu en autre, car par ce || moyen ceste chaleur ardēte se dissipe. Ie diray encore qu'en ces isles de Madere [2] luxurient si abondamment les herbes et arbres, et les fruits à semblable, qu'ils sont contraints en coupper et brusler une partie, au lieu desquels ils plantent des cãnes à sucre, qui y proffitent fort bien, apportans leur sucre en six moys. Et celles qu'ils auront plantées en ianuier, taillent au mois de

[1] PLINE. *Hist. nat.* XXIII, 19.

[2] D'après le baron DE BUCH, l'île de Madère est encore parée aujourd'hui, malgré les effets du défrichement et de la culture, de cette richesse et de cette beauté de formes végétales que CAMOENS a célébrées dans le cinquième chant des *Lusiades*. « Madère est devant nous, Madère, l'orgueil de l'Océan qui l'embrasse et des Portugais qui l'ont peuplée. Elle doit son nom à ses forêts. Placée aux limites de l'ancien monde, elle n'a point la célébrité de Paphos ni de Cythère, mais elle les égale en beauté, et si le destin l'eut soumise à l'empire de Vénus, Vénus l'eut préférée aux bosquets de Cythère et de Paphos. »

iuin : et ainsi en proportion de moys en autre, selon qu'elles sont plantées : qui empesche que l'ardeur du soleil ne les incommode. Voyla sommairement ce que nous auons peu obseruer, quant aux singularitez des isles de Madere.

CHAPITRE X.

Du promontoire Verd et de ses isles.

Les Anciens ont appellé promõtoire une eminence de terre entrãt loing en la mer, de laquelle l'on void de loing : ce qu'auiourd'hui les modernes appellẽt Cap, comme une chose eminente par sus les autres, ainsi que la teste par dessus le reste du corps, aussi quelques uns ont voulu escrire *Promontorium a prominendo*, ce qui me semble le meilleur. Ce cap ou promõtoire, dont nous voulons parler, est situé sur la coste d'Afrique entre la Barbarie et la Guynée, au royaume de Senega distant de l'equinoctial de 15 degrez, anciennement appellé Ialout par les gens du païs, et depuis cap Verd [1] par

Promõtoire est ce que nous appellons cap.

Ialout, mainte-

[1] Le cap Vert est ainsi nommé parce que c'est le seul endroit

nant cap Verd, et pourquoy ainsi dit. ceux qui ont là nauigué, et fait la decouerte : et ce pour la multitude d'arbres et arbrisseaux, qui y verdoyent la plus grand partie de l'année : tout ainsi que lon appelle le promontoire ou cap Blanc, pour ce qu'il est plein de sablons blancs comme neige, sans apparence aucune d'herbes ou arbres, distant des *D'Argin goufre* isles Canaries de 70 lieües, et là se trouue un goufre de mer, appellé par les gens du païs Dargin [1] du nõ d'une petite isle prochaine de terre ferme, ou cap de *Promõtoire d'Ethiopie.* Palme, pour l'abondance des palmiers. Ptolemée a nommé ce cap Verd, le promontoire d'Ethiopie, dont il a eu cognoissance sans passer outre. Ce que de *Estendue grãde de l'Ethiopie.* ma part i'estimeroye estre bien dit, car ce païs contient une grande estendue : de maniere que plusieurs ont voulu dire, que Ethiopie est diuisée en l'Asie et en l'Afrique. Entre lesquels Gemma Phrise dit que les monts Ethiopiques occupants la plus grãde partie de l'Afrique, vont iusques aux riues de l'Ocean occidental, vers midy, iusques au fleuue Nigritis. Ce cap est fort beau et grand, entrant bien auant dedãs la mer, situé sur deux belles montagnes [2]. Tout ce païs est

de la côte Africaine, depuis le cap Blanc qui soit signalé à l'attention des navigateurs par sa végétation puissante. Ses pentes sont tapissées de magnifiques baobabs, mais qui ne se revêtent que pendant l'été de leur splendide parure. Voir Fleuriot de Langle. *Croisières à la côte d'Afrique.*

[1] C'est le banc d'Arguin, auquel le naufrage de la Méduse donna une si triste célébrité. Il limite du côté du large une immense baie située entre les caps Blanc et Mirick.

[2] Les « deux belles montagnes » dont parle Thevet sont deux monticules nommés les Mamelles.

habité de gens assez sauuages, non autant toutesfois que des basses Indes, fort noirs cõme ceux de la Barbarie. Et faut noter, que depuis Gibaltar, iusques au païs du Preste-Jan, et Calicut, contenant plus de trois mille lieües, le peuple est tout noir. Et mesmes i'ay veu dans Hierusalem, trois euesques [1] de la part de ce Preste-Jan, qui estoyent venuz visiter le saint sepulchre, beaucoup plus noirs, que ceux de la Barbarie, et non sans occasion : car ce n'est à dire que ceux generalement de toute l'Afrique, soyent egalement noirs [2], ou de semblables meurs et conditions les uns comme les autres : attendu la varieté des regions, qui sont plus chaudes les unes que les autres. Ceux de l'Arabie et d'Egypte sont moyẽs entre blãc et noir : les autres bruns ou grisatres, que lon ap || pelle Mores blãcs : les autres parfaittemẽt noirs comme adustes. Ils viuent la plus grand part tous nuds, comme les Indiens, recongnoissans un roy, qu'ils nomment en leur lãgue *Mahouat* : sinon que quelques uns tant hõmes que femmes cachent leurs parties hõteuses de quelques peaux de bestes [3]. Aucuns entre les autres

Fol. 17.

Mores blancs.

[1] C'étaient sans doute des évêques abyssins. Le prêtre Jean qui fit tellement travailler les imaginations du moyen âge n'était en effet que le négus ou empereur d'Abyssinie. Ses sujets étaient convertis au Nestorianisme depuis le quatrième siècle.

[2] Cette variété de coloration est réelle. L'amiral Fleuriot de Langle dans ses croisières à la côte d'Afrique a remarqué que la couleur des sénégalais varie du bronze florentin au noir le plus foncé. Il a même observé des cas fréquents d'albinisme. (*Tour du monde.* 593).

[3] Ces usages se sont perpétués : Les étoffes recherchées par

portent chemises et robes de ville estoffe, qu'ils reçoiuent en traffiquant auec les Portugais. Le peuple est assez familier et humain enuers les estrangers. Avãt que prendre leur repas, ils se lauent le corps et les membres : mais ils errent grandement en un autre endroit, car ils preparent tres mal et impurement leurs viãdes, aussi mangent-ils chairs et poissons pourris, et corrompus : car le poisson pour son humidité, la chair pour estre tendre et humide, est incontinent corrompue par la vehemente chaleur, ainsi que nous voyons par deça en esté : veu aussi que l'humidité est matiere de putrefaction, et la chaleur est comme cause efficiente. Leurs maisons et hebergemens sont de mesmes, tous rõds en maniere de colombier, couuerts de iõc marin, duquel aussi ils usent en lieu de lict, pour se reposer et dormir. Quant à la religion, ils tiennent diuersité d'opinions assez estranges et contraires à la vraye religion [1]. Les uns adorent les idoles, les autres Mahomet, principalement au royaume de Gambre, estimans les uns, qu'il y a un Dieu auteur de toutes choses, et autres opiniõs non beaucoup dissemblables à celles des Turcs. Il y a aucuns entre eux, qui viuent plus austeremẽt que les autres, portans à leur col un petit vaisseau fermé de tous costez,

Religion et mœurs des habitans du cap Verd.

les Sénégalais sont surtout des cotonnades, et particulièrement la cotonnade bleue ou guinée.

[1] Ces indigènes, aujourd'hui comme au temps de Thevet, sont encore partagés entre le mahométisme et le fétichisme ; mais il n'est que juste de constater les énormes progrès de la première de ces deux religions.

et collé de gomme en forme de petit coffret ou estuy [1], plein de certains caracteres propres à faire inuocations, dont coustumierement ils usent par certains iours sans l'oster, ayans opinion que cependant ne sont en danger d'aucun inconvenient. Pour mariage ils s'assemblent les uns auec les autres par quelques promesses, sans autre ceremonie. Ceste nation se maintient assez ioyeuse, amoureuse des danses, qu'ils exercent au soir à la Lune, à laquelle ils tornent tousiours le visage en dansant, par quelque maniere de reuerence et adoration. Ce que m'a pour vray asseuré un miẽ amy, qui le sçait pour y auoir demeuré quelque temps. Par delà sont les Barbazins et Serrets [2], auec lesquels font guerre perpetuelle ceux dont nous auõs parlé, combiẽ qu'ils soyẽt semblables, hors-mis que les Barbazins sont plus sauuages, cruels et belliqueux. Les Serrets sont vagabonds, et comme desesperez, tout ainsi que les Arabes par les deserts, pillãs ce qu'ils peuuẽt, sans loy, sans roy, sinon qu'ils portent quelque honneur à celuy d'entre eux qui a fait quelque prouesse ou vaillance en guerre : et alleguent pour raison, que s'ils estoient submis à l'obeissance d'un Roy, qu'il pourroit prendre leurs enfans, et en user comme d'esclaues, ainsi que le Roy de Senega.

Barbazins et Serrets peuples d'Afrique.

[1] Cet usage s'est conservé. Presque tous les nègres de la côte Sénégalienne portent encore au cou diverses amulettes, dont ils ne se séparent jamais, même quand ils se convertissent au christianisme ou à la civilisation.

[2] Le nom des Serrets s'est perpétué. Ce sont les Serreres de nos jours. Cf. FLEURIOT DE LANGLE. *Croisières à la côte d'Afrique. Tour du monde*. nº 595.

Ils combattent sus l'eau le plus souuent auec petites barques [1], faittes d'escorche de bois, de quatre brassées
Almadies. de long, qu'ils nommẽt en leur langue Almadies. Leurs armes sont arcs et flesches fort aigües, et enuenimées, tellement qu'il n'est possible de se sauuer, qui en a esté frappé. Dauantage ils usent de bastons de cannes, garnis par le bout de quelques dents de beste ou poisson, au lieu de fer, desquels il se sçauent fort bien aider. Quand ils prennẽt leurs ennemys en guerre, ils les reseruent à vendre aux estrãgers, pour
Fol. 18. auoir autre mar || chandise (car il n'y a usage d'aucune mõnoye) sans les tuer et manger : comme sont les Cãnibales, et ceux du Bresil. Ie ne veux omettre que ioignant ceste contrée, y a un tresbeau fleuue, nõmé
Nigritis fl. maintenãt Senega. Nigritis, et depuis Senega, qui est de mesme nature que le Nil, dõt il procede, ainsi que veulẽt plusieurs, lequel passe par la haute Libye, et le royaume d'Orgueue, trauersant par le milieu de ce païs et l'arrosant, comme le Nil fait l'Egypte : et pour ceste raison a esté appellé Senega. Les Espagnols ont voulu plusieurs fois par sus ce fleuue entrer dedans le païs, et le subiuguer : et de fait quelquefois ont entré bien quatre vingts lieües : mais ne pouuans aucunemẽt adoucir les gens du païs, estranges et barbares, pour euiter plus grands inconueniens se sont retirez. La traffique de ces sauuages est en esclaues, en bœufs,

[1] Cadamosto (*La prima Navigazione per l'oceano alle terre de negri*) fut ainsi attaqué près du cap Vert par trois pirogues chargées de nègres. La victoire fut facile, et son humanité la rendit aussi peu sanglante que possible.

et cheures, principalement des cuirs, et en ont en telle abondance que pour cent liures de fer, vous aurez une paire de bœufs, et des meilleurs. Les Portugais se vantēt auoir esté les premiers, qui ont mené en ce cap Verd, cheures, vaches, et toreaux, qui depuis auroyent ainsi multiplié. Aussi y auoir porté plãtes et semences diuerses, cōme de riz, citrons, orenges. Quant au mil, il est natif du païs, et en bonne quantité. Aupres du promontoire Verd y a trois petites isles [1] prochaines de terre ferme, autres que celles que nous appellōs isles de cap Verd, dont nous parlerons cy apres, assez belles pour les beaux arbres qu'elles produisent : toutesfois elles ne sont habitées. Ceux qui sont là prochains y vont souuent pescher, dont ils rapportent du poisson en telle abondance, qu'ils en font de la farine, et en usent au lieu de pain, apres estre seiché, et mis en poudre. En l'une de ces isles || se trouue un arbre, lequel porte fueilles semblables à celles de noz figuiers, le fruit est lōg de deux pieds ou enuirō, et gros en proportion, approchãt des grosses et lōgues coucourdes de l'isle de Cypre. Aucuns mangent de ces fruits, comme nous faisons de sucrins et melōs : et au dedãs de ce fruit est une graine faite à la semblãce d'un rougnon de lieure, de la grosseur d'une febue. Quelques uns en nourrissent les singes, les autres en font colliers pour

Isles pres du cap Verd, nō habitées.

Fol. 19.

Arbre estrange.

1 Près du cap Vert on ne peut citer que l'îlot de Gorée, mais il n'avait pas alors assez d'importance pour attirer l'attention de Thevet. Les îles dont il parle correspondent plutôt à l'archipel des Bissagots.

mettre au col : car cela est fort beau quand il est sec et assaisonné.

CHAPITRE XI.

Du vin de Palmiers.

AYANT escript le plus sommairement qu'il a esté possible, ce que meritoit estre escript du promontoire Verd, cy dessus declaré, i'ay bien voulu particulierement traiter, puis qu'il venoit à propos, des Palmiers, et du vin et bruuage que les sauuages noirs ont apris d'en faire, lequel en *Mignol.* leur langue ils appellent, Mignol. Nous voyons combien Dieu pere et createur de toutes choses nous doñe de moyens pour le soulagemẽnt de nostre vie, tellement que si l'un defaut, il en remet un autre, dont il ne laisse indigence quelconque à la vie humaine, si de nous mesmes nous ne nous delaissons par nostre vice et negligence : mais il dõne diuers moyẽs, selon qu'il luy plaist, sans autre raison. Doncques si en ce païs la vigne n'est familiere comme autrepart, et parauenture pour n'y auoir esté plantée et diligemment cultiuée : il n'y a vin en usage, non plus qu'en plusieurs autres lieux de nostre Europe, ils ont auec prouidence diuine recouuert par art et quelque diligence cela, que autrement leur estoit denié. Or ce palme est un arbre merueilleusement beau, et bien accompli, soit en grandeur, en perpetuelle verdure, ou autrement, dont il y en a plusieurs especes, et qui prouiennent en diuers lieux. En l'Europe, comme en Italie, les palmes croissent abondamment, principalement en Sicile, mais steriles. En quelque frontiere d'Espagne, elles portent fruit aspre et malplaisant à manger. En Afrique, il est fort doux, en Egypte semblablement, en Cypre, et en Crete, en l'Arabie pareillement. En Iudée, tout ainsi qu'il y en a abondance, aussi est cela plus grande noblesse et excellence, principalement en Iericho. Le vin que lon en fait est excellent, mais qui offense le cerveau. Il y a de cest arbre le masle et la femelle [1] : la masle porte sa fleur à la branche, la femelle germe sans fleur, et est chose merueilleuse et digne de contemplation ce que Pline et plusieurs autres en recitent : que aux forestz des palmiers prouenus du naturel de la terre, si on couppe les masles, les femelles deuiennent steriles sans plus porter de fruit : comme femmes vefues pour l'absence de leurs maris. Cest arbre demande le païs chaud [2], terre sablonneuse, vitreuse, et comme salée, autrement on luy sale la racine auant que la

Plusieurs especes de palmes.

[1] Sur les palmiers et leur fécondation voir PLINE. H. N. XIII. 7-10. — CLAMAGERAN. *L'Algérie*. P. 170.

[2] Id. XIII. 7. — XVII. 3.

planter. Quant au fruit [1] il porte chair par dehors, qui croist la premiere, et au dedans un noyau de bois, c'est à dire la graine ou semence de l'arbre : comme nous voyõs es pommes de ce païs. Et qu'ainsi soit lon en trouue de petites sans noyau en une mesme bran-
Fol. 20. che que les autres. || Dauantage, cest arbre apres estre mort, reprend naissance de soy mesme : qui semble auoir donné le nom à cest oyseau, que lon appelle Phenix, qui en grec signifie Palme, pour ce qu'il prend aussi naissance de soy sans autre moyen. Encores plus cest arbre tant celebré a donné lieu et argument au prouerbe, que lon dit, Remporter la palme, c'est à dire le triomphe et victoire : ou pour ce que le tẽps passé on usoit de palme pour couronne en toutes victoires, comme tousiours verdoyante : combien que chacun ieu, ou exercice avoit son arbre ou herbe particulierement, comme le laurier, le myrthe, l'hierre, et l'olivier : ou pour ce que cest arbre, ainsi que veulent aucuns, ayt premierement esté consacré à Phebus, auãt que le laurier, et ayt de toute antiquité representé le signe de la victoire. Et la raison de ce recite Aulu-Gelle [2], quãd il dit que cest arbre a une certaine propriété, qui conuient aux hommes, vertueux et magnanimes : c'est que iamais la palme ne cede, ou plie sous le fais, mais au contraire tant plus elle est chargée, et plus par une maniere de resistance, se redresse en la part opposite. Ce que conferme Aris-

Phenix, oyseau pourquoy ainsi appellé.

Prouerbe.

Proprieté de la palme.

[1] PLINE. XIII. 4.

[2] AULU GELLE. Liv. III. § 6.

tote [1] en ses Problemes, Plutarque en ses Symposiaques, Pline et Theophraste. Et semble conuenir au propos ce que dit Virgile,

N'obeis iamais au mal qui t'importune
Ains vaillamment resiste à la Fortune.

Or est il temps desormais de retourner à nostre promontoire : auquel, tant pour la disposition de l'air treschaud (estant en la zone torride distant XV degrez de la ligne Equinoctiale) que pour la bonne nature de la terre, croist abondance de palmes, desquels ils tirent certain suc pour leur despence et boisson ordinaire. L'arbre ouuert auec quelque instrumẽt, comme à mettre le poin, à un pied ou deux de terre, il en sort une liqueur, qu'ils reçoiuent en un vaisseau de terre de la hauteur de l'ouuerture, et la reseruent en autres vaisseaux pour leur usage.

Maniere de faire ce vin de palmiers.

Et pour la garder de corruption, ils la salent quelque peu, comme nous faisons le verius par deça : tellement que le sel consume ceste humidité crue estant en ceste liqueur, laquelle autrement ne se pouuant cuire ou meurir, necessairement se corrompoit. Quant à la couleur et consistence, elle est semblable aux vins blancs de Champagne et d'Aniou : le goust fort bon, et meilleur que les citres de Bretagne. Ceste liqueur est trespropre pour refreschir et desalterer, à quoy ilssont subiets pour la cõ || tinuelle

Proprieté du vin de palmiers.

Fol. 21.

1 ARISTOTE. *Problemata*. Liv. VII ; PLUTARQUE. *Symp.* Liv. VIII ; PLINE. *Hist. Nat.* Liv. XVI. § 42 ; THEOPHRASTE. *Hist. des plantes*. Liv. V.

et excessiue chaleur. Le fruict de ces palmiers, sont petites dattes, aspres et aigres, tellement qu'il n'est facile d'en manger : neantmoins que le ius de l'arbre ne laisse à estre fort plaisant à boire : aussi en font estime entre eux, comme nous faisons des bons vins. Les Egyptiens anciennement [1], auant que mettre les corps morts en basme, les ayans preparez ainsi qu'estoit la coustume pour mieux les garder de putrefaction, les lauoyent trois ou quatre fois de ceste liqueur, puis les oignoient de Myrrhe, et cinnamome. Ce breuuage est en usage en plusieurs contrées de l'Ethiopie, par faute de meilleur vin. Quelques Mores semblablement font certaine autre boisson du fruit de quelque autre arbre, mais elle est fort aspre, comme verius, ou citre de cormes, auant qu'elles soyent meures. Pour euiter prolixité, ie laisseray plusieurs fruits et racines, dont usent les habitans de ce païs, en aliments et medicaments, qu'ils ont appris seulemẽt par experience, de maniere qu'ils les sçauent bien accommoder en maladie. Car tout ainsi qu'ils euitent les delices et plusieurs voluptez, lesquelles nous sont par deça fort familieres, aussi sont ils plus robustes et dispos pour endurer les iniures externes, tant soyẽt elles grandes : et au contraire nous autres, pour estre trop delicats, sommes offensez de peu de chose.

Autre sorte de bruuage.

[1] HÉRODOTE Liv. II. § 86.

CHAPITRE XII.

De la riuiere de Senegua.

COMBIEN que ie ne me soys proposé en ce mien discours, ainsi que vray Geographe d'escrire les païs, villes, citez, fleuues, goufres, mõtagnes, distãces, situatiõs, et autres choses appartenans à la Geographie, ne m'a semblé toutes fois estre hors de ma profession, d'escrire amplement quelques lieux les plus notables, selon qu'il venoit à propos, et comme ie les puis auoir veuz, tant pour le plaisir et contentement, qu'en ce faisant le bon et bien affectionné Lecteur pourra receuoir, que pareillement mes meilleurs amis : pour lesquels me semble ne pouuoir assez faire, en comparaison du bõ vouloir et amitié qu'ils me portent : ioint que ie me suis persuadé, depuis le commencement de mon liure escrire entièrement la verité de ce que i'auray peu voir et congnoistre. Or ce fleuue entre autres choses tant fameux (duquel le païs et Royaume qu'il arrouse, a esté nommé Senegua : comme nostre mer Mediterranée acquiert diuers noms selon la diuersité des contrées où elle passe) est en Libye, venant au cap Verd, duquel nous auons parlé cy deuant : et depuis lequel iusques à la riuiere, le païs est fort plain,

Royaume de Senegua, appellé du nom du fleuue.

sablonneux, [1] et sterile : qui est cause que là ne se trouue tant de bestes rauissantes qu'ailleurs. Ce fleuue est le premier, et plus celebre de la terre du costé de l'Ocean, separant la terre seiche et aride de la fertile [2]. Son estendue est iusques à la haute Libye, et plusieurs autres païs et royaumes qu'il arrose. Il tient
Fol. 22. de largeur enuiron une || lieue, qui toutesfois est bien peu, au regard de quelques riuieres qui sont en l'Amerique : desquelles nous toucherons plus amplement cy apres. Avant qu'il entre en l'Ocean [3] (ainsi que nous voyõs tous autres fleuues y tẽdre et aborder) il se deuise, et y entre par deux bouches elongnées l'une de l'autre enuirõ demye lieue, lesquelles sont assés profondes, tellement que lon y peut mener petites nauires. Aucuns anciens, comme Solin en son liure nommé Polyhistor, Iules Cœsar, et autres, ont escrit ce grãd fleuue du Nil passant par toute l'Egypte,

Opinion de quelques anciens sur l'origine du Nil et de Senegua.

[1] Cette description est encore vraie de nos jours. Depuis l'embouchure du Sénégal jusqu'au Cap Verd, la côte est en effet sablonneuse et stérile. Quelques arbres rabougris couvrent à peine les dunes d'une végétation que la poussière du désert rend grisâtre. Voir FLEURIOT DE LANGLE. *Croisières à la côte d'Afrique. Tour du monde.* n° 595.

[2] En effet, le fleuve sert de frontière au désert. Les sables commencent à la rive septentrionale.

[3] Arrivé tout près de la mer, le Sénégal est arrêté par une digue étroite de sable, coule alors vers le sud, se divise en deux larges bras, au milieu desquels est notre capitale Saint-Louis, et finit au-dessous de cette ville, en formant une barre mobile qui gène beaucoup la navigation. La description de Thevet est donc fort exacte.

auoir mesme source et origine que Senegua [1], et de mesmes montagnes. Ce que n'est vraysemblable. Il est certain que la naissance du Nil est bien plus outre l'Equateur, car il vient des hautes montagnes de Bede [2], autrement nommées des anciens Geographes, mõtagnes de la Lune, lesquelles font la separation de l'Afrique vieille à la nouuelle, cõme les mõts Pyrenées de la Frãce d'auec l'Espagne. Et sont ces montagnes situées en la Cyrenaique, qui est outre la ligne quinze degrés. La source de Senegua dõt nous parlons, procede de deux montagnes [3], l'une nommée Mandro, et l'autre Thala, distinctes des montagnes de Bed plus de mille lieues. Et par cecy l'on peut voir combien ont erré plusieurs pour n'en auoir faict la recherche, cõme ont fait les modernes. Quant aux montagnes de la Lune [4], elles sont situées en l'Ethio-

[1] Sur cette confusion des deux fleuves par les anciens, on peut consulter l'intéressant mémoire de M. Berlioux, qui a pour titre : *Doctrina Ptolemæi ab injuria recentiorum vindicata, sive Nilus superior et Niger verus, hodiernus Echirren, ab antiquis explorati.*

[2] Inutile de faire remarquer que les conjectures de Thevet sur les sources du Nil sont tout-à-fait hypothétiques. La science contemporaine n'a pas encore débrouillé ce mystère géographique.

[3] Le Sénégal est en effet formé par deux rivières principales la Baoulé et la Falemé, dont les sources sont fort éloignées l'une de l'autre. Il est difficile de déterminer la position des monts Mandra et Thala dont parle Thevet, puisqu'on ne connaît pas encore l'orographie exacte de ces Alpes africaines, et que les dénominations géographiques ont été singulièrement défigurées dans sa naïve description.

[4] Les montagnes de la Lune après avoir figuré sur les atlas modernes jusqu'aux voyages de Speke, Baker, Livingston, etc.,

pie inferieure, et celles d'ou vient Senegua en Libye, appellée interieure : de laquelle les principales montagnes sont Usergate, d'ou procede la riuiere de Bergade ; la montagne de Casa, de laquelle descend le fleuue de Darde : le mont Maudro elevé par sus les autres, comme ie puis coniecturer, à cause que toutes riuieres, qui courent depuis celle de Salate, iusques à celle de Masse, distans l'une de l'autre enuiron septante lieües, prennent leur source de ceste montagne. Dauantage le mont Girgile, duquel tombe une riuiere nommée Cympho : et de Hagapole vient Subo fleuue peuplé de bon poisson, et de crocodiles ennuyeux et dommageables à leurs voysins. Vray est que Ptolemée qui a traicté de plusieurs païs et nations estranges, a dit ce que bon luy a semblé, principalement de l'Afrique et Ethiopie, et ne trouue auteur entre les anciens, qui en aye eu la cognoissance si bonne et parfaitte, qui m'en puisse donner vray contentemẽt. Quand il parle du promontoire de Prasse (ayant quinze degrez de latitude, et qui est la plus loingtaine terre, de laquelle il a eu cognoissance comme aussi descrit Glarean [1] à la fin de la description de l'Afrique) de son tẽps le mõde inférieur a esté descrit, neantmoins ne l'a touché entièrement, pour estre priué et n'auoir cõgneu une bõne partie de la

Montagnes de Lybye.

Nul auteur ancien a eu parfaitte cõgnoissance de toute l'Afrique.

ne se rencontrent plus aujourd'hui que sur les cartes arriérées. Elles ont été remplacées par la chaîne encore indécise qui sépare les eaux du Nil de celles du Tanganiycka, les monts Moun dans le pays des Nyam-Nyam.

[1] Glareanus. *De geographia liber*. Bâle. 1527.

terre meridionale, qui a esté découuerte de nostre temps. Et quant et quãt plusieurs choses ont esté adioustées [1] aux escrits de Ptolemée que l'on peut voir à la table generale, qui est proprement de luy. Parquoy le lecteur simple, n'ayant pas beaucoup versé en la Cosmographie et cognoissance des choses, notera que tout le monde inferieur est diuisé par les anciens en trois parties inegales, à scauoir Europe, Asie, et Afrique : desquelles ils ont escrit les uns à la verité, les autres ce que bon leur a semblé, sans toutesfois rien toucher des Indes occidẽtales, qui font auiourd'huy la quatriesme partie du mõde, découuertes par les modernes : cõme aussi a esté la plus grand part des Indes Oriẽtales, Calicut et autres. Quãt || à celles de l'Ocident, la Frãce Antarctique, Peru, Mexique, on les appelle auiourd'hui vulgairemẽt, le nouueau Monde, voire iusques au cinquante deuziesme degré et demy de la ligne, où est le destroit de Magello, et plusieurs autres provinces du costé du North, et du Su à costé du Leuãt et au bas du Tropique de Capricorne en l'Oceã meridional : et à la terre Septẽtrionale : desquelles Arrian, Pline, et autres historiographes n'õt fait aucune mẽtion qu'elles ayent esté découuertes, de leurs tẽps. Quelques uns [2] ont bien fait mentiõ d'aucunes isles qui furẽt decouuertes par les Carthaginois, mais i'estimeroys estre les isles

Fol. 23.

Nouueau monde.

Isles Hesperides découuertes autresfois par les Carthaginois.

[1] Ce fut en effet l'habitude d'ajouter les découvertes récentes aux éditions de Ptolémée. Voir les éditions de Ptolémée imprimées au XVIe siècle, et particulièrement celles de Ruscelli.

[2] Voir ARISTOTE. *De mirabilibus auscultationibus*. § 84. DIODORE DE SICILE. VI. 9-20. Cf. P. GAFFAREL. *Les Phéniciens en Amérique*.

Hesperides ou Fortunées. Platon aussi dit en son *Timée* [1], que le tẽps passé auoit en la mer Atlãtique et Oceã un grãd païs de terre. Ce que plus tost i'estimeroye fable : car si la chose eut esté vraye, ou pour le moins vraysemblable, autres que lui en eussent escrit : attẽdu que la terre de laquelle les Anciẽs [2] ont eu cõgnoissance, se diuise en ceste maniere. Premierement de la part de Leuant, elle est prochaine à la terre incogneüe, qui est voysine de la grande Asie : et aux Indes Orientales du costé du Su, ils ont eu cognoissance de quelque peu, asçauoir de l'Ethiopie meridionale, dite Agisimbra [3], du costé du North des isles d'Angleterre, Escosse, Irlande, et montagnes Hyperborées, qui sont les termes plus lointaings de la terre Septentrionale, comme veulent aucuns. Pour retourner à nostre Senegna, deça et delà ce fleuue tout ainsi que le territoire est fort diuers,

Isle Atlantique du temps de Platõ.

Diuersité de païs, et meurs

[1] *Timée*. Edit. Didot. II. P. 202. Voir aussi le *Critias*.

[2] L'érudition de Thevet est ici en défaut. Qu'il nous suffise de citer parmi les écrivains anciens qui parlèrent de l'Atlantide : PLUTARQUE. *Vie de Solon*. 26-31. — PLINE. H. N. II. 90. — STRABON. II. 3. 6. — POSIDONIUS, cité par Strabon. — PHILON LE JUIF. *De l'indestructibilité du monde*. — PROCLUS, citant Crantor et Marcellus dans son *Commentaire du Timée*. P. 24. — ARNOBE. — TERTULLIEN. *De pallio*. 25. — *Apologétique*. 40. ELIEN. III. 18. — etc.

[3] Les anciens s'étaient avancés bien plus au sud. Il est probable qu'ils doublèrent l'Afrique. Quant aux régions du nord, ils connaissaient certainement la Scandinavie, et la Thule de Pythéas est sans doute l'Islande. Cf. P. GAFFAREL. *Eudoxe de Cyzique et le périple de l'Afrique dans l'antiquité*. — LELEWEL. *Pythéas de Marseille*, etc.

aussi sont les hommes qu'il nourrit. Delà les hommes sont fort noirs, de grãde stature, le corps alaigre et deliure, nonobstant le païs verdoye, plein de beaux arbres portans fruit. Deça vous verrez tout le contraire, les hõmes de couleur cendrée, et de plus petite stature. Quant au peuple de ce païs de Senegua, ie n'en puis dire autre chose, que de ceux du cap Verd, sinon qu'ils font encore pis. La cause est que les Chrestiens n'oseroyent si aysément descendre en terre pour traffiquer, ou auoir refraischement comme aux autres endroits, s'ils ne veulent estre tuez ou pris esclaues. Toutes choses sont viles et contemptibles entre eux, sinon la paix qu'ils ont en quelque recommandation les uns entre les autres. Le repos pareillement, auec toutesfois quelque exercice à labourer la terre, pour semer du ris : car de blé, ne de vin, il n'y en a point. Quant au blé, il n'y peut venir, comme en autres païs de Barbarie ou d'Afrique, pour ce qu'ils ont peu souuent de la pluie, qui est cause que les semences ne peuuent faire germe, pour l'excessiue chaleur et siccité. Incontinent qu'ilz voyent leur terre trempée ou autrement arrousée, se mettent à labourer, et apres auoir semé, en trois mois le fruit est meur, prest à estre moissonné. Leur boisson est de ius de palmiers et d'eau. Entre les arbres de ce païs, il s'en trouue un de la grosseur de noz arbres à glan, lequel apporte un fruit gros comme dattes. Du noyau ils font huile, qui a de merueilleuses proprietés. La premiere est, qu'elle tiẽt l'eau en couleur iaune comme saffran : pourtant ils en teignent les petis vaisseaux à boire, aussi quelques chapeaux faits de paile de ionc,

des habitans de Senegua.

Arbre fructifere, et huille de grãde proprieté.

ou de ris. Cest huile d'auãtage a odeur de violette de
Fol. 24. Mars, et saueur d'oliue : parquoy plusieurs || en mettent auec leur poisson, ris, et autres viandes qu'ils mangent. Voyla que i'ay bien voulu dire du fleuue, et païs de Senegua : lequel confine du costé de Leuant à la terre de Thueusar [1], et de la part de Midy au royaume de Cambra, du Pouent à la mer Oceane. Tirans tousiours nostre route, commençasmes à entrer quelques iours apres au païs d'Ethiopie, en celle part, que lon nomme le royaume de Nubie, qu'est de bien grande estendue, auec plusieurs royaumes et prouinces, dont nous parlerons cy apres.

CHAPITRE XIII.

Des isles Hesperides autrement dittes de Cap Verd.

PRES auoir laissé nostre promôtoire à senestre, pour tenir chemin le plus droit qu'il nous estoit possible, faisant le Surouest un quart

[1] Sur les cartes d'Ortelius on ne trouve pas la terre de Thueusar, mais le royaume de Gambra, qui paraît correspondre au Cayor actuel.

du Su, feimes enuiron une iournée entiere : mais venans sur les dix ou unze heures, se trouua vent contraire, qui nous ietta sus dextre, vers quelques isles, que lon appelle par noz cartes marines isles de Cap Verd, lesquelles sont distãtes des isles Fortunées ou Canaries, de deux cens lieües, et du cap de soixante par mer, et cent lieües de Budomel en Afrique suyuant la coste de la Guynée vers le pole Antarctique [1]. Ces isles sont dix [2] en nombre, dont il y en deux fort peuplées de Portugais, qui premierement les ont encouuertes, et mis en leur obeissance : l'une des deux, laquelle ils ont nõmée Saint Iaques, sur toutes est la plus habitée : aussi se fait grandes traffiques par les Mores, tant ceux qui demeurent en terre ferme, que les autres qui nauiguent aux Indes, en la Guinée, et à Manicongre, au païs d'Ethiopie. Ceste isle est distante de la ligne equinoctiale de quinze degres : une autre pareillement, nommée Saint Nicolas, habitée de mesme cõme l'autre. Les autres ne sont si peuplées, cõme Flera, Plintana, Pinturia, et Foyon : ausquelles y a bien quelque nobre de gens et d'esclaues, enuoyez par les Portugais pour cultiuer la guerre [3], en aucũs endroits qui se trouue-

Situatiõ des isles de cap Verd.

Isle S. Iacques.

Isle S. Nicolas.

Isles Flera, Plintana, Pinturia et Foyon.

[1] En réalité cet archipel se trouve à 252 lieues au sud-ouest du cap Vert.

[2] Les dix îles se nomment : St.-Jacques, St.- Antonio, Fogo, Boavista, St.-Nicolas, St.-Vincent, ilha do Sal, Maïo, Brava, Sainte-Luce. On compte en outre quatre îlots, Razo, Grande, Branco, do Rambo. Sur cet archipel on peut consulter Lopes de Lima. *Ensaio sobre a statistica das ilhas do Cabo Verde.* — Avezac. *Iles de l'Afrique.* P. 171.

[3] *Sic* pour terre.

royent propres : et principalement pour y faire amas de peaux de cheures, dõt y a grande quãtité, et en font fort grãde traffique. Et pour mieux faire, les Portugais deux ou trois fois l'année passent en ces isles auec nauires et munitiõs, menãs chiens et filets, pour chasser aux cheures sauuages [1] : desquelles apres estre escorchées reseruent seulement les peaux, qu'ils deseichẽt auecques de la terre et du sel, en quelques vaisseaux à ce appropriés, pour les garder de putrefactiõ : et les emporter ainsi en leur païs, puis en font leurs marroquins tãt celebrés par l'uniuers. Aussi sont tenu les habitãs des isles pour tribut, rendre pour chacun au Roy de Portugal le nõbre de six mille cheures, tãt sauuages que domestiques salées et seichées : lesquelles ils deliurent à ceux, qui de la part d'iceluy Seigneur font le voyage auec ses grands vaisseaux, aux Indes Orientales, comme à Calicut, et autres, passans par ces isles : et est employé ce nõbre de cheures pour les nourrir pẽdant le voyage, qui est de deux ans, ou plus, pour la distance des lieux, et la grande nauigation qu'il faut faire. Au surplus l'air en ces isles est pestilentieux et malsain [2], tellemẽt que

Maroquins d'Espagne.

[1] Les chèvres sont encore très-nombreuses dans l'archipel, malgré ce qu'on en tue chaque année pour les peaux, qui sont maintenant exportées non plus en Portugal, mais dans l'Amérique du nord. Ces chèvres ont bonne apparence, leur poil est court et lustré, leurs couleurs variées.

[2] Le climat de ces îles est très-chaud, et surtout fort humide. L'influence du climat sur l'état sanitaire varie selon les îles. A Saint-Jacques on meurt avec une déplorable facilité. A Saint-Nicolas la progression des décès ne s'est pas encore arrêtée. Dans

les premiers Chrestiens || qui ont commẽcé à les habiter Fol. 25.
ont esté par long temps vexez de maladie, tant à mon iugement pour la temperature de l'air qui en tels endroits ne peut estre bõne, que pour la mutation. Aussi sont là fort familieres et comũnes les fieures chaudes, aux esclaues specialement, et quelque flux de sang : qui ne peuuent estre ne l'un ne l'autre que d'humeurs excessiuement chaudes et acres, pour leur continuel trauail et mauuaise nourriture, ioint que la temperature chaude de l'air y consent, et l'eau qu'ils ont prochaine : pourquoy reçoiuent l'exces de ces deux elemẽs.

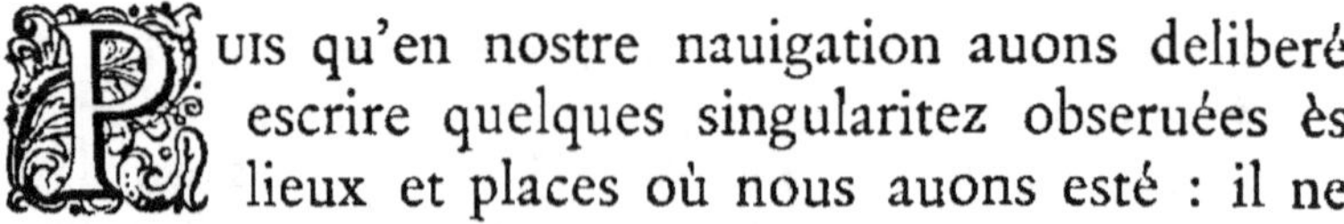

CHAPITRE XIV.

Des tortues, et d'une herbe qu'ils appellent Orseille.

PUIS qu'en nostre nauigation auons deliberé escrire quelques singularitez obseruées ès lieux et places où nous auons esté : il ne

ces deux îles, mais surtout dans la première, règnent des fièvres endémiques connues sous le nom de *Carneiradas* (dyssenteries). L'île de Maïo est sujette aux fièvres de saison. Les autres sont toutes très-saines.

sera hors de propos de parler des tortues, que noz isles dessus nommées nourrissent en grande quantité, aussi bien que des cheures. Or il s'en trouue quatre especes [1], terrestres, marines, la troisiesme viuant en eau douce, la quatriesme aux marests : lesquelles ie n'ay deliberé de deduire par menu, pour euiter prolixité, mais seulement celles qui se voyent aux riuages de la mer, qui enuironne noz isles.

Quatre especes de tortues.

Tortue marine.

Ceste espece de tortue saillent de la mer sus le riuage au temps de son part, fait de ses ongles une fosse dedans le sablon, où ayant fait ses œufs (car elle est du nombre des ouiperes dont parle Aristote) les couure si bien qu'il est impossible de les voir ne les trouuer, iusques à ce que le flot de la mer venant les découure : puis par la chaleur du Soleil, qui là est fort vehemente, le part s'engēdre et éclost, ainsi que la poule de son œuf, lequel consiste en grand nombre de tortues, de la grandeur de crabes (qui est une espece de poisson) que le flot retournant emmene en la mer. Entre ces tortues, il s'en trouue quelques unes de si merueilleuse grandeur, mesmes en ces endroits dont ie parle, que quatre hommes n'en peuuent arrester une : comme certainement i'ay veu,

[1] Les tortues sont encore très-nombreuses dans ces parages. Elles fréquentent surtout les plages basses des îles Orientales, Boavista et ilha do Sal. C'est aux mois de juin, de juillet et d'août qu'elles déposent leurs œufs dans le sable. La chasse s'en fait à cette dernière époque à la lueur des flambeaux. Elles donnent au commerce de l'écaille, une chair excellente et de la bonne huile à brûler.

et entendu par gens dignes de foy. Pline[1] recite, qu'en la mer Indique sont de si grandes tortues, que lescaille est capable et suffisante à couurir une maison mediocre : et qu'aux isles de la mer Rouge, ils en peuuent faire vaisseaux nauigables. Ledit auteur dit aussi en auoir de semblables au destroit de Carmanie en la mer Persique. Il y a plusieurs manieres de les prendre.

Maniere de prêdre les tortues marines.

Quelques fois ce grand animal, pour appetit de nager plus doulcement, et plus librement respirer, cherche la partie superficielle de la mer un peu deuant midy, quand l'air est serain : ou ayant le dos tout decouuert, et hors de l'eau, incontinent leur escaille est si bien deseichée par le Soleil, qu'elles ne pouuans descendre au fond de la mer, elles flottent par dessus bon gré mal gré et sont ainsi prises. Lon dit autrement, que de nuyt elles sortent de la mer, cherchans à repaistre, et apres estre saoulées et lassées s'endorment sur l'eau pres du riuage, où l'on les prend aisement, pour les entendre ronfler en dormant :

[1] PLINE. H. N. IX. 12. Testudins tantæ magnitudinis Indicum mare emittit ut singularum superficie habitabiles casas integant : atque insulas maris rubri his navigant cymbis. — Les voyageurs du seizième siècle ont tous parlé avec admiration de ces énormes amphibies. Ainsi nous lisons dans LERY *(Histoire d'un voyage fait au Brésil.* § III) : « Ie diray qu'entre autres une qui fut prinse au nauire du vice-admiral estoit de telle grosseur, que quatre vingts personnes qu'ils estoyent dans ce vaisseau en disnerent honestement. Aussi la coquille ovalle de dessus qui fut baillée pour faire une targue au sieur de Sainte Marie nostre capitaine, avoit plus de deux pieds et demi de large. »

Espesseur de ces escailles de tortues marines, et cõme ils s'en seruent. Fol. 26.

Rondelles descailles de tortüe.

entre plusieurs manieres qui seroyent longues à reciter. Quant à leur couuerture et escaille ie vous laisse à penser de quelle espesseur elle peut estre, proportionnée à sa grandeur. Aussi sur la coste du destroit de Magellan, et || de la riuere de Plate, les sauuages en font rondelles, qui leur seruent de boucliers Barcelonnois, pour en guerre receuoir les coups de flesches de leurs ennemys. Semblablement les Amazones sur la coste de la mer Pacifique, en font rempars, quãd elles se voyent assaillies en leurs logettes et cabannes. Et de ma part i'oseray dire et soustenir auoir veu telle coquille de tortüe, que la harquebuse ne pourroit aucunement trauerser. Il ne faut demander combien noz insulaires du cap Verd en prennent, et en mangent communement la chair, comme icy nous ferions du bœuf ou mouton. Aussi est elle semblable à la chair de veau, et presque de mesme goust. Les sauuages des Indes Ameriques n'en veulent aucunement manger persuadez de ceste folle opinion, qu'elle les rendroit pesans, comme aussi elle est pesante, qui leur causeroit empéchement en guerre : pour ce qu'estans appesantis, ne pourroyent legerement poursuyure leurs ennemis, ou bien eschapper et euader leurs mains [1].

Histoire d'un gẽtil-hõme Portugalois.

Ie reciteray pour la fin l'histoire d'un gentil-homme Portugais lepreux, lequel pour le grand ennuy qu'il receuoit de son mal, cherchant tous les moyens de

1 La tradition s'est perpétuée : D'après d'AVEZAC (*Iles de l'Afrique.* P. 187), une croyance populaire attribue à la chair des tortues prise comme nourriture et à leur sang frotté sur la peau la faculté de guérir la lèpre.

s'absenter de son païs, comme en extreme desespoir, apres auoir entendu la conqueste de ces belles isles par ceux de son païs, delibera pour recreation s'y en aler. Doncques il se dressa au meilleur equipage, qu'il luy fut possible, c'est asçauoir de nauires, gens, et munitions, bestial en vie, principalemẽt cheures, dont ils ont quantité : et finablement aborda en l'une de ces isles : où pour le degoust que luy causoit la maladie, ou pour estre rassasié de chair, de laquelle coustumierement il usoit en son païs, luy vint appetit de manger œufs de tortues, dont il fist ordinaire l'espace de deux ans, et de maniere qu'il fut gueri de sa lepre. Or ie demanderoys volontiers, si sa guerison doit estre donnée à la temperature de l'air, lequel il auoit changé, ou la viande. Ie croyrois à la verité, que l'un et l'autre ensemble en partie, en pourroyent estre cause. Quant à la tortüe, Pline [1] en parlant tant pour alimẽt que pour medicament ne fait aucune mention qu'elle soit propre contre la lepre : toutesfois il dit qu'elle est vray antidote contre plusieurs venins, specialement de la Salemandre, par une antipathie, qui est entre elles deux, et mortelle inimitié.

Portugais gueri de lepre.

Antipathie de la tortüe auec la Salemãdre.

Que si cest animant auoit quelque proprieté occulte et particuliere contre ce mal, ie m'en rapporte aux philosophes medecins. Et ainsi l'experience a donné à congnoistre la proprieté de plusieurs medicaments, de laquelle l'on ne peut dõner certaine

[1] Pline, H. N. xxxii. 14. Marinarum carnes admixtæ ranarum carnibus contra salamandras præclare auxiliantur. Neque est testudine aliud salamandræ adversius.

raison. Parquoy ie conseilleroys volontiers d'en faire experience en celles de ce païs, et des terrestres, si l'on n'en peut recouvrer de marines : qui seroit à mon iugement beaucoup meilleur et plus seur, que les viperes tant recommandées en ceste affection, et dont est composé le grand Theriaque : attēdu qu'il n'est pas seur user de viperes pour le venin qu'elles portent, quelque chose que l'on en die : laquele chose est aussi premierement venue d'une seule experience.

Lon dit que plusieurs y sont allez à l'exemple de cestuy-cy, et leur a bien succedé. Voila quant aux tortues. Et quant aux cheures que mena nostre gentilhomme, elles ont là si bien multiplié, que pour le present il y en a un nombre infini : et tiennent aucuns, que leur origine vient de là, et que parauant
Fol. 27. n'y en auoit esté veu. Reste à par || ler d'une herbe,
Orseille, herbe. qu'ils nomment en leur langue Orseille.

Ceste herbe [1] est comme une espece de mousse, qui croist à la sommité des hauts et inaccessibles rochers, sans aucune terre, et y en a grande abondance. Pour la cueillir ils attachent quelques cordes au

[1] L'orseille (Lichen roccella) croît en abondance au cap Vert et surtout aux Canaries. C'est une sorte de lichen, dont on se sert dans la teinture. Elle donne, après avoir été macérée quelque temps dans l'urine, une belle couleur pourprée. On a cru que les Phéniciens avaient employé l'orseille. Ils venaient la chercher dans les îles de l'Atlantique qu'on nommait Purpurariæ. La pourpre que nous cherchons dans un murex n'était peut-être que le lichen roccella. C'est seulement à partir de 1730 que l'orseille du cap Vert fut régulièrement exploitée, et, à partir de 1790, pour le compte du gouvernement.

sommet de ces montagnes et rochers, puis montent à mont par le bout d'embas de la corde, et grattans le rocher auec certains instruments la font tomber, comme voyez faire un ramoneur de cheminée : laquele ils reseruent et descendent en bas par une corde auec corbeilles, ou autres vaisseaux. L'émolument et usage de ceste herbe est qu'ils l'appliquent à faire teintures, comme nous auons dit par cy deuant en quelque passage [1].

CHAPITRE XV.

De l'isle de Feu.

Entre autres singularites, ie n'ay voulu omettre l'isle de Feu, [2] ainsi appellée, pourtant que continuellement elle iette une flambe de feu, telle, que si les anciens en eussent eu aucune

Isle de Feu, et pourquoy ainsi nommée.

[1] Chap. v. P. 25.

[2] C'est l'île do Fogo, surmontée par un volcan de 2,790 mètres d'élévation. Ce volcan ne paraît pas avoir eu d'éruptions violentes avant 1680. Depuis le milieu jusqu'à la fin du XVIIIe siècle, les commotions volcaniques devinrent de plus en plus fréquentes. Celles de 1785 et 1799 furent tres-redoutables.

cognoissance, ils l'eussent mise entre les autres choses, qu'ils ont escrit par quelque miracle et singularité, aussi bien que la montagne de Vesuve, et la montagne d'Etna, desquelles pour vray en recitent merueilles. Quant à Etna en Sicile, elle a ietté le feu quelques fois auec un bruit merueilleux, comme au temps de M. Æmile et T. Flamin comme escrit Orose. Ce que conferment plusieurs autres historiographes, comme Strabon, qui afferme l'auoir veüe et diligemment considerée. Qui me fait croire, qu'il en soit quelque chose, mesme pour le regard des personnages, qui en ont parlé : aussi elles ne sont si elongnées de nous, qu'il ne soit bien possible de faire epreuue auecques l'œil, tesmoing le plus fidele, de ce qu'en trouuës aux histoires. Ie scay bien que quelcun d'entre noz modernes escriuains, a voulu dire que l'une des Canaries [1] iette perpetuellement du feu, mais qu'il se garde bien de prendre celle dont nous parlons, pour l'autre. Aristote au liure des Merueilles parle d'une isle découuerte par les Carthaginois, non habitée, laquelle ietoit comme flambeaux de feu, venãt de matières sulfureuses, outre plusieurs autres choses admirables. Toutesfois ne sçauroys iuger qu'il ayt entendu de la nostre, encore moins du mont Etna, car il estoit cogneu deuant le regne des Carthaginois.

Montagne de Pussole.

Quant à la montagne de Pussole [2] elle est située en

[1] On a vu plus haut (§ VI) qu'une des Canaries est effectivement formée par un volcan.

[2] Sur la montagne de Pouzzolles, consulter STRABON. Liv. V. § 4-6.

terre ferme : et si aucun vouloit dire autrement, ie m'en rapporte : de ma part ie n'ay trouué, que iamais ayt esté congnue, que depuis mil cinq cens trente, en ceste part de Ponent, auec autres tant loingtaines, que prochaines, et terre continente. Il y a bien une autre montagne en Hirlande, nommée Hecla, [1] laquelle par certains tẽps iette pierres sulfureuses, tellemẽt que la terre demeure inutile cinq ou six lieües à l'entour pour les cendres de soulfre dont elle est couuerte. Ceste isle dont nous parlons, cõtient enuirõ sept lieües de circuit : nõmée à bonne raison isle de feu, car la montagne ayant de circuit six cens septãte neuf pas, et de hauteur mil cinquante cinq brassées ou enuiron, iette continuellement par le sommet une flãbe, que l'on voit de trente ou quarante lieues sur la mer, beau || coup plus clerement la nuyt que le iour, Fol. 28.
pour ce qu'en bonne philosophie la plus grande lumiere anneantist la moindre. Ce que donne quelque terreur aux nauigans, qui ne l'ont congneüe auparauant. Ceste flambe est accompagnée de ie ne sçay quelle mauuaise odeur resentant aucunement le soulfre, qu'est argument qu'au ventre de ceste montagne y a quelque mine de soulfre. Parquoy l'on ne doit trouuer telles manieres de feu estranges, attendu que ce sont choses naturelles, ainsi que tesmoignent les philosophes : c'est que ces lieux sont pleins de soulfre et autres mineraux fort chaux, des-

[1] Intéressante description du mont Hécla dans le *Tour du Monde.* nº 453. N. NOUGARET. *Voyage dans l'intérieur de l'Islande.* Cf. LA PEYRÈRE. *Relation de l'Islande.*

quels se resoult une vapeur chaude et seiche semblable à feu. Ce qui ne se peut faire sans air. Parquoy nous apparoissent hors la terre par le premier soupirail trouué, et quand elles sont agitées de l'air. Aussi de là sortent les eaux naturellement chaudes, seiches, quelques fois adstringētes, cōme les fontaines et beins en Allemagne et Italie. Dauantage en Esclauonie pres Apollonia [1] se trouue une fontaine sortant d'un roc, ou l'on voit sourdre une flamme de feu, dont toutes les eaux prochaines sont comme bouillantes. Ce lieu donc est habité de Portugais, ainsi que plusieurs autres par delà. Et tout ainsi que l'ardeur de ceste montagne n'empesche la fertilité de la terre, qui produit plusieurs especes de bons fruits, où est une grande temperature de l'air, viues sources et belles fonteines : aussi, la mer qui l'enuironne, n'esteint ceste vehemente chaleur, comme recite Pline [2] de la Chimere tousiours ardente, qui s'esteint par terre ou foin iettez dessus, et est allumée par eau.

[1] STRABON. XVI, 2.

[2] PLINE. H. N. II. 108. In Commagenes urbe Samosatis stagnum est emittens limum flagrantem, quum quid attigit solidi, adhæret : præterea tacta sequitur fugientes... Aquis etiam accenditur. Terra tantum restingui docuere experimenta.

CHAPITRE XVI.

De l'Ethiopie.

Combien que plusieurs Cosmographes ont suffisamment descrit le païs d'Ethiopie, mesme entre les modernes, ceux qui ont recentemẽt fait plusieurs belles nauigatiõs par ceste coste d'Afrique, en plusieurs et loingtaines contrées : toutesfois cela n'empeschera, que selon la portee de mon petit esprit, ie n'escriue aucunes singularités obseruées en nauigeant par ceste mesme coste en la grande Amerique. Or l'Ethiopie est de telle estendue, qu'elle *Estendüe de l'Ethiopie.* porte et en Asie et en Afrique, et pour ce lon la deuise en deux. Celle qui est en Afrique, auiourd'huy est appellée Inde terminée au Leuant de la mer Rouge, et au Septentrion || de l'Egypte et Afrique, vers Fol. 29. le midy du fleuue Nigritis, que nous auons dit estre appellé Senegua [1] : au Ponent elle a l'Afrique inte- *Senegua, fl. anciènement Nigritis.* rieure, qui va iusques aux riuages de l'Ocean. Et ainsi a esté appelée du nom d'Ethiops, fils de Vulcain,

[1] Le Sénégal et le Niger étaient confondus par les cartographes du XVIe siècle. Voir les cartes d'Ortelius où les deux fleuves n'en forment qu'un seul.

laquelle a eu auparauant plusieurs autres noms : vers l'occident montagneuse, peu habitée au Leuant, et areneuse au millieu, mesme tirant à la mer Atlãtique.

Les autres la descriuent ainsi : il y a deux Ethiopies, l'une est soubs l'Egypte, region ample et riche, et en icelle est Meroẽ, isle tresgrande entre celles du Nil : et d'icelle tirant vers l'Oriẽt regne le Preste-Iã. L'autre n'est encore tant congneüe ne decouuerte, tant elle est grãde, sinõ aupres des riuages. Les autres la diuisent autremẽt, c'est asçauoir l'une part estre en Asie, et l'autre en Afrique, que lon appelle auiourd'huy les Indes de Leuant, enuironnée de la mer Rouge en Barbarie, vers Septentrion au pais de Libye, et Egypte. Ceste contrée est fort mõtagneuse, dont les principales mõtagnes sont celles de Bed [1], Ione, Bardite, Mescha, Lipha. Quelques uns ont escrit les premiers Ethiopiens et Egyptiens auoir esté entre tous les plus rudes et ignorans, menans une vie fort agreste, tout ainsi que bestes brutes : sans logis aresté, ains se reposans où la nuyt les prenoit, pis que ne font auiourd'huy les Masouites. Depuis l'equinoctial vers l'Antarctique, y a une grande cõtrée d'Ethiopes, qui nourrit de grands Elephans, Tigres, Rhinocerons. Elle a une autre region portant cinnamome, entre les bras du Nil. Le royaume d'Ettabech [2] deça et dela le Nil, est habité de Chrestiens. Les autres

Royaume d'Ettabech.

[1] On ne retrouve plus aujourd'hui ces noms de montagnes.

[2] C'est l'Abyssinie, dont le nom indigène est en effet *Habesch*, qui ressemble singulièrement à *Ettabech*.

sont appellez Ichthyophages [1], ne viuants seulemẽt que de poisson, rendus autresfois soubs l'obeissance du grand Alexandre. Les Anthropophages sont aupres des mõts de la Lune : et le reste tirant de là iusques au Capricorne, et retournant vers le cap de Bonne Esperance est habité de plusieurs diuers peuples, ayans diuerses formes et monstrueuses [2]. On les estime toutesfois auoir esté les premiers néz au monde, aussi les premiers qui ont inuenté la religion et cerimonies : et pour ce n'estre estrangers en leur païs, ne venans d'ailleurs, n'auoir aussi oncques enduré le ioug de seruitude, ains auoir tousiours vescu en liberté. C'est chose merueilleuse de l'honneur et amitié qu'ils portent à leur Roy. Que s'il auient que le Roy soit mutilé en aucune partie de son corps, ses subiets [3] spe- *Ichthyophages.*

[1] Les Ichtyophages dont parle Thevet n'étaient pas Africains. Ils habitaient les rivages actuels du Béloutchistan. Ils furent en effet soumis par Alexandre. Voir ARRIEN. *Périple de Néarque* et *Anabase*. VI. 28.

[2] Ces prétendues monstruosités, qu'enregistrèrent avec tant de soin les géographes de l'antiquité, n'ont jamais existé. Voir TYLOR. *La Civilisation primitive*. § X. On prête un sens nouveau et extravagant aux descriptions de tribus étranges faites avec une entière bonne foi, quand elles arrivent à la connaissance de personnes qui ne sont pas au courant des faits originels. Pour n'en citer qu'un exemple, les hommes à oreilles énormes dont parlent les anciens (PLINE. IV. 27. — MELA. III. 6.) existent réellement, mais on a exagéré ce qui chez ces peuplades n'était qu'une perversion du goût.

[3] Parfois même les nègres se tuent quand meurt leur roi. Voir les abominables funérailles des rois du Dahomey décrites par BORGHERO. *Annales de la propagation de la foi*. (1862.)

Amytié des Anthropophages enuers leur Roy.

cialement domestiques, se mutilent en ceste mesme partie, estimans estre chose impertinente de demeurer saints et entiers, et le Roy estre offensé. La plus grand part de ce peuple est tout nud pour l'ardeur excessiue du soleil : aucuns couurent leurs parties honteuses de quelques peaux : les autres la moitié du corps, et les autres le corps entier. Meroë [1] est capitale ville d'Ethiopie, laquelle estoit anciennement appellée Saba, et depuis par Cambyses Meroë. Il y a diuersité de religion. Aucuns sont idolatres, comme nous dirons cy apres : les autres adorent le Soleil leuant, mais ils dépitent l'Occident. Ce païs abonde en miracles, il nourrit vers l'Inde de tres grands animaux comme grands chiens, elephãs, rhinocerons d'admirable grandeur, dragons, basilics, et autres : d'auantage des arbres si hauts, qu'il n'y a flesche, ne arc, qui en puisse attaindre la sommité, et plusieurs autres choses admirables, comme aussi Pline [2] recite au liure dixseptiesme, chapitre second de son *Histoire*

Meroë ville capitale d'Ethiopie, anciennemẽt Saba.

Fol. 30. *na* || *turelle*. Ils usent coustumierement de mil et orge, desquels aussi ils font quelque bruuage : et ont peu d'autres fruits et arbres, hormis quelques grands palmes. Ils ont quantité de pierres precieuses en aucun lieu plus qu'en l'autre. Il ne sera encores, ce me semble, hors de propos de dire ce peuple estre noir selon que la chaleur y est plus ou moins vehemente,

[1] HÉRODOTE. II. 29.

[2] Mauvaise indication de Thevet. Le vrai passage est au livre VII. § 2 : Arbores tantæ proceritatis traduntur, ut sagittis superjaci nequeant.

et que icelle couleur prouient d'adustion superficielle causée de la chaleur du Soleil, qui est cause aussi qu'ils sont fort timides. La chaleur de l'air ainsi violente tire dehors la chaleur naturelle du cueur et autres parties internes : pourquoy ils demeurent froids au dedans, destituez de la chaleur naturelle et bruslez par dehors seulement : ainsi que nous voyons en autres choses adustes et bruslées. L'action de chaleur en quelque obiect que ce soit, n'est autre chose que resolution et dissipation des elemens, quãd elle perseuere, et est violente : de maniere, que les elemens plus subtilz consumez, ne reste que la partie terrestre retenant couleur et consistence de terre, comme nous voyons la cendre et bois bruslé. Donques à la peau de ce peuple ainsi bruslé ne reste que la partie terrestre de l'humeur, les autres estans dissipées, qui leur cause ceste couleur. Ils sont, comme i'ay dit, timides, pour la frigidité interne, car hardiesse ne prouient que d'une vehemente chaleur du cueur : qui fait que les Gaulois, et autres peuples approchans de Septentrion, au contraire froids par dehors pour l'intemperature de l'air, sont chauds merueilleusement au dedans, et pourtant estre hardis, courageux, et pleins d'audace.

Pourquoy les Ethiopiens et autres sont de couleur noire.

Pourquoy ces Noirs ont le poil crespe, dents blanches, grosses leures, les iambes obliques, les femmes incontinentes, et plusieurs autres vices, qui seroit trop long à disputer, parquoy ie laisseray cela aux philosophes, craignant aussi d'outrepasser noz limites. Venons donc à nostre propos. Ces Ethiopes et Indiens [1]

[1] Lire sur les pratiques magiques des griots ou féticheurs du

Indiens et Ethiopiens usent de magie.

usent de magie, pour ce qu'ils ont plusieurs herbes et autres choses propres à tel exercice. Et est certaĩ qu'il y a quelque sympathie es choses et antipathie occulte, qui ne se peut cognoistre que par longue experience. Et pour ce que nous costoyames une contrée assez auant dans ce païs nommé Guinée, i'en ay bien voulu escrire particulierement.

CHAPITRE XVII.

De la Guinée.

Apres s'estre refreschis au cap Verd, fut question de passer outre, ayans vent de Nordest merueilleusemẽt fauorable pour nous conduire droit soubs la ligne Equinoctiale laquelle deuions passer : mais estans parvenuz à la hauteur de la Guinée, située en Ethiopie, le vent se trouva tout contraire, pour ce qu'en ceste region les vents sont fort inconstans, accompagnez le plus

Guinée, partie de la basse Ethiopie.

Gabon les curieux détails donnés par le docteur Du Bellay (*Tour du Monde*. n° 306.)

souuent de pluies, orages, et tonnerres, tellement que la nauigation de ce costé est dangereuse. Or le quatorzieme de septembre arriuasmes en ce païs de Guinée, sus le riuage de l'Ocean, mais asses avant en terre, habitée d'un peuple fort estrange, pour leur idolatrie et superstition tenebreuse et ignorante. Avant || Fol. 31. que ceste contrée fust découuerte, et le peuple y habitant congnu, on estimoit qu'ils avoyent mesme religion et façon de viure, que les habitans de la haute Ethiopie ou de Senegua : mais il s'est trouué tout l'opposite. Car tous ceux qui habitent depuis iceluy Senegua : iusques au cap de bonne esperance sont tous[1] idolatres sans cognoissance de Dieu, ne de sa loy.

Habitãs de la Guinée iusques au cap de Bonne Esperance tous idolatres.

Et tant est aueuglé ce pauure peuple, que la première chose qui se rencontre au matin, soit oyseau, serpent, ou autre animal domestique ou sauuage, ils le prennent pour tout le iour, le portans auec soy à leurs negoces, comme un Dieu protecteur de leur entreprise : comme s'ils vont en pescherie auec leurs petites barquettes d'écorce de quelque boys, le mettrent à l'un des bouts bien enveloppé de quelques fueilles, ayans opinion que pour tout le iour leur amenera bonne encontre, soit en eau ou terre, et les preseruera de tout infortune. Ils croyent pour le moins en Dieu, allegans estre là sus immortel, mais incongneu, pour ce qu'il ne se donne à cognoistre à eux sensiblement. Laquelle erreur n'est en rien differente à celles des gentils du temps passé, qui adoroyent diuers Dieux, soubs images et

1 Thevet. *Cosmographie universelle.* Liv. III. § 11. Du royaume de Senega.

simulachres. Chose digne d'estre recitée de ces pauvres Barbares lesquels ayment mieux adorer choses corruptibles, qu'estre reputez estre sans Dieu. Diodore [1] Sicilien recite que les Ethiopes, ont eu les premiers cognoissance des Dieux immortels, auxquels commencerẽt à vouer et sacrifier hosties. Ce que le poëte Homere [2] voulant signifier en son Iliade, introduit Iupiter auec quelques autres Dieux, auoir passé en Ethiopie, tant pour les sacrifices qui se faisoient à leur honneur, que pour l'amenité et douceur du païs. Vous auez semblable chose de Castor et Pollux : lesquels sur la mer allãs auec l'exercite des Grecs contre Troye, s'euanouyrent en l'air, et oncques plus ne furent veuz. Qui donna opinion aux autres de penser, qu'ils avoient esté rauis, et mis entre les deitez marines. Aussi plusieurs les appellent cleres estoilles de la mer. Ledit peuple n'a temples, ne Eglises, ne autres lieux dediez à sacrifices ou oraisons. Outre cela ils sont encore plus meschants sans comparaison que ceux de la barbarie et de l'Arabie : tellemẽt que les estrãgers n'oseroyent aborder, ne mettre pied à terre en leurs païs, sinon par ostages : autrement les saccageroyẽt comme esclaves. Ceste canaille la plus part va toute nue, combien que quelques uns, depuis que leur païs a esté un peu fréquenté, se sont accoutumez à porter quelque

Castor et Pollux nommez cleres estoilles de la mer

Meurs et façon de viure de ceux de la Guinée.

[1] DIODORE DE SICILE. III. 2. Φασὶ δὲ παρ'αὐτοῖς πρώτοις καταδειχθῆναι θεοὺς τιμᾶν καὶ θυσίας ἐπιτελεῖν καὶ πομπὰς καὶ πανηγύρεις καὶ τἆλλα δι' ὧν ἄνθρωποι το θεῖον τιμῶσι.

[2] HOMÈRE. *Iliade*. I. v. 423-424.

camisole de ionc ou cottõ, qui leur sont portées d'ailleurs. Ils ne font si grande traffique de bëstial qu'en la Barbarie. Il y a peu de fruits, pour les siccitez et excessiues chaleurs : car ceste region est en la zone torride. Ils viuent fort long aage, et ne se monstrent caduques tellement qu'un homme de cent ans, ne sera estimé de quarante. Toutesfois ils viuent de chairs de bestes sauuages, sans estres cuittes ne bien preparées. Ils ont aussi quelque poisson, ouitres en grande abondance, larges de plus d'un grand demy pied, mais plus dangereuses à manger, que tout autre poisson. Elles rendent du ius semblable au laict : toutesfois les habitãs du païs en mangent sans danger : et usent tant d'eau douce que salée. Ils font guerre coustumierement contre autres nations : leurs armes sont arcs et flesches, comme aux autres Ethiopes et Africains. Les femmes de ce païs s'exercent à la guerre, ne plus ne moins que les hommes. Et si portent la pluspart une large boucle de fin or [1], ou autre metal aux oreilles, leures, et pareillement aux bras. Les eaux de ce païs sont fort dangereuses, et est aussi l'air insalubre : pour ce à mon aduis, que ce vent du midy chaud et humide y est fort familier, subiet à toute putrefaction : ce que nous experimenterons encore bien par deça. Et pource ceux qui de ce païs ou autre mieux temperé, vont à la Guinée, n'y

La Guinée mal aerée.

[1] L'usage s'est perpétué : Voir dans les *Croisières à la côte d'Afrique* par l'amiral FLEURIOT DE LANGLE. (*Tour du Monde*. nº 676) le portrait de la favorite.

peuuent faire long séiour [1], sans encourir maladie. Cę que aussi nous est aduenu, car plusieurs de nostre compagnée en moururent, les autres demeurerent long espace de temps fort malades, et à grãde difficulté se peurent sauuer : qui fut cause que n'y seiournasmes pas longuemẽt. Ie ne veux omettre, qu'en la Guinée, le fruit le plus frequent, et dont se chargent les nauires des païs estranges, est la Maniguette [2], tresbonne et fort requise sur toutes les autres espiceries : aussi les Portugais en font grande traffique. Ce fruit vient parmy les champs de la forme d'un oignon, ce que volontiers nous eussions representé par figure pour le cõtentemẽt d'un chacun, si la commodité l'eut permis. Car nous nous sommes arrestez au plus necessaire. L'autre qui vient de Calicut et des Moluques n'est tant estimé de beaucoup. Ce peuple de Guinée traffique auec quelques autres Barbares voisins, d'or, et de sel d'une façon fort estrange. Il y a certains lieux ordonnez entre eux, où chacun de sa part porte sa marchandise, ceux de la Guinée le sel, et les autres l'or fondu en masse [3]. Et sans

Maniguette, fruit fort requis entre les espiceries.

[1] On sait que les Européens ne s'acclimatent pas dans ces régions. Presque tous ceux de nos marins qui résident au Gabon tombent malades. Nos négociants ne peuvent y séjourner.

[2] Nos navigateurs du XVe siècle donnaient à cette épice le nom de *Malaguette*. Voir VILLAUT DE BELLEFONDS. *Relation des costes d'Afrique*. La côte de Guinée avait été nommée par nos négociants Dieppois la Coste de Malaguette.

[3] Ces transactions singulières étaient déjà en usage au temps d'Hérodote. Voir le chapitre CXCI du livre IV, relatif au commerce des Carthaginois avec les peuples de l'intérieur de la Lybie. « Ils débarquent leur cargaison, la rangent sur la plage,

autrement communiquer ensemble, pour la defiance qu'ils ont les uns des autres, comme les Turcs et Arabes et quelques sauuages de l'Amerique auec leurs voisins, laissent au lieu denommé le sel et or, porté là de chacune part. Cela fait se transporteront au lieu ces Ethiopes de la Guinée, où s'ils trouuent de l'or suffisamment pour leur sel, ils le prennent et emportent, sinon ils le laissent. Ce que voyans les autres, c'est asçauoir leur or ne satisffaire, y en adiousteront iusques à tant que ce soit assez, puis chacun emporte ce qui lui appartient. Entendez dauantage que ces noirs de deça, sont mieux appris et plus civils que les autres, pour la communication qu'ils ont auec plusieurs marchans qui vont traffiquer par dela : aussi allechent les autres à traffiquer de leur or, par quelques menues hardes, comme petites camizoles et habillemens de vil pris, petits cousteaux et autres menues hardes et || ferrailles. Aussi traffiquent les Portugais [1] auec les Mores de la Guinée, outre les autres choses d'iuoires, que nous appellons dents d'Elephãs : Fol. 33. *Traffique d'iuoire.*

remontent sur leur navire et font une grande fumée. Les habitants, à l'aspect de la fumée, se rendent auprès de la mer, et, pour prix des marchandises, ils déposent de l'or, puis ils se retirent au loin. Les Carthaginois reviennent, examinent, et, si l'or leur semble l'équivalent des marchandises, ils l'emportent et s'en vont. S'il n'y en a pas assez, ils retournent à leur navire, et restent en place. Les naturels approchent et ajoutent de l'or, jusqu'à ce qu'ils les aient satisfaits. » — Cf. Léry. § 15.

[1] Les Français et surtout les Dieppois, se livraient également à ce commerce. Voir Vitet. *Histoire de Dieppe.* — Estancelin. *Navigations des Normands.*

et m'a recité un entre les autres, que pour une fois ont chargé douze mil de ces dents, entre lesquelles s'en est trouué une de merueilleuse grandeur, du pois de cent liures. Car ainsi que nous auõs dit, le païs d'Ethiopie nourrit elephãs, lesquels ils prennent à la chasse, cõme nous ferions icy les sangliers, auec quelque autre petite astuce et methode, ainsi en mãgent ils la chair. Laquelle plusieurs ont affermé estre tres bõne : ce que i'aime mieux croire, qu'ẽ faire autremẽt l'essay ou en disputer plus longuement. Ie ne m'arresteray en cest endroit à descrire les vertus et proprietez de cest animal le plus docile et approchãt de la raisõ humaine, que nul autre, veu que cest animal a esté tãt celebré par les Anciẽs, et encores par ceux de nostre tẽps, et attendu que Pline [1], Aristote, et plusieurs autres en ont suffisammẽt traité, et de sa chair, laquelle on dit estre medicamenteuse, et propre contre la lepre, prise par la bouche ou appliquée par dehors en poudre : les dents que nous appellons iuoyre, conforter le cueur et l'estomach, aider aussi de toute sa substance le part au ventre de la mere. Ie ne veux donc reciter ce qu'ils en ont escript, comme ce n'est nostre principal subiect, aussi me sembleroit trop elongner du propos encommencé. Toutesfois ie ne laisseray à dire ce que i'en ay veu. Que si de cas fortuit ils en prennent quelques petis, ils les nourrissent, leurs apprenans mil petites gentillesses : car cest animal est fort docile, et de bon entendement.

Elephant animal approchant de la raison humaine.

[1] Pline. *Histoire naturelle.* viii. i-xi. — Aristote. *De animalibus.* iii. Passim.

CHAPITRE XVIII.

De la ligne Equinoctiale, et isles de Saint Homer.

LAISSANS donc ceste partie de Guinée à senestre, apres y auoir bien peu seiourné, pour l'infection de l'air, ainsi qu'auons dit cy deuant, il fut question de poursuyure nostre chemin, costoyans tousiours iusques à la hauteur du cap de Palmes [1], et de celui que l'on appelle à trois points, on passe un tres beau fleuue portãt grands vaisseaux, par le moyen duquel se mene grand traffique par tout le païs, et lequel porte abondance d'or et d'argent, en masse non monnoyé. Pourquoy les Portugais se sont acostez et appriuoisez auec les habitans, et ont là basti un fort chasteau, qu'ils ont nommé Castel de mine [2] :

Fleuue portant mine d'or et d'argent.

Castel de mine.

[1] Aujourd'hui cap Palmas. Ce cap a conservé son nom. Il se trouve dans la Guinée anglaise, sur la Côte-d'Or, entre Axim et Tacorady.

[2] Castel El Mina fut d'abord découvert et colonisé par nos compatriotes, les Dieppois. Ce sont eux qui, les premiers, et cela dès 1364, explorèrent la région. En 1383, ils y fondèrent un établissement permanent, mais l'abandonnèrent en 1413, à cause des guerres civiles qui désolaient la France et arrêtaient tout commerce. Les Portugais les remplacèrent si complètement que

et non sans cause, car leur or est sans comparaison plus fin que celuy de Calicut, ne des Indes Ameriques. Il est par deça l'Equinoctial enuiron trois degrez et demy. Il se trouue là une riuiere, qui prouient des montagnes du païs nommé Cania, et une autre plus petite nommée Rhegium : lesquelles portent tres bon poisson, au reste crocodiles dangereux, ainsi que le Nil et Senega, que l'on dit en prendre son origine. L'on voit le sable de ces fleuues resembler à or puluerisé, les gens du païs chassent aux crocodiles, et en mangent comme de venaison. Ie ne veux oblier, qu'il me fut recité, auoir esté veu pres Castel de Mine, un mõstre marin ayant forme d'hõme, que le flot auoit laissé sur l'arene [1]. Et fut ouye semblablement la femelle en retournant auecques le flot, crier hautement, et se douloir pour l'absence du masle ; qui est chose digne de quelque admiration.

Cania et Rhegiũ fleuues.

Monstre marin de forme humaine.

le souvenir même se perdit de ces expéditions françaises à la côte d'Afrique. DRAPER (*Description des côtes de Guinée.* 1686.), D'ELBÉE (*Journal de mon voyage aux îles dans la côte de Guinée.* 1671), et surtout VILLAUT DE BELLEFONDS (*Relation des côtes d'Afrique.* 1669) sont unanimes à reconnaître que de leur temps on retrouvait à Elmina et aux environs des preuves matérielles du séjour antérieur des Français dans la région.

[1] LANDRIN. (*Monstres marins*, dans la *Bibliothèque des merveilles.*) rapporte plusieurs faits analogues. PLINE. H. N. IX. 4. : « Tiberio principi nuntiavit Olisiponensium legatio ob id missa, visum, auditumque in quodam specu concha canentem Tritonem... Et Divo Augusto legatus Galliæ complures in littore apparere exanimes nereidas scripsit. Auctores habeo in equestri ordine splendentes visum ab his in Gaditano oceano marinum hominem toto corpore absoluta similitudine... » etc.

Par cela peut-on congnoistre la mer||produire et nourrir diuersité d'animaux, ainsi comme la terre. Or estans paruenus par noz iournées iusques soubs l'Equinoctial, n'aurons deliberé de passer outre, sans en escrire quelque chose. Ceste ligne Equinoctiale autrement cercle Equinoctial, ou Equateur, est une trace imaginatiue du Soleil par le milieu de l'uniuers, lequel lors il diuise en deux parties egales, deux fois lannée, c'est asçauoir le quatorziesme de septembre [1], et l'unziesme de mars, et lors le Soleil passe directement par le zenith de la terre, et nous laisse ce cercle imaginé, parallele aux tropiques et autres, que lon peut imaginer entre les deux poles, le soleil allant de Leuant en Occident. Il est certain que le Soleil va obliquemẽt toute l'année par l'Ecliptique au Zodiaque, sinon aux iours dessus nommez, et est directement au nadir de ceux qui habitent là. Dauantage ils ont droit orizon, sans que l'un des poles leur soit plus eleué que l'autre. Le iour et la nuit leur sont egaux, dont il a esté appelé Equinoctial : et selon que le Soleil s'élongne de l'un ou l'autre pole, il se trouue inequalité de iours et nuits, et elevation de pole. Donc le Soleil declinãt peu à peu de ce point Equinoctial, va par son zodiaque oblique, presque au tropique de Capricorne : et ne passant outre fait le solstice d'hyuer : puis retournant passe par ce mesme Equinoctial, iusques à ce qu'il soit paruenu au signe

Fol. 34.

Description de la ligne Equinoctiale.

D'où a esté nommé Equinoctial.

Solstice d'hyuer.

1 Par suite de la réforme du calendrier, ces dates aujourd'hui ne sont plus exactes. Les équinoxes de septembre et de mars sont à la date du 21 et du 23 de ces deux mois.

Solstice d'esté. de Cancer, où est le solstice d'esté. Parquoy il fait six signes partant de l'Equinoctial à chacun de ces tropiques. Les Anciens ont estimé ceste contrée ou zone entre les tropiques, estre inhabitable pour les excessiues chaleurs, ainsi que celles qui sont prochaines aux deux poles, pour estre trop froides. Toutesfois depuis quelque temps en ça, ceste zone a esté descouuerte par nauigatiõs, et habitée, pour estre fertile et abondante en plusieurs bonnes choses, nonobstant les chaleurs : comme les isles de Saint Homer [1] et autres, dont nous parlerons cy apres. Aucuns voulans soubs cette ligne comparer la froideur de la nuyt, à la chaleur du iour, ont pris argument, qu'il y pouuoit, pour ce regard, auoir bõne temperature, outre plusieurs autres raisons que ie laisseray pour le present. *Temperature de l'air sous la ligne Equinoctiale.* La chaleur, quand nous y passames, ne me sembla gueres plus vehemẽte, qu'elle est icy à la Saint Iean. Au reste il y a force tonnerres, pluyes et tempestes. Et pour ce es isles de S. Homer, comme *Isle des Rats.* aussi en une autre isle, nommée l'isle des Rats, y a autant de verdure qu'il est possible, et n'y a chose qui monstre adustion quelconque. Ces isles soubs la ligne Equinoctiale sont marquées en noz cartes ma- *Isle de S. Homer, ou S. Thomas.* rines, S. Homer, ou S. Thomas, habitées auiourd'huy par les Portugais, combien qu'elles ne soient si fertiles que quelques autres : vray est qu'il s'y recuille

[1] L'île Saint-Homer et l'île des Rats paraissent correspondre à l'île Saint-Thomas et aux îlots qui en dépendent (das Cabras, Santa-Anna, das Rôlas, Macâco, Gabado, Formoso, Saô Miguel, Joanna de Souzo, Coco.)

quelque sucre [1] : mais ils s'y tiennẽt pour traffiquer auec les Barbares, et Ethiopiens : c'est à sçauoir, d'or fondu, perles, musc, rhubarbe, casse, bestes, oyseaux, et autres choses selon le païs. Aussi sont en ces isles les saisons [2] du temps fort inegalles et differentes des autres païs : les personnes subiettes beaucoup plus à maladies que ceux du Septentrion. Laquelle difference et inequalitaté viẽt du Soleil, lequel nous cõmunique ses qualitez par l'air estant entre luy et nous. Il passe (comme chacũ entend) deux fois l'année perpendiculairement par là, et lors descrit nostre Equinoctial, c'est asçauoir au moys de Mars et de Septembre. Enuiron ceste ligne il se trouue telle abondance de poissons [3], de plusieurs et diuer || ses especes, que cest chose merueilleuse de les voir sus l'eau, et

Abondãce de diuers poissõs soubs la ligne.
Fol. 35.

[1] La culture du sucre était jadis très-florissante à St-Thomas. Dès le XVIe siècle, on y comptait plus de quatre-vingts sucreries, produisant plus de deux millions de kil. de sucre. La canne avait été apportée de Madère. Sa culture fut malheureusement abandonnée au XVIIe siècle, et n'a pas repris depuis.

[2] On ne connaît dans l'archipel que deux saisons, celle des ouragans (das ventanias) d'août à septembre, et celle des pluies (das aguas), qui règne de l'équinoxe de septembre aux derniers jours de mars. La première est salubre ; dans la seconde au contraire, le sol exhale des miasmes délétères, funestes à la santé des habitants et surtout à celles des Européens, qui n'en sont que trop souvent les victimes. Voir D'AVEZAC. *Iles de l'Afrique*. P. 223.

[3] La mer ambiante, aujourd'hui encore, est tellement féconde en poissons de toute sorte que les baies et les criques en sont remplies, et qu'une chaloupe montée par six hommes peut en quelques heures prendre plusieurs quintaux de poisson. Cette pêche n'est pas sans danger à cause d'énormes requins dont la voracité ne recule pas devant l'attaque des chaloupes.

les ay veu faire si grand bruit autour de noz nauires, qu'à bien grande difficulté nous nous pouuions ouyr parler l'un l'autre. Que si cela aduient pour la chaleur du Soleil, ou pour autre raison, ie m'en rapporte aux philosophes. Reste à dire, qu'enuiron nostre Equinoctial, i'ay experimenté l'eau y estre plus douce, et plaisante à boire qu'en autres endroits où elle est fort salée, cõbien que plusieurs maintiennẽt le cõtraire, estimãts deuoir estre plus salée, d'autãt que plus pres elle approche de la ligne, où est la chaleur plus vehemente : attẽdu que de là vient l'adustiõ et saleure de mer : parquoy estre plus douce, celle qui approche des poles. Ie croirois veritablemẽt que depuis l'un et l'autre pole iusques à la ligne aĩsi que l'air n'est egalemẽt tẽperé, n'estre aussi l'eau temperée : mais soubs la ligne la temperature de l'eau suyure la bonne tẽperature de l'air. Parquoy y a quelque raison que l'eau en cest endroit ne soit tant salée comme autre part. Ceste ligne passée commençasmes à trouuer de plus en plus la mer calme et paisible, tirants vers le cap de Bonne Esperance.

Eau marine douce soubs l'Equinoctial.

CHAPITRE XIX.

Que non seulement tout ce qui est soubs la ligne est habitable, mais aussi tout le mõde est habité, cõtre l'opinion des anciens.

L'ON voit euidemment combien est grande la curiosité des hommes, soit pour appetit de cognoistre toutes choses, on pour acquerir possessions, et euiter oysiueté, qu'ils se sont hazardez (comme dit le Sage, et apres luy le poëte Horace en ses epistres) à tous dãgers et trauaux, pour finablement pauureté eslongnée, mener une vie plus tranquille, sans ennuy ou fascherie. Toutesfois il leur pouuoit estre assez de sçauoir et entendre que le souuerain ouurier a basti de sa propre main cest uniuers de forme toute ronde, de maniere que l'eau a esté separée de la terre, à fin que plus commodemẽt chacun habitast en son propre element, ou pour le moins en celuy duquel plus il participeroit : toutesfois non contens de ce ils ont voulu sçauoir, s'il estoit de toutes pars habité. Neantmoins pour telle recherche et diligence, ie les estime de ma part autant et plus louables, que les modernes escriuains et nauigateurs, pour nous auoir fait si belle ouuerture de

Grande cupidité de sçauoir ingenerée aux hommes.

Opiniõs de plusieurs philosophes si tout le mõde est habitable.

telles choses, lesquelles autrement à grand peine en toute nostre vie eussions peu si biẽ comprendre, tant s'en faut que les eussions peu executer. Thales, Pythagoras, Aristote, et plusieurs autres tant Grecs que Latins, ont dit, qu'il n'estoit possible toutes les parties du monde estre habitées [1] : l'une pour la trop grande et insupportable chaleur, les autres pour la grande et vehemente froidure. Les autres Autheurs diuisans le monde en deux parties, appellées Hemispheres, l'une desquelles disent ne pouuoir aucunement estre habitée : mais l'autre en laquelle nous

[1] Sur l'inhabitabilité des zônes, autres que la zône tempérée, les cosmographes de l'antiquité furent à peu près unanimes. Voir Pline. H. N. i. 61. — ii. 68. — vi. 36. — Hygin. i. 8. — Macrobe. ii. 5. — Ptolémée. vi. 16. C'est surtout au moyen-âge que s'accrédita cette singulière erreur. Cf. Lactance. *Instit. Div.* iii. 24. — St-Augustin. *Cité de Dieu.* xvi. 9. — St-Basile. Ad Psal. xlvii. 2. P. 201. — St-Grégoire de Nazianze, St-Ambroise, St-Jean Chrysostome, St-Césaire, Procope de Gaza et Diodore de Tarse, cités par Letronne. *Opinions cosmographiques des pères de l'Eglise.* (*Revue des deux Mondes.* 1834.) La zône torride surtout semblait inhabitable. Dès le Ve siècle, Orose, Philostorge et Moïse de Khoren, au VIe le grammairien Jean Philoponus, et, dans les siècles suivants, Grégoire de Tours, Bède le Vénérable, Honoré d'Autun, l'abbesse Herrade de Landsberg affirmaient que les chaleurs excessives de cette partie de l'univers interdisaient à l'homme d'y séjourner. Au XIIIe siècle, Nicéphore Blemmydas et les représentants les plus autorisés de la science, Vincent de Beauvais lui-même; au XIVe, Brunetto Latini, Dante, Oresme, Mandeville et Boccace, renouvelaient encore ces vieilles théories. Voir Santarem. *Cosmographie et cartographie du moyen-âge.* i. 310.

sommes, necessairement estre habitable. Et ainsi des cinq parties du monde ils en ostent trois, de sorte que selon leur opiniõ n'en resteroit que deux, qui fussent habitables. Et pour le donner mieux à entendre à un chacun (combien que ie n'estime point que les sçauants l'ignorent) i'expliqueray cecy plus à plein et plus apertemẽt. Voulans donc prouuer que la plus grande partie de la terre est inhabitable, ils supposent auoir cinq zones en tout le monde, par lesquelles ils || veulent mesurer et cõpasser toute la terre : et desquelles deux sont froides, deux temperées, et l'autre chaude. Et si vous voulez sçauoir comment ils colloquent ces cinq zones, exposez vostre main senestre au soleil leuant, les doigts estendus et separez l'un de l'autre (et par ceste methode l'enseignoit aussi Probus Grãmaticus), puis quand vous aurez regardé le soleil par les intervalles de voz doigts, fleschissez les et courbez un chacun en forme d'un cercle. Par le pouce vous entendrez la zone froide, qui est au Nort, laquelle pour l'excessiue froidure (comme ils afferment) est inhabitable. Toutesfois l'experiẽce nous a monstré depuis quelque temps toutes ces parties iusques bien pres de nostre pole, mesme outre le parallele Arctique, ioignant les Hyperborées, comme Scauie, Dace, Suece, Gottie, Noruegie, Dãnemarc, Thyle, Liuonie, Pilappe, Pruse, Rusie, ou Ruthenie, où il n'y a que glace et froidure perpetuelle, [1] estre neant-

Cinq zones par lesquelles est mesuré le mõde.

Fol. 36.

Zone froide.

[1] On le savait bien avant Thevet : Voir KERAGLIO. *De la connaissance que les anciens ont eue du nord de l'Europe.* Acad. des Inscrip. XLV. 26-57. — LELEWEL. *Pythéas de Marseille.* —

moins habitée d'un peuple fort rude, felon et sauuage. Ce que ie croy encores plus par le temoignage de Mõsieur de Cãbray [1] natif de Bourges, ambassadeur pour le Roy en ces païs de Septentrion, Pologne, Hongrie et Transsiluanie, qui m'en a fidelement communiqué la verité, homme au surplus pour son erudition, et cognoissance des langues, digne de tel maistre et de telle entreprise. Parquoy sont excusables les Anciens, et non du tout croyables, ayans parlé par coniecture, et non par experience. Retournons

Zone tẽperée. aux autres zones. L'autre doigt dénote la zone temperée, laquelle est habitable, et se peut estendre iusques au tropique du Cancre : combiẽ qu'en approchant elle soit plus chaude que temperée, comme celle qui est iustement au milieu, c'est asçauoir entre ce tropique et le pole. Le troisiesme doigt nous represente

Zone torride. la zone située entre les deux tropiques, appellée torride, pour l'excessiue ardeur du soleil, qui par maniere de parler la rostit et brusle toute, pourtant a esté

Autre zone temperée. estimée inhabitable. Le quatriesme doigt est l'autre zone temperée des Antipodes, moyẽne entre le tropique du Capricorne et l'autre pole, laquelle est habitable.

Autre zone froide. Le cinquiesme qui est le petit doigt, signifie l'autre zone froide, qu'ils ont pareillemẽt estimée inhabitable,

WIBERG. *Relations des Grecs et des Romains dans le Nord.* (*Revue archéologique.* Mai 1866.)

[1] Jacques de Cambray, chargé à diverses reprises de missions importantes, avait déjà représenté la France à Constantinople en 1546. Voir CHARRIÈRE. *Négociations de la France dans le Levant.* I. 622, 651, etc.

pour mesme raison que celle du pole opposite de laquelle on peut autant dire, comme auons dit du Septentrion, car il y a semblable raison des deux. Apres donc auoir congneu ceste regle et exemple, facilement lon entendra quelles parties de la terre sont habitables, et quelles non, selon l'opinion des Anciens. Pline [1] diminuant ce qu'est habité, escrit que ces cinq parties, qui sont nommées zones, en faut oster trois pour ce qu'elles ne sont habitables : lesquelles ont esté désignées par le pouce, petit doigt et celuy du milieu. Il oste pareillement ce que peut occuper la mer Oceane. Et en un autre lieu il escrit que la terre qui est dessoubs le zodiaque est seulement habitée. Les causes qu'ils alleguent pour lesquelles ces trois zones sont inhabitables est le froid vehement, qui pour la longue distance et absence du soleil est en la région des deux poles : et la grande et excessiue chaleur qui est soubs la zone torride, pour la vicinité et continuelle presence du soleil [2]. Autant en afferment presque tous les theo-

[1] PLINE. H. N. II. 68. Circa duæ tantum zonæ, inter exustan et rigentes, temperantur : eæeque ipsæ inter se non perviæ, propter incendium siderum. Ita terræ tres partes abstulit cælum : Oceani rapina in incerto est.

[2] Assurément Thevet a raison ; mais la croyance à l'antichtone ou continent opposé au nôtre fut longtemps considérée comme une fable. Voir PLUTARQUE. *De facie in orbe lunæ.* § 7. Eusèbe de Césarée, s'étant hasardé dans son commentaire sur les psaumes à dire que la terre était ronde, se repentit bientôt de sa témérité et revint à l'opinion commune; Virgile, évêque de Salzbourg, ayant commis l'imprudence d'exposer publiquement la théorie des Antipodes, fut dénoncé au pape Zacharie, et menacé d'excommunication s'il ne rétractait pas sa doctrine. Il le fit et rejeta

logiens modernes. Le contraire toutesfois se peut monstrer par les escrits des Auteurs cy dessus alleguez, par l'authorité des Philosophes, specialement de nostre temps, par le temoignage de l'escriture sainte : puis par l'experience, qui surpasse tout, laquelle en a esté faite par moy, Strabon, Mela, et
Fol. 37. Pline, combien qu'ils || approuuent les zones, escriuent toutesfois qu'il se trouuent des hommes en Ethiopie [1] en la peninsule nommée par les Anciens Aurea, et en l'isle Trapobane, Malaca, et Zamotra soubs la zone torride. Aussi que Scandinauie, les monts Hyperborées, et païs à l'entour pres le septentrion (dont nous auons cy deuant parlé) sont peuplés et habités : iaçoit selon Herodote, que ces montagnes soyent directement soubs le pole. Ptolemée ne les a colloquées si pres, mais bien à plus de septante degrez de l'Equinoctial. Le premier qui a monstré la terre contenue soubs les deux zones temperées estre habitable a esté Parmenides, ainsi que recite Plutarque. Plusieurs ont escrit la zone torride non seulement pouuoir estre

La zone torride et montagnes Hyperborées estres habitées.

sa prétendue erreur sur un certain Virgile d'Arles, favori du mérovingien Childebert II, mort en 874. Nouveau Galilée, il se sentit incapable de résistance. Jusqu'à la fin du XVe siècle persistèrent ces erreurs étranges, car les moines de Salamanque et d'Alcala, opposaient encore à Colomb des considérations analogues sur les antipodes et la zône torride.

[1] Voir REINAUD. *Relations politiques et commerciales de l'empire romain avec l'Asie Orientale.* Cf. Curieux mémoire de M. HOUSSAYE : *Sur la connaissance qu'avaient les anciens de l'Inde Transgangétique.*

habitée, mais aussi estre fort peuplée. Ce que prouue Auerroes par le tesmoignage d'Aristote au quatriesme de son liure intitulé Du ciel et du monde. Auicenne pareillement en sa seconde doctrine, et Albert [1] le Grand au chapitre sixiesme de la nature des regions, s'efforcent de prouuer par raisons naturelles, que ceste zone est habitable, voire plus commode pour la vie humaine, que celle des tropiques. Et par ainsi nous la conclurons estre meilleure, plus commode, et plus salubre à la vie humaine que nulle des autres : car ainsi que la froideur est ennemie ; aussi est la chaleur amie du corps humain, attēdu que nostre vie n'est que chaleur et humidité, la mort au contraire, froideur et siccité. Voyla donc comme toute la terre est peuplée et n'est iamais sans habitateurs, pour chaleur ne pour froidure, mais biē pour estre infertile, comme i'ay veu en l'Arabie deserte et autres contrées. Aussi a esté l'homme ainsi creé de Dieu, qu'il pourra viure en quelque partie de la terre, soit chaude, froide ou temperée. Car luy mesme a dit à noz premiers parens : Croissez et multipliez. L'experience d'auantage (comme plusieurs fois nous auons dit) nous certifie, combien le monde est ample, et accommodable à toutes creatures, et ce tant par continuelle nauigation sus la mer, comme par loingtains voyages sur la terre.

Zone torride meilleure, plus cōmode et salubre que les autres.

[1] *Liber cosmographicus de natura locorum*. Fol. 14 B et 23 A.

CHAPITRE XX.

De la multitude et diuersité des poissons estant soubs la ligne Equinoctiale.

AUANT que sortir de nostre ligne, i'ay bien voulu faire mention particuliere du poisson, qui se trouue enuirõ sept ou huict degrez deça et delà, de couleurs si diuerses et en telle multitude, qu'il n'est possible de les nombrer, ou amasser ensemble, comme un grand monceau de blé en un grenier. Et faut entēdre qu'entre ces poissons plusieurs ont suyui noz nauires plus de trois cens lieües : principalement les dorades, dont nous parlerons assez amplement cy apres. Les marsouins apres auoir veu de loing noz nauires, nagent impetueusement à l'encõtre de nous, qui donne certain presage aux mariniers de la part que doit venir le vent : car ces animaux, disent-ils, nagent à l'opposite, et en grande trouppe, comme de quatre à cinq cens. Ce poisson est appellé
Marsouïn, Marsouin de *Maris sus* [1] en Latin, qui vaut autant à

[1] D'après Littré, la véritable étymologie du mot serait le gothique *merisum,* qui, d'ailleurs, a la même signification que *maris sus.*

dire, que porceau de mer, pour ce qu'il retire aucunement aux porcs terrestres : car il a semblable grouissement, et a le groin comme le bec d'une canne, et sus la teste certain conduit, par lequel il respire ainsi que la balene.

pourquoy ainsi appellé.

|| Les mattelots en prennent grand nombre auec certains engins de fer aguts par le bout, et cramponnez, et n'en mangent gueres la chair, ayans autre poisson meilleur : mais le foye en est fort bon et delicat, ressemblant au foye du porc terrestre. Quand il est pris ou approchant de la mort, il iette grands soupirs, ainsi que voyons faire noz porcs, quand on les seigne. La femelle n'en porte que deux à chacune fois. C'estoit dõc chose fort admirable du grand nombre de ces poissons, et du bruit tumultueux, qu'ils fesoyent en la mer, sans comparaison plus grand que nul torrent tombant d'une haute mõtagne. Ce que aucuns estimeront par auenture fort estrange, et incroyable, mais ie l'asseure ainsi pour l'auoir veu. Il s'en trouue, comme ie disois, de toutes couleurs, de rouge, comme ceux qu'ils appellent Bonnites : les autres azurez et dorez, plus reluisans que fin azur, cõme sont Dorades : autres verdoyans, noirs, gris, et autres. Toutefois ie ne veux dire, que hors de la mer ils retiennent tousiours ces couleurs ainsi naïues. Pline recite qu'en Espagne a une fontaine, dont le poisson porte couleur d'or, et dehors il a semblable couleur que l'autre. Ce que peut prouenir de la couleur de l'eau estant entre nostre œil et le poisson : tout ainsi qu'une vitre de couleur verte nous represente les choses de semblable couleur. Venons à la Dorade. Plusieurs tant anciens

Fol. 38.

Bõnites.

Fonteine qui représente le poisson de couleur d'or.

que modernes, ont écrit de la nature des poissons, mais assez legerement, pour ne les auoir veuz, ains en auoir ouy parler seulement, et specialement de la Dorade. Aristote escrit qu'elle a quatre nageoïres, deux dessus et deux dessoubs, et qu'elle fait ses petits en Esté, et qu'elle demeure cachée longue espace de temps : mais il ne le termine point. Pline [1] à mon aduis a imité ce propos d'Aristote, parlant de ce poisson, disant, qu'elle se cache en la mer pour quelque temps, mais passant outre a defini ce temps estre sur les excessiues chaleurs, pour ce qu'elle ne pouuoit endurer chaleur si grande. Et voluntiers l'eusse representé par figure, si i'eusses eu le temps et l'opportunité remettant à autre fois. Il s'en trouue de grandes, comme grands saulmons, les autres plus petites. Depuis la teste iusques à la queüe elle porte une creste, et toute ceste partie colorée cõme de fin azur, tellement qu'il est impossible d'excogiter couleur plus belle, ne plus clere. La partie inferieure est d'une couleur semblable à fin or de ducat : et voyla pourquoy elle a esté nõmée Dorade, et par Aristote appellée en sa langue χρυσόφρυς, que les interpretes ont tourné Aurata. Elle vit de proye, comme tresbien le descrit Aristote, et est merueilleusement friande de ce poisson volant, qu'elle poursuit dedans l'eau, comme le chien poursuit le lieure à la campagne :

Aristote et Pline de la Dorade.

Description de la Dorade.

[1] Pline. H. N. ix. 25. Quidam æstus impatientia, mediis fervoribus, sexagenis diebus latent, ut glaucus, aselli, auratæ. Aristote. *De animalibus.* i. 5. — iv. 10. — vi. 17. — viii. 2. 13. 15.

se iettant haut en l'air pour le prendre : et si l'une le faut, l'autre le recouure.

Ce poisson suyuit nos nauires, sans iamais les abandonner, l'espace de plus de six sepmaines nuit et iour, voire iusques à tant qu'elle trouua la mer à dégoust. Ie sçay que ce poisson a esté fort celebré et recommendable le temps passé entre les nobles, pour auoir la chair fort delicate et plaisant à manger : comme nous lisons que Sergius [1] trouua moyen d'en faire porter une iusques à Rome, qui fut seruie en un banquet de l'Empereur, où elle fut merueilleusement estimée. Et de ce temps commença la Dorade à estre tant estimée entre les Romains, qu'il ne se faisoit banquet sumptueux où il n'en fust seruy par une singularité.

Dorade, poisson en grande recommandation du têps des Anciens.

|| Et pour ce qu'il n'estoit aisé d'en recouurer en esté, Sergius senateur s'aduisa d'en faire peupler des viuiers à fin que ce poisson ne leur defaillist en saison quelconque : lequel pour ceste curiosité auroit esté nommé Aurata, ainsi que A. Licin Murena, pour auoir trop songneusemẽt nourri ce poisson que nous appellons Murena. Entre les Dorades ont esté plus estimées celles qui apportées de Tarente estoient engressées au lac Lucrin, comme mesme nous tesmoigne Martial [2], au troisiesme liure de ses Epigrãmes. Ce poisson est beaucoup plus sauoureux en hiuer qu'en esté : car toutes choses ont leur saison. Corneille

Fol. 39.

[1] PLINE. H. N. IX. 79.

[2] MARTIAL. XIII. 90 : « Non omnis laudem pretiumque aurata meretur : — Sed cui solus erit concha Lucrina cibus. »

Celse ordonne ce poisson aux malades, specialement febricitans, pour estre fort salubre, d'une chair courte, friable et non limõneuse. Il s'en trouue beaucoup plus en la mer Oceane qu'en celle du Leuãt. Aussi tout endroit de mer ne porte tous poissons, Helops poisson tres singulier ne se trouue qu'en Pamphilie, Ilus et Scaurus en la mer Atlantique seulement, et ainsi de plusieurs autres. Alexandre le Grand estant en Egypte acheta deux Dorades deux marcs d'or, pour éprouuer si elles estoyent si friandes, comme les descriuoyẽt quelques uns de son temps. Lors luy en fut apporté deux en vie de la mer Oceane (car ailleurs peu se trouuent) à Memphis, là ou il estoit : ainsi qu'un medecin iuif me monstra par histoire, estant à Damasce en Syrie. Voyla, lecteur ce que i'ay peu apprendre de la Dorade remettant à ta volonté de veoir ce qu'en ont escrit plusieurs gens doctes, et entre autres Monsieur Guillaume Pellicier [1], euesque de Montpellier, lequel a traicté de la nature des poissons autant fidelement et directement qu'homme de nostre temps.

[1] Pellicier (Guillaume), prélat et diplomate français, né à Mauguio, mort à Montferrand, près Montpellier, 1490-1568. Evêque de Maguelone, il obtint en 1536 le transfert de son siége épiscopal à Montpellier. Ambassadeur à Venise, il y fit une ample moisson de manuscrits. C'était un habile jurisconsulte et un naturaliste éminent. Il aida son ami Rondelet dans la composition du traité *De Piscibus*. Il avait composé des *Commentaires de Pline*, dont le manuscrit n'a pas été retrouvé.

CHAPITRE XXI.

D'une isle nommée l'Ascention.

Sans élonger de nostre propos, huict degrez de là nostre ligne le vingt sixiesme du mois d'octobre trouuasmes une isle non habitée, laquelle de prime face voulions nommer isle des oyseaux, pour la grande multitude d'oyseaux, qui sont en ceste dicte isle : mais recherchans en nos cartes marines, la trouuasme auoir esté quelque temps auparauant découuerte par les Portugais, et nommée isle de l'Ascension [1] pour ce que ce iour la y estoyent abordez. Voyans donc ces oyseaux de loing voltiger sur la mer, nous donna coniecture, que là pres auoit quelque isle. Et approchans tousiours veimes si grand nombre d'oyseaux [2] de diuerses sortes et plumages,

Isle de l'Ascensiõ, pourquoy ainsi nommée.

[1] Cette île fut découverte en 1501 par le Portugais Jean de Nova Cependant on trouve déjà sur la Mappemonde exécutée en 1500 par Juan de la Cosa, pilote de Colomb, une île dont la position paraît correspondre à celle de l'Ascension.

[2] Les oiseaux sont encore fort nombreux à l'Ascension. Frégates, fous, paille-en-queue aux longues plumes caudales, hirondelles, pétrels, albatros noirs à poitrine blanche semblent s'y être donné rendez-vous. Dans la saison de la ponte, l'hirondelle des tropiques dépose sur les plaines et les hauteurs un

sortir, comme il est vray semblable, de leur isle, pour chercher à repaistre, et venir à noz nauires, iusques à les prendre à la main, qu'à grand peine nous en pouuions défaire. Si on leur tendoit le poing, ils venoyent dessus priuément, et se laissoyent prendre en toutes sortes que l'on vouloit : et ne s'en trouua espece quelconque en ceste multitude semblable à ceux de par deça, chose peut estre, incroyable à quelques uns. Estans laschez de la main ne s'en fuyoient pourtant, ains se laissoyent toucher et prendre comme deuant. Dauantage en ceste isle s'en trouue une espece de grands, que i'ay ouy nommer Aponars. Ils ont petites ailes, pourquoy ne peuuent voler. Ils sont grands et gros comme noz herons, le ventre blanc, et le dos noir, comme charbon, le || bec semblable à celuy d'un cormoran, ou autre corbeau. Quand on les tue ils criēt ainsi que pourceaux. I'ay voulu descrire cest oyseau entre les autres, pour ce qu'il s'en trouue quantité en une isle tirant droit au cap de Bonne Viste, du costé de la terre neufue, laquelle a esté appellée isle des Aponars [1]. Aussi y en a telle abondãce, que

Oyseaux de diuerses especes en grand nombre.

Aponars, oyseaux.

Fol. 40.

Cap de Bonne Viste. Aponars, et pourquoy ainsi dicte.

nombre d'œufs tellement considérable qu'on en ramasse jusqu'à dix mille douzaines dans une seule semaine. Les poules de Guinée sont également très abondantes. Voir d'AVEZAC. *Iles de l'Afrique*. P. 259.

[1] Allusion au voyage de Jacques Cartier au Canada. Voici le passage de la relation de Cartier. (Ed. Ramé. P. 3.) « Nonobstant ledit banc, noz deux barques furent à ladite isle pour auoir des ouaiseaulx, desqueulx y a si grant nombre, que c'est une chasse increable, qui ne la voyt ; car nonobstant que ladite isle contienne enuiron une lieue de circumferance, en soit si très plaine

quelquefois trois grãds nauires de France allans en Canada, chargeant chacun deux fois leurs basteaux, de ces oyseaux, sur le riuage de ceste isle, et n'estoit question que d'entrer en terre, et les toucher deuant soy aux basteaux, ainsi que moutons à la boucherie, pour les faire entrer. Voyla qui m'a donné occasion d'en parler si auant. Au reste, de nostre isle de l'Ascension, elle est assés belle ayant de circuit six lieues seulement, auecques montagnes tapissées de beaux arbres et arbrisseaux verdoyans, herbes et fleurs, sans oblier l'abondance des oyseaux, ainsi que desia nous auons dit. I'estime que si elle estoit habitée et cultiuée, auec plusieurs autres, qui sont en l'Oceã, tant deça que delà l'Equinoctial, elles ne seroyent de moindre emolument, que Tenedos, Lemnos, Metelin, Negrepont, Rhodes, et Candie, ne toutes les autres, qui sont en la mer Hellespont, et les Cyclades : car en ce grand Ocean se trouuent isles ayans de circuit plus de octante lieues, les autres moins : entre lesquelles la plus grãd partie sont desertes et non habitées. Or apres auoir passé ceste isle, commençasmes à découurir quatre estoilles de clarté et grandeur admirable, disposées en forme d'une croix [1], assez loing

Isle de l'Ascension non encores habitée, comme plusieurs autres.

qu'i semble que on les ayt arimez... Nous nommons iceulx ouaiseaulx *apponatz* desqueulx noz deux barques en chargèrent en moins de demye heure, comme de pierres, dont chaiscun de noz nauires en sallèrent quatre ou cinq pippes, sans ce que nous en peumes mangier de froys. »

[1] La magnifique constellation de la croix du sud était connue avant la découverte de l'Amérique. Elle est visible dans la mer

toutesfois du pole Antarctique. Les mariniers qui nauigẽt par delà les appellent chariotz. Aucuns d'iceux estiment qu'entre ces estoilles est celle du Su, laquelle est fixe et immobile, cõme celle du Nort, que nous appelons Ourse mineur, estoit cachée auant que fussions soubs l'Equateur, et plusieurs autres qui ne se voyent par deça au Septentrion.

CHAPITRE XXII.

Du promontoire de Bonne Esperance & de plusieurs singularités obseruées en iceluy, ensemble nostre arriuée aux Indes Ameriques, ou France Antarctique.

PRES auoir passé la ligne Equinoctiale, et les isles Saint Homer, suyuans ceste coste d'Ethiopie, que lon appelle Inde meri-

Rouge. Les planisphères arabes l'indiquent toutes. Dès le XIVe siècle, les Vénitiens et les Génois, qui s'étaient avancés dans l'Atlantique, en avaient connaissance. Dante enfin l'avait célébrée (*Purgatoire*. I. 22) : « Portant ma pensée sur l'autre pôle

dionale, il fut question de poursuyure nostre route iusques au tropique d'Hyuer : enuiron lequel se trouue ce grand et fameux promontoire de Bõne esperance, que les pilots ont nommé, Liõ de la mer [1], pour estre craint et redouté, tant il est grand et difficile. Ce cap des deux costez est enuironné de deux grãdes montagnes, dont l'une regarde l'Orient, et l'autre l'Occident. En ceste contrée se trouue abondance de Rhinocerons, ainsi appellez, pour ce qu'ils ont une corne sus le nez. Aucuns les appellent bœufs d'Ethiopie. Cest animal est fort monstrueux, et est en perpetuelle guerre et inimitié auecques l'Elephant [2]. Et pour ceste cause les Romains ont pris plaisir à faire combattre ces deux animaux pour quelque spectacle de grandeur, principalement à la creation d'un Empereur ou autre grand magistrat, ainsi que l'on fait encores auiourd'huy d'Ours, de

Inde Méridionale.

Cap de Bõne esperance pourquoy nõmé Lion de la mer.

Rhinocerons, ou bœufs de Ethiopie.

qui était à ma droite, j'aperçus quatre étoiles qui ne furent jamais vues que de la race première. On eût dit que le ciel se plaisait à leur rayonnement. O Septentrion, région vraiment veuve, puisqu'il t'est refusé de les contempler. »

[1] Thevet est le seul à donner ce nom au cap de Bonne-Espérance. Lorsque Barthelemy Dias le découvrit en 1486, il l'appela cap des Tempêtes (o cabo Tormentoso), en souvenir des périls et des tempêtes qu'il avait surmontés pour le doubler. Avec une sagacité de prévision qui n'appartient qu'aux hommes de génie, Jean II substitua le nom de cap de Bonne-Espérance à la dénomination de mauvais augure imposée par Dias.

[2] Cf. THEVET. *Cosmographie universelle*. T. I. P. 403. Cet usage s'est perpétué en Hindoustan. Lire dans l'*Inde des Rajahs*, par ROUSSELET, l'intéressante description des fêtes de Baroda (*Tour du Monde*. nº 563).

Fol. 41. Toreaux, et de Lions. Il || n'est du tout si haut que l'Elephãt, ne tel que nous le depeignõs par deça. Et qui me doñe occasion d'en parler est que traversant d'Egypte en Arabie, ie vis un fort ancien obelisc [1], ou estoyent gravées quelques figures d'animaux au lieu de lettres ainsi que l'on en usoit le temps passé, entre lesquels estoit, le Rhinoceros, n'ayant ne frange, ne corne, ne aussi mailles telles que noz peintres les representent. Pourquoy i'en ay voulu mettre icy la figure. Et pour se preparer à la guerre Pline [2] raconte qu'il aguise sa corne à une certaine pierre, et tire tousiours au ventre de l'Elephant, pour ce que c'est la partie du corps la plus molle. Il s'y trouue aussi grande quantité d'asnes sauuages, et une autre espece portant une corne entre les deux yeux [3], longue de deux pieds. I'en vis une estant en la ville d'Alexandrie, qui est en Egypte, qu'un seigneur Turc apportoit de Mecha, laquelle il disoit avoir mesme vertu contre le venin, cõme celle d'une

[1] On rencontre en effet non seulement sur les obélisques, mais encore sur beaucoup d'autres monuments Egyptiens des animaux représentés. Le rhinoceros y figure de temps à autre, par exemple comme spécimen des animaux appartenant à un pays vaincu. Voir le *Catalogue du Musée égyptien du Louvre*, etc.

[2] PLINE. H. N. VIII. 29. Rhinoceros genitus hostis elephanto : cornu ad saxa limato præparat se pugnæ, in dimicatione alvum maxime petens, quam scit esse molliorem.

[3] L'animal portant corne entre les deux yeux, dont parle Thevet, est sans doute l'harrisbuck ou peut-être encore l'oryx du Cap. Voir BALDWIN. *Chasses en Afrique* (*Tour du Monde*. nos 207. 208).

Licorne. Aristote [1] appelle ceste espece d'asne à corne, Asne des Indes. Environ ce grand promontoire est le departement de voye du Ponent et Leuant : car ceux qui veulent aller à l'Inde orientale, comme à Calicut, Taprobane, Melinde, Canonor, et autres, prẽnent à senestre, costoyans l'isle S. Laurent [2], mettant le cap de la nauire à l'Ouest, ou bien au Suest, ayant vent de Ouest au Nortouest à poupe. Ce païs des Indes de là au Leuãt est de telle estendue que plusieurs l'estimẽt estre la tierce partie du mõde. Mela et Diodore recitent que la mer enuironnãt ces Indes de Midy à l'Oriẽt, est de telle grãdeur, qu'à grand peine la peut on passer, encore que le vent soit propice en l'espace de quarante iours : Ce païs est donc de ce costé enuironné de la mer qui pour ce est appellée Indique, se confinant deuers Septentrion au mõt Caucase. Et est appellée Inde du fleuue nommé Indus, tout ainsi que Tartarie du fleuue Tartar, passant par le pays du grand Roy Chã. Elle est habitée de diuersités de peuples, tant en meurs que religion. Une grande partie est soubs l'obeissance de Preste-Iã, [3] laquelle tiẽt le Christianisme : Les autres sont Mahumetistes, comme desia nous auons dit, parlãs de l'Ethiopie : les autres idolatres. L'autre voye au

Estendüe de l'Inde Oriẽtale.

Mer Indique.

Indus, fl.
Tartar, fl.

[1] ARISTOTE. *Hist. animal.* II. § 1.

[2] Ce fut le premier nom donné par les Européens à Madagascar. Voir FLACOURT. *Histoire de Madagascar.*

[3] Confusion perpétuelle des auteurs du XVe et du XVIe siècle entre l'Inde et l'Abyssinie. C'est de ce dernier empire et nullement de l'Inde qu'était maître le prêtre Jean.

partement de nostre grand cap, tire à d'extre, pour aller à l'Amerique, laquelle nous suyuimes, acõpagnez du vẽt, qui nous fut fort bõn et propice.

Nonobstant nous demeurasmes encore assés long-
Fol. 42. temps sur l'eau, tant pour la distãce des || lieux, que pour le vẽt, que nous eumes depuis contraire : qui nous causa quelque retardement, iusques au dix huictiesme degré de nostre ligne, lequel derechef nous fauorisa. Or ie ne veux passer outre sans dire ce que nous aduint chose digne de memoire. Approchans de nostre Amerique bien cinquante lieües, commençasmes à sentir l'air de la terre, tout autre que celuy de la marine, auecque une odeur tant suaue des arbres, herbes, fleurs, et fruits du païs, que iamais basme, fusse celuy d'Egypte ne sembla plus plaisant, ne de meilleure odeur. Et lors ie vous laisse à penser, combien de ioye receurent les pauures nauigans, encores que de long temps n'eussent mangé de pain et sans espoir dauantage d'en recouurer pour le retour. Le iour suyuant, qui fut le dernier d'Octobre, enuiron les neuf heures du matin decouurismes les hautes montagnes de Croistmouron [1], combien que ce ne fust l'endroit, où nous pretendions aller.

Signe aux nauigans de l'approchement des Ameriques.

Montagnes de Croistmouron.

Parquoy costoyans la terre de trois à quatre lieües loing, sans faire contenance de vouloir descendre, estans bien informez que les Sauuages de ce lieu sont fort alliez auec les Portugais, et que pour neant les aborderions, poursuyuismes chemin iusques au

[1] Les montagnes de Croistmouron correspondent à la sierra de Espinhaco, qui sert de ceinture orientale au San-Francisco.

deuxiesme de Nouembre, que nous entrasmes en un lieu nômé Maqueh [1], pour nous enquerir des choses specialemēt de l'armée du Roy de Portugal. Auquel lieu nos esquifs dressés, pour mettre pied en terre, se presenterent seulement quatre vieillards de ces sauuages du païs, pour ce que lors les ieunes estoient en guerre, lesquels de prime face nous fuyoient, estimans que ce fussent Portugais, leurs ennemys : mais on leur donna tel signe d'asseurance, qu'à la fin s'approcherent de nous. Toutefois ayans là seiourné vingt quatre heures seulement, feimes voile pour tirer au cap de Frie [2], distant de Maqueh vint cinq lieües. Ce païs est merueilleusement beau, autrefois decouuert et habité par les Portugais, lesquels y auoient donné ce nom qui estoit parauant Gechay, et basti quelque fort, esperans là faire residence, pour l'amenité du lieu. Mais peu de temps apres, pour ie ne sçay quelles causes, les Sauuages du païs les firent mourir, et les mangerent comme ils font coustumierement leurs ennemys. Et qu'ainsi soit, lors que nous y arriuasmes ils tenoyent deux pauures Portugais, qu'ils auoient pris dans une petite caraueille, ausquels ils se deliberoyent faire semblable party, que aux autres, mesmes à sept de leurs compagnons de recente memoire : dont leur vint bien à propos nostre arriuée, lesquels par grande pitié [3] furent par nous rachetez,

Maqueh.

Cap de Frie.

Gechay.

Coustumes des Sauuages de manger leurs ennemys.

1 Ce lieu se nomme aujourd'hui Macaheh.

2 Ce cap a conservé son nom, cabo Frio.

3 D'ordinaire les Français se montraient moins tendres envers les Portugais prisonniers des Brésiliens. H. STADEN. (Ouv. cité,

et deliurez d'entre les mains de ces Barbares. Pompone Mele appelle ce promontoire dont parlons, le frõt d'Afrique, par ce que de là elle va en estressissant cõme un angle, et retourne peu à peu en Septentrion et Orient, là ou est la fin de terre ferme, et de l'Afrique, de laquelle Ptolemée n'a onques eu cõgnoissance. Ce cap est aussi le chef de la nouuelle Afrique, laquelle termine vers le Capricorne aux montagnes de Habacia et Gaiacia. Le plat païs voisin est peu habité, à cause qu'il est fort brutal et barbare, voire monstrueux : non que les hommes soyent si difformes que plusieurs ont escrit [1] comme si en dormant l'auoyent songé, osans affermer qu'il y a des peuples auxquels les oreilles pendent iusques aux talons : les autres auec un œil au frõt, qu'ils appellent Arismases,
Fol. 43. les || autres sans teste : les autres n'ayans qu'un pié, mais de telle longueur qu'ils s'en peuuent ombrager contre l'ardeur du soleil : et les appellent monomeres, monosceles, et sciapodes. Quelques autres autant impertinens en escriuent encore de plus estranges, mesmes des modernes escriuains sans iugement, sans raison, et sans experience. Ie ne veux du tout nier les monstres qui se font outre le dessein de nature, approuuez par les philosophes, confirmez par expe-

P. 151), raconte qu'il faillit être abandonné par un interprète normand qui ne voulait pas lui sauver la vie, par ce qu'il le prenait pour un Portugais. Il raconte encore (P. 196. 208), que parfois nos compatriotes fournissaient aux Brésiliens pour leurs hideux festins des prisonniers portugais.

[1] Allusion à certains passages des auteurs anciens et spécialement de PLINE. H. N. VII. 2.

rience, mais bien impugner choses qui en sont si elõgnées, et en outre alleguées de mesme. Retournons en cest endroit à nostre promontoire. Il s'y trouue plusieurs bestes fort dangereuses et veneneuses, entre autres le Basilisc, plus nuisant aux habitãs et aux estrangers mesmes sus les riuages de la mer à ceux qui veulent pescher. Le Basilisc (cõme chacun peut entendre) est un animal veneneus, qui tue l'hõme de son seul regard, le corps long enuiron de neuf pouces, la teste eleuée en pointe de feu, sur laquelle il y a une tache blanche en maniere de couronne, la gueule rougeastre, et le reste de la face tirant sur le noir, ainsi que i'ay congneu par la peau, que ie vei entre les mains d'un Arabe du grãd Caire. Il chasse tous les autres serpens de son sifflet (comme dit Luciã) pour seul demeurer maistre de la cãpagne. La Foine lui est ennemye mortelle selon Pline [1]. Bref ie puis dire auec Salluste [2] qu'il meurt plus de peuple par les bestes sauuages en Afrique, que par autres incõueniẽs. Nous n'auons voulu taire cela en passãt.

[1] PLINE. *Hist. Nat.* Liv. VIII. § 33. Huic tali monstro mustelarum virus exitio est : adeo naturæ nihil placuit esse sine pari.

[2] SALLUSTE. Jug. XVII. Morbus haud sæpe quemquam superat. Ad hoc malefici generis plurima animalia.

CHAPITRE XXIII.

De l'isle de Madagascar, autrement de S. Laurent.

LE grãd desir que i'ay de ne rien omettre qui soit utile ou necessaire aux lecteurs, ioint qu'il me semble estre l'office d'un escriuain, traiter toutes choses qui appartiennent à son argument sans en laisser une, m'incite à decrire en cest endroit ceste isle tant notable, ayant septante huit degrez de longitude, minutes nulle, et de latitude unze degrez et trente minutes, fort peuplée et habitée de Barbares noirs depuis quelque temps (lesquels tiennent presque mesme forme de religiõ que les Mahometistes : aucuns estans idolatres, mais d'une autre façon) : cõbien qu'elle ait esté descouuerte par les Portugais [1] et nommée de S. Laurent, et au parauant Madagascar en leur langue : riche au surplus et fertile de tous biens, pour estre merueilleusement bien située. Et qu'ainsi soit, la terre produit là arbres

Fertilité de l'isle de Saint Laurent.

[1] Madagascar était connue des anciens (Menuthias) et des Arabes (Serendib). Les Portugais la retrouvèrent dans leurs expéditions aux Indes orientales. Les Français la visitèrent à diverses reprises, mais ils ne devaient s'y établir qu'au XVIIe siècle avec Pronis, sous le règne de Louis XIII (1642). Voir FLACOURT. *Histoire de la grande isle Madagascar*.

fruitiers de soy mesme, sans planter ne cultiuer, qui apportent neantmoins leurs fruits aussi doux et plaisans à manger que si les arbres auoient esté entez. Car nous voyons par deça les fruits agrestes, c'est à sçauoir que la terre produit sans la diligence du laboureur, estre rudes, et d'un goust fort aspre et estrange, les autres au contraire. Donques en ceste isle se trouuent beaucoup de meilleurs fruits, qu'ẽ terre ferme, encores qu'elle soit en mesme zone ou temperature : entre lesquels en y a un qu'ils nomment en leur langue Chicorin [1], et l'arbre qui le porte est semblable à un plumier d'Egypte ou Arabie, tant en hauteur que || fueillages. Duquel fruit se voit par deça, que l'on amene par nauires, appellé en vulgaire noix d'Inde : que les marchants tiennent assez cheres, pource que outre les frais du voyage, elles sont fort belles et propres à faire vases : car le vin estant quelque temps en ces vaisseaux acquiert quelque chose de meilleur, pour l'odeur et fragrance de ce fruit, approchãt à l'odeur de nostre muscade. Ie diray dauantage que ceux qui boiuent coustumierement dedans (ainsi que m'a recité un Iuif, premier medecin du Bassa du grand Caire, lors que i'y estoye) sont preseruez du mal de teste et des flancs, et si prouoque l'urine : et à ce me persuade encores plus l'experiẽce, maitresse de toutes choses, que i'en ay veüe. Ce que n'a oublié Pline et autres, disans que

Chicotin, fruit que nous disons noix d'Inde.

Fol. 44.

Diverses utilitez de ce fruit.

[1] Thevet parle ici du cocotier qui est en effet très abondant à Madagascar. Sur les propriétés de la noix de coco, consulter FLACOURT. Ouv. cité. P. 127.

toutes especes de palmes sont cordiales, propres aussi à plusieurs indispositiõs. Ce fruit est entieremẽt bon, sçauoir la chair superficielle, et encores meilleur le noyau, si on le mange frais cuilly. Les Ethiopes et Indiens affligez de maladie, pillent ce fruit et en boiuent le ius, qui est blanc comme lait, et s'en trouuent tresbiẽ. Ils font encores de ce ius quãd ils en ont quãtité, quelque alimẽt cõposé auec farines de certaines racines ou de poisson, dont ils mangẽt, apres auoir bien boullu le tout ensemble. Ceste liqueur n'est de longue garde, mais autant qu'elle se peut garder, elle est sans comparaison meilleure pour la personne, que confiture qui se trouue. Pour mieux le garder ils font bouillir de ce ius en quantité, lequel estant refroidy reseruẽt à des vaisseaux à ce dediez. Les autres y meslent du miel, pour le rendre plus plaisant à boire. L'arbre qui porte ce fruit est si tendre, que si on le touche tant soit peu, de quelque ferrement, le ius distille doux à boire et propre à estancher la soif. Toutes ces isles situées à la coste *Isle du Prince.* d'Ethiopie, cõme l'isle du Prince, ayant trente cinq degrez de longitude [1], minute 0, et deux de latitude, minute 0 : Mopata, Zanzibar, Monfia [2], S. Apolene [3], S. Thomas soubs la ligne sont riches

[1] L'île *du Prince* est dans l'Océan Atlantique.

[2] *Monfia*, île au sud de celle de Zanzibar, près de la côte de Zanguebar.

[3] *Santa Apollonia* est un des noms de l'île Maurice actuelle. Sur la mappemonde de Ribero elle est ainsi dénommée. Les Portugais l'appelèrent également *Cosmo Ledo,* les Hollandais *Mauritius* et les Français, *Ile de France.*

et fertiles, presque toutes pleines de ces Palmiers, et autres arbres portans fruits merueilleusemẽt bons. Il s'y trouue plusieurs autres especes de palmiers portans fruits, cõbien que non pas tous, comme ceux d'Egypte. Et en toutes les Indes de l'Amerique et du Peru tant en terres fermes qu'aux isles, se trouue de sept sortes de palmiers [1] tous differens de fruits les uns aux autres. Entre lesquels i'en ay trouué aucuns qui portent dates bonnes à manger comme celles d'Egypte, de l'Arabie Felice, et Syrie. Au surplus en ceste mesme isle se trouuent melons [2] gros à merueille, et tant qu'un homme pourroit embrasser, de couleur rougeastre, aussi en y a quelques uns blancs, les autres iaunes mais beaucoup plus sains que les nostres, specialemẽt à Paris, nourriz en l'eau et fiens, au grand preiudice de la santé humaine. Il y a aussi plusieurs especes de bõnes herbes cordiales, entre lesquelles une qu'ils nomment spaguin [3], semblable à notre cicorée sauuage, laquelle ils appliquent sur les playes et blessures, et à celle des viperes, ou

Sept sortes de palmiers aux Indes Ameriques.

Melons de grosseur merueilleuse.

Spaguin, herbe.

[1] Léry (§ xiii). « Il s'y trouve de quatre ou cinq sortes de palmiers, dont entre les plus communs, sont un nommé par les sauuages *Geraü*, un autre *Yri* : mais comme ni aux uns ni aux autres ie n'ay iamais veu de dattes, aussi croi-ie qu'ils n'en produisent point. »

[2] Flacourt (P. 120) distingue à Madagascar deux sortes de melons, le *voamanghe* ou melon d'eau qui acquiert des dimensions extraordinaires, et le *voatanghe*.

[3] On ne sait quelle est la plante qu'a voulu désigner Thevet. Est-ce le *mafoutra* de Flacourt (p. 136) ou le *fooraha* (p. 139)? L'une et l'autre possèdent des vertus curatives.

autre beste veneneuse. Car elle en tire hors le venin, et autres plusieurs notables simples, que nous n'auons *Abõdãce de vray sandal.* par deça. Dauantage se trouue abondance de vray sandal par les bois et bocages duquel ie desireroye qu'il s'en fist boñe trafique par deça : au moins ce nous seroit moyen d'ẽ auoir du vray qui seroit grand soulagemẽt, veu l'excellence et proprieté que luy Fol. 45. attribuent || les auteurs. Quant aux animaux comme bestes sauuages, poissons, oyseaux, nostre isle en nourrit des meilleurs, et en autant bonne quantité *Pa, oyseau estrange.* qu'il est possible. D'oyseaux en premier lieu en representerons un par figure, fort estrange, fait cõme un oyseau de proye, le bec aquilin, les aureilles enormes pendantes sur la gorge, le sommet de la teste elevé en pointe de diamant, les pieds et iambes comme le reste du corps, fort velu, le tout de plumage tirant sur couleur argentine, hors-mis la teste et aureilles tirans sur le noir. Cest oyseau est nommé en la langue du païs, Pa, en Persien, pié ou iambe [1] : et se nourrit de serpens, dont il y a grande abondance et de plusieurs especes, et d'oyseaux semblablement, autres que les *Asne Indique. Orix.* nostres de deça. De bestes il y a l'elephans en grãd nõbre, deux sortes de bestes unicornes, dont l'une est l'asne Indique, n'ayant le pied fourché, comme ceux qui se trouuent au païs de Perse, lautre est ce que l'on appelle Orix [2], ou pié fourché. Il ne s'y

[1] Cet oiseau est peut-être le *vouroupatra* de Flacourt (P. 165).

[2] Les orix ne se trouvent plus aujourd'hui que sur le continent dans l'Afrique Australe. Flacourt (P. 151) les nomme *Breh.* « C'est un animal, dit-il, que les nègres de Manghabei disent

trouue point d'asnes sauuages, sinõ en terre ferme. Qu'il y aye des licornes, ie n'en ay eu aucune cõgnoissance. Vray est, qu'estant aux Indes Ameriques quelques Sauuages nous vindrent voir de bien soixante ou quatre vingts lieües, lesquels cõme nous les interrogiõs de plusieurs choses, nous reciterent qu'en leur païs auoit grand nombre de certaines bestes grãdes comme une espece de vaches sauuages qu'ils ont portãs une corne seule au frõt, longue d'une brasse ou enuiron : mais de dire que ce soyẽt licornes ou onagres ie n'en puis rien asseurer, n'en ayant eu autre cognoissance. I'ay voulu dire ce mot encore que l'Amerique soit beaucoup distante de l'isle dõt nous parlons. Nous auons ia dit que ceste contrée insulaire nourrit abondance de serpens et laisarts d'une merueilleuse grandeur, et se prennent aiséement sans danger. Aussi les Noirs du païs mangent [1] ces laisarts et crappaux, comme pareillement font les Sauuages de l'Amerique. Il y en a de moindres de la grosseur de la iambe, qui sont fort delicats et frians à manger, outre plusieurs bons poissons et oyseaux, desquels ils mangent quand bon leur semble. Entre autres singularités pour la multitude des poissons, se trouuent force balenes, desquelles les habitans du païs tirent ambre, que plusieurs prennent pour estre ambre gris, chose par deça fort rare et precieuse : aussi

Ambre gris fort cordial.

estre dans le pays des Antsianactes, qui a une corne seule sur le front, grand comme un grand cabrit, et est fort sauuage. Il faut que ce soit une licorne. »

[1] Flacourt. Ouv. cité. P 155.

qu'elle est fort cordiale et propre à reconforter les
Fol. 46. parties plus nobles du corps humain. Et d'iceluy || se fait grande traffique auecques les marchans estrangers.

CHAPITRE XXIV.

De nostre arriuée à la France Antarctique, autrement Amerique, au lieu nommé cap de Frie.

APRES que par la diuine clemence auec tãt de trauaux communs et ordinaires à si longue nauigation, fusmes paruenus en terre ferme, non si tost que notre vouloir et esperance le desiroit, qui fut le dixiesme iour de nouembre, au lieu de reposer ne fut question, sinon de découurir et chercher lieux propres à faire sieges nouueaux, autant estonnez comme les Troyens arriuãs en Italie [1]. Ayans donc bien peu séiourné au premier lieu, où auions pris terre, comme au precedent chapitre nous l'auons dit,

[1] Sur l'arrivée au Brésil de Villegaignon, Thevet et leurs compagnons, consulter P. GAFFAREL. *Histoire du Brésil Français au XVIe siècle*. P. 178 et suiv.

feimes voile de rechef iusques au cap de Frie, ou nous recurẽt tres bien les Sauuages du païs, monstrans selon leur mode euidens signes de ioye : toutes fois nous n'y seiournames que trois iours. Nous saluerent donc les uns apres les autres comme ils ont de coustume, de ce mot *Caraiubé*, qui est autant, cõme, bonne vie, ou soyes le bien venu. Et pour mieux nous communiquer à nostre arriuée toutes les merueilles de leur païs, l'un de leurs grands *Morbichaouassoub* [1], c'est à dire, Roy, nous festoya d'une farine faite de racines, et de leur *Cahouin*, qui est un bruuage composé de mil nommé *Auaty*, et est gros comme pois. Il y en a de noir et de blanc, et font pour la plus grande partie de ce qu'ils en recueillent ce bruuage, faisans bouillir ce mil aux autres racines, lequel apres auoir bouilly est de semblable couleur que le vin clairet. Les Sauuages le trouuent si bon qu'ils s'en enyurent comme l'on fait de vin par deça : vray est qu'il est espais comme moust de vin. Mais escoutes une superstition à faire ce bruuage la plus estrange qu'il est possible. Apres qu'il a bouilly en grands vases [2] faits ingenieusement de terre grasse, capables

Cahouin, bruuage des Ameriques. Auaty espece de mil.

Superstition des Sauuages à faire ce bruage.

[1] Morbicha, en langue Tupi, signifie en effet souverain ou seigneur.

[2] Sur la fabrication du cahouin, consulter MONTAIGNE. I. XXX. — LÉRY. § IX. — THEVET. *Cosm. Univ.* P. 916-917, avec planche très-expressive. — BASANIER et de GOURGUES. *Relations sur la Floride Française.* — PAUL MARCOY. (*Tour du Monde.* n° 171.) Préparation de la Chicha dans les Andes. Léry affirme que cette distinction entre femmes et filles ne fut jamais nécessaire : « Ie repete nommement que ce sont les femmes qui font ce mestier

d'un muy, viendront quelques filles vierges macher ce mil ainsi boullu, puis le remettront en un autre vaisseau à ce propre : ou si une femme y est appellée, il faut qu'elle s'abstienne par certains iours de son mary, autrement ce bruuage ne pourroit iamais acquerir perfection. Cela ainsi fait, le feront bouillir
Fol. 47. de rechef iusques à ce qu'il soit purgé, cõme || nous voyons le vin bouillant dans le tonneau, puis en usent quelques iours apres. Or nous ayant ainsi traictez nous mena puis apres veoir une pierre large et longue de cinq pieds ou enuiron, en laquelle paroissoiẽt quelques coups de verge, ou menu baston, et deux formes de pié : qu'ils afferment estre de leur grand Caraibe [1], lequel ils ont quasi en pareille reuerence, que les Turcs Mahommet : pourtãt (disent-ils) qu'il leur a dõné la congnoissance et usage du feu, ensemble de planter les racines, lesquels parauant ne viuoient que de fueilles et herbes ainsi que bestes. Estãts ainsi menez par ce Roy, nous ne laissiõs de diligẽment recõgnoistre et visiter le lieu auquel se trouua entre plusieurs cõmodités qui sont requises, qu'il n'y avoit

car combien que ie n'ai pas veu faire de distinction des filles d'auec celles qui sont mariées (comme quelqu'un a escrit) tant y a neantmoins qu'outre q' les hommes ont ceste ferme opinion, que s'ils maschoyent tant les racines que le mil pour faire ce bruuage, qu'il ne seroit pas bon : encore reputeroyent-ils indecent à leur sexe de s'en mesler. »

[1] Toutes ces traditions primitives avaient été soigneusement recueillies par Villegaignon. Thevet fut non pas le collecteur, mais le vulgarisateur de ces curieuses légendes. M. F. Denis (*Fête Brésilienne à Rouen*, p. 81-96), en a cité plusieurs, particulièrement celle de l'origine du feu.

point d'eau douce que bien loing delà, que nous empescha d'y faire plus lõg séiour, et bastir dont nous fusmes fort faschez, cõsideré la bonté et amenité du païs. En ce lieu se trouue une riuiere d'eau [1] salée, passant entre deux montagnes elongnées l'une de l'autre d'un iect de pierre : et entre au païs enuiron trente et six lieues. Ceste riuière porte grande quantité de bon poisson de diuerses especes, principalement gros mulets : tellement qu'estans là nous veimes un sauuage qui print de ce poisson plus de mille en un instant et d'un traict de filet. Dauantage s'y trouuent plusieurs oyseaux de diuerses sortes et plumages, aucuns aussi rouges que fine esclarlatte : les autres blancs, cendrez, et mouchetez, comme un emereillon. Et de ces plumes les Sauuages du païs font pennaches de plusieurs sortes, desquelles se couurent, ou pour ornemẽt, ou pour beauté, quãd ils vont en guerre, ou qu'ils font quelque massacre de leurs ennemis : les autres en font robes et bonnets à leur mode [2]. Et qu'ainsi soit, il pourra estre veu par une robe ainsi faite, de laquelle i'ay fait present à Monsieur de

Rivière d'eau salée.

Oyseaux de divers plumages

Robe faite de plumages, apportée d'Amérique.

[1] Ce que Thevet prenait pour une rivière n'était qu'un des nombreux golfes qui creusent profondément la côte brésilienne depuis le cap Frio.

[2] FERDINAND DENIS. *De arte plumaria.* MARGRAVIUS. *De vestitu et ornatu vivorum et mulierum Brasiliensium.* Ces splendeurs de l'industrie Indienne ne sont pas encore complètement effacées. On les retrouve encore sur le Haut-Amazone parmi les Ticunas et les Munduruçus. Voir OSCULATI. *Exploratione delle Regioni equatoriali.* 1854. — DEBRET et CASTELNAU. *Expédition dans les parties centrales de l'Amérique du Sud*

Troistieux, gentilhomme de la maison de monseigneur le Reuerendissime Cardinal de Sens [1], et garde des Seaux de France, homme, dis-ie, amateur de toutes singularitez, et de toutes personnes vertueuses. Entre ce nombre d'oyseaux tous differens à ceux de nostre hemisphere, s'en trouue un qu'ils nomment en leur langue *Arat* [2] qui est un vray herõ quãt à la corpulence, hors-mis que son plumage est rouge cõme sang de dragon. Dauantage se voyent arbres sans nombre, et arbrisseaux verdoyans toute l'année, dont la plus part rend gommes diuerses tant en couleur que autrement. Aussi se trouuent au riuage de la mer des petits vignots [3] (qui est une espece de coquille de grosseur d'un pois) que les Sauuages portent à leur col enfilez comme perles, specialement quand ils sont malades : car cela, disent-ils, prouoque le ventre, et leur sert de purgation. Les autres en font poudre, qu'ils prennẽt par la bouche, disent outre plus, que cela est propre à arrester un flux de sang : ce que me semble contraire à son autre vertu purgatiue : toutesfois il peut auoir les deux pour la diuersité de ses substances. Et pour ce les femmes en portent au col et au bras plus costumieremẽt que les hommes. Il se trouue semblablement en ce païs et par tout le riuage de la mer sur le sable abondance d'une espece de fruit, que les Espagnols nomment Fêues marines, rondes

Arat, oyseã rouge.

Petits vignots, et cõme ils en usent.

Fêues marines.

[1] Le cardinal de Sens se nommait Jean Bertrand. C'est à lui que Thevet a dédié son ouvrage.

[2] Sur les Aras ou Perroquets, voir LÉRY. § XI.

[3] Sur les vignots ou vignols et leur usage au Brésil, voir LÉRY. § VIII.

comme un teston, mais plus espesses et plus grosses, de couleur rougeastre : que l'on diroit à les voir qu'elles sont artificielles. Les gens du païs n'en tiennent conte. Toutesfois les || Espagnols par singuliere estime Fol. 48.
les emportent en leur païs, et les femmes et filles de maison en portent coustumierement à leur col enchassés en or, ou argent, ce qu'ils disent auoir vertu contre la colique, douleur de teste, et autres. Bref, ce lieu est fort plaisant et fertile. Et si l'on entre plus auant, se trouue un plat païs couuert d'arbres autres que ceux de nostre Europe : enrichy dauentage de beaux fleuues, auec eaux merueilleusement cleres, et riches de poisson. Entre lesquels i'en descriray un en cest endroit, mõstrueux, pour un poisson d'eau douce, autãt qu'il est possible de voir, ainsi que la figure suiuante le demonstre. Ce poisson est de grandeur et grosseur un peu moindre que nostre harenc, armé de teste en queue, cõme un petit animal terrestre nommé *Tatou*, la teste sans comparaison plus grosse que le corps, ayant trois os dedãs l'eschine, bon à manger, pour le moins en mangent les Sauuages, et le nõment en leur langue, *Tamouhata*.

CHAPITRE XXV.

De la riuiere de Ganabara autrement de Janaire, et comme le païs où arriuasmes, fut nõmé France Antarctique.

N'AYANS meilleure commodité de seiourner au cap de Frie, pour les raisons susdites, il fut question de quitter la place, faisans voile autre part, au grand regret des gens du païs, lesquels esperoyẽt de nous plus long seiour et alliance, suyuant la promesse que sur ce à nostre arriuée leur en auions faite : pourtant nauigasmes l'espace de quatre iours, iusque au dixiesme, que trouuasmes ceste grande riuiere nommée Ganabara de ceux du païs, pour la similitude qu'elle a au lac, ou Ianaire, par ceux qui ont fait la premiere decouuerte de ce païs, distante de là où nous estions partis, de trente lieües ou enuiron. Et nous retarda par le chemin le vent, que nous eusmes assés contraire. Ayãs donc passé plusieurs petites isles [1], sur ceste coste de mer, et le destroit de nostre riuiere, large comme d'un trait d'ar-

Ganabara, ainsi dicte pour la similitude du lac.

[1] Ces petites îles, à l'entrée de la baie de Rio de Janeiro, se nomment Razo, Redondo, Comprida, Palmas, Cagada, Tucinha, Pay et Taipu.

quebuse, nous fumes d'auis d'entrer en cest endroit, et auec noz barques prendre terre : où incontinent les habitans nous receurent autant humainement qu'il fut possible : et comme estans aduertiz de nostre venue, auoyent dressé un beau palais à la coustume du païs, tapissé tout autour de belles fueilles d'arbres, et herbes odorifères, par une maniere de congratulation, monstrãts de leur part grand signe de ioye, et nous inuitans à faire le semblable. Les plus vieux principalemẽt, qui sont comme roys et gouuerneurs successiuemẽt l'un apres l'autre, nous venoyent || voir Fol. 49.
et auec une admiration nous saluoyent à leur mode en leur langage : puis nous cõduisoient au lieu qu'ils nous auoient preparé : auquel lieu ils nous apporterent viures de tous costez, comme farine faite d'une racine qu'ils appellent manihot, et autres racines grosses et menues, tres bonnes toutesfois et plaisantes à manger, et autres choses selon le païs : de maniere qu'estans arriuez, apres auoir loué et remercié (cõme le vray Chrestiẽ doit faire) celuy qui nous auoit pacifié la mer, les vents, bref, qui nous auoit donné tout moyen d'accõplir si beau voyage, ne fut question sinon se recréer et reposer sur l'herbe verte, ainsi que les Troïens apres tant de naufrages et tempestes quand ils eurent rencontré ceste bonne dame Dido : mais Virgile dit qu'ils auoyent du bon vin vieil, et nous seulement de belle eau. Apres auoir là seiourné l'espace de deux moys, et recherché tant en isles que terre ferme, fut nommé le païs loing à l'ẽtour par nous decouuert, France Antarctique, où ne se trouua lieu plus commode pour bastir et se fortifier qu'une

Manihot racine de laquelle les Sauuages usent et font farine.

France Antarctique.

bien petite isle, contenant seulement une lieüe de circuit, située presque à l'origine de ceste riuiere, dõt nous auõs parlé, laquelle pour mesme raison auec le fort qui fut basti, a esté aussi nommée Colligni [1]. Ceste isle est fort plaisante, pour estre reuestue de grande quantité de palmiers, cedres, arbres de bresil, arbrisseaux aromatiques verdoyans toute l'année : vray est qu'il n'y a eau douce, qui ne soit assez loing. Doncques le seigneur de Villegagnon, pour s'asseurer contre les efforts de ces sauuages faciles à offenser, et aussi contre les Portugais, si quelques fois se vouloient adonner là, s'est fortifié en ce lieu, comme le plus commode, ainsi qu'il luy a esté possible. Quant aux viures, les sauuages luy en portent de tel que porte le païs, comme poissons, venaison, et autres bestes sauuages, car ils n'en nourrissent de priuées, comme nous faisons par deça, farines de ces racines, dont nous auons n'agueres parlé, sans pain ne vin : et ce pour quelques choses de petite valeur, comme petits cousteaux, serpettes, et haims à prendre poisson. Ie diray entre les louënges de nostre riuiere, que là pres le destroit se trouue un maresc [2] ou lac prouenant la

Isle fort commode, en laquelle s'est premièremēt fortifié le seigneur de Villegagnon.

Roche de laquelle provient un lac.

[1] Ce n'est pas sur cette île que s'établirent d'abord nos compatriotes, mais sur un rocher nommé le Rattier, qu'ils abandonnèrent bientôt, comme trop exposé à la fureur des vagues. Leur nouveau domicile fut l'île aux Français, à laquelle les Brésiliens, par un sentiment qui les honore, ont conservé le nom d'île *Villagãnhon*. Cf. THEVET. *Cosmog. Univ.* — LÉRY. § IV. — GAFFAREL. Ouv. cité.

[2] Il s'agit du lac Rodrigo alimenté en effet par les eaux qui coulent du mont Corcovado.

plus grand part d'une pierre ou rocher, haute merueilleusement et elevée en l'air en forme de piramide, et large en proportion, qui est une chose quasi incroyable. Ceste roche est exposée de tous costez aux flots et tormentes de la mer. Le lieu est à la hauteur du Capricorne vers le Su, entre l'Equinoctial vingt et trois degrez et demy, soubs le tropique du Capricorne.

CHAPITRE XXVI.

Du poisson de ce grand fleuue sus nommé.

Ie ne veux passer outre sans particulierement traiter du poisson, qui se trouue en ce beau fleuue de Ganabara ou de Ianaire en grande abondance et fort delicat. Il y a diuersité de vignots tant gros que petis : et entre les autres elle porte ouïtre, dõt l'escaille est reluisante comme fines perles, *Ouïtres portans perles.* que les Sauuages mangent communement, auec autre petit poisson que peschent les enfans. Et sont ces ouïtres tout ainsi que celles qui portent les perles : aussi s'en trouue en || quelques unes, non pas si fines Fol. 50. que celles de Calicut, et autres parties du Leuant. Au reste les plus grands peschent aussi le grand poisson, dont ceste riuiere porte en abondance. La maniere de le prendre est telle, que estãs tous nuds en l'eau, soit douce ou salée leur tirent coups de flesches [1], à quoy sont fort dextres, puis les tirent hors de l'eau auec quelque corde faite de cotton ou escorce de bois, ou bien le poisson estant mort vient de soymesme sur l'eau. Or sans plus long propos, i'en reciteray principalement quelques uns monstrueux, representez par portrait, ainsi que voyez, comme un qu'ils nomment en leur langage *Panapana* [2], semblable à un chien de mer, quant à la peau, rude et inegale comme une

Maniere des Sauuages à prẽdre du poisson.

Panapana espèce de poisson.

[1] C'est encore la méthode actuelle des Brésiliens. On lit dans le *Voyage au Brésil* par AGASSIZ (*Tour du Monde.* nº 460) : « Le lendemain nous partîmes en canot pour la chasse au poisson. Je dis à dessein la chasse, car c'est avec la flèche et la javeline que l'on prend l'animal, et non avec l'hameçon ou le filet. Les Indiens ont une adresse étonnante pour tirer à l'arc les gros poissons, ou pour harponner avec la lance les monstres du fleuve.» Cf. H. BRESSON. L'Amazone (*Explorateur.* II. 325) : « Les naturels de l'Amazone chassent les tortues d'eau à l'aide de flèches articulées de construction spéciale. La pointe est faite d'un croc en os ajusté à flottement libre dans une baguette de roseau autour de laquelle s'enroule un fil végétal d'une assez grande résistance. L'Indien décoche sa flèche à la tortue qui plonge entraînant avec elle le crochet. Le crochet se détache du bois de la flèche qui flotte toujours, et indique ainsi au chasseur l'endroit ou la bête blessée s'est réfugiée.»

[2] Cf. LÉRY. § XII. « Quant à la forme du pana-pana, ayant le corps, la queue et la peau semblable, et ainsi aspre que celle du requin de mer, il a au reste la teste si plate, bigarrée et estrangement faite que quand il est hors de l'eau, la divisant et separant également en deux il n'est pas possible de voir teste de poisson plus hideuse. »

lime. Ce poisson a six taillades en pertuis de chacun costé du gosier, ordõnez à la façon d'une Lamproye, la teste telle que pouuez voir par la figure mise icy apres : les yeux presque au bout de la teste, tellement que de l'un à l'autre y a stance d'un pied et demy. Ce poisson au surplus est assez rare, toutesfois que la chair n'en est fort excellente à manger, approchant du goust à celle du chien de mer. Il y a dauantage en ce fleuue grãde abondãce de Raiës, mais d'une autre espece que les nostres : elles sont deux fois plus larges et plus longues, la teste platte et longue, et au bout y a deux cornes longues chacune d'un pié, au milieu desquelles sont les yeux. Elles ont six taillades soubs le ventre, pres l'une de l'autre : la queüe longue de deux pieds, et gresle comme celle d'un rat. Les Sauuages du païs n'en mangeroient pour rien, non plus que la tortue, estimãs que tout ainsi que ce poisson est tardif à cheminer en l'eau, rendroit aussi ceux qui en mangeroient tardifs, qui leur seroit cause d'estre pris aisément de leurs ennemis, et de ne les pouuoir suyure legerement à la course. Ils l'appellent en leur langage *Ineuonea*. Le poisson de ceste riuiere uniuersellement est bon à manger ; aussi celuy de la mer costoyãt ce païs, mais non si delicat que soubs la ligne et aûtres endroits de la mer. Ie ne veux oblier, sur le propos de poisson à reciter une chose merueilleuse et digne de memoire. En ce terrouër autour du fleuue susnõmé, se trouuent arbres et arbrisseaux [1] approchãts de la mer, tous couuerts et

Espece de Raiës.

Ineuonea.

[1] Ces arbres sont les palétuviers.

Arbres chargez d'ouïtres et par quelle raison. chargez d'ouïtres haut et bas. Vous deuez entendre que quād la mer s'enfle elle iette un flot assez loing en terre, deux fois en vingt et quatre heures, et que l'eau couure le plus souuent ces arbres et arbustes, principalement les moins eleuez. Lors ces ouïtres estant de soy aucunement visqueuses, se prennent et lient contre les branches, mais en abondãce incroyable : tellement que les Sauuages quand ils en veulent manger, couppent les branches ainsi chargées, comme une branche de poirier chargée de poires, et les
Fol. 51. emportent : et en || mangent plus coustumieremẽt que des plus grosses, qui sont en la mer : pourtant disent-ils, qu'elles sont de meilleur goust, plus saines, et qui moins engendrent fieures, que les autres.

CHAPITRE XXVII.

De l'Amerique en general.

AYANT particulierement traité des lieux, où auons fait plus long seiour apres auoir pris terre, et de celuy principalement ou auiourd'hui habite le Seigneur de Villegagnon, et autres

François ensemble de ce fleuue notable [1], que nous auons appellé Ianaire, les circonstances et dependences de ces lieux, pource qu'ils sont situez en terre descouuerte, et retrouuée de nostre temps, reste d'en escrire ce qu'en auons congneu pour le seiour que nous y auons fait. Il est bien certain [2] que ce païs n'a iamais esté congneu des anciens Cosmographes, qui ont diuisé la terre habitée en trois parties, Europe, Asie, et Afrique, desquelles parties ils ont peu auoir congnoissance. Mais ie ne doute que s'ils eussent congneu celle dont nous parlons, consideré sa grande estendue, qu'ils ne l'eussent nombrée la quatriesme. Car elle est beaucoup [3] plus grande que nulle des autres. Ceste terre à bon droit est appellée Amerique, du nom de celuy qui la premierement descouuerte, nommé Americ Vespuce, homme singulier en art de nauigation [4] et hautes entreprises. Vray est que depuis luy plusieurs en ont descouuert la plus grande

L'Amérique incõgneüe aux anciens.

Americ Vespuce premier qui a descouuert l'Amerique.

[1] Ce fleuve n'était pas un fleuve mais une baie, et ce n'était pas Thevet qui lui avait donné son nom, mais bien les Portugais, quand ils y arrivèrent au commencement du XVIe siècle. Cf. CRESPIN. *Histoire des Martyrs*. P. 401.

[2] La question n'est pas tellement résolue que l'affirme Thevet. Cf. Congrès américanistes de Nancy et de Luxembourg, divers mémoires de MM. CORDEIRO, GRAVIER, BEAUVOIR, GAFFAREL, etc., etc.

[3] Erreur géographique : L'Asie est plus considérable comme superficie que l'Amérique.

[4] Il est peu de problèmes géographiques qui aient été discutés plus souvent et avec autant de passion. Sur Americ Vespuce, on peut consulter HUMBOLDT. *Histoire de la Géographie de l'ancien Continent*. D'AVEZAC. *Hylacomylus*, etc.

partie tirant vers Temistitan [1], iusques au païs des Geans et destroit de Magellã. Qu'elle doiue estre appellée Inde [2], ie n'y vois pas grand raison : car ceste contrée du Leuãt que l'on nomme Indes, a pris ce nom du fleuue notable Indus, qui est bien loing de nostre Amerique. Il suffira donc de l'appeller Amerique ou France Antarctique. Elle est située veritablement entre les tropiques iusques dela le Capricorne, se confinant du costé d'Occident vers Temistitan et les Moluques : vers midy au destroit de Magellan, et des deux costez de la mer Oceane, et Pacifique. Vray est que pres Darienne et Furne, ce païs est fort estroit, car la mer des deux costez entre fort auant dans terre. Or maintenant nous faut escrire de la part que nous auons plus congnue, et frequentée, qui est située enuiron le tropique brumal, et encores de là. Elle a esté habitée et est habitée pour le iourd'huy, outre les Chrestiens, qui depuis Americ Vespuce l'habitent, de gens merueilleusement estranges et sauuages, sans foy [3], sans loy, sans religion, sans ciuilité

Situatiõ de l'Amerique.

Quels sont les habitans de l'Amerique.

[1] Temistitan est le nom ancien du Mexique.

[2] Thevet avait certes raison, mais l'usage a prévalu, et l'Amérique fut longtemps appelée Inde Occidentale. Cette dénomination que rien ne justifie, a pour origine l'erreur de Colomb, qui croyait avoir simplement trouvé une route nouvelle vers les Indes et non pas un continent inconnu.

[3] Presque tous les écrivains qui ont étudié les sauvages d'Amérique ont affirmé qu'ils n'avaient pas de religion. D'après Lubbock *Origines de la Civilisation* (P. 209). « On a découvert plusieurs tribus en Amérique qui n'ont aucune notion d'un être supérieur, et aucune cérémonie religieuse. La plupart n'ont aucun mot dans leur langage pour exprimer l'idée de divinité. »

aucune, mais viuans comme bestes irraisonnables, ainsi que nature les a produits, mangeans racines, demeurãs tousiours nuds tant hommes que femmes, iusques à tant, peut estre, qu'ils seront hantez des Chrestiens, dont ils pourront peu à peu despouiller ceste brutalité, pour vestir d'une façon plus ciuile et plus humaine. En quoy nous deuons louer affectueusement le Createur, qui nous a esclarcy les choses, ne nous laissant ainsi brutaux, cõme ces pauures Ameriques. Quãt au territoire de toute l'Amerique, il est tresfertile en arbres portans fruits excellẽs, mais sans labeur ne semence. Et ne doutez que si la terre estoit cultiuée, qu'elle ne rapportast fort bien veu sa situation, montagnes || fort belles, plaineures spacieuses, fleuues portans bon poisson, isles grasses, terre ferme semblablemẽt. Auiourd'huy les Espagnols et Portugais en habitent une grande partie, les Antilles sus l'Ocean, les Moluques, sus la mer Pacifique, de terre ferme iusques à Dariene, Parias et Palmarie : les autres plus vers les midy, comme en la terre du Bresil. Voyla de ce païs en general.

L'Amerique païs tresfertile.

Fol. 52.

Quelle partie de l'Amerique habitée, tant des Espagnols que Portugais.

Cf. HEARNE. *Voyage du fort du prince de Galles à l'Océan glacial.* BAEGERT. *Smithsonian Trans.* P. 390. SMITH. *Voyages in Virginia,* P. 138. DOBRIZHOFFER. Ouv. cit. Passim. ROBERTSON. *History of America.* T. IV. P. 122.

CHAPITRE XXVIII.

De la Religion des Ameriques.

Nous auons dit que ces pauures gens viuoient sans religion [1] et sans loy, ce qui est veritable. Vray est qu'il n'y a creature capable de raison tant aueuglée, voyant le ciel, la terre, le soleil et la lune, ainsi ordonnez, la mer et les choses qui se font de iour en iour, qui ne iuge cela estre fait de la main de quelque plus grãd ouurier, que ne sont les hommes. Et pour ce n'y a nation tant barbare que

[1] Thevet a résumé dans ce chapitre les traditions Brésiliennes, récoltées avec soin par Villegaignon. Il les a exposées tout au long dans sa *Cosmographie universelle*, et surtout dans ses manuscrits, encore inédits, dont M. Ferdinand Denis a donné une intéressante analyse dans sa *Fête Brésilienne à Rouen*. Pourtant, dans sa *Cosm. uni.* (P. 910) il entre en contradiction avec lui-même puisqu'il parle en ces termes de Léry qui avait traité dans un des chapitres de ses ouvrages, la religion des Brésiliens. « C'est ici qu'il fault que je me moque de celuy qui a esté si téméraire que de se vanter d'avoir fait un livre de la religion que tiennent ces sauuages. S'il estoit seul qui eust esté en ce païs là il lui seroit aisé de m'en faire accroire ce qu'il vouldroit, mais ie scay de certain que ce peuple est sans religion, sans liures, sans exercice d'adoration, et cognoissance des choses diuines. »

par l'instinct naturel n'aye quelque religion, et quelque cogitation d'un Dieu [1]. Ils confessent donc tous *Religiõ de ceux de l'Amerique.*

estre quelque puissance, et quelque souueraineté : mais quelle elle est, peu le sçauent, c'est à sçauoir, ceux ausquels Nostre Seigneur de sa seule grace s'est voulu communiquer. Et pour ce ceste ignorance a causé la variété des religions. Les uns ont recognu le Soleil comme souuerain, les autres la Lune, et

1 Cette planche aurait dû figurer à la page 79. Nous la reproduisons à cette place, pour ne pas la rejeter trop loin.

quelques autres les Estoilles : les autres autrement, ainsi que nous recitent les histoires. Or, pour venir à nostre propos, noz Sauuages font mention d'un grand Seigneur, et le nommẽt en leur langue, Toupan, lequel, disent-ils, estant là haut fait plouuoir et tonner : mais ils n'ont aucune maniere de prier ne honnorer, ne une fois, ne autre, ne lieu à ce propre. Si on leur tient propos de Dieu, comme quelque fois i'ay fait, ils escouteront attentiuement auec une admiration : et demanderont si ce n'est point ce prophete, qui leur a enseigné à planter leurs grosses racines, qu'ils nomment Hetich [1]. Et tiennent de leurs peres que auant la cognoissance de ces racines, ils ne viuoient que d'herbes comme bestes, et de racines sauuages. Il se trouua, comme ils disent, en leur païs un grand Charaïbe, c'est à dire, Prophete, lequel s'adressant à une ieune fille, luy dõna certaines grosses racines, nommées Hetich, estant semblables aux naueaux Lymosins, luy enseignant qu'elle les mist en

Toupan.

Hetich racines.

Charaïbe.

1 La même tradition se retrouvait aux Antilles. Les Caraïbes racontaient qu'un homme blanc descendu du ciel les réconforta pendant une famine. « Il leur auoit apporté une racine excellente qui leur seruiroit à faire du pain et que nulle beste n'oseroit toucher quand elle seroit plantée. Il vouloit que désormais ce fut leur nourriture ordinaire. Les Caraïbes ajoutent que la dessus ce charitable inconnu rompit en trois ou quatre morceaux un bâton qu'il auoit en main, et commanda de les mettre en terre, assurant que peu après, y fouissant, on trouveroit une puissante racine, et le bois qu'elle auroit poussé dehors auroit la vertu de produire la même plante. » ROCHEFORT. *Hist. des Antilles.* P. 428.

morceaux, et puis les plantast en terre : ce qu'elle fist : et depuis ont ainsi de pere en fils tousiours cõtinué. Ce que leur a biẽ succedé tellement qu'à present ils en ont si grande abondance, qu'ils ne mangent gueres autre chose : et leur est cela commun ainsi que le pain à nous : d'icelle racine s'en trouue deux especes, de mesme grosseur. La premiere en cuisant devient iaulne comme un coing : l'autre blanchâtre. Et ces deux especes ont la feuille semblable à la manne : et ne portẽt iamais graine. Parquoy les Sauuages replantent la mesme racine couppée par rouëlles, comme l'on fait les raues par deça, que l'on met en sallades, et ainsi replantées multiplient abondamment. Et pour ce qu'elle est incognuë à noz medecins et arboristes de par deça, il m'a semblé bon vous la représenter selon son naturel.

|| Lors que premierement ce païs fut descouuert, ainsi que desia nous auons dit, qui fut l'an mil quatre cens nonante sept [1], par le commandement du Roy de Castille, ces Sauuages estonnez de voir les chrestiens de ceste façon, qu'ils n'auoient jamais veüe, ensemble leur maniere de faire, ils les estimoyent comme prophetes, et les honoroyent [2] ainsi que

Fol. 53.

L'Amerique premieremẽt descouuerte en l'ãnée 1497.

[1] Double erreur de Thevet : L'Amérique fut découverte, ou du moins retrouvée par Colomb en 1492, et non en 1497. De plus c'était Isabelle de Castille et nullement son mari Ferdinand qui avait pris l'initiative de l'expédition.

[2] Sur ce naïf empressement des sauuages Américains auprès des premiers Européens qu'ils virent, les voyageurs sont unanimes. Voir, entre autres, COLOMB. *Journal de son Voyage*. Passim.

dieux : iusques à tant que ceste canaille les voyãt deuenir malades, mourir, et estre subiets à semblables passions comme eux, ont commencé à les mespriser, et plus mal traiter que de coustume, comme ceux qui depuis sont allez par dela, Espagnols et Portugais, de maniere que si on les irrite, ils ne font difficulté de tuer un chrestien, et le manger, comme ils font leurs ennemis. Mais cela se fait en certaĩs lieux et specialement aux Cannibales, qui ne viuent d'autre chose : comme nous faisons icy de bœuf et de moutõ. Aussi ont-ils laissé à les appeller Charaïbes, qui est à dire prophetes, ou demidieux, les appellans cõme par mepris et opprobre, Mahire, qui estoit le nom d'un de leurs anciens prophetes, lequel ils detesterent et eurent en mespris. Quant à Toupan, ils l'estiment grand, ne s'arrestant en un lieu, ains allãt çà et là, et qu'il declare ses grands secrets à leurs prophetes. Voylà quãt à la religion de noz Barbares ce que oculairement i'en ay congnu et entendu, par le moyen d'un truchement François [1], qui auoit là demeuré dix ans, et entendoit parfaitement leur langue.

Cãnibales, peuples viuans de chair humaine.

Mahire.

— Id. *Lettera rarissima.* ANTONIO DE SOLIS. *Histoire de la conquête du Mexique.* — PRESCOTT. Id. § VI.

[1] Ces interprètes normands furent en effet nos meilleurs intermédiaires entre les Brésiliens et nos compatriotes. C'étaient de hardis aventuriers, habitués à ne compter que sur eux-mêmes, aux prises avec des difficultés sans cesse renaissantes, et qui furent très-bien accueillis par les Brésiliens. Non seulement ils adoptèrent leurs usages nationaux et parlèrent leur langue, mais encore ou prétend qu'ils poussèrent l'oubli de leur origine

|| CHAPITRE XXIX. Fol. 54.

Des Ameriques, et de leur maniere de viure, tant hommes que femmes.

Nous auons dit par cy deuant, parlans de l'Afrique, qu'auons costoyée en nostre nauigation, que les Barbares et Ethiopes, et quelques autres es Indes alloyent ordinairement tous nuds, hors-mis les parties honteuses, lesquelles ils couuroyēt de quelques chemises de cotton, ou peaux, ce qui est sans comparaison plus tolerable qu'en noz Ameriques, qui viuent touts nuds ainsi qu'ils sortent du ventre de la mere, tant hommes que femmes, sans aucune honte ou vergongne [1]. Si

Façon de viure des habitans de l'Amerique.

jusqu'à renoncer à leur religion et à prendre part aux plus horribles festins du cannibalisme (Léry. § vii). Cf. Gaffarel. *Histoire du Brésil Français.* P. 72.

[1] Léry dit expressément (§ ix, vers la fin) que cette nudité des Américains n'excitait aucun mauvais désir. Cf. dissertation de Thevet dans sa *Cosmographie universelle.* P. 928. Montaigne est du même avis que Léry. Il termine son chapitre des Canibales par ces mots ironiques : « Tout ne va pas trop mal, mais quoy ils ne portent pas de hault de chausses. »

vous demandez s'ils font cela par indigence, ou pour les chaleurs, ie respondray qu'ils pourroyent faire quelques chemises de cotton, aussi bien qu'ils sçauent faire licts pour coucher : ou bien pourroyent faire quelques robes de peaux de bestes sauuages et s'en vestir, ainsi que ceux de Canada : car ils ont abondance de bestes sauuages, et en prennent aisement : quant aux domestiques ils n'en nourrissent point. Mais ils ont ceste opinion d'estre plus alégres et dispos à tous exercices, que s'ils estoyent vestus. Et qui plus est, s'ils sont vestuz de quelque chemise legere, laquelle ils auront gagnée à grand trauail, quand ils se rencontrent auec leurs ennemis, ils la despouilleront incontinẽt, auant que mettre la main aux armes, qui sont l'arc et la flesche, estimans que cela leur osteroit la dexterité, et alegreté au combat, mesmes qu'ils ne pourroyent aisément fuir, ou se mouuoir deuant leurs ennemis, voire qu'ils seroyent pris par tels vestements : parquoy se mettront nuds tant sont rudes et mal aduisez. Toutesfois ils sont fort desireux de robes, chemises, chapeaux, et autres acoustrements, et les estiment chers et precieux, iusques là qu'ils les laisseront plus tost gaster en leurs petites logettes que les vestir [1], pour crainte

[1] Curieux passage de Léry, § v. On avait fait cadeau de chemises à des Brésiliens ; « quand ce vint à s'asseoir en leurs barques, à fin de ne les gaster en les troussant iusque au nombril, et descouurant ce que plustost il falloit cacher, ils voulurent encores, en prenant congé de nous, que nous vissions leur derrière et leurs fesses. »

qu'ils ont de les endommager. Vray est qu'ils les vestiront aucunesfois pour faire quelques cahouinages c'est à dire quand ils demeurent aucuns iours à boire et faire grand chere, apres la mort de leurs peres, ou de leurs parens : ou bien en quelque solennité de massacre de leurs ennemys.

Encores s'ils ont quelque hobergeon ou chemise de petite valeur vestües, ils les depouilleront et mettront sus leurs espaules se voulans asseoir en terre, pour crainte qu'ils ont de les gaster. Il se trouue quelques vieux entre eux, qui cachent leurs parties honteuses de quelques fueilles, mais le plus souuent par quelque indisposition qui y est. Aucuns ont voulu dire qu'en nostre Europe, au commencement qu'elle fut habitée, que les hommes et femmes estoyent nuds, hors-mis les parties secrettes ainsi que nous lisons de nostre premier pere. Neantmoings en ce temps la les hommes viuoyent plus long aage que ceux de maintenant, sans estre offensés de tant de maladies : de maniere qu'ils ont voulu soutenir que touts hommes deuroyẽt aller nuds, ainsi qu'Adam et Eue noz premiers parens estoient en paradis terrestre. Quant à ceste nudité il ne se trouue aucunement qu'elle soit du vouloir et commandement de Dieu. Ie sçay biẽ que quelques heretiques appelez Adamians [1], maintenãs faussement ceste nudité

[1] Ces Adamians étaient de fanatiques Hussites qui essayèrent, en effet, au quinzième siècle, d'introduire ce singulier usage: mais le bon sens public et surtout le climat de la Bohème firent vite justice de cette folie.

Adamians, heretiques maintenans la nudité. Fol. 55.

et les sectateurs viuoyent touts nudz, ainsi que noz Ameriques dont nous parlõs, et assistoyent aux synagogues || pour prier à leur temples touts nuds. Et par ce l'on peut cognoistre leur opinion euidemmẽt faulse : car auant le peché d'Adam et Eue, l'escripture sainte nous tesmoigne, qu'ils estoient nuds, et apres se couuroyent de peaux, comme pourriez estimer de present en Canada. Laquelle erreur ont imité plusieurs, comme les Turlupins [1], et les philosophes appellez Cyniques : lesquels alleguoyent pour leurs raisons, et enseignoyent publiquement l'homme ne deuoir cacher ce que nature luy a donné. Ainsi sont monstrez ces heretiques plus impertinens apres auoir eu la cognoissance des choses, que noz Ameriques. Les Romains quelque estrãge façon, qu'ils obseruassent en leur maniere de viure, ne demeuroyent toutesfois ainsi nuds. Quant aux statues et images, ils les colloquoyẽt toutes nues en leurs temples, comme recite Tite Live. Toutesfois ils ne portoyent coife [2] ne bonnet sus la teste : comme nous trouuõs de Caius Cesar, lequel estant chauue par deuant, auoit coustume de ramener ses cheueux

Opinion des Turlupins et philosophes cyniques touchant la nudité.

Iules Cesar portoit bonnet

[1] On a donné ce nom à des hérétiques du XIVe siècle dont les opinions se rapprochaient de celles des Beghards et Béguines du siècle précédent, c'est-à-dire qu'ils aspiraient à une perfection impossible, et dédaignaient les actes pour ne s'occuper que de l'esprit. Charles V fit brûler leur chef à Paris, et les sectaires se dispersèrent.

[2] Ceci est une erreur : Les anciens se servaient parfaitement de chapeaux, voire même de casquettes. Cf. *Dictionnaire des Antiquités* de Saglio et Daremberg.

de derriere pour couurir le front : pourtant prist licence de porter quelque bonnet leger ou coife, pour cacher ceste part de la teste, qui estoit pellée.

contre la coustume des Romaîs, et pourquoy.

Voyla sus le propos de noz Sauuages. I'ay veu encores ceux du Peru user de quelques petites chemisoles de cotton façonnées à leur mode. Sans eslongner de propos, Pline recite qu'a l'extremité de l'Inde Orientale (car iamais il n'eut cognoissance de l'Amerique) du costé de Ganges y auoir certains peuples vestuz de grandes fueilles larges, et estre de petite stature. Ie diray encore de ces pauures Sauuages, qu'ils ont un regard fort espouuantable, le parler austere, reiterãt leur parole plusieurs fois. Leur langage est bref et obscur [1], toutesfois plus aisé à comprendre que celuy des Turcs ne des autres natiõs de Leuant comme ie puis dire par experience. Ils prennent grand plaisir à parler indistinctement, à vanter les victoires et triũphes qu'ils ont fait sus leurs ennemis. Les vieux tiennent leurs promesses et sont plus fideles que les ieunes, tous neantmoins fort subiets à l'arrecin, non qu'ils desrobent l'un l'autre, mais s'ils trouuent un Chrestien ou autre estranger, ils le pilleront. Quant à l'or et argent ils ne lui en feront tort, car ils n'en ont aucune cognoissance. Ils usent de grandes menaces, specialement quand on les a irritez, non de frapper seulement, mais de tuer. Quelque inciuilité qu'ils ayent, ils sont forts prompts à faire seruice et plaisir, voire à petit salaire charitable

[1] Voir *Jean de Léry et la langue Tupi*, par P. GAFFAREL.

iusques à conduire un estranger cinquante ou soixante lieües dans le païs, pour les difficultez et dãgers, auec toutes autres œuures charitables et honnestes, plus ie diray qu'entre les Chrestiens. Or noz Ameriques ainsi nuds ont la couleur exterieure rougeastre, tirant sus couleur de lion [1] : et la raison ie la laisseray aux philosophes naturels, et pourquoy elle n'est tant aduste comme celle des Noirs d'Ethiopie : au surplus bien formez et proportionnez de leurs membres : les yeux toutefois mal faits, c'est à sçauoir noirs, louscbes et leur regard presque comme celuy d'une beste sauuage. Ils sont de haute stature, dispos et alegres peu subiets à maladie, sinon qu'ils reçoiuent quelque coups de flesches en guerre.

Stature des Ameriques, et couleur naturelle.

[1] Ce passage semble traduit d'Améric Vespuce, qui, dans sa première lettre, décrit les indigènes du nouveau continent comme des hommes à couleur rouge comme le poil du lion.

|| CHAPITRE XXX.

Fol. 56.

De la maniere de leur manger et boire.

On peut facilement entendre, que ces bonnes gens ne sont pas plus civils en leur mãger, qu'ẽ autres choses. Et tout ainsi qu'ils n'ont certaines loix, pour eslire ce qui est bon, et fuir le contraire, aussi mangẽt ils de toutes viandes, à tous iours et à toutes heures, sans autre discretiõ, vray est que d'eux-mesmes ils sont assés superstitieux de ne manger de quelque beste, soit terrestre ou aquatique, qui soit pesante à cheminer, ains de toutes autres qui cognoissent plus legeres à courir ou voler, cõme sont cerfs et biches : pour ce qu'ils ont ceste opiniõ [1], que ceste chair les rendroit trop pesans, qui leur apporteroit inconuenient, quand ils se trouueroient assaillis de leurs ennemis. Ils ne veulent aussi manger de choses salées, et les defendent à leurs enfants. Et quãd ils voyent les chrestiens man-

Les Sauuages viuẽt sans loix.

Que les Ameriques ont en horreur la chair salée.

[1] Cette opinion est fort répandue chez tous les sauvages. Voir Lubbock. *Origines de la civilisation.* — Brett. *Indian Tribes of Guïana.* 355. «Les hommes chez les Acawoïo et les Caraïbes, quand ils attendent l'accouchement de leurs femmes, s'abstiennent de certaines viandes, de peur que, s'ils venaient à en manger, le nouveau né ne s'en ressentît mystérieusement.»

ger chairs salées, ils les reprennent comme de chose impertinente, disans que telles viandes leur abbregeront la vie. Ils usent au reste de toute espece de viandes, chair et poisson, le tout rosti à leur mode. Leurs viandes sont bestes sauuages, rats de diuerses especes et grandeurs, certaines especes de crapaux plus grands que les nostres, crocodiles et autres, qu'ils mettent toutes entieres sus le feu, auec peau et entrailles : et en usent ainsi sans autre difficulté : voire ces crocodiles, lesards gros comme un cochõ d'un moys, et longs en proportion, qui est une viande fort friande, tesmoings ceux qui en ont mangé. Ces lesards sont tant priuez qu'ils s'approchent de vous, prenant vostre repas que si vous leur iettez quelque chose, ils le prendront sans crainte ou difficulté. Ces sauuages les tuent à coups de flèches. Leur chair ressẽble à celle d'un poulet. Toute la viãde qu'ils font boullir sont quelques petites ouistres, et autres escailles de mer. Pour manger ils n'obseruent certaine heure limitée, mais à toutes heures qu'ils se sentent auoir appetit, soit la nuict apres leur premier sommeil se leueront tresbien pour manger, puis se remettront à dormir. Pendant le repas ils tiennent une merueilleuse silence, qui est louable plus qu'en nous autres, qui iasons ordinairement à table. Ils cuisent fort bien leur viande, et si la mangent fort posément, se mocquans de nous, qui deuorons à la table au lieu de manger : et iamais ne mangent, que la viande ne soit suffisammẽt refroidie. Ils ont une chose fort estrãge : lors qu'ils mangent, ils ne buront iamais, quelque heure que ce soit : au contraire, quand ils se mettront

Viandes ordinaires des Sauuages.

Lesart des Ameriques.

Silence des Sauuages à table.

à boire, ne mangeront point, et passerõt ainsi en buuant voire un iour tout entier. Quand ils font leurs grands banquets et solennitez, cõme en quelque massacre, ou autre solennité, lors ne ferõt que boire tout le iour, sans manger. Ils font bruuages de gros mil blãc et noir, qu'ils nõmẽt en leur langue Auaty : toutesfois peu apres auoir ainsi beu, et s'estre separés les uns des autres, mãgerõt indifferẽmẽt tout ce qui se trouuera. Les pauures viuent plus de poisson de mer, ouistres, et autres choses semblables, que de chair. Ceux qui sont loing de la mer peschẽt aux riuieres : aussi ont diuersité de fruits, ainsi que nature les produit, neantmoins viuent longtemps sains et dispos ; icy faut noter que les anciens ont plus communement vescu || de poisson [1] que de chair : ainsi que Herodote afferme des Babiloniẽs [2], qui ne viuoient que de poisson. Les loix de Triptoleme, selon Xenophon, defendoiẽt aux Atheniẽs l'usage de la chair. Ce n'est dõc chose si estrãge de pouuoir viure de poisson sans usage de chair. Et mesmes en nostre Europe du commencement, et auant que la terre fust ainsi cultiuée et habitée, les hõmes viuoyent encores plus

Auaty bruuage.

Fol. 57.

Maniere de viure des anciens.

[1] D'après les ingénieuses remarques de M. DE MORTILLET (*Les Origines de la pêche et de la navigation*) la chasse aurait au contraire de beaucoup précédé la pêche et il faut par conséquent renverser la proposition de Thevet.

[2] La citation de Thevet est inexacte : HERODOTE (I, 200) dit simplement qu'il existe parmi les Babyloniens trois tribus, qui ne se nourrissent que de poisson, mais il ne parle pas de tous les Babyloniens.

Les hommes tant plus sont nourris delicatement et moins sont robustes.

austeremẽt sans chair [1] ne poisson, n'ayans l'industrie d'en user : et toutesfois estoient robustes, et viuoyent longuement, sans estre tant effeminés, que ceux de nostre temps : lesquels d'autãt plus qu'ils sont traités delicatement, et plus sont subiets à maladies et debilités. Or noz Sauuages usent de chairs et poissons, comme nous auons dit : et en la maniere qui vous est icy monstrée par figure. Quelques uns d'iceux se couchent en leurs lits pour manger, au moins sont assis, specialement le plus vieil d'une famille sera dedans son lict, et les autres aupres, luy faisans le seruice : comme si nature les auoit enseignez à porter honneur à vieillesse. Encores ont bien ceste honnesteté, que le premier qui a pris quelque grosse proye, soit en terre ou en eau, il en distribuera à tous principalement aux chrestiens, s'il y en a, et les inviteront liberalement à manger de telle viande, que Dieu leur donne estimans receuoir iniure si vous les refusez en cela. Et qui plus est, de primeface que l'on entre dans leurs logettes, il vous demanderont en leur langue, *Marabissere*, comment as tu nom : car vous vous pouuez asseurer, que s'ils le sçauent une fois, iamais ne l'oubliront, tant ils ont bonne memoire, et y fust Cyrus [2] Roy des Perses, Cyneas legat du Roy Pir-

[1] Ceci est contredit par les découvertes de la science contemporaine. Les premiers hommes, au contraire, ne furent et ne pouvaient être que des chasseurs. Ils se nourrirent par conséquent de la chair des animaux. Voir : Figuier. *L'Homme primitif*, etc.

[2] Pline. H. N. vii, 24. Cyrus rex omnibus in exercitu suo militibus nomina reddidit. L. Scipio populo romano : Cineas senatui et equestri ordini Romæ, postero die quam advenerat, etc.

rhus, Mithridates, ne Cesar, lesquels Pline recite auoir esté de trébonne memoire : et apres leur auoir respondu quelques propos, vous demanderont, *Marapipo*, que veux-tu dire, et plusieurs autres caresses.

CHAPITRE XXXI.

Contre l'opinion de ceux qui estiment les Sauuages estre pelus.

POURTANT que plusieurs ont ceste folle opiniõ que ces gens que nous appellõs Sauuages, ainsi qu'ilz viuent par les bois et chãps à la maniere presque des bestes brutes, estre pareillement ainsi pelus par tout le corps, comme un ours, un cerf, un lion, mesmes les peignent ainsi en leurs riches tableaux : bref, pour descrire un homme Sauuage, ils luy || attribuerõt abondãce de poil, depuis le pied Fol. 58.
iusques en teste, comme un accident inseparable, ainsi qu'à un corbeau la noirceur : ce qui est totalement faux : mesmes i'en ay veu quelques uns obstinez iusques là, que ils affermoyent obstinément iusques à iurer d'une chose, qui leur est certaine,

pour ne l'auoir veüe : combien que telle soit la cõmune opinion. Quant à moy, ie le scay et l'afferme asseurément, pour l'auoir ainsi veu. Mais tout au contraire, les Sauuages tant de l'Inde Orientale, que de nostre Amerique, issent du ventre de leur mere aussi beaux et polis, que les enfans de nostre Europe. Et si le poil leur croist par succession de temps en aucune partie de leurs corps, comme il auiẽt à nous autres, en quelque partie que ce soit, ils l'arrachent auecques les ongles, reserué celuy de la teste seulement, tant ils ont cela en grand horreur, autant les hommes que les femmes. Et du poil des sourcils, qui croist aux hommes par mesure, les femmes le tondent et rasent auec une certaine herbe [1] trenchante comme un rasoir. Ceste herbe ressemble au ionc qui vien pres des eaux. Et quant au poil amatoire et barbe du visage ils se l'arrachent comme au reste du corps. Depuis quelque temps ença, ils ont trouvé le moyen de faire ie ne sçay quelles pinsettes, dont ils arrachent le poil brusquemẽt.

Espece d'herbe qui a force de coupper.

Car depuis qu'ils ont esté frequentez des chretiẽs, ils ont appris quelque usage de maller le fer. Et pource

[1] THEVET revient sur cet usage dans sa *Cosmographie universelle* (P. 931) : « Le poil leur croissant, les femmes l'arrachent aux hommes avec une certaine herbe, laquelle tranche comme un rasoir. Quant au poil amatoire, ils se l'arrachent réciproquement les uns aux autres... Depuis que nous y auons fréquenté ils ont apprins à auoir des pincettes, avec lesquelles elles se pincettent et arrachent brusquement le poil. » Cf. LÉRY. § VIII. — GOMARA. *Hist. gen. de las Indias.* § LXXIX. — OSORIO. *De rebus Emmanuelis.* II. 49. — H. STADEN. P. 267.

ne croirez d'oresnauant l'opinion cõmune et façon de faire des peintres, auxquels est permise une licence grande de peindre plusieurs choses à leur seule discretion, ainsi qu'aux Poëtes de faire des comptes. Que s'il aduient une fois entre les autres qu'un enfant sorte ainsi velu du vẽtre de la mere, et que le poil se nourisse et augmẽte par tout son corps, cõme l'on en a veu aucuns en France, cela est un accident de nature, tout ne plus ne moins que si aucun naissoit auec deux testes, ou autre chose semblable. Ce ne sont choses si admirables, considéré que les medecins et philosophes en peuuent donner la raison. I'en ay veu un en Normandie couuert d'escailles, comme une carpe. Ce sont imperfections de nature. Ie confesse bien, mesme selon la glose sur le treziesme d'Esaie, qu'il se trouue certains monstres ayãts forme d'hõmes, qu'ils ont appellez Satyres, vivants par les bois, et velus comme bestes sauuages. Et de cela sont pleins les escrits des poëtes, de ces Satyres, Faunes, Nymphes, Dryades, Hamadryades, Oreades, et autres manieres de monstres, lesquels ne se trouuẽt auiourd'huy, ainsi comme le tẽps passé, auquel l'esprit malin s'efforçoit par tous moyens à deceuoir l'hõme, se transformant en mille figures. Mais auiourd'huy, que nostre Seigneur par compassiõ s'est cõmuniqué à nous, ces esprits malings ont esté chassez hors, nous donnant puissance cõtre eux, ainsi que tesmoigne la Sainte escripture. Aussi en Afrique [1] se peuuẽt encores

Monstre de forme humaine couuert d'escailles.

[1] Il n'y a pas plus de monstres en Afrique qu'ailleurs : Pourtant le proverbe est vrai, *in Africa semper aliquid novum.*

trouuer certains monstres difformes, pour les raisons que nous auõs alleguées au cõmencement de ce liure, et autres que ie lairray pour le present. Au surplus quãt à noz Ameriques ils portent cheueux en teste façonnez presque ainsi que ceux des moynes, ne leur passans point les oreilles. Vray est qu'ils les couppẽt par le deuãt de la teste et disent pour leurs raisons, ainsi que ie m'en suis informé, mesme à un roitelet du païs, que s'ils portoyent cheueux longs par deuant, et
Fol. 59. barbe longue, cela leur seroit occa||sion de tõber entre les mains de leurs ennemis, qui les pourroyent prendre aux cheueux et à la barbe : aussi qu'ils ont appris de leurs ancestres, qu'estre ainsi ecourtez de poil leur causeroit merueilleuse hardiesse. I'estimeroys que si noz Sauuages eussent frequẽté vers l'Asie, qu'ils eussent appris cela des Abãtes [1], qui trouuerent ceste inuention de se raser la teste, pour estre, disent-ils, plus hardis et belliqueux entre leurs ennemis. Aussi Plutarque [2] raconte en la vie de Theseus, que la coustume des Atheniens estoit, que les Ephores, c'est à dire, constituez comme Tribuns en leur Republique, estoyent tenuz d'offrir la tõsure de leurs cheueux et

Abantes peuple d'Asie.

Coustumë des Atheniẽs.

C'est que l'Afrique est la moins connue de toutes les parties du monde. Sur la formation et la propagation de ces mythes géographiques, il faut lire les pages si lumineuses de TYLOR. *Origines de la civilisation.*

[1] HOMÈRE. *Il.* II. 49.

[2] PLUTARQUE. Thésée. § IV. La citation est inexacte. Plutarque dit simplement que c'était l'usage à Athènes, au sortir de l'enfance, d'aller à Delphes pour y consacrer à Apollon les prémices de sa chevelure.

perruques aux dieux en Delphe : de maniere que Theseus ayant fait raser le deuãt de la teste à la mode de noz Ameriques, fut incité à cela par les Abantes, peuple d'Asie. Et defait nous trouuõs qu'Alexãdre roy la Macedoine cõmanda à ses gens de prendre les Macedoniens par les cheueux et barbe, qu'ils portoyẽt longue : pour ce lors il n'y auoit encores de barbiers pour les tondre ou raser. Et les premiers que l'on vit en Italie estoient venus de Sicile. Voyla donc quant au poil des Ameriques.

CHAPITRE XXXII.

D'un arbre nommé Genipat en langue des Ameriques, duquel ils font teinture.

GENIPAT, est un arbre dont les Sauuages de l'Amerique font grande estime, pour le fruit qu'il porte, nommé du nom de l'arbre : non pas qu'il soit bon à manger, mais utile à quelque autre chose ou ils l'appliquent. Il ressemble de grandeur et de couleur à la pesche de ce païs : du ius duquel ils font certaine teinture, dont ils teignẽt *Genipat, arbre et fruit*

Maniere de faire teinture de cest arbre Genipat.

aucunesfois tout leur corps. La maniere de ceste teinture est telle. Les pauures bestiaux n'ayãs autre moyen de tirer le suc de ce fruit, sont contraints le macher, comme s'ils le vouloyent aualler, puis le remettent et epreignent entre leurs mains, pour luy faire rendre son ius, ainsi que d'une esponge quelque liqueur, lequel suc ou ius est aussi cler qu'eau de roche. Puis quãd ils ont vouloir de faire quelque massacre, ou qu'ils se veulent visiter les uns les autres, et faire quelque autre solennité, ils se mouillent tout le corps [1] de ceste liqueur : et tant plus qu'elle se deseiche sur eux, et plus acquiert couleur viue. Ceste couleur est quasi indicible [2], entre noire et azurée, n'estant iamais en son vray naturel, iusques à ce qu'elle aye demeuré l'espace de deux iours sur le corps, et qu'elle soit aucunement seichée. Et s'en vont ainsi ces pauures gens autant contens, comme nous faisons de nostre veloux et satin, quand nous allons à la feste, ou autrement. Les femmes se teignent de ceste couleur plus coustumierement que

Maniere des Sauuages à se colorer le corps.

[1] LÉRY. § VIII : « Au surplus, nos Brésiliens se bigarrent souuent le corps de diuerses peintures et couleurs mais surtout ils se noircissent ordinairement si bien les cuisses et les iambes, du ius d'un certain fruict qu'ils nomment genipat, que vous iugeriez à les voir un peu de loin en ceste façon, qu'ils sont chaussez de chausses de prestre. »

[2] H. STADEN. P. 310 : Quand on met le *junipapeywa* sur le corps, il paraît clair comme de l'eau: mais, au bout de quelques instants, il devient noir comme de l'encre. Cette couleur dure pourtant neuf jours et quelque peine qu'on se donne pour la laver, il est impossible de l'enlever plus tôt. » Cf. GANDAVO. *Santa Cruz*. P. 115.

les hommes. Et noterez en cest endroit que si les hommes sont inuitez de dix ou douze lieües pour aller faire quelque cahouinage auecques leurs amis, auant que partir de leur village, ils peleront quelque arbre, dont le dedans sera rouge, iaune, ou de quelque autre couleur, et le haceront fort menu, puis tireront de la gomme de quelque autre arbre, laquelle ils nomment usub, et s'en frotteront tout le corps combien qu'elle soit propre aux playes, ainsi que i'ay veu par experience : puis par dessus ceste gõme gluante espandront de ces couleurs susdites. *Usub gõme.*

Les autres au lieu de ce bois mettront forces petites plu || mes de toutes couleurs, de maniere que vous en verrez de rouges, comme fine escarlatte : les autres d'autres couleurs : et autour de leurs testes portent de grands pennaches beaux à merueilles. Voyla de leur Genipat. Cest arbre porte fueilles semblables à celles du noyer : et le fruit vient presque au bout des branches, l'une sur l'autre d'une façon estrange. Il s'en trouue un autre aussi nommé Genipat, mais son fruit est beaucoup plus gros, et bon à manger. Autre singularité d'une herbe, qu'ils nomment en leur langue Petun, laquelle ils portent ordinairement auec eux, pour ce qu'ils l'estiment merueilleusement proffitable à plusieurs choses. Elle ressemble à notre buglosse. Fol. 60. *Genipat, autre arbre.* *Petun herbe, et comme ils en usent.*

Or ils cueillent sogneusement ceste herbe [1] et la

1 Sur le petun, c'est-à-dire sur le tabac, et son introduction en Europe consulter L. de Rosny (*Revue américaine.* n° XXIV) : *Le Tabac et ses accessoires parmi les indigènes de l'Amérique,*

font seicher à l'ombre dans leurs petites cabannes. La maniere d'en user est telle. Ils enueloppent, estant seiche, quelque quantité de ceste herbe en une fueille de palmier, qui est fort grande, et la rollent comme de la longueur d'une chandelle, puis mettent le feu par un bout, et en reçoiuent la fumée par le nez, et par la bouche. Elle est fort salubre, disent ils, pour faire distiller et consumer les humeurs superflues du cerueau. Dauantage prise en ceste façõ fait passer la faim et la soif pour quelque temps. Parquoy ils en usent ordinairement, mesmes quand ils tiennent quelque propos entre eux, ils tirent ceste fumée, et puis parlent : ce qu'ils font coustumierement et successiuement l'un apres l'autre en guerre, ou elle se trouue trescõmode. Les femmes n'en usent aucunement. Vray est, que si l'on prend trop de ceste fumée ou parfun, elle enteste et enyure, comme le fumet d'un fort vin. Les Chrestiens [1] estans auiour-

depuis les temps les plus reculés. Ce fut le 15 octobre 1492 que Colomb remarqua dans la pirogue d'un Indien « plusieurs feuilles sèches odoriférantes fort estimées dans son pays. » Le 5 novembre, deux hommes de son équipage remarquèrent que « beaucoup d'Indiens tenaient en mains un tison allumé. » Las Casas, § LXVI, ajoute quelques détails : Les Indiens ont toujours un tison dans les mains, et quelques herbes dont ils retirent la fumée odorante. Ces herbes enroulées dans une feuille également sèche, ils les allument d'un côté, et de l'autre aspirent et absorbent avec la respiration cette fumée. » Dès lors tous les navigateurs mentionnent cette herbe singulière, mais la première description scientifique a été donnée par Thevet lui-même, dans sa *Cosmographie universelle.* P. 926.

[1] Las Casas était déjà forcé d'avouer (*Histoire des Indes occiden-*

d'huy par delà sont deuenus merueilleusement frians de ceste herbe et parfun : combien qu'au commencement l'usage n'est sans danger auant que l'on y soit accoustumé : car ceste fumée cause sueurs et foiblesses, iusques à tomber en quelque syncope : ce que i'ay experimenté en moymesme. Et n'est tant estrãge qu'il semble, car il se trouue assés d'autres fruits qui offensent le cerveau, combien qu'ils soyent delicats et bons à manger. Pline [1] recite qu'en Lynceste a une fonteine, dont l'eau enyure les personnes : semblablement une autre en Paphlagonie. Quelques uns penseront n'estre vray, mais entierement faux, ce qu'auons dit de ceste herbe, comme si nature ne pouuoit donner telle puissance à quelque chose sienne, bien encore plus grande, mesme aux animaux selon les contrées et regions, pourquoy auroit elle plus tost frustré ce païs d'un tel benefice temperé sans comparaison plus que plusieurs autres ? Et si quelqu'un ne se contentoit de nostre tesmoignage, lise Herodote, lequel en son second liure fait mentiõ d'un peuple d'Afrique viuant d'herbes seulement. Appian recite que les Parthes bannis et chassez de leur païs par M. Antoine ont vescu de certaine herbe

Lynceste, fonteine, et sa propriété.

tales) que les Castillans, qui avaient contracté l'habitude du tabac, ne pouvaient plus s'en défaire : Espanoles cognosci yo en esta isla Espanola que los acostũmbraron ã tomar que siendo reprendidos por ello disciendeseles que a quello era vicio, respondrais que no era en su mano dejarlos de tomar. »

[1] PLINE. H. N. II. 106 : « Lyncestis aqua, quæ vocatur acidula, vini modo temulentos facit. Item in Paphlagonia. »

qui leur ostoit la memoire, toutesfois auoyent opinion qu'elle leur donnoit bon nourrissement, combien que par quelque espace de temps ils mouroient. Parquoy ne doit l'histoire de nostre Petun estre trouuée estrange.

Fol. 61. || CHAPITRE XXXIII.

D'un arbre nommé Paquouere.

Puisque nous sommes sur le propos des arbres, i'ẽ descriray encores quelq'un, non pour amplification du present discours, mais pour la grande vertu et incredible singularité des choses : et que de tels ne se trouue par deça non pas en l'Europe, Asie, ou Afrique. Cest arbre donc que les Sauuages nomment Paquouere, est par auãture le plus admirable, qui se trouua oncque. Premierement il n'est pas plus haut de terre iusques aux branches, qu'une brasse ou enuiron, et de grosseur autãt qu'un homme peut empoigner de ses deux mains : cela s'entend quand il est venu à iuste croissance : et en est la tige si tendre, qu'on la coupperoit aisement d'un cousteau. Quant aux fueilles, elles sont de deux

Descriptiõ d'un arbre nõmé Paquouere.

pieds de largeur, et de longueur une brasse, un pié et quatre doigts : ce que ie puis asseurer de verité.

I'en ay veu quasi de ceste mesme espece en Egypte et en Damas retournant de Ierusalem : toutesfois la fueille n'approche à la moitié pres en grandeur de celles de l'Amerique. Il y a dauantage grande difference au fruit : car celuy de cest arbre, dont nous parlons, est de la longueur d'un bon pié : c'est à sçauoir le plus long, et est gros comme un concombre y retirant asses bien quant à la façon.

Ce fruit qui nomment en leur langue Pacona, est tresbon, venu en maturité, et de bonne cõcoction. Les Sauuages le cuillent auant qu'il soit iustement meur, lequel ils portent puis apres en leurs logettes, comme l'on fait || les fruits par deça. Il croist en l'arbre par monceau trente ou quarante ensemble, et tout aupres l'un de l'autre, en petites branches qui sont pres du tronc : comme pouuez voir par la figure que i'ay fait representer cy dessous. *Pacona, fruit.* Fol. 62.

Et qui est encore plus admirable, cest arbre ne porte iamais fruit qu'une fois. La plus grãd part de ces Sauuages, iusques bien auant dans le païs, se nourrist de ce fruit une bonne partie du tẽps, et d'un autre fruit, qui vient par les champs, qu'ils nomment Hoyriri, lequel à voir pour sa façon et grandeur l'on estimeroit estre produit en quelque arbre : toutesfois il croist en certaine herbe, qui porte fueille semblable à celle de palme tant en lõgueur que largeur. Ce fruit est long d'une paulme, en façon d'une noix de pin, sinon qu'il est plus long. Il croist au milieu des fueilles, au bout d'une verge toute ronde : et dedans se trouue comme petites noisettes, dont le noyau est blanc et bon à manger, sinon que la quantité (comme est de toutes choses) offense le cerueau, laquelle force l'on dit estre semblable en la coriandre, si elle n'est preparée : pareillement si l'autre estoit ainsi preparé, peut estre qu'il depouilleroit ce vice. Neantmoins les Ameriques en mangent, les petits enfans principalement. Les champs en sont tous pleins à deux lieües du cap de Frie, aupres de grands marescages, que nous passames apres auoir mis pié à terre à nostre retour. Ie diray en passant, outre les fruits que nous vismes pres ce marais, que nous trouuasmes un crocodile mort, de la grandeur d'un veau, qui estoit venu des prochains marais, et là avoit esté tué : car ils en mangent la chair, comme des lesards, dont nous auons parlé. Ils le nomment en leur langue Iacareabsou : et sont plus grands que ceux du Nil. Les gens du païs disent qu'il y a un marais tenant cinq lieües de circuit, du costé de Pernomeri, distant de la ligne dix degrez, tirant aux Canibales, où il y a certains crocodiles, comme grands bœufs, qui rendent une fumée mortelle par la gueulle, tellement que si l'on s'approche d'eux, ils ne faudront à vous faire mourir : ainsi qu'ils ont entendu de leurs ancestres. Au mesme lieu, ou croist ce fruit dont nous parlons, se trouue abondãce de lieures semblables aux nostres, hors-mis qu'ils ne sont si grands, ne de semblable couleur. Là se trouue aussi un autre petit animãt, nommé Agoutin, grand comme un lieure mescreu, le poil comme un sanglier, droit et eleué, la teste comme celle d'un gros rat, les oreilles, et la bouche

Crocodile mort.

Iacareabsou.

Espece de lieures.

Agoutin animal

d'un lieure, ayant la queüe longue d'un pouce, glabre totalement sur le dos, depuis la teste iusques au bout de la queüe, le pied fourchu comme un porc. Ils viuent de fruits, aussi en nourrissēt les Sauuages pour leur plaisir, ioinct que la chair en est tresbonne à manger.

CHAPITRE XXXIV.

La maniere qu'ils tiennent à faire incisions sur leur corps.

Il ne suffit à noz sauuages destre tous nuds, et se peindre le corps de diuerses couleurs, d'arracher leur poil, mais pour se rendre encore plus difformes, ils se persent la bouche estans encores ieunes, auec certaine herbe fort aigue : tellement que le pertuis s'augmente [1] auecques le corps

[1] Curieux articles de M. FERDINAND DENIS. *Sur l'usage de se percer la lèvre inférieure chez les Américains du Sud. (Magasin Pit-*

Fol. 63. car ils met || tent dedans une maniere de vignots, qui est un petit poisson longuet, ayant l'escorce dure en façon de patinotre, laquelle ils mettent dans le trou quâd le poisson est hors, et ce en forme d'un doisil, ou broche en un muy de vin : dont le bout plus gros est par dedans, et le moindre dehors, sus la leure basse. Quand ils sont grands sus le point de se marier, ils portent de grosses pierres, tirans sus couleur d'emeraude, et en font telle estime, qu'il n'est facile d'en recouurer d'eux, si on ne leur fait quelque grand present, car elles sont rares en leur païs. Leurs voisins et amis prochains apportent ces pierres d'une haute montagne, qui est au païs des Cannibales, lesquelles ils polissent auec une autre pierre à ce dediée, si naïuement, qu'il n'est possible au meilleur ouurier de

Vignot petit poisson.

Pierre tirant sus couleur d'emeraude.

toresque. T. 18. P. 138, 183, 239, 338, 350, 390.) Cf. AMERIC VESPUCE. Lettre à Lorenzo Medicis : « J'en ai vu dont le visage était percé de sept trous, chacun capable de tenir une grosse prune. Quand ils ont enlevé la chair, ils remplissent les cavités avec de petites pierres... quelquefois j'ai vu ces sept pierres larges chacune comme la moitié de la main... j'ai pesé plusieurs fois ces pierres et trouvé que leur poids était de près de sept onces. » HANS STADEN. Ouv. cité. P. 268 : « Ils ont la coutume de se percer la lèvre inférieure avec une forte épine. Ils y placent alors une petite pierre ou un petit morceau de bois ; ils guérissent la plaie avec un onguent et le trou reste ouvert. Quand ils sont devenus grands et en état de porter les armes, ils agrandissent ce trou et ils y introduisent une pierre verte, ordinairement si lourde qu'elle leur fait pendre en dehors la lèvre inférieure. » Cf. GANDAVO. *Santa Cruz.* P. 114. — LÉRY. § VIII. — Cet usage s'est perpétué jusqu'à nos jours. Cf. D'ORBIGNY. *Voyage dans les deux Amériques.* P. 168. — BIARD. *Voyage au Brésil. (Tour du Monde,* n° 81*).*

faire mieux. Et se pourroyent trouuer en ceste mesme montagne aucunes emeraudes, car i'ay veu telle de ces pierres, que l'on eust iugée vraye emeraude [1]. Ces Ameriques donc se defigurent ainsi, et difforment de ces grãds pertuis et grosses pierres au visage : à quoy ils prennent autãt de plaisir, qu'un seigneur de ce païs à porter chaines riches, et precieuses : de maniere que celuy d'entre eux qui en porte le plus, est de tant plus estimé, et tenu pour Roy ou grand Seigneur : et non seulement aux leures et à la bouche, mais aussi des deux costez des ioues. Les pierres que portent les hommes, sont quelquefois larges comme un double ducat et plus, et espesses d'un grand doigt : ce que leur empesche la parolle, tellement qu'à grande difficulté les peut on entendre quand ils parlent, non plus que s'ils auoient la bouche pleine de farine. La pierre auec sa cauité leur rend la leure de dessoubs grosse comme le poing et selon la grosseur se peut estimer la capacité du pertuis entre la bouche et le menton. Quant la pierre est ostée, s'ils veulent parler, on voit leur saliue sortir par ce cõduit, chose hideuse [2] à voir : encores quand ceste canaille se veut moquer, ils tirent la langue par

[1] La prévision de Thevet s'est réalisée. Le Brésil produit en effet beaucoup d'émeraudes. Voir SAINT-HILAIRE. *Voyage aux sources du Rio Francisco, et dans la province de Goyaz.*

[2] Cf. LÉRY. § VIII : « Que si au reste quelquefois quand ces pierres sont ostées, nos Toüoupinambaoults pour leur plaisir font passer leur langue par cette fente de la leure, estant lors aduis à ceux qui les regardent qu'ils ont deux bouches : ie vous laisse à penser, s'il les fait bon voir de ceste façon, et si cela les difforme ou non. »

la. Les femmes et filles ne sont ainsi difformes : vray est qu'elles portent à leurs oreilles [1] certaines choses pendues, que les hõmes font de gros vignots et coquilles de mer : et est cela fait cõme une chandelle d'un liard de longueur et grosseur. Les hommes en outre portent croissans longs et larges d'un pié sur la poitrine, et sont attachez au col. Aussi en portent communement les enfans de deux à trois ans. Ils portent aussi quelques colliers blancs, qui sont d'une autre espece de plus petis vignots, [2] qu'ils prennent en la mer, et les tiennent chers et en grande estime. Ces patinotres que lon vend maintenant en France, blanches quasi comme iuoire, viennent delà, et les font eux-mesmes. Les matelots les achetent pour quelque chose de vil pris, et les apportent par deça. Quand elles commencerẽt à estre en usage dans nostre France, l'on vouloit faire croire que c'estoit coral

Colliers de vignots. Sorte de patinotres blanches.

[1] Cf. THEVET. *Cosmographie universelle.* P. 931. LÉRY. § VIII : « Quant aux oreilles, à fin de s'y appliquer des pendans elles se les font si outrageusement percer, qu'outre que quand ils en sont ostez, on passeroit aisement le doigt à trauers des trous... quand elles sont coiffees, cela leur battant sur les espaules, voire iusques sur la poitrine, il semble à les voir un peu de loin, que ce soyent oreilles de limier qui leur pendent de costé et d'autre. » Cf. HANS STADEN. Ouv. cité. P. 270. « Ces pendants ont une palme de long, et l'épaisseur du pouce. Ils se nomment *mambibeya.* » Ce hideux usage s'est perpétué. Voir MARCOY. *Du Pacifique à l'Atlantique.* (*Tour du Monde*, nº 272.)

[2] LÉRY. § VIII. « Après qu'ils ont poli sur une pièce de grez, une infinité de petites pièces d'une grosse coquille de mer appelée *vignol*, lesquelles ils arrondissent et font aussi primes, rondes et desliées qu'un denier tournois : percées qu'elles sont par le milieu, et enfilées auec du fil de cotton, ils en font des colliers. »

blanc : mais depuis aucuns ont maintenu la matiere de laquelle elles sont faites estre de porcelaine. On les peut baptiser ainsi que l'on veut. Quoy qu'il en soit, estant au païs, i'en ay veu d'os de poisson, et sont faits tout ainsi qu'un gardebras de gendarme. Ils estiment fort ces petites patinotres de verre, que l'on porte de deça. Pour le comble de deformité ces hommes et ces femmes le plus souvent sont tous noirs, pour estre teins de certaines couleurs et teintures, qu'ils font de fruits || d'arbres, ainsi que desia nous avons dit, et pourrons encores dire. Ils se teignent et accoustrent les uns les autres. Les femmes accoustrẽt les hommes, leur faisans mille gentillesses, comme figures, ondes, et autres choses semblables, dechiquetées si menu qu'il n'est possible de plus. On ne lit point que les autres nations en ayent ainsi usé. On trouve bien que les Scythes allans voir leurs amis, quand quelcun estoit decedé, se peignoyent le visage de noir. Les femmes de Turquie se peignent bien les ongles de quelque couleur rouge ou perse, pensant par cela estre plus belles : non pas le reste du corps. Ie ne veux oublier que les femmes en ceste Amerique ne teignẽt le visage et corps de leurs petits enfans de noir seulement, mais de plusieurs autres couleurs, et d'une specialement qui tire sur le Boli armeni, laquelle ils font d'une terre grasse comme argille, quelle couleur dure l'espace de quatre iours. Et de ceste mesme couleur les femmes se teignẽt les iambes, de maniere qu'à les voir de loing, on les estimeroit estre reparées de belles chausses de fin estamet noir.

Brasselets d'escailles de poisson. Deformité des Ameriques.

Fol. 64.

CHAPITRE XXXV.

Des visions, songes, et illusions de ces Ameriques, et de la persecution qu'ils reçoiuent des esprits malins.

Pourquoy les Ameriques sōt subiets aux persecutiōs du malin esprit.

C'est chose admirable, que ces pauures gēs encores qu'ils ne soient raisonnables, pour estre priuez de l'usage de vraye raison, et de la congnoissance de Dieu, sont subiets à plusieurs illusions phantastiques, et persecutiōs de l'esprit malin. Nous auons dit, que par deça aduenait cas semblable auant l'aduenement de nostre Seigneur : car l'esprit malin ne s'estudie qu'à séduire et debaucher la creature, qui est hors de la congnoissance de Dieu. Ainsi ces pauures Ameriques voyent souuent un mauvais esprit tantost en une forme, tantost en une autre, lequel ils nomment en leur langue Agnan [1], et les persecute bien souuent iour et nuit [2], non seulement l'ame, mais aussi le

Agnan, que veut dire en langue des Sauuages.

[1] Tous les vieux voyageurs français de cette époque ont altéré ainsi le nom d'*anhanga*, le mauvais principe des Tupinambas. Dans le *Tesoro* de Ruys de Montoya, le mot *angaï* exprime l'esprit malin, *ang* l'âme, *angata* le scrupule de l'âme ou inquiétude, *anguêra* l'âme hors du corps ou fantôme.

[2] On peut rapprocher de ce passage le chapitre XVI de l'ouvrage de Léry.

corps, les bastant et outrageant excessiuement, de maniere que aucunesfois vous les orriez faire un cry epouuẽtable [1], disans en leur langue, s'il y a quelque Chrestien là pres. Vois tu pas Agnan qui me bat, defends moy, si tu veux que ie te serue, et coupe ton bois : comme quelque fois on les fait travailler pour peu de chose au bois de bresil. Pourtant ne sortent la nuit de leurs logettes, sans porter du feu auec eux, lequel ils disent estre souueraine deffense et remede contre leur ennemy. Et pensoys quand premieremẽt l'on m'en faisoit le recit, que fust fable, mais i'ay veu par experience cest esprit auoir esté chassé par un Chrestien en inuocãt et prononçãt le nom de IESUS CHRIST. Il aduient [2] le semblable

[1] Il est assez curieux de remarquer que la plupart des sauvages considèrent les esprits comme des êtres malfaisants. Ainsi les Abipones (Dobritzhoffer. Ouv. cité. T. ii. P. 35, 64) ont quelques vagues notions d'un esprit méchant, mais aucune d'une divinité bienfaisante. Les Coroados du Brésil ne croient qu'à un principe malfaisant qui les tourmente (Spix et Martius. T. ii. P. 243.) Dans la Virginie et la Floride on adorait le mauvais esprit et non le bon. Encore aujourd'hui « le Peau-Rouge craint continuellement les attaques des mauvais esprits, et, pour les détourner, a recours aux charmes, aux cérémonies les plus fantastiques de ses prêtres, ou à la puissance de ses manitous. La crainte a plus de part à ses dévotions que la reconnaissance, et il s'attache plus à détourner la colère des méchants esprits qu'à s'assurer la faveur des bons. » Carver. *Travels*. P. 388. Cf. Lubbock. *Les Origines de la civilisation*. P. 219.

[2] Thevet n'est pas le seul à croire à la réalité de ces démons. Cf. Lafitau. *Mœurs des Américains*. i, 374. — Labat. *Voyage aux isles de l'Amérique*. T. ii, 57. Ce dernier, après avoir rapporté

au Canada et en la Guinée, qu'ils sont ainsi tormentez, dãs les bois principalement, où ils ont plusieurs visions : et appellent en leur langage cest esprit, *Grigri.* Grigri [1]. Dauantage noz Sauuages ainsi depourueuz de raison et de la cognoissance de verité, sont forts faciles à tomber en plusieurs follies et erreurs. Ils notent et obseruent les choses diligemment, estimans que tout ce qu'ils ont songé doit incontinent ainsi aduenir. S'ils ont songé qu'ils doiuent auoir victoire de leurs ennemis, ou deuoir estre vaincus, vous ne
Fol. 65. leur pourrez dissuader qu'il n'aduienne || ainsi, le *Opinion des Sauuages touchant leurs songes.* croyans aussi asseurement comme nous ferions l'Euangile. Vray est que les Philosophes trouuent aucuns songes aduenir naturellement, selon les humeurs qui dominent, ou autre dispositiõ du corps : comme *Songes naturels.* songer le feu, l'eau, choses noires et semblables : mais croire aux autres songes, comme ceux de ces Sauuages, est impertinent, et contraire à la vraye religion. Macrobe au songe de Scipion dit aucuns songes aduenir pour la vanité des songeurs, les autres viennent des choses que l'on a trop apprehendées. Autres que nos Sauuages ont esté en ceste folle opinion d'adiouster foy aux songes : comme les Lacede-

quatre faits prétendus surnaturels, conclut gravement : « Il me semble que ces quatre faits suffisent pour prouver qu'il y a véritablement des gens qui ont commerce avec le diable. »

[1] Sur les Grigris et les folles rêveries des habitants de la Guinée, on peut consulter le *Voyage au Gabon* par le Dr GRIFFON DU BELLAY et les *Croisières à la côte d'Afrique* par l'amiral FLEURIOT DE LANGLE. Ces deux relations sont insérées dans le *Tour du Monde.*

moniens, les Persiẽs, et quelques autres. Ces Sauuages ont encores une autre opinion estrange et abusiue de quelques uns d'entre eux qu'ils estiment vrays Prophetes, et les nomment en leur langue *Pagès* [1], ausquels ils declarent leurs songes et les autres les interpretent : et ont ceste opinion qu'ils disent la verité. Nous dirons bien en cest endroit auec Philon le premier qui a interpreté les songes, et selon Trogus Pompeius, qui depuis a esté fort excellent en ceste mesme science. Pline [2] est de cest aduis que Amphiction en a esté le premier interprete. Nous pourrions icy amener plusieurs choses des songes et diuinations et quels songes sont veritables ou non, ensemble de leurs especes, des causes, selon qu'en auons peu voir ès anciens Auteurs : mais pour ce que cela repugne à nostre religion, aussi qu'il est defendu y adiouster foy, nous arrestans seulement à l'escriture sainte, et à ce qui nous est commandé, ie me deporteray d'en parler dauantage : m'asseurant aussi que quelque chose qu'on en veuille dire, que pour un où l'on pourra cuillir aucune chose, on se pourra tromper en infinité d'autres. Retournons aux Sauuages de l'Amerique. Ils portent donc grande reuerence à ces Prophètes susnommez, lesquels ils appellent *Pagès* ou *Charaïbes*, qui vaut autant à dire comme Demidieux : et sont vrayement idolatres, ne plus ne moins que les anciens Gentils.

Pagès prophètes.

Amphictyon premier interprète des songes.

Pagès ou Charaïbes.

1 Sur les Pagès, que les Brésiliens nommaient encore Caraïbes, on peut consulter F. Denis. *Une fête brésilienne à Rouen*. P. 91.

2 Pline. *Histoire naturelle*. VII. 57.

CHAPITRE XXXVI.

Des faux Prophetes et Magiciēs de ce païs qui communiquent auec les esprits malings : et d'un arbre nommé Ahouaï.

Quels sont les Prophetes des Sauuages nommés Pagès ou Charaïbes, et de leurs impostures

Ce peuple ainsi elongné de la verité outre les persecutiōs qu'il reçoit du malin esprit et les erreurs de ses songes, est encores si hors de raison, qu'il adore le Diable par le moyen d'aucuns siens ministres, appellez *Pagès*, desquels nous auons desia parlé. Ces Pagès ou Charaïbes, sont gens de mauuaise vie, qui se sont adonnez à seruir au diable pour receuoir leurs voisins. Tels imposteurs [1] pour colorer leur mes-

[1] Ces sorciers américains ne sont pas toujours des imposteurs. Ils croient en leur propre puissance. SPROAT *(Scenes and studies of savage Life.* P. 170) raconte que chez les Ahts, du nord-ouest de l'Amérique, « beaucoup de sorciers croient réellement qu'ils possèdent une puissance surnaturelle, et, pendant leurs préparatifs et leurs cérémonies, ils supportent une fatigue excessive, de longs jeûnes, et une excitation mentale longuement prolongée. » — DOBRITZHOFFER (Ouv. cité. II, 68.) affirme que les sorciers Abipones croient à leur infaillibilité. — « Nous ne rendrions pas justice aux sorciers du Brésil, dit Martius (P. 30),

chanceté, et se faire honorer entre les autres, ne demeurent ordinairement en un lieu. Ains sont vagabonds, errans çà et là par les bois et autres lieux, ne retournans point auecques les autres, que bien rarement et à certaines heures, leur faisans entendre qu'ils ont communiqué auecques les esprits, pour les affaires du public, et qu'il faut faire ainsi et ainsi, ou qu'il aduiendra cecy ou cela : et lors ils sont receus et caressez honorablement, estants nourris et entretenuz sans faire autre chose : encore || s'estiment bien heureux Fol. 66.
ceux là qui peuuent demeurer en leur bonne grace, et leur faire quelque present. S'il aduient pareillement qu'aucun d'entre eux aye indignation ou querelle contre son prochain, ils ont de coustume de se retirer vers ses *Pagès*, affin qu'ils facent mourir par poison celuy ou ceux ausquels ils veulent mal. Entre autres choses, ils s'aident d'un arbre nommé en leur langue *Ahouaï* [1], portant fruit veneneus et mortel, lequel est de la grosseur d'une chastaigne moyẽne, et est vray poison, specialement le noïau. Les hommes pour legere cause estant courroucez cõtre leurs femmes leur en donnent, et les femmes aux hommes. Mesmes ces malheureuses femmes, quand elles sont enceintes, si le mary les a faschées, elles prendront au lieu de ce fruit, certaine herbe pour se faire auorter. Ce fruit blãc auec son noïau est fait comme un Δ delta, lettre

si nous les regardions comme de simples imposteurs. » La plupart d'entre eux ne sont pourtant que des charlatans. Cf. HANS STADEN. P. 284. — THEVET. *Cosm. Univ.* P. 915-916.

[1] THEVET. *Cosm. Univ.* P. 922. — LÉRY. § XIII.

des Grecs. Et de ce fruit les Sauuages, quand le noïau est dehors, en font des sonnettes qu'ils mettent aux iambes, lesquelles font aussi grand bruit comme les sonnettes de par deça. Les Sauuages pour rien ne donneroiēt de ce fruit aux estrãgers estant fraiz cuilly, mesmes defendent à leurs enfans y attoucher aucunement, deuant que le noïau en soit osté. Cest arbre est quasi semblable en hauteur à noz poiriers. Il a la fueille de trois ou quatre doigts de longueur, et deux de largeur, verdoyante toute l'année. Elle a l'escorce blanchastre. Quand on en couppe quelque branche, elle rend un certain suc blanc, quasi comme laict. L'arbre couppé rend une odeur merueilleusement puante. Parquoy les Sauuages n'en usent en aucune sorte, mesmes n'en veulent faire feu. Ie me deporte
Fol. 67. de vous descrire icy || la propriété de plusieurs autres arbres, portans fruits beaux à merueilles, neantmoins autant ou plus veneneux que cestuy cy, dõt nous parlons, et duquel vous auons icy presenté le pourtrait au naturel. Dauantage il faut noter que les Sauuages ont en tel honneur et reuerēce ces *Pagès*, qu'ils les adorent ou plustost idolatrent : mesmes quand ils retournent de quelque part, vous verriez le populaire aller au deuant, se prosternant, et les prier, disant : Fais que ie ne sois malade, que ie ne meure point, ne moy, ne mes enfants : ou autre chose. Et luy respond : Tu ne mourras point, tu ne seras malade, et semblables choses. Que s'il aduient quelquesfois que ces *Pagès* ne dient la verité, et que les choses arriuent autrement que le presage, ils ne font difficulté de les faire mourir, comme indignes de ce tiltre et dignité

de *Pagès*. Chacun village, selon qu'il est plus grãd ou plus petit, nourrist un ou deux de ces venerables. Et quand il est question de sçauoir quelque grande chose, ils usent de certaines ceremonies et invocations diaboliques, qui se font en telle maniere. On fera premieremẽt une logette toute neufue, en laquelle iamais homme n'aura habité, et la dedans dresseront un lict blanc et net à leur mode : puis porteront en ladicte loge grande quantité de viures, comme du cahouin, qui est leur boisson ordinaire, fait par une fille vierge de dix ou douze ans, ensemble de la farine faite de racines, dont ils usent au lieu de pain. Et toutes choses ainsi preparées, le peuple assemblé conduit ce gentil prophete en la loge, où il demeurera seul, apres qu'une ieune fille luy aura donné à lauer. Mais faut noter que auant ce mystere, il se doit abstenir de sa femme l'espace de neuf iours. Estant là dedans seul, et le peuple retiré arriere, il se couche plat sur ce lict, et commence à inuoquer l'esprit maling par l'espace d'une heure, et d'auantage faisant ie ne sçay quelles ceremonies accoustumées [1] : telle-

Ceremonies de ces Prophetes aux inuocations de l'esprit malin.

[1] Les mêmes cérémonies sont encore pratiquées par les angekoks ou sorciers du Groenland. Cf. GRAAH. *Voyage to Groenland*. P. 123. « On n'entendit plus que la respiration haletante de l'angekok, qui semblait lutter avec quelque chose de plus fort que lui. On entendit bientôt un bruit ressemblant à celui des castagnettes... une heure s'écoula de cette même façon avant que le magicien put forcer l'esprit à venir à son appel. Cependant il vint enfin annonçant son arrivée par un bruit étrange, ressemblant beaucoup au bruit que ferait un gros oiseau en volant au-dessous du toit. L'angekok chantant toujours, lui fit des questions auxquelles l'esprit répondit

ment que sur la fin de ces inuocations l'esprit vient à luy sifflant, comme ils disent, et flustant. Les autres m'ont recité que ce mauuais esprit vient aucunes fois en la presence de tout le peuple, combien qu'il ne le voit aucunement, mais oyt quelque bruit et hurlemēt. Adonc ils s'escrient touts d'une voix, en leur langue, disans : Nous te prions de vouloir dire la verité à nostre prophete, qui t'attēd là dedans. L'interrogation est de leurs ennemis, sçauoir lesquels emporteront la victoire, auec les responces de mesme, qui disent, ou que quelcun sera pris et mangé de ses ennemis, ou que l'autre sera offensé de quelque beste sauuage, et autres choses selon qu'il est interrogé. Quelcun d'eux me dist entre autres choses, que leur prophete leur auoit predit nostre venue. Ils appellēt cest esprit *Houioulsira*. Cela et plusieurs autres choses m'ont affermé quelques chrestiens [1], qui de long temps se tiennent là : et ce principalement, qu'ils ne font aucune entreprise sans auoir la responce de leur prophete. Quand le mystere est accompli, le prophète sort, lequel estant incontinent enuironné du

Quelles sont les interrogations faites à l'esprit malin.

Houioulsira.

d'une voix tout à fait étrangère à mes oreilles, mais qui semblait provenir du passage à l'entrée duquel l'angekok s'était assis. » Voir aussi Egede. *Groenland.* P. 183. — Crantz. *History of Greenland.* I, 210. — Dobritzhoffer. *Historia de Abiponibus.* II, 73. — Très-curieux passage d'Osorio. *De rebus Emmanuelis.* II, 50. — Cf. Yves d'Evreux. *Voyage dans le nord du Brésil :* Chapitre intitulé : « Comment le Diable parle aux sorciers du Brésil, leurs fausses prophéties, idoles et sacrifices. »

[1] Sans doute les interprètes Normands dont nous avons déjà parlé.

peuple, fait une harangue, où il recite tout ce qu'il a entendu. Et Dieu sçait les caresses et presens, que chacũ luy fait. Les Ameriques ne sont les premiers, qui ont pratiqué la magie abusiue : mais auant eux elle a esté familiere à plusieurs nations, iusques au temps de nostre Seigneur, qui a effacé et aboli la puissance de Sathan, laquelle il exerçoit sus le genre humain. Ce n'est donc sans cause, qu'elle est || defendue par les escriptures. D'icelle magie nous en trouuons deux especes [1] principales, l'une par laquelle l'on communique auec les esprits malings, qui donne intelligence des choses les plus secretes de nature. Vray est que l'une est plus vitieuse que l'autre, mais toutes deux pleines de curiosité. Et qu'est il de besoing, quand nous auons les choses qui nous sont necessaires, et en entendons autant qu'il pleist à Dieu nous faire capables, trop curieusement rechercher les secrets de nature, et autres choses, desquelles nostre Seigneur s'est reserué à luy seul la cognoissance ? Telles curiosités démonstrent un iugement imparfait, une ignorance et faute de foy et bonne religion. Encores plus est abusé le simple peuple, qui croit telles impostures. Et ne me puis assez emerueiller, comme en païs de loy et police, on [2] laisse pulluler telles ordures, auec un tas de vieilles sorcieres

Fol. 68.

Deux especes de Magie.

Contre ceux qui croyent aux sorceries.

[1] BIBLIOPHILE JACOB. *Curiosités des Sciences occultes.*

[2] Thevet réclamait la punition des sorciers : on ne l'a que trop écouté. BODIN n'écrivit sa *Démonomanie* qu'en 1587. Lire les pages émues de Michelet dans la *Sorcière* sur les atrocités juridiques qui se perpétuèrent jusqu'au siècle dernier contre les prétendus sorciers.

qui mettent herbes aux bras, pendant escriteaux au col, force mysteres, ceremonies qui guerissent de fieures, et autres choses, qui ne sont que vraie idolatrie, digne de grande punition. Encores, s'en trouuera il auiourd'huy entre les plus grands, où l'on deuroit chercher quelque raison et iugement, qui sont aueuglez les premiers. Parquoy ne se faut esbahir si le simple peuple croit legerement ce qu'il voit estre fait par ceux qui s'estiment les plus sages. O brutalité aueuglée. Que nous sert l'escriture sainte, que nous seruent les loix, et autres bõnes sciences, dont nostre Seigneur nous a donné cognoissance, si nous viuons en erreur et ignorance, comme ces pauures Sauuages, et plus brutallement que bestes brutes ? Toutesfois nous voulons estre estimez sçauoir beaucoup, et faire profession de vertu. Et pour ce il ne se faut esmerueiller si les anciens ignorans la verité sont tombez en erreur, la cherchans par tous moyens, et encores moins de noz Sauuages : mais la vanité du mõde cessera quãd il plaira à Dieu. Or, sans plus de propos, nous auõs commencé à dire, qu'il y a une magie damnable, que l'on appelle *Theurgia* ou *Goetia*, pleine d'enchantements, parolles, ceremonies, inuocations, ayant quelques autres especes sous elle : de laquelle on dit auoir esté inuenteur un nommé Zabulus. Quant à la vraye magie, qui n'est autre chose que cercher et contempler les choses celestes, celebrer et honorer Dieu, elle a esté louée de plusieurs grands personnages. Tels estoiẽt ces trois nobles Roys qui visiterent nostre Seigneur. Et telle magie a esté estimée parfaite sapience. Aussi les

Theurgia, magie damnable

Zabulus.

Quelle est la vraye magie.

Perses ne receuoient iamais homme à la corõne de leur empire, s'il n'estoit appris en ceste magie, c'est à dire qu'il ne fust sage. Car Magus [1] en leur langue n'est autre chose que sage en la nostre, et σοφὸς en grec, sapiens en latin. D'icelle l'on dit auoir esté inuenteurs Zamolxis et Zoroastre [2], non celuy qui est tant vulgaire, mais qui estoit fils d'Oromase. Aussi Platon en son *Alcibiade* dit, n'estimer la magie de Zoroastre estre autre chose, que cognoistre et celebrer Dieu. Pour laquelle entendre luy mesme auec Pythagoras, Empedocles, et Democrite, s'estre hazardez par mer et par terre, allans en païs estranges, pour cognoistre ceste magie. Ie sçay bien que Pline et plusieurs autres se sont efforcez d'en parler, comme des lieux et nations où elle a esté celebrée et frequentée, ceux qui l'ont inuentée et pratiquée, mais asses obscuremẽt discerné quelle magie, attendu qu'il y en a plusieurs especes. Quant à moy, voyla || ce qu'il m'a semblé bon en dire pour le present, puisqu'il venoit à propos de noz Sauuages.

Magus en lãgue des Perses que signifie.

Zamolxis. Zoroastre.

Fol. 69.

[1] Les mages Perses n'étaient pas des magiciens mais des prêtres. Ils se divisaient en trois catégories, les *Erbédes* ou disciples, les *Mogbédes* ou maîtres et les *Destour Mogbédes* ou maîtres supérieurs. Ils jouèrent un grand rôle dans toute l'histoire des Mèdes et des Perses.

[2] Le vrai père de Zoroastre (Zarathustra, splendeur d'or) est Pourouscharpa, qui passait pour avoir reçu la tradition divine. Thevet semble avoir traduit pour la fin de ce chapitre un passage d'ailleurs fort curieux, de l'*Histoire naturelle* de PLINE (XXX. 2, 3).

CHAPITRE XXXVII.

Que les Sauuages Ameriques croyent l'ame estre immortelle.

Contre les Atheistes.

Ce pauure peuple, quelque erreur ou ignorance qu'il ait, si est il beaucoup plus tolerable, et sans comparaison, que les damnables Atheistes [1] de nostre temps : lesquels non contens d'auoir esté créez à l'image et semblance du Dieu eternel, parfaits sur toutes creatures, malgré toutes escritures et miracles, se veulent comme défaire, et rendre bestes brutes, sans loy ne sans raison. Et puis qu'ainsi est, on les deuroit traiter comme bestes : car il n'y a beste irraisonnable, qui ne rende obeissance et seruice à l'homme : comme estant image de Dieu : ce que nous voyons iournellement. Vray est, que quelque iour on leur fera sentir, s'il reste rien apres la separation du corps et de l'ame : mais cependãt qu'il plaise à Dieu les bien conseiller, ou de bonne heure

[1] Les *athéistes* contre lesquels fulmine Thevet ne sont autres que les Protestants. On s'en aperçoit à l'âcreté de sa polémique. Il est visible qu'il défend ici sa propre cause, et poursuit de ses invectives des ennemis personnels.

en effacer la terre, tellement qu'ils n'apportent plus de nuysance aux autres. Doncques ces pauures gens estiment l'ame estre immortelle, qu'ils nomment en leur langue *Cherepicouare*. Ce que i'ay entendu les interrogãt, que deuenoit leur esprit quand ils mouroiẽt. Les ames, disent-ils, de ceux qui ont vertueusement combatu leurs ennemis, s'en võt auec plusieurs autres ames [1] aux lieux de plaisance, bois, iardins et vergiers : mais de ceux qui, au cõtraire, n'auront biẽ defendu le païs, s'en iront auec *Agnan*. Ie me suis ingeré quelquefois d'en interroger un grãd Roy du païs, lequel nous estoit venu voir bien de trente lieues, qui me respondit assés furieusement en sa langue, parolles semblables. Ne sçais tu pas qu'apres la mort, noz ames vont en païs loingtain, et se trouuẽt toutes ensemble, en de beaux lieux ainsi que disent noz Prophetes, qui les visitent souuent et parlent à elles ? Et tiennent ceste opinion asseurée, sans en vaciller de rien. Une autre fois estant allé voir un autre Roy du païs, nommé *Pindahousou*, lequel ie trouué malade en son lict d'une fieure continüe, qui commence à m'interroger : et entre autres choses, que deuenoyẽt les ames de noz amis, à nous autres, *maïres*, quand ils mouroyent : et

Opinion des Sauuages sur l'immortalité de l'ame.

Cherepicouare.

Pindahousou, Roy au païs des Sauuages.

[1] Sur la croyance des Sauvages à l'immortalité de l'âme, on peut consulter le très curieux chapitre XI, de l'ouvrage de TYLOR, *La Civilisation primitive*. Ce chapitre est intitulé l'animisme. Cf. MONTAIGNE. *Des Cannibales* : « Ils croyent les âmes éternelles, et celles qui ont bien mérité des Dieux estre logées à l'endroit du ciel où le soleil se leve, les mauldites du costé de l'occident. » Voir le § 77 des *Singularitez* sur les croyances des Canadiens.

luy faisant responce qu'elles alloyent auec *Toupan* [1], il creut aisément : en cõtemplation de quoy me dist, viença, ie t'ay entẽdu faire si grand recit de *Toupan*, qui peut toutes choses, parle à luy pour moy, qu'il me guerisse, et si ie puis estre gueri, ie te feray plusieurs beaux presents : ie veux estre accoustré cõme toy, porter grãd barbe, et honnorer *Toupan* cõme toy. Et de fait estãt gueri, le Seigneur de Villegagnõ delibera de le faire baptiser : et pource retint auec

Superstition des Sauuages.

luy. Ils ont une autre folle opinion : c'est qu'estãts sur l'eau, soit mer ou fleuue, pour aller cõtre leurs ennemis, si suruiẽt quelque tempeste, ou orage (cõme il aduiẽt bien souuẽt) ils croyent que cela vienne des ames de leurs parens et amis : mais pourquoy, ils ne sçauent : et pour appaiser la tormente, ils iettent quelque chose en l'eau, par maniere de present : estimãs par ce moyen pacifier les tempestes. Dauantage,

Fol. 70. quãd quelcun [2] d'en||tre eux decede, soit Roy, ou autre,

[1] Il paraitrait que Toupan n'était pas le Dieu suprême, mais une divinité secondaire. RUYS DE MONTOYA. *(Arte de la lingua Guarani)* fait remarquer que ce mot se décompose ainsi, Tupa, vient de *Tu*, formule de surprise et de *Pa* qui veut dire qu'est ceci ? Voir P. DENIS. *Une fête Brésilienne à Rouen*. P. 87.

[2] Cet usage qui se retrouve à peu près chez tous les peuples et s'est perpétué jusqu'à nos jours, tient sans doute à la singulière croyance que les objets offerts deviennent la propriété du mort. Les Groenlandais pensent encore que les flèches et engins de chasse placés dans la tombe d'un homme, le couteau et les ustensiles servant à coudre placés dans la tombe d'une femme, servent au mort dans l'autre monde (CRANZ. *Groenland*. P. 263-301). — D'après SCHOOLCRAFT (*Indian Tribes*. IV. P. 66-65), les ustensiles que l'on enterre avec le Sioux lui servent à gagner

auant que le mettre en terre, s'il y a aucun qui ayt chose appartenante au trepassé, il se gardera bien de le retenir, ains le portera publiquement, et le rendra deuant tout le monde, pour estre mis en terre auecques luy : autremēt il estimeroit que l'ame apres la separation du corps le viendroit molester pour ce bien retenu. Pleust à Dieu que plusieurs d'entre nous eussent semblable opinion (i'entens sans erreur); l'on ne retiendroit pas le bien d'autruy, comme l'on fait auiourd'huy sans crainte ne vergongne. Et ayant rendu à leur homme mort ce que luy appartenoit, il est lié et garrotté de quelques cordes, tāt de coton que d'escorce de certain bois, tellement qu'il n'est possible, selon leur opinion, qu'il reuienne : ce qu'ils craignent fort, disans que cela est aduenu autres fois à leurs maieurs et anciens, qui leur a esté cause d'y donner meilleur ordre : tant sont spirituels et bien enseignez ces pauures gens.

sa vie, de même que les couleurs placées auprès de l'Iroquois lui permettront de se présenter décemment. — Mêmes cérémonies chez les anciens Aztèques (SAHAGUN. Liv. III. BRASSEUR DE BOURBOURG. *Histoire des Nations civilisées de l'Amérique*. III. P. 497-569.) et chez les Incas du Pérou (RIVERO et TSCHUDI. *Peruvian Antiquities*. P. 186-200). Même en Europe cet usage s'est conservé. Les Esthoniens enterrent avec leurs morts du fil, des aiguilles, des objets de toilette, ou un jouet si c'est un enfant. Les Irlandais mettent une pièce d'argent dans la main du mort, et les Grecs déposent des râmes sur la tombe d'un marin. Cf. TYLOR. *La Civilisation primitive*. § XIII.

CHAPITRE XXXVIII.

Comme ces Sauuages font guerre les uns contre les autres, et principalement contre ceux qu'ils nomment Margageas et Thabaiares, et d'un arbre qu'ils appellent Hayri, duquel ils font leurs bastons de guerre.

Ce peuple de l'Amerique est fort subiet à quereler contre ses voisins, specialement contre ceux qu'ils appellent en leur langue, *Margageas* et *Thabaiares,* et n'ayans autre moyen d'appaiser leur querele, se battēt fort et ferme. Ils sont assemblés de six mil hommes, quelquefois de dix, et autrefois de douze : c'est à sçauoir village contre village, ou autrement ainsi qu'ils se rencontrent : autant en font ceux de Peru, et les Canibales. Et deuant que executer quelque grāde entreprise, soit à la guerre ou ailleurs, ils font assemblée, principalement des vieux, sans femmes ne enfans, d'une telle grace et modestie, qu'ils parleront l'un apres l'autre, et celuy qui parle sera diligemment escouté : puis ayant fait sa harangue, quitte sa place à un autre et ainsi consecutiuement. Les auditeurs sont tous assis sur la terre, sinon quelques uns entre les autres, qui en contemplation de quelque preeminence, soit par lignée ou d'ailleurs, seront lors assis en leurs licts [1], ce que considerant, me vint en memoire ceste louable coustume des gouuerneurs de Thebes, ancienne ville de la Grece : lesquels pour deliberer ensemble de la Republique estoyent tousiours assis sur la terre. Laquelle façon de faire l'on estime un argument de prudence : car l'on tient pour certain selon les philosophes, que le corps assis et à repos, les esprits sont plus prudens et plus libres, pour n'estre tant occupez vers le corps quand il repose, que autrement.

Dauantage une chose [2] estrange est que ces Ameriques ne font iamais entre eux aucune treue, ne paction, quelque inimitié qu'il y ait, comme font toutes autres nations, mesmes entre les plus cruels et barbares, comme Turcs, Mores et Arabes : et pense que si Thesée premier auteur des treues entre les Grecs y estoit, il seroit plus empesché qu'il ne fut cru. Ils ont quelques ruses de guerre pour surprendre l'un l'autre, aussi bien que l'on peut auoir en autres lieux. Donc ces Ameriques ayans inimitié perpetuelle, et de tout temps contre leurs voisins sus-

[1] LÉRY. § XIV. « Eux se promenans, ou estans assis dans leurs lits de cotton pendus en l'air, exhortent les autres. »

[2] LÉRY. § XIV. « Si tost que la guerre est une fois declairée entre quelques unes de ces nations, tous allégans qu'attendu que l'ennemy qui a reçu l'iniure s'en ressentira à iamais, c'est trop laschement fait de le laisser eschapper quand on le tient à merci ; leurs haines sont tellement inuétérées, qu'ils demeurent perpétuellement irréconciliables. »

Fol. 71. nommez, || se cherchent souuent les uns les autres, et se battent autant furieusement qu'il est possible. Ce que les contraint d'une part et d'autre de se fortifier de gens et armes chacun village. Ils s'assemblerõt de nuit en grand nõbre pour faire le guet : car ils sont coustumiers de se surprendre plus de nuit que de iour. Si aucunes fois ils sont aduertis, ou autrement se soupsonnent de la venue de leurs ennemis, ils vous planterõt en terre tout autour de leurs tugures, loing d'un trait d'arc, une infinité de cheuilles de bois fort agues [1], de maniere que le bout qui sort hors de terre estant fort agu, ne se voit que bien peu : ce que

Chaussetrapes des Sauuages.

ie ne puis mieux cõparer qu'aux chaussetrapes dõt l'õ use par deça : à fin que les ennemis se percent les pieds, qui sõt nuds, ainsi que le reste du corps : et par ce moyẽ les puissent saccager, c'est assauoir tuer les uns, les autres emmener prisonniers. C'est un tresgrãd hõneur à eux lesquels partans de leur païs pour aller assaillir les autres sur leurs frontieres, et quand ils amenent plusieurs de leurs ennemis prisonniers en leurs païs : aussi est il celebré, et honnoré des autres, comme un Roy et grand Seigneur qui en

[1] LÉRY. § XIV. « Alentour de quelques villages frontiers des ennemis, les mieux aguerris plantent des paux de palmier de cinq ou six pieds de haut : et encores sur les aduenues des chemins en tournoyant, ils fichent des cheuilles pointues à fleur de terre ; tellement que si les assaillans pensent entrer de nuict ceux de dedans qui sauent les destroits par où ils peuvent aller sans s'offenser, sortans dessus, les rembarrent de telle façon qu'il en demeure touiours quelques uns sur la place, desquels les autres font des carbonades. » Cf. THEVET. *Cosm. Univ.* P. 941. HANS STADEN. P. 237.

a le plus tué. Quand ils veulent surprendre quelque village l'un de l'autre, ils se cacherõt et musseront de nuit par les bois ainsi que renards, se tenans là quelque espace de temps, iusques à tant qu'ils ayent gaigné l'opportunité de se ruer dessus.

Arriuans à quelque village ils ont certaine industrie de ietter le feu és logettes de leurs ennemis, pour les faire saillir hors auec tout leur bagage, femmes et enfans. Estans saillis, ils chargent les uns les autres de coups de flesches cõfusemẽt, de masses et espées de bois, qu'onque ne fut si beau passetẽps de voir une telle meslée. Ils se prennent [1] et mordent

[1] THEVET. *Cosm. Univ.* P. 942. « Autres ayans prins quelque prisonniers luy mettent le doigt en la bolieure qu'ils ont toute

auec les dents en tous endroits, qu'ils se peuuent rencontrer, et par les leures qu'ils ont pertuisées : monstrans quelquefois pour intimider leurs ennemis, les os de ceux qu'ils ont vaincus en guerre, et mangez : bref, ils emploient tous moyens pour fascher leurs ennemis. Vous verriés les uns emmenez prisonniers, liez et garrotez comme larrons. Et au retour de ceux qui s'en vont en leur païs auec quelque signe de victoire, Dieu sçait les caresses et hurlemens qui se font. Les femmes suiuẽt leurs maris à la guerre, nõ pour cõbattre, cõme les amazones, mais pour leur porter et administrer viures, et autres munitions requises à telle guerre : car quelquesfois ilz font voyages de cinq et six moys sans retourner. Et quand ils veulent departir pour aller en guerre, ils
Fol. 72. mettent le feu en toutes leurs loges, et || ce qu'ils ont de bon, ils le cachent soubs terre iusques à leur retour. Qui est plus grand entre eux, plus a de femmes à son seruice. Leurs viures sont tels que porte le païs,
Farine de racines, viure des Sauuages. farines de racines [1] fort delicates, quand elles sont recentes : mais si elles sont quelque peu enuieillies elles sont autant plaisantes à manger, que le son d'orge ou d'auene : et au reste chairs sauuagines, et poisson, le tout seiché à la fumée. On leur porte aussi leurs licts de cotton, les hommes ne portans rien que leurs arcs, et fleches à la main. Leurs armes

fendue, et la tirent à eux. » Une des planches de l'ouvrage rend cet épisode avec une naïveté sinistre.

[1] Léry. § ix. — Hans Staden. P. 251. — Gandavo. P. 55. — Osorio. *De rebus Emmanuelis*. ii, 49.

sont grosses espées [1] de bois fort massiues et pesantes : au reste arcs et flesches. Leurs arcs sont la moitié plus longs que les arcs Turquois et les fleches à l'equipollent, faites les unes de cannes marines, les autres du bois d'un arbre, qu'ils nõment en leur langue *Hairi,* portant feuillage semblable au palmier, lequel est de couleur de marbre noir, dont plusieurs le disent estre Hebene [2], toutesfois il me semble autrement, car vray Hebene est plus luysant. Dauantage l'arbre d'Hebene n'est semblable à cestuy cy, car cestuy cy est fort espineux de tous costez : ioint que le bon Hebene se prend au païs de Calicut, et en Ethiopie. Ce bois est si pesant, qu'il va au fons de l'eau, cõme fer : pourtant les Sauuages en font leurs espées à combatre. Il porte un fruit gros comme un esteuf, et quelque peu pointu à l'un des bouts. Au dedans trouuerez un noyau blanc comme neige : duquel fruit i'ay apporté grande quãtité par deça. Ces Sauuages en outre font de beaux colliers de ce bois. Aussi est il si dur et si fort, (comme nous disions n'agueres) que les fleches qui en sont faites, sont tant fortes, qu'elles perceroyent le meilleur corselet.

Armes des Sauuages.

Hairi arbre.

Hebene, arbre.

[1] Leurs épées se nommaient *tacapés*. Cf. LÉRY. § XIV. Voici comment OSORIO décrit leurs armes (Liv. II, P. 50) : « Gladiis ligno durissimo fabrefactis utuntur, quibus hostium membra frangunt et dissecant... In bellis arcubus utuntur, et tanto artificio sagittas emittunt, ut in quemcumque corporis ullius locum sagittam collineare velint, eum configant. »

[2] Description analogue dans LÉRY (§ XIII) qui pourtant s'obstine à considérer l'hairi comme une sorte d'ébène.

Fol. 73. *Bouclier des Sauuages.* La troisiesme piece de leurs armes est un bou||clier [1], dont ils usent en guerre. Il est fort long, fait de peaux d'une beste de mesme couleur que les vaches de ce païs, ainsi diuersifiées, mais de diuerse grandeur. Ces boucliers sont de telle force et resistence, comme les boucliers Barcelonnois, de maniere qu'ils attendront un' arquebuze, et par consequent chose moindre. Et quant aux arquebuzes [2], plusieurs en portent qui leur ont esté dõnées depuis que les Chrestiens ont commencé à les hanter, mais ils n'en sçauent user, sinon qu'ils en tirent aucunesfois à grande difficulté, pour seulement espouuenter leurs ennemis.

[1] Ces boucliers sont en cuir de tapir. Léry (§ x) les décrit en ces termes : « Quand ils escorchent le tapir, coupans en rond tout le cuir du dos, apres qu'il est bien sec, ils en font des rondelles aussi grandes que le fond d'un moyen tonneau, lesquelles leurs seruent à soutenir les coups de flesches de leurs ennemis, quand ils vont en guerre. »

[2] Hans Staden (Ouv. cité. P. 93, 105) rapporte que le maître brésilien au pouvoir duquel il était tombé possédait une arquebuse, dont il était très fier, mais qui lui était parfaitement inutile, car il ne savait pas s'en servir. Toutes les fois que les ennemis étaient en présence, il la remettait à son esclave européen, en lui ordonnant de la décharger contre eux.

CHAPITRE XXXIX.

La maniere de leurs combats, tant sur eau, que sur terre.

Si vous demandez pourquoy ces Sauuages font guerre les uns contre les autres, veu qu'ils ne sont guerres plus grand seigneurs l'un que l'autre : aussi qu'entre eux n'y a richesses si grandes, et qu'ils ont de la terre assés et plus, qu'il ne leur en faut pour leur necessité. Et pour cela vous suffira entendre, que la cause de leur guerre est assez mal fondée, seulement pour appetit de quelque vengeance, sans autre raison, tout ainsi que bestes brutes, sans se pouuoir accorder par honnesteté quelcõque, disans pour resolutiõ que ce sont leurs ennemis de tout tẽps. Ils s'assemblent [1] donc (comme

Cause pourquoy guerroyent les Sauuages les uns cõtre les autres.

[1] Voir le § XIV de Léry, qui donne de curieux détails sur l'organisation militaire et la tactique des Brésiliens. Léry assista à une de leurs batailles, et en garda une impression sinistre : « Finalement quand ils furent meslez ce fut auec leurs espées et massues de bois, à grands coups et à deux mains, à se charger de telle façon que qui rencontroit sur la teste de son ennemi, il ne l'envoyoit pas seulement par terre, mais l'assommoit comme

auons dit cy deuant) en grand nombre, pour aller trouuer leurs ennemis, s'ils ont receu principalement quelque iniure recente : et où ils se rencontrent, ils se battēt à coups de flesches, iusques à se ioindre au corps, et s'entreprendre par bras et oreilles, et donner coups de poing. Là ne faut point parler de cheual dont pouuez penser comme l'emportent les plus forts. Ils sont obstinez et courageux, tellement que auant que se ioindre et battre (comme auez veu au precedēt chapitre) estans à la cāpagne elōgnez les uns les autres de la portée d'une arquebuze, quelquesfois l'espace d'un iour entier se regarderōt et menasseront, monstrans visage plus cruel et epouuentable qu'il est possible, hurlans et crians si confusément que l'on ne pourroit ouïr tonner, monstrans aussi leurs affections par signes de bras et de mains, les eleuans en haut auec leurs espées et masses de bois. Nous sommes vaillans (disent ils), nous auons mangé vos parens, aussi vous mangerons nous : et plusieurs menasses friuoles : comme vous représente la presente figure.

Sauuages obstinez et courageux.

Fol. 74. || En ce les Sauuages semblent obseruer l'anciēne maniere de guerroyer des Romains, lesquels auant que d'entrer en bataille faisoyent cris epouuentables et usoyēt de grandes menasses. Ce que depuis a esté

font les bouchers les bœufs par deça. » Cf. Thevet. *Cosm. Univ.* P. 942 : « Tellement que c'est hideux de voir ces sauuages, lorsqu'ils viennent aux prises, de s'entremordre et esgratigner, mesme quand ils sont renuersez par terre, prennent leurs ennemis par les jambes à belles dents, et aux parties honteuses, s'ils les peuuent attraper. »

pareillement practiqué par les Gaulois en leurs guerres, ainsi que le descrit Tite Liue. L'une et l'autre façon de faire m'a semblé estre fort differente à celle des Acheiens : dont parle Homere, pource qu'iceux estãts pres de batailler et donner l'assaut à leurs ennemis, ne faisoyẽt aucun bruit, ains se contenoyent totalement de parler. La plus grande vengeance dont les Sauuages usent, et qui leur semble la plus cruelle et indigne, est de manger leurs ennemis [1]. Quand ils en ont pris aucun en guerre s'ils ne sont pas les plus forts pour l'emmener, pour le moins s'ils peuuent, auant la rescousse ils lui coupperont bras ou iambes : et auant que le laisser le mangeront, ou bien chacun en emportera son morceau, grand ou petit. S'ils en peuuent amener quelques uns iusques en leur païs, pareillement les mangeront ils. Les anciens Turcs, Mores et Arabes usoyent quasi de ceste façon (dont encores auiourd'huy se dit un prouerbe ie voudrois auoir mangé de son cueur) ; aussi usoyent ils presque de semblables armes que noz Sauuages, mais depuis les Chrestiens [2] leur ont forgé, et monstré à forger, les armes, dont auiourd'huy ils sont battuz, en danger qu'il n'en aduienne autant de ces Sauuages, soyent Ameriques ou autres. D'auantage ce pauure peuple se hazarde sur l'eau, soit douce ou salée, pour aller

Coustume des Sauuages de manger leurs ennemis.

Prouerbe.

[1] Cf. Léry. § xv. — Gandavo. *Histoire de la province de Santa Cruz.* P. 133-146. — M. Schmiedel. P. 240. — Thevet. *Cosm. univ.* P. 944. — Lafitau. *Mœurs des Sauvages Américains.* II, 294.

[2] P. Gaffarel. *Histoire du Brésil Français.* P. 69.

Habitãs de Ianaire ennemis de ceux de Morpion.

trouuer son ennemy : comme ceux de la grande riuiere de Ianaire contre ceux de Morpion. Auquel lieu habitent les Portugais ennemys des François : ainsi que les Sauuages de ce mesme lieu sont ennemys de ceux de Ianaire. Les vaisseaux, dont ils usent sus l'eau, sont petites Almadies, ou barquettes composées d'escorces d'arbres, sans clou ne cheuille, longues de cinq ou six brassées, et de trois pieds de largeur. Et deuez sçauoir, qu'ils ne les demandent plus massiues, estimans que autrement ne les pourroyent faire voguer à leur plaisir, pour fuyr, ou pour suiure leur ennemy. Ils tiennent une folle superstition à depouiller ces arbres de leur escorce. Le iour qu'ils les depouillent (ce qui se fait depuis la racine iusques au couppeau) ils ne buront, ne mangeront, craignans (ainsi qu'ils disent) que autrement il ne leur aduient quelque infortune sus l'eau. Les vaisseaux ainsi faits ils en mettront cent ou six vingts, plus ou moins, et en chacun quarante ou cinquante personnes, tant hommes que femmes. Les femmes seruent d'espuiser et ietter hors auec quelque petit vaisseau d'aucun fruit caué, l'eau qui entre en leurs petites nasselles. Les hommes sont asseurez dedans auec leurs armes, nageans pres de la riue : et s'il se trouue quelque village, ils mettront pié à terre, et le saccageront par feu et sang, s'ils sont les plus forts. Quelque peu auant nostre arriuée, les Ameriques qui se disent noz amis, auoient pris sus la mer une petite nauire de Portugais, estans encores en quelque endroit pres du riuage, quelque resistence qu'ils peussent faire, tant auec leur artillerie que autrement : neantmoins elle

Almadies faites d'escorces d'arbre.

Superstition des Sauuages à oster les escorces des arbres.

Ameriques amis des François.

fut prise, les hommes mangez [1], hors-mis quelques uns que nous rachetames à nostre arriuée. Par cela pouuez entendre que les Sauuages, qui tiennent pour les Portugais sont ennemis des Sauuages [2] où se sont arrestez les Frãçois, et au cont || raire. Au reste ils combattent sur l'eau, comme sur la terre. S'il aduiẽt aucunefois que la mer soit furieuse, ils iettent dedans de la plume de perdris, ou autre chose, estimans par ce moyen appaiser les ondes de la mer. Ainsi font quasi les Mores et Turcs en tel peril, se lauans le corps d'eau de la mer, et à ce pareillement voulans contraindre ceux de leur compagnie, quels qu'ils soyent, ainsi que i'ay veu estant sur la mer. Noz Sauuages donques retournans en leurs maisons victorieux [3], monstrent tous signe de i'oye, sonnans fifres, tabourins, et chantans à leur mode : ce qu'il fait tresbon ouïr, auec les instrumẽs de mesme, faits de quelques fruits cauez par dedans, ou bien d'os de bestes, ou de leurs ennemis. Leurs instrumens de

Fol. 75.

Folle opinion des Sauuages, Turcs et Mores.

Tabourins, fifres et autres instrumẽts excitent les esprits.

[1] Thevet a raconté ce massacre de Portugais dans *Les vrais portraits et vies des hommes illustres*. T. II, vers la fin.

[2] Les Brésiliens poussaient si loin la haine des Portugais qu'ils ne permettaient même pas à nos Français de leur venir en aide. Thevet s'étant avisé de vouloir sauver une jeune prisonnière Portugaise fut presque assommé et jeté à terre par ses hôtes. « Peu s'en fallut que ie ne passasse le pas aussi bien que les autres, qu'on massacroit en ma présence. » *Cosm. univ.* P. 916.

[3] Léry. § xiv : « Ne demandez pas si en passant par les villages de nos alliez, venans au devant de nous, dansans, sautans et claquans des mains, ils nous caressoyent et applaudissoyent. »

guerre sont richement estoffés de quelques beaux pennaches pour decoration. Ce que l'on fait encores auiourd'huy, et non sans raison, ainsi en a l'on usé le temps passé. Les fifres, tabourins, et autres instrumens semblent réveiller les esprits assopis, et les exciter ne plus ne moins que fait le souflet un feu à demy mort. Et n'y a ce me semble, meilleur moyen de susciter l'esprit des hommes, que par le son de ces instrumēts, car non seulement les hommes, mais aussi les cheuaux, sans toutesfois en faire comparaison aucune, semblent tressaillir comme d'une gayeté de cœur : ce qu'a esté obserué de tout temps. Il est vray, que les Ameriques, et ces autres Barbares usent coustumierement en leurs assaults et combats de cris et hurlements fort épouuantables, ainsi que nous dirons cy apres des Amazones.

CHAPITRE XL.

Comme ces Barbares font mourir leurs ennemis, qu'ils ont pris en guerre, et les mangent.

Après auoir declaré, cõme les Sauuages de toute l'Amerique, menent leurs ennemis prisonniers en leurs logettes et tugures, les ayans pris en guerre, ne reste que deduire, comme ils les traittent à la fin du ieu : ils en usent donc ainsi. Le prisonnier rendu en leur païs, un ou deux, autant de plus que de moins, sera fort bien traité, ou cinq iours apres on luy baillera une femme [1] parauãture la fille de celuy auquel sera le prisonnier, pour entieremẽt luy administrer ses necessitez à la couchette ou autremẽt, ce pendãt est traité des meilleures viãdes que l'on pourra trouuer, s'estudians à l'engresser, cõme un chapon en müe, iusques au tẽps de le faire mourir. Et ce peut iceluy tẽps facilement cognoistre, par un

Traitemẽt fait aux prisonniers Sauuages par leurs ennemis.

[1] Léry. § xv. « Ils sont non seulement nourris des meilleures viandes qu'on peut trouver, mais aussi on baille des femmes aux hommes. Mesmes celuy qui aura un prisonnier ne faisant point difficulté de luy bailler sa fille ou sa sœur en mariage ; celle qu'il retiendra en le bien traittant, luy administrera toutes ses nécessitez. »

collier fait de fil de coton, auec lequel ils enfilent certains [1] fruits tous ronds, ou os de poisson, ou de beste, faits en façon de patenostres, qu'ils mettent au col de leur prisonnier. Et où ils auront enuie de le garder quatre ou cinq lunes, pareil nombre de ses patenostres ils luy arracheront : et les luy ostent à mesure que les lunes expirent, continuant iusques à la derniere : et quand il n'en reste plus, ils le font mourir. Aucuns, au lieu de ses patenostres, leur mettent autant de petis colliers au col, comme ils ont de lunes à viure. Dauantage tu pourras icy noter, que les Sauuages ne content sinon iusques au nombre de
Fol. 76. cinq [2] et n'obseruent || aucunement les heures du iour, ny les iours mesmes, ny les mois, ny les ans, mais content seulement par lunes. Telle maniere de conter fut anciennement commandée par Solon aux Atheniẽs, à sçauoir, d'observer les iours par le cours de la lune. Si de ce prisonnier et de la femme qui lui est donnée, prouiennent quelques enfans, le temps qu'ils sont ensemble, on les nourrira une espace de temps, puis il les mangeront [3], se recordans qu'ils sont enfans de

[1] THEVET. *Cosm. univ.* P. 945. LÉRY. § XV.

[2] Le détail est confirmé par Léry § XV. « S'ils ont passé le nombre cinq, il faut que tu montres par tes doigts et par les doigts de ceux qui sont auprès de toy, pour accomplir le nombre que tu leur voudras donner à entendre : et toute autre chose semblablement, car ils n'ont autre manière de conter. »

[3] Cet horrible usage est confirmé par le témoignage de Gandavo (*Santa Cruz*. P. 140), LÉRY (§ XV), et même par le plus ancien de nos voyageurs au Brésil, Alfonse de Saintonge. « Si la fille engroisse et ayt un enfant masle, dit ce dernier, il sera

leurs ennemis. Ce prisonnier ayant esté bien nourri et engressé, ils le feront nourrir, estimãs cela à grand honneur. Et pour la solennité de tel massacre, ils appellerõt leurs amis [1] plus longtains, pour y assister, et en manger leur part. Le iour du massacre il sera couché au lict, bien enferré de fers (dont les chrestiens leur ont donné l'usage) chantãt [2] tout le iour et la nuict telles chansons [3]. Les *Margageas* noz amis sont gens de bien, forts et puissans en guerre, ils ont pris et mangé grand nombre de noz ennemis, aussi me mangerõt ils quelque iour quand il leur plaira : mais de moy, i'ay tué et mangé des parens

mangé après qu'il sera grand et gras, car ils dient qu'il tient du père, et, si elle est fille, ils la feront mourir, car ils dient qu'elle tient de la mère, etc. »

[1] Léry. § xv : « Apres que tous les villages d'alentour de celuy où sera le prisonnier auront esté aduertis du iour de l'exécution, hommes, femmes et enfans y estans arriuez de toutes parts, ce sera à danser, boire et caouiner toute la matinée. »

[2] Léry. Id. « Or cependant apres qu'auec les autres il aura ainsi riblé et chanté six ou sept heures durant : deux ou trois des plus estimez de la troupe l'empoignans, et par le milieu du corps le lians auec des cordes,... sans qu'il face aucune resistance, etc. »

[3] Montaigne cite une de ces chansons. I, 25 « qu'ils viennent hardiment trestouts, et s'assemblent pour diner de luy, car ils mangeront quant et quant leurs peres et leurs ayeulx qui ont servi d'aliment et de nourriture à son corps : ces muscles, dit-il, cette chair et ces veines ce sont les vostres, pauvres fols que vous estes : vous ne recognoissez pas que la substance des membres de vos ancestres s'y tient encores, sauourez les bien, vous y trouuerez le goust de vostre propre chair. »

et amis de celuy qui me tient prisonnier : auec plusieurs semblables paroles. Par cela pouuez congnoistre qu'ils ne font conte de la mort, encores moins qu'il n'est possible de penser. I'ay autrefois (pour plaisir) deuisé auec tels prisonniers, hommes beaux et puissans, leur remonstrãt, s'ils ne se soucioyent autrement d'estre ainsi massacrez, comme du iour au lendemain à quoy me respondans en risée et mocquerie, noz amis, disoient ils, nous vengeront, et plusieurs autres propos, monstrans une hardiesse et asseurance grande. Et si on leur parloit de les vouloir racheter d'entre les mains de leurs ennemis, ils prenoyent tout en mocquerie. Quant aux femmes et filles, que l'on prend en guerre, elles demeurent prisonnieres quelque temps, ainsi que les hommes, puis sont traitées de mesme, hors-mis qu'on ne leur donne point de mary. Elles ne sont aussi tenues si captiues, mais elles ont liberté d'aller ça et là : on les fait travailler aux iardins et à pescher quelques ouïtres. Or retournõs à ce massacre. Le maistre du prisonnier, comme nous auons dit, inuitera tous ses amis à ce iour, pour manger leur part de ce butin, auec force *cahouin*, qui est un bruuage fait de gros mil, auec certaines racines. A ce iour solẽnel tous ceux qui y assistent, se pareront de belles plumes de diuerses couleurs, ou se teindront tout le corps. Celuy specialement qui doit faire l'occision, se mettra au meilleur equipage qu'il luy sera possible, ayant son espée de bois [1] aussi

Les Sauuages ne craignẽt point la mort.

Traitement des femmes et filles prisonnieres.

Ceremonies aux massacres des prisonniers.

Cahouin, bruuage.

[1] Cette épée de bois se nommait l'*iwera pemme*. Hans Staden (P. 301) donne de curieux détails sur la préparation de cet ins-

|| richement estoffée de diuers plumages. Et tant plus le prisonnier verra faire les preparatifs pour mourir, et plus il monstrera signes de ioye. Il sera donc mené Fol. 77.

biẽ lié et garroté de cordes de cotton en la place publique, accompagné de dix ou douze mil Sauuages du païs, ses ennemis, la sera assommé comme un

trument de supplice : « Ils frottent cette massue avec une matiere gluante, prennent ensuite les coquilles des œufs d'un oiseau, nommé *mackukawa*, qui sont d'un gris très foncé, les réduisent en poussière et en saupondrent la massue. Quand l'*iwera pemme* est préparée et ornée de touffes de plumes, ils la suspendent dans une cabane inhabitée, et chantent à l'entour pendant toute la nuit. »

pourceau, apres plusieurs cerimonies. Le prisonnier mort, sa femme, qui luy avoit esté donnée, fera quelque petit dueil [1]. Incõtinent le corps estãs mis en pieces ils en prennent le sang, et en lauent leurs petits enfans masles, pour les rendre plus hardis, comme ils disent, leur remonstrant, que quand ils seront venuz à leur aage, ils facent ainsi à leur ennemis. Dont faut penser, qu'on leur en fait autant de l'autre part, quãd ils sont pris en guerre. Le corps ainsi mis

[1] Léry. § xv. Il ajoute ce curieux détail : « Après que ceste femme aura fait ses tels quels regrets et ietté quelques feintes larmes sur son mari mort, si elle peut, ce sera la première qui en mangera. » Cf. Thevet. *Cosm. univ.* P. 945.

par pieces [1], et cuit à leur mode, sera distribué à tous quelque nõbre qu'il y ait, à chacun son morceau. Quãt aux entrailles, les femmes cõmunement les mangent, et la teste, ils la reseruent à pendre au bout d'une perche, sur leurs logettes, en signe de triomphe [2] et victoire : et specialemẽt prennent plaisir à y mettre celle des Portugais. Les Canibales et ceux du costé de la riuiere de Marignan, sont encore plus cruels aux Espagnols, les faisans mourir plus cruellement sans comparaison, et puis les mangent.

Canibales ennemis mortels des Espagnols.

Il ne se trouue par les histoires nation tant soit elle barbare, qui ait usé de si excessiue cruauté sinon que Iosephe escrit, que quand les Romains allerent en Ierusalem, la famine, apres auoir tout mãgé, cõtraignit les meres de tuer leurs enfans, et en manger. Et les Anthropophages qui sont peuple de Scythie, viuent de chair humaine comme ceux cy. Or celuy qui a fait ledit massacre, incontinent apres se retire en sa maison, et demeurera tout le iour sans manger ne

Anthropophages

[1] LÉRY. § XV. « Quelque grand qu'en soit le nombre, chacun, s'il est possible, auant que sortir de là en aura son morceau, non pas cependant, ainsi qu'on pourroit estimer, qu'ils facent cela ayant esgard à la nourriture : tant y a neantmoins que plus par vengeance, que pour le goust leur principale intention est, qu'en poursuyuant et rongeant ainsi les morts iusques aux os, ils donnent par ce moyen crainte et espouuantement aux viuans. »

[2] LÉRY. § XV. « La première chose qu'ils font quand les François les vont voir et visiter, c'est qu'en recitant leur vaillance, et par trophée leur monstrant ces tects ainsi decharnez, ils disent qu'ils feront de mesme à tous leurs ennemis. »

boire, en son lict : et s'en abstiendra encores par certains iours, ne mettra pié à terre aussi de trois iours. S'il veut aller en quelque part, se fait porter, ayant ceste folle opinion que s'il ne faisoit ainsi, il lui arriueroit quelque desastre, ou mesme la mort. Puis apres il fera auec une petite sie, faite de dens d'une beste, nõmée Agoutin, plusieurs incisions et pertuis au corps, à la poitrine, et autres parties, tellemẽt qu'il apparoistra tout dechiqueté. Et la raison, ainsi que ie m'ẽ suis informé à quelques uns, est qu'il fait cela par plaisir [1], reputant à grande gloire ce meurtre par luy cõmis en la personne de son ennemy. Auquel voulant remõstrer la cruauté de la chose, indigné de ce, me renuoya tresbien, disant que c'estoit grãd honte à nous de pardõner à noz
Fol. 78. ennemis, quãd || les auõs pris en guerre : et qu'il est trop meilleur les faire mourir à fin que l'occasiõ leur soit ostée de faire une autrefois la guerre. Voyla de quelle discretiõ se gouuerne ce pauure peuple brutal. Ie diray dauantage à ce propos, que les filles usent de telles incisiõs [2] par le corps, l'espace de trois iours

[1] Léry. § xv. « Quant à celuy ou ceux qui ont commis les meurtres, reputans cela à grand gloire et honneur, dès le mesme iour... ils se feront non seulement inciser iusques au sang, la poictrine, les bras, les cuisses, le gros des iambes et autres parties du corps : mais aussi à fin que cela paraisse toute leur vie, ils frottent ces taillades de certaines mixtions et pouldre noire, qui ne se peut iamais effacer : tellement que tant plus qu'ils sont ainsi deschiquetez, tant plus cognoist ou qu'ils ont beaucoup tué de prisonniers, et par consequent sont estimez plus vaillans que les autres. »

[2] Léry. § xvii. « I'ai vu des ieunes filles, en l'aage de douze

continus apres auoir eu la premiere purgation des femmes : iusques à en estre quelques fois bien malades. Ces mesmes iours aussi s'abstiennent de certaines viandes, ne sortans aucunement dehors, et sans mettre pié à terre, comme desia nous auons dit des hommes, assises seulement sur quelque pierre accõmodée à ceste affaire.

à quatorze ans, lesquelles les meres ou parentes faisans tenir toutes debout, leur incisoyent iusques au sang, auec une dent d'animal tranchante comme un cousteau, depuis le dessous de l'aisselle tout le long de l'un des costez et de la cuisse, iusques au genouil : tellement que ces filles auec grandes douleurs en grinçant les dents saignoyent ainsi une espace de temps. » Longue et curieuse dissertation de Thevet sur cette singulière habitude des Brésiliens. (*Cosm. univ.* P. 946.) — Cf. ORBIGNY. *L'Homme Américain.* I, 193.

CHAPITRE XLI.

Que ces Sauuages sont merueilleusement vindicatifs.

La vengeãce defendüe au Chrestien.

IL n'est trop admirable, si ce peuple cheminant en tenebres, pour ignorer la verité, appete non seulement vengeance, mais aussi se met en tout effort de l'executer : consideré que le Chrestien, encore qu'elle luy soit defendue par expres commandemẽt, ne s'en peut garder, comme voulant imiter l'erreur d'un nommé Mellicius, lequel tenoit qu'il ne falloit pardonner à son ennemy. Laquelle erreur a long temps pullulé au païs d'Egypte. Toutesfois elle fut abolie par un Empereur Romain. Appeter donc vengeance est haïr son prochain, ce que repugne totalement à la loy.

Or cela n'est estrange en ce peuple, lequel auons dit par cy deuant viure sans foy, sans loy : tout ainsi que toute leur guerre ne procede que d'une folle opinion de vengeance [1], sans cause ne raison.

[1] Il paraîtrait même que l'anthropophagie n'avait pour les Brésiliens d'autre motif que la vengeance : LÉRY (§ XIV), le dit expressément : « Car, comme eux mesmes confessent, n'estans poussez d'autre affection que de venger, chacun de son costé ses parens et amis, ils sont tellement acharnez les uns à l'encontre

Et n'estimez que telle folie ne les tienne de tout temps, et tiendra, s'ils ne se changent. Ce pauure peuple est si mal appris, que pour le vol d'une mouche ils se mettront en effort. Si une espine les picque, une pierre les blesse, ils la mettront de colere en cent mille pieces, comme si la chose estoit sensible : ce qui ne leur prouient, que par faute de bon iugement. Dauantage ce que ie dois dire pour la verité, mais ie ne puis sans vergongne, pour se venger des poulx [1] et pusses, ils les prennẽt à belles dẽts, chose plus brutalle que raisonnable. Et quant ils se sentiront offensez tant legerement que ce soit, ne pensez iamais vous reconcilier. Telle opinion s'apprent et obserue de pere en fils. Vous les verriez monstrer à leurs enfans à l'aage de trois à quatre ans à manier l'arc et la flesche, et quant et quant les exhorter à hardiesse, prendre vengeance de leurs ennemis, ne pardonner à personne, plus tost mourir. Aussi quand ils sont prisonniers les uns aux autres, n'estimez qu'ils demandent à echapper par quelque composition que ce soit, car ils n'en esperent autre chose que la mort, estimans cela à gloire et honneur. Et pour ce ils se sçauent fort bien

des autres, que quiconque tombe en la main de son ennemy, il faut que, sans autre composition, il s'attende d'estre traitté de mesme : c'est à dire assommé et mangé. » Cf. HANS STADEN. P. 291. — MONTAIGNE. I, 30.

[1] LÉRY. § XI. « Ils sont fort vindicatifs, voire forcenez contre toutes choses qui leur nuisent, mesme s'ils s'aheurtent du pied contre une pierre, ainsi que chiens enragez, ils la mordront à belles dents. Ainsi recerchans à toutes restes les bestes qui les endommagent, ils en despeuplent leur pays tant qu'ils peuvent. »

mocquer, et reprendre aigrement nous autres, qui deliurons noz ennemis estans en notre puissance, pour argent ou autre chose, estimans cela estre indigne d'hommes de guerre. Quant à nous, disent-ils, nous n'en userons iamais ainsi. Aduint une fois entre les autres qu'un Portugais prisonnier de ces sauuages, pensant par belles parolles sauuer sa vie, se met en tout deuoir de les prescher par parolles les plus humbles et douces qu'il luy estoit possible [1] : neant|| moins ne peut tant faire pour luy, que sur le champ celuy auquel il estoit prisonnier, ne le feit mourir à coups de flesches. Va, disoit-il, tu ne merites, que l'on te face mourir honorablement, comme les autres, et en bonne compagnie. Autre chose digne de memoire. Quelquesfois fut emmené un ieune enfant masle de ces Sauuages de l'Amerique, du païs et ligne de ceux qu'ils appellent Tabaiares, ennemis mortels des Sauuages où sont les Frãçois, par quelques marchans de Normandie, qui depuis baptisé, nourri, et marié à Rouen, viuent en homme de bien, s'auisa de retourner en son païs en noz nauires, aagé de vingt deux ans ou enuiron. Aduint qu'estant par delà fut découuert à ses anciens ennemis par quelques Chrestiẽs :

Histoire d'un Portugais prisonnier des Sauuages.
Fol. 79.

[1] C'étaient surtout les Tupinambas et les Margaïats qui poursuivaient les Portugais de leur haine. Un allemand au service du Portugal, Hans Staden de Humberg, étant tombé entre les mains du cacique Quoniam Bebe, essaya de l'apitoyer sur son sort en se faisant passer pour Français, mais il s'écria : « J'ai déjà pris et mangé cinq Portugais et tous prétendaient être des Français. » Cf. Voyage de H. STADEN. Edit. Ternaux-Compans. P. 126.

les quels incontinent comme chiens enragez de faim coururent à noz nauires, desia en partie delaissées de gens, où de fortune le trouuans sans merci ne pitié aucun, se iettent dessus, et le mettent en pieces là sans toucher aux autres, qui estoient là pres. Le quel cōme Dieu le permist, endurant ce piteux massacre leur remonstroit la foy de *Iesus-Christ*, un seul Dieu en trinité de personnes et unité d'essence : et ainsi mourut le pauure homme entre leurs mains bon Chrestien. Lequel toutes fois ils ne mangerẽt cōme ils auoyent accoustumé faire de leurs ennemis. Quelle opinion de vengeance est plus contraire à nostre loy ? Nonobstant se trouuent encores auiourd'huy plusieurs entre nous autres autant opiniastres à se venger, cōme les Sauuages. Dauantage cela est entre eux : si aucun frappe un autre, qu'il se propose en receuoir autant ou plus, et que cela ne demeurera impuni. C'est un tres beau spectacle que les voir quereler ou se battre. Au reste assez fideles l'un à l'autre : mais au regard des Chrestiẽs, les plus affectez et subtils larrons, encores qu'ils soyẽt nuds, qu'il est possible : et estiment cela grãd vertu, de nous pouuoir dérober quelque chose. Ce que i'en parle est pour l'auoir experimẽté en moy mesme. C'est qu'enuiron Noël, estãt là, vint un Roy du païs veoir le Sieur de Villegagnon, ceux de sa compagnie m'enporterent mes habillements, cōme i'estois malade. Voyla un mot de leur fidelité et façon de faire en passant, apres auoir parlé de leur obstination et appetit de vengeance.

Fidelité des Sauuages, mai. nō à l'ẽdroit des Chrestiens.

CHAPITRE XLII.

Du mariage des Sauuages Ameriques.

C'EST chose digne de grande commiseration, la creature, encore qu'elle soit capable de raison, viure neantmoins brutallemẽt. Par cela pourrons congnoistre que nous ayons apporté quelque naturel du vẽtre de nostre mere, que nous demeurerions brutaux, si Dieu par sa bonté n'illuminoit noz esprits. Et pour ce ne faut penser, que noz Ameriques soient plus discrets en leurs mariages, qu'en autres choses. Ils se marient les uns auec les autres, sans aucunes cerimonies [1]. Le cousin prendra la cousine, et l'oncle prendra la niece sans difference ou reprehension, mais non le frere la sœur. Un homme d'autant plus qu'il est estimé grand pour ses

Cõme se marient ceux de l'Amerique.

[1] LÉRY. § XVII : « Pour l'esgard des cerémonies, il n'en font point d'autre, sinon que celuy qui voudra auoir femme soit vefue ou fille, apres auoir sceu sa volonté, s'adressant au pere, ou au defaut d'icelluy aux plus proches parens d'icelles, demandera si on luy veut bailler une telle en mariage. Que si on respond qu'ouy, des lors sans passer autre contrat il la tiendra auec soy pour sa femme. »

prouësses et vaillantises en guerre, et plus [1] luy est permis auoir de femmes pour le seruir : et aux autres moins. Car à vray dire, les femmes trauaillent plus sans comparaison, || c'est à sçauoir à cueillir racines, faire farines, bruuages, amasser les fruits, faire iardins et autres choses qui appartiennent au mesnage. L'homme seulement va aucunefois pescher, ou aux bois prendre venaison pour viure. Les autres s'occupent seulement à faire arcs et flesches, laissant le surplus à leurs femmes. Ils vous donneront une fille [2] pour vous seruir le temps que vous y serez, ou autrement ainsi que vous voudrez : et vous sera libre de la rendre, quand bon vous semblera, et en usent ainsi coustumierement. Incontinent que serez là, ils vous interrogeront ainsi en leur langage : Viença,

Fol. 80.

Defloration des filles auãt qu'estre mariées

[1] D'après H. STADEN (P. 274) : J'ai vu des chefs qui en avaient treize ou quatorze. Abbati Bossange, mon dernier maître, en avait un très-grand nombre. » Cf. LÉRY. § XVII. « Et en ay veu un qui en auoit huict, desquelles il faisoit ordinairement des contes à sa louange. » — THEVET. *Cosm. univ.* P. 933 : « Ce que i'ay veu en la maison d'un nommé Quoniambec, lequel entretenoit auec luy huict, et cinq qu'il auoit hors sa maison. » — ORBIGNY. *L'Homme américain.* I. 193.

[2] Voir les curieux exemples cités par LUBBOCK. *Origines de la Civilisation.* P. 67 et suivantes. D'après le capitaine LEWIN *(Hill tracts of Chittatong.* P. 116), les tribus de Chittatong regardent le mariage comme une simple union animale et comme une commodité. Ils n'ont aucune idée de tendresse et de dévouement. CHARLEVOIX *(Histoire du Paraguay.* I. 91) raconte que chez les Guayacurus du Paraguay « les liens du mariage sont si légers, que, quand les deux parties ne se conviennent pas, ils se séparent sans autre cérémonie. » Même indifférence chez les Guaranis. (Id. P. 352.)

que me donneras-tu, et ie te bailleray ma fille qui est belle, elle te seruira pour faire de la farine, et autres necessitez ? Pour obuier à cela, le seigneur de Villegagnon [1] à nostre arriuée defendit sus peine de la mort, de ne les acointer, cõme chose illicite au Chrestiẽ. Vray est, qu'apres qu'une femme est mariée il ne faut qu'elle se ioüe ailleurs : car si elle est surprise en adultere, son mary ne se fera faute de la tuer : car ils ont cela en grand horreur [2]. Et quãt à l'hõme, il ne luy fera riẽ, estimãt que s'il le touchoit il acquerroit l'inimitié de tous les amis de l'autre, engẽdreroit une perpetuelle guerre et diuorse. Pour le moins ne craĩdra de la repudier : ce qui leur est loisible, pour adultere : aussi pour estre sterile, et ne pouuoir engendrer enfans : et pour quelques autres occasions. Dauãtage ils n'auront iamais compagnée de iour auec leur femmes, mais la nuit seulement [3],

Defense du Seigneur de Villegagnõ aux François de ne s'accointer aux femmes Sauuages.

[1] LÉRY. § VI : « Villegaignon, par l'aduis du conseil, fit deffense à peine de la vie, que nul ayant titre de chrestien n'habitast auec les femmes des Sauuages. Il est vrai que l'ordonnance portoit, que si quelques unes estoyent attirées et appelées à la cognoissance de Dieu, qu'apres qu'elles seroient baptizées, il seroit permis de les espouser. »

[2] LÉRY. § XVII : « L'adultere du costé des femmes leur est en tel horreur, que sans qu'ils ayent autre loy que celle de nature, si quelqu'une mariée s'abandonne à autre qu'à son mary, il a puissance de la tuer, ou pour le moins la repudier et renvoyer auec honte. » Cf. THEVET. *Cosm. univ.* P. 933. — OSORIO. Ouv. cité. II, 50.

[3] Cet usage se retrouve dans bien des pays, et particulièrement dans l'Amérique du Nord. Voir LAFITAU. *Mœurs des Sauvages Américains.* Vol. I. P. 576.

ne en places publiques, ainsi que plusieurs estimēt par deça : comme les Cris, peuple de Thrace et autres Barbares en quelques isles de la mer Magellanique, chose merueilleusemēt detestable, et indigne de Chrestien auquel peuuēt seruir d'exēple en cest endroit ces pauures brutaux. Les femmes pendant qu'elles sont grosses ne porteront pesans fardeaux, et ne feront chose pénible, ains se garderont tresbien d'estre offensées. La femme accouchée, quelques autres femmes portent l'enfant tout nud lauer à la mer ou à quelque riuiere, puis le reportent à la mere, qui ne demeure que vingt et quatre heures en couche. Le pere coupera le nombril à l'enfant auec les dents [1] : comme i'ay veu y estant. Au reste traittent la femme en trauail autant songneusement, comme l'on fait par deça. La nourriture du petit enfant est le laict de la mere : toutesfois que peu de iours apres sa natiuité luy bailleront quelques gros alimens, comme farine maschée, ou quelques fruits. Le pere incontinent que l'enfant est né luy baillera [2] un arc et flesche à la

[1] LÉRY. § XVII : « Le père après qu'il eut reçu l'enfant entre ses bras, luy ayant premièrement noué le petit boyau du nombril, il le coupa puis apres à belles dents. » Thevet (*Cosm. univ.* P. 916.) rapporte un autre usage : « Quand le nombril de l'enfant est sec et tombé, le père le prend et en fait de petits morceaux lesquels il attache au front d'autant de piliers qu'il y a en la maison, à fin que l'enfant susdit soit grand père de famille. »

[2] LÉRY. § XVII : « Si c'est un masle, il luy fera une petite espée de bois, un petit arc et de petites flesches empennées de plumes de perroquets : puis mettant le tout aupres de l'enfant... luy dira, mon fils, quand tu seras venu en aage, à fin que tu te venges de tes ennemis, sois adextre aux armes, fort, vaillant

main, comme un commencement et protestation de guerre et vengeance de leurs ennemis. Mais il y a une chose qui gaste tout : que auant que marier leurs filles, les peres et meres les prosternent au premier venu, pour quelque petite chose, principalement aux Chrestiens, allans par delà, s'ils en veulent user, comme nous auons ia dit. A ce propos de noz Sauuages nous trouuons par les histoires, aucuns peuples auoir approché de telle façon de faire en leurs mariages. Seneque en une de ses epistres, et Strabon en sa Cosmographie escriuent que les Lydiens [1] et Armeniens auoyent de coustume d'enuoyer leurs filles aux riuages de la mer, pour là se prosternans à tous venans gaigner leurs mariages. Autant, selon Iustin, en faisoyent les vierges de l'isle de Cypre, pour gaigner leur douaire et mariage : lesquelles estans quittes || et bien iustifiées, offroyent par apres quelque chose à la deesse Venus. Il s'en pourroit trouuer auiourd'huy par deça, lesquelles faisans grande profession de vertu et de religion, en feroient

Coustume ancienne des Lydiens, Armeniens, et habitans de Cypre.

Fol. 81.

et bien aguerri. » Cet usage se retrouvait chez les Canadiens. V. H. Perrot. P. 31. « Si le pere est bon chasseur, il y fait mettre tous ses apiffements ; quand c'est un garçon, il y aura un arc attaché ; si c'est une fille, il n'y a que les apiffements simplement. »

[1] On peut ajouter les passages suivants : Hérodote. Liv. iv. § 172, à propos des Nasamons. Id. Liv. i. § 199. — Diodore. v, 18, à propos des îles Baléares. — Mela. i, 18, à propos des Auziles, tribu Ethiopienne. « Feminis solemne est, nocte, qua nubunt, omnium stupro patere, qui cum munere advenerint : et tum, cum plurimis concubuisse, maximum decus. »

bien autant ou plus, sans toutesfois offrir ne present ne chãdelle. Et de ce ie m'en rapporte à la verité. Au surplus de la consanguinité en mariage, Saint Hierosme escrit, que les Atheniens auoyent de coustume marier les freres auec les sœurs et nõ les tantes aux nepueux : ce qui est au contraire de noz Ameriques. Pareillement en Angleterre, une femme auoit iadis liberté de se marier à cinq hommes, et non au contraire. En outre nous voyons les Turcs et Arabes prendre plusieurs femmes : non pas qu'il soit honneste ne tolerable en nostre Christianisme. Conclusion noz Sauuages en usent en la maniere que nous auons dit, tellement que bien à peine une fille est mariée, ayant sa virginité : mais estans mariées elles n'oseroyent faire faute : car les maris les regardent de pres comme tachez de ialousie. Vray est qu'elle peut laisser son mari, quand elle est maltraitée : ce qui aduient souuent. Comme nous lisons des Egyptiens, qui faisoyent le semblable auant qu'ils eussent aucunes loix. En ceste pluralité de femmes dont ils usent, comme nous auons dit, il y en a une tousiours par sus les autres plus fauorisée, approchant plus pres de la personne, qui n'est tant subiecte au trauail comme les autres. Tous les enfants qui prouiennent en mariage de ces femmes, sont reputez legitimes, disants que le principal auteur de generation est le pere, et la mere non. Qui est cause que bien souuent ils font perir les enfans masles de leurs ennemis estants prisonniers, pour ce que tels enfants à l'aduenir pourroyent estre leurs ennemis.

Les Sauuag[es] ont plusieu[rs] femmes.

CHAPITRE XLIII.

Des cerimonies, sepulture, et funerailles qu'ils font à leurs decès.

[M]aniere des Sauuages [e]nsepulturer les corps.

APRES auoir deduit les meurs, façon de viure, et plusieurs autres manieres de faire de noz Ameriques, reste à parler de leurs funerailles et sepultures. Quelque brutalité qu'ils ayẽt, encores ont-ils ceste opiniõ et coustume de mettre les corps en terre, apres que l'ame est separée, au lieu où le defunct en son viuant auoit pris plus de plaisir : estimans, ainsi qu'ils disent, ne le pouuoir mettre en lieu plus noble, qu'en la terre, qui produit les hõmes, qui porte tant de beaux fruits, et autres richesses utiles et necessaires à l'usage de l'hõme. Il y a eu plusieurs anciennement trop impertinens que ces peuples sauuages, ne se soucians, que deviendroit leur corps, fust il exposé ou aux chiens ou aux oyseaux : comme Diogenes, lequel apres sa mort commanda son corps estre liuré aux oyseaux, et autres bestes, pour le manger, disant qu'apres sa mort son corps ne sentiroit plus de mal, et qu'il aimoit trop mieux que son corps seruist de nourriture que de pourriture. Semblablemẽt Lycurgus Legislateur des Lacedemo-

[O]pinion de [Di]ogenes de la [se]pulture du corps.

niẽs cõmanda espressemẽt ainsi qu'escrit Seneque [1], qu'apres sa mort son corps fust ietté en la mer. Les autres, que leurs corps fussent bruslez et reduits en cẽdre. Ce pauure peuple quelque brutalité ou ignorãce qu'il ait, se mon || stre apres la mort de son parent ou amy sans cõparaison plus raisonnable que ne faisoyent anciennement les Parthes [2], lesquels auec leurs loix telles quelles au lieu de mettre un corps en honorable sepulture, l'exposoient comme proie aux chiens et oyseaux. Les Taxilles à semblable iettoyent les corps morts aux oyseaux du ciel, comme les Caspiens aux autres bestes. Les Ethiopiens iettoient les corps morts dedans les fleuues. Les Romains les bruloient et reduisoient en cendre, comme ont fait plusieurs autres nations. Par cecy peut l'on cognoistre que noz Sauuages ne sont point tant denués de toute honnesteté qu'il n'y ait quelque chose de bon, consideré encore que sans foy et sans loy ils ont cest aduis, c'est à sçauoir autant que nature les enseigne. Ils mettent donc leurs morts en une fosse, mais tous assis, comme desia nous auons dit, en maniere que faisoient anciennement les Nasamones [3]. Or la sepulture des Fol. 82.

[1] Cf. Plutarque. *Lycurgue.* § 42.

[2] Ce sont les Perses plutôt que les Parthes qui avaient adopté ce singulier genre de sépulture : Zoroastre, leur législateur, l'avait expressément recommandé. Voir *Zend Avesta.* Passim. — Les derniers sectateurs de cette religion, les Parsis ou Guèbres, suivent encore cet usage. Voir *Tour du Monde.* nº 328.

[3] Hérodote. iv, 190 : « Les Nasamons enterrent leurs morts assis, prenant bien garde, quand l'âme de l'un d'eux s'échappe, de le mettre sur son séant, et de ne point le laisser mourir étendu sur le dos. »

La sepulture des corps approuuée par la Sainte Escriture, et pourquoy.

corps est fort bien approuuée de l'escriture sainte vieille et nouuelle, ensemble les ceremonies si elles sont deüement obseruées : tãt pour auoir esté vaisseaux et organes de l'ame diuine et immortelle, que pour donner esperance de la future resurrection : et qu'ils seroyent en terre comme en garde seure, attẽdans ce iour terrible de la resurrection. On pourroit amener icy plusieurs autres choses à ce propos, et comme plusieurs en ont mal usé, les uns d'une façõ, les autres d'une autre : que la sepulture honorablement celebrée est chose diuine : mais ie m'en deporteray pour le present, venant à nostre principal subiet. Dõques

entre ces Sauuages, si aucun pere de famille vient à deceder, ses femmes, ses proches parents et amis meneront un dueil merueilleux, non par l'espace de trois ou quatre iours, mais de quatre ou cinq moys. Et le plus grand dueil, est aux quatre ou cinq premiers iours. Vous les entendrez faire tel bruit et harmonie comme de chiens et chats : vous verrez tant hõmes que femmes, couchez sur leurs couchettes pensiles, les autres le cul contre terre s'embrassans l'un l'autre comme pourrez voir par la presente figure [1] disans en leur lãgue, nostre père et amy estoit tant homme de bien, si vaillant à la guerre, qui auoit tant fait mourir de ses ennemis. Il estoit fort et puissant, il labouroit tant bien nos iardins, il prenoit bestes et poissons pour nous nourrir, helas il est trespassé, nous ne le verrons plus, sinon apres la mort auec noz amis, aux païs que nos *Pagès* nous disent auoir veux et plusieurs autres semblables parolles. || Ce qu'ils repeteront plus de dix mille fois, continuans iour et nuit l'espace de quatre ou cinq heures, ne cessans de lamenter. Les enfans du trespassé au bout d'un moys inuiteront leurs amis, pour faire quelque feste et solen-

Dueil des Sauuages à l mort d'un pè de famille.

Fol. 83.

[1] Sur les coutumes funéraires des Tupinambas, on peut consulter THEVET. *Cosm. univ.* P. 925-926. « Ils le courbent en un bloc et monceau, dans le lict où il est decedé : tout ainsi que les enfans font au ventre de la mere, puis ainsi enveloppé, lié et garotté de cordes de cotton, ils le mettent dans un grand vase de terre, qu'ils couurent d'un plat aussi de terre où le deffunct vouloit se lauer... Ce fait ils le mettent dans une fosse ronde comme un puits, et profonde de la hauteur d'un homme ou enuiron, auec ung peu de feu et de farine, de peur, disent-ils, que le maling esprit n'en approche, et que si l'ame a faim qu'elle mange. »

nité à son honneur. Et là s'assembleront painturez de diuerses couleurs, de plumages, et autre equipage à leur mode, faisans mille passetemps et cerimonies.

Oyseaux ayãs semblable cry qu'un hibout.

Ie feray en cest endroit mention de certains oiseaux à ce propos [1], ayans semblable cry et voix qu'un hibou de ce païs, tirant sur le piteux : lesquels ces Sauuages ont en si grande reuerence, qu'on ne les oseroyt toucher, disants que par ce chant piteux ces oyseaux plorent la mort de leurs amis : qui leur en fait auoir souuenance. Ils font donc estans ainsi assemblez et accoustrez de plumages de diuerses couleurs dãses, ieux, tabourinages, auec flustes faictes des os des bras et iambes de leurs ennemis, et autres instrumens à la mode du païs. Les autres, comme les plus anciens tout ce iour ne cessent de boire sans manger, et sont seruis par les femmes et parẽtes du defunct. Ce qu'ils font, ainsi que ie m'en suis informé, est à fin d'eleuer le cœur des ieunes enfans, les emouuoir et animer à la guerre, et les enhardir contre leurs ennemis.

Coustume des Romains et autres peuples aux funérailles d'aucun citoyen.

Les Romains auoyẽt quasi semblable maniere de faire. Car apres le decès d'aucũ citoyẽ qui auoit trauaillé beaucoup pour la Republique, ils faisoyent ieux, põpes, et chãts funebres à la louenge et honneur du defunct, ensemble pour donner exemple aux plus ieunes de s'employer pour la liberté et conseruation du païs. Pline [2] recite qu'un nommé Lycaon fut inuẽteur de belles danses, ieux et chãts funebres, pompes et

[1] Voir plus loin, § 48.

[2] PLINE. *Hist. nat.* VII. 57.

obseques, que l'on faisoit lors es mortuaires. Pareillement les Argiues, peuple de Grece, pour la memoire du furieux liõ defait par Hercule faisoiẽt des ieux funebres. Et Alexãdre le Grãd apres auoir veu le sepulchre du vaillant Hector [1], en memoire de ses prouesses cõmanda, et lui feit plusieurs caresses et solennités. Ie pourrois icy amener plusieurs histoires comme les Anciens ont diuersemẽt obserué les sepultures, selõ la diuersité des lieux : mais pour euiter prolixité, suffira pour le present entẽdre la coustume de noz Sauuages : pour ce que tant les Anciens, que ceux de nostre temps ont fait plusieurs exces [2] en pompes funebres, plus pour une vaine et mondaine gloire qu'autrement. Mais au contraire doibuent entẽdre, que celles qui sont faictes à l'honneur du defunct et pour le regard de son ame, sont louables : la declarans par ce moyen immortelle, et approuuans la resurrection future.

Alexandre le Grand.

[1] Arrien. *Anabasis.* I. 12. Seulement il s'agit d'Achille et non d'Hector.

[2] M. Baudrillart a consacré de curieux articles au faste funéraire. Voir *Revue des deux Mondes*. Avril 1877.

Fol. 84.

||CHAPITRE XLIV.

Des Mortugabes, et de la charité, de laquelle ils usent enuers les estrãgers.

Puis qu'il est question de parler de noz Sauuages, nous dirõs encores quelque chose de leur façon de viure. En leur païs il n'y a villes, ne forteresses de grãdeur, sinõ celles que les Portugais et autres Chrestiens y ont basties, pour leur commodité. Les maisons ou ils habitent sont petites logettes, qu'ils appellent en leur langue *Mortugabes*, assemblées par hameaux ou villages, tels que nous les voyons en aucuns lieux par deça. Ces logettes sont de deux ou trois cens pas de long, et de largeur vingt pas, ou enuirõ, plus ou moins : basties de bois, et couuertes de fueilles de palme, le tout disposé si naïfuement, qu'il est impossible de plus. Chacune logette a plusieurs belles couuertures, mais basses, tellemẽt qu'il se faut baisser pour y entrer, cõme qui voudroit passer par un guichet. En chacune y a plusieurs ménages : et en chacun pour luy et sa famille trois brassées de long. Ie trouue encore cela plus tole-

Mortugabes, logettes des Sauuages, et comme ils les bastissent.

rable que des Arabes et Tartares, qui ne bastissent iamais maison permanente, mais errent çà et là comme vagabons : toutesfois ils se gouuernent par quelques loix : et noz Sauuages n'en ont point, sinon celles que nature leur a données. Ces Sauuages donc en ces maisonnettes, sont plusieurs ménages ensemble, au milieu desquelles chacũ en son quartier, sont pẽdus les licts à pilliers, forts et puissants, attachés en quarrure, lesquels sont faits de bon cottõ, car ils en ont abondance, que porte un petit arbre [1] de la hauteur d'un homme, à la semblãce de gros boutõ comme glãs : differans toutesfois à ceux de Cypre, Malte et Syrie. Lesdits licts ne sont point plus espes qu'un linceul de ce païs : et se couchent là dedans tous nuds, ainsi qu'ils ont acoustumé d'estre. Ce lict en leur langue est appelé *Iny* [2], et le coton dont il est fait, *Manigot*. Des deux costez du lict du maistre de la famille, les femmes luy font du feu le iour et la nuit : car les nuits sont aucunement froides. Chacun menage garde et se reserue une sorte de fruit gros

Arabes et Tartares n'ont point de maison permanente.

Arbres qui portent le cotton.

Iny.

Manigot.

[1] LÉRY. § XIII : « Quant aux arbres portans le cotton, lesquels croissent en moyenne hauteur, il s'en trouue beaucoup en ceste terre du Brésil : la fleur vient en petites clochettes iaunes... mais quand le fruict est formé il a non seulement la figure approchante de la feine des fosteaux de nos forests, mais aussi quand il est meur, se fendant ainsi en quattre, le cotton en sort par tonneaux ou floquets gros comme esteuf : au milieu desquels il y a de la graine noire, etc. »—Cf. Description analogue dans H. STADEN. P. 321.

[2] Sur les *inys* ou *hamacs*, V. Description de LÉRY. § XVIII. — THEVET. *Cosm. univ.* P. 929.

comme un œuf d'austruche, qui est de couleur de noz cocourdes de par deça : estant en façon de bouteille persée des deux bouts, passant par le milieu un baston d'hebene, long d'un pied et demy. L'un [1] des bouts est planté en terre, l'autre est garny de beaux
Arat, oyseau. plumages d'un oyseau nommé *Arat*, qui est totalement rouge. Laquelle chose ils ont en tel honneur et
Resuerie des Sauuages. reputation, comme si elle le meritoit : et estiment cela estre leur *Toupan* : car quand leurs prophetes viennent vers eux, ils font parler ce qui est dedans, entendans par ce moyen le secret de leurs ennemis, et comme ils disent, sçauent nouuelles des ames de leurs amys decedez. Ces gens au tour de leurs maisons ne nourrissent aucũs animaux domestiques, sinon
Poules. quelques poules [2], encores bien rarement et en certains endroits seulement, où les Portugais premierement les ont portées : car auparauant n'en auoyent eu aucune congnoissance. Ils en tiennent toutesfois si peu de compte, que pour un petit cousteau, vous aurez deux poules. Les femmes n'ẽ mangeroyent pour rien ayans toutesfois à grand déplaisir quand ils voyent
Fol. 85. || aucun Chrestien manger à un repas quatre ou cinq
Arignane. œufs de poule, lesquelles ils nõment *Arignane* : estimans que pour chacun œuf ils mangẽt une poule, qui

[1] Sur les maracats Brésiliens, voir plus loin § LIV.

[2] LÉRY. § XI. « Estimans entre eux que les œufs qu'ils nomment arignan-rapia, soyent poisons : quand ils nous en voyoient humer, ils en estoyent non seulement bien esbahis, mais aussi, disoyent-ils, ne pouuant auoir la patience de les laisser couuer, c'est trop grande gourmandise à vous, qu'en mangeant un œuf, il faille que vous mangiez une poule. »

suffiroit pour repaistre deux hommes. Ils nourrissent en outre des perroquets, lesquels ils chãgẽt en traffique aux Chrestiẽs, pour quelques ferrailles [1]. Quant à or, et argent monnoyé, ils n'en usent aucunement. Iceux une fois entre les autres, ayans pris un nauire de Portugais, ou il y auoit grãd nombre de pieces d'argent monnoyé, qui auoit esté apporté de Morpion, ils donnerent tout à un François, pour quatre haches et quelques petis cousteaux. Ce qu'ils estimoiẽt beaucoup, et non sans raison, car cela leur est propre pour coupper leur bois, lequel auparauant estoient contraints de coupper auec pierres [2], ou mettre le feu es arbres, pour les abatre : et à faire leurs arcs et fleches ils n'usoyent d'autre chose. Ils sont au surplus fort charitables, et autant que leur loy de nature le permet. Quãt aux choses qu'ils estiment les plus precieuses, cõme tout ce qu'ils reçoiuent des Chrestiẽs, ils en sont fort chiches : mais de tout ce qui croist en leur païs, non, comme alimens de bestes, fruits et poisson, ils en sont assez liberaux (car ils n'ont guere autre chose) non seulemẽt par entre eux, mais aussi à toute nation, pour veu qu'ils ne leur soyent ennemis. Car incontinent qu'ils verront quelcun de loing arriuer en leur païs, ils luy presenteront viures, logis, et une fille pour son seruice, comme nous auons dit en quelque endroit. Aussi viendront à l'entour du peregrin femmes et filles

Perroquets.

Nul usage d'or ou d'argent entre les Sauuages.

Charité des Sauuages l'un enuers l'autre.

[1] P. Gaffarel. *Histoire du Brésil Français*. P. 80.

[2] On aura remarqué cette curieuse constatation de l'âge de pierre en Amérique.

assises contre terre, pour crier [1] et plorer en signe de ioye et bien venue. Lesquelles si vous voulez endurer iettans larme, diront en leur lãgue. Tu sois le tresbiẽ venu, tu es de noz bons amys, tu as prins si grand peine de nous venir voir, et plusieurs autres caresses. Aussi lors sera dedans son lict le patron de famille, plorant tout ainsi que les femmes. S'ils cheminent trẽte ou quarãte lieuës tant sur eau que sur terre, ils viuent en communauté. Si l'un en a, il en communiquera aux autres, s'ilz en sont besoin : ainsi en font ilz aux estrangers. Qui plus est ce pauure peuple est curieux de choses nouuelles, et les admire
Prouerbe. (aussi selon le prouerbe, ignorãce est mere d'admiration), mais encore d'auantage pour tirer quelque chose qui leur aggrée des estrangers, sçauent si bien flatter, qu'il est malaisé à les pouuoir econduire. Les hommes premieremẽt, quand on les visite à leurs loges et cabannes, apres les auoir saluez, s'approchent
Fol. 86. de telle asseurance et fami || liarité [2], qu'ils prendront

[1] Sur cet accueil singulier voir GANDAVO (*Santa Cruz*. P. 113) « Quand on va les visiter dans leurs villages, quelques filles échevelées s'approchent du voyageur, et le reçoivent avec de grandes lamentations, versant beaucoup de larmes et lui demandant où il est allé. » THEVET dans sa *Cosm. univ.* (P. 929), attribue ces larmes au plaisir éprouvé par les sauvages. Cf. LÉRY. § XVIII : « Les femmes venans à l'entour du lict, s'accroupissans les fesses contre terre, et tenans les deux mains sur leurs yeux, en pleurans de ceste façon la bienvenue de celuy dont sera question, elles diront mille choses à sa louange. » Cet usage s'est perpétué : Voir ORBIGNY. *L'Homme américain*. II, 109.

[2] Léry fut ainsi reçu lors de sa première visite dans un village Brésilien, et il raconte sa surprise en termes amusants

incontinẽt vostre bõnet ou chappeau, et l'ayant mis sur leur teste quelquefois plusieurs l'un apres l'autre, se regardent et admirẽt, auec quelque opinion d'estre plus beaux. Les autres prendront vostre dague espée, ou autre cousteau si vous en auez, et auec ce menasserõt de parolles et autres gestes leurs ennemis : bref ils vous recherchẽt entierement, et ne leur faut riẽ refuser, autremẽt vous n'en auriés seruice, grace, ne amitié quelconque : vray est qu'ils vous rendẽt voz hardes. Autãt en font les filles et femmes plus encore flatteresses que les hommes, et tousiours pour tirer à elles quelque chose. Bien vray qu'elles se contentent de peu. Elles s'en viendront à vous de mesme grace que les hommes, auec quelques fruits, ou autres petites choses, dõt ils ont accoustumé faire presens, disans en leur langue, *agatouren*, qui est autant à dire comme tu es bon, par maniere de flatterie : *eori asse pia*, monstre moy ce que tu as, ainsi desireuses de quelques choses nouuelles, cõme petits mirouẽrs, patenostres de voirre : aussi vous suyuent à grand troppes les petis enfans, et demãdent en leur lãgage, *hamabe pinda*, dõne nous des haims, dont ils usent à prendre le poisson. Et sont bien appris à vous user de ce terme deuant dit *agatouren,* tu es bon, si vous

(§ XVIII). « L'un ayant pris mon chapeau qu'il mit sur sa teste, l'autre mon espée et ma ceinture qu'il ceignit sur son corps tout nud, l'autre ma casaque qu'il vestit : eux di-ie, m'estourdissant de leurs crieries et courans de ceste façon parmi leurs villages avec mes hardes, non seulement ie pensois auoir tout perdu, mais aussi ie ne sauois où i'en estois. »

leur baillez ce qu'ils demandent : sinon, d'un visage rebarbatif vous diront, *hippochi*, va, tu ne vaux rien, *dangaïapa aiouga*, il te faut tuer, auec plusieurs autres menasses et iniures : de maniere, que ils ne donnent qu'en donnant, et encore vous remarquent et recõgnoissent à iamais pour le refus que vous leur aurez fait.

CHAPITRE XLV.

Description d'une maladie nommée Pians, à laquelle sont subiets ces peuples de l'Amerique, tant es isles que terre ferme.

SACHANT bien qu'il n'y a chose depuis la terre iusques au premier ciel, quelque compassemẽt et proportiõ qu'il y ayt, qui ne soit subiette à mutation et continuelle alteration. L'air qui nous enuironne n'estant air simplemẽt, ains composé, n'est tousiours semblable en tout tẽps, ne en tout endroit, mais tantost d'une façon tantost d'une autre : ioint que toutes maladies (comme nous dient les medecins) viennent ou de l'air, ou de la maniere de viure : ie me suis aduisé de escrire une maladie fort familiere et populaire en ces terres de l'Amerique et de l'Occident, decouuertes de nostre tẽps. Or ceste maladie appelée *Pians*, par les gens du païs, ne prouiẽt du vice de l'air, car il est de là fort bon et tẽperé : ce que monstrent par experiẽce les fruits que produit la terre auec le benefice de l'air (sans lequel riẽ ne se fait, soit de nature ou artifice) aussi que la maladie prouenãt du vice de l'air offense autant le ieune que le vieux, le riche cõme le pauure, moyenãt toutefois la dispositiõ interne. Reste dõc qu'elle prouienne de quelque maluersation, comme de trop frequenter charnellemẽt l'homme auec la femme, attendu que ce peuple est fort luxurieux, charnel, et plus que brutal, les femmes specialemẽt, car elles cherchent et prattiquent tous moyens à emouuoir les hommes au deduit. Qui me fait penser et dire estre plus que vraysemblable, telle maladie n'estre au || tre chose que ceste belle verolle auiourd'huy tant commune en nostre Europe, laquelle faussemẽt on attribue aux François, comme si les autres n'y estoyent aucunement subiets : de maniere que maintenant les estrangers l'appellent mal François [1]. Chacun sçait

Pians, maladie des Sauuages, et son origine.

Sauuages, peuple fort luxurieux, et charnel.

Fol. 87.

[1] On a longtemps disserté et on dissertera longtemps encore sur l'origine de la siphylis. Thevet paraît être dans le vrai quand il en attribue l'introduction en Europe à des soldats Espagnols qui avaient servi en Amérique. Cf. SANVAL. *Du mal de Naples.* — DE KOCH. *Nouvelles recherches sur l'origine et les premiers effets du mal de Naples.* Dissertations insérées dans le T. XI. P. 129-156 de la collection LEBER.

Vraye origine de la verole.

combiẽ veritablement elle luxurie en la France, mais non moins autre part : et l'ont prise premierement à un voyage à Naples, où l'auoyent portée quelques Espagnols de ces isles occidentales : car parauant qu'elles fussent decouuertes et subiettes à l'Espagnol, n'en fut onc mention, non seulement par deça mais aussi ne en la Grece, ne autre partie de l'Asie et Afrique. Et me souuient auoir ouy reciter ce propos quelquefois à defunct monsieur Syluius, medecin des plus doctes de nostre tẽps. Pourtant seroit à mon iugement mieux seant et plus raisonnable l'appeler mal Espagnol, ayant de là son origine, pour l'égard du païs de deça, qu'autremẽt : car en Frãçois est appellée verole pour ce que le plus souuent, selon le temps et les cõplexions, elle se manifeste au dehors à la peau par pustules, que l'on appelle veroles.

Verole pourquoy ainsi nommée en François.

Retournons au mal de noz Sauuages, et aux remedes dõt ils usent. Or ce mal prend les personnes tant Sauuages, cõme Chrestiens par delà de contagion ou attouchemẽt, ne plus ne moins que la verole par deça : aussi a il mesmes symptomes et iusques là si dãgereux, que s'il est envieilli, il est malaisé de le guerir, mesme quelquefois les afflige iusques à la mort. Quant aux Chrestiens habitans en l'Amerique s'ils se frottent aux femmes, ils n'euaderont iamais qu'ils ne tombent en cest inconuenient, beaucoup plus tost que ceux du païs. Pour la curation, ensemble pour quelque alteration, qui bien souuent accompagne ce mal, ils font certaine decoction de l'escorce d'un arbre nõmé en leur lãgue *Hiuourahé* 1, de laquelle

Curatiõ de ceste maladie.

Hiuourahé, arbre.

1 LÉRY. §. XIII. « *Hiuouaré*, ayant l'escorce de demi doigt d'espais

ils boiuent auec aussi bon et meilleur succés, que de nostre gaiac : aussi sont plus aisez à guerir que les autres, à mon aduis pour leur temperature et complection, qui n'est corrompue de crapules, comme les nostres par deça. Voila ce qui m'a semblé dire à propos en cest endroit : et qui voudra faire quelque difficulté de croire à mes parolles, qu'il demande l'opinion des plus sçauans medecins sur l'origine et cause de ceste maladie, et quelles parties internes sont tost offensées, où elle se nourrit : car i'en vois auiourd'huy plusieurs contradictiõs assez friuoles, (nõ entre les doctes) et s'en treuue bien peu, ce me semble, qui touchent au point, principalement de ceux qui entreprennent de la guerir : entre lesquels se trouuent quelques femmes, et quelques hommes autant ignorans, qui est cause de grands inconueniens aux pauures patiens, car au lieu de les guerir, ils les precipitent au goufre, et abysme de toute affliction. Il y a quelques autres ophthalmies (desquelles nous auons desia parlé) qui viennent d'une abondance de fumée, comme ils font le feu en plusieurs parts et endroits de leurs cases et logettes qui sont grandes pour ce qu'ils s'assemblent un grand nombre pour leur hebergemẽt. Ie sçay bien que toute ophthalmie ne viẽt pas de ceste fumée, mais quoy qu'il en soit,

Sauuages affligez de ophthalmies, et d'où elles procedẽt.

Nõ tout mal des ïeux est ophthalmie.

et assez plaisant à manger, principalement quand elle vient fraischement de dessus l'arbre est une espèce de gaiat. » THEVET. *Cosm. univ.* P. 935. « Le *Hiuourahé* est fort hault et grand, ayant l'escorce argentine, et par dedans tirant sur le rouge : son goust est comme salé, ainsi que celuy du reglisse, la souche grosse, et les feuilles semblables à celles du tremble. »

elle vient tousiours du vice du cerueau, par quelque moyẽ qu'il ait offensé. Aussi n'est toute maladie d'ieux ophthalmie, cõme mesme l'õ peut voir entre les habitans de l'Amerique, dont nous parlons : car plusieurs ont perdu la veüe sans auoir inflammation
Fol. 88. quelconque aux ïeux, || qui ne peut estre à mõ iugement, que certaine humeur dedãs le nerf optique empeschant que l'esprit de la veüe ne paruieñe à l'œil. Et ceste plenitude et abondance de matiere au cerueau, selon que i'en puis congnoistre, prouient de l'air et vẽt austral, chaud et humide, fort familier par delà, lequel remplit aysement le cerueau : comme dit tresbien Hippocrates. Aussi experimentõs en nous mesmes par deça les corps humains deuenir plus pesans, la teste principalement, quand le vent est au midy. Pour guerir ce mal des ïeux, ils couppent une branche de certain arbre fort mollet, cõme une espece de palmier, qu'ils emportent à leur maison, et en distillent le suc tout rougeatre dedans lœil du patient. Ie diray encores que ce peuple n'est iamais subiet à lepre, paralysie, et ulceres, et autres vices exterieurs et superficiels, comme nous autres par deça : mais presque tousiours sains et dispos cheminẽt d'une audace, la teste leuée comme un cerf. Voyla en passant de ceste maladie la plus dangereuse de nostre France Antarctique.

Vent austral malsain.

Curatiõ de ces ophthalmies.

CHAPITRE XLVI.

Des maladies plus frequētes en l'Amerique, et la methode qu'ils obseruēt à se guerir.

Il n'y a celuy de tant rude esprit, qui n'entende bien ces Ameriques estre cōposez des quatre elemens, comme sont tous corps naturels, et par ainsi subiets à mesmes affections, que nous autres, iusques à la dissolution des elemens. Vray est que les maladies peuuēt aucunement estre diuerses, selon la temperature de l'air, de la maniere de viure. Ceux qui habitent en ce païs pres de la mer, sont fort subiets à maladies putredineuses, fieures, caterres et autres. En quoy sont ces pauures gens tant persuadez et abusez de leurs prophetes, dont nous auons parlé, lesquels sont appellez pour les guérir, quād ils sont malades : et ont ceste folle opinion, qu'ils les peuuent guerir. On ne sçauroit mieux comparer tels galans, qu'à plusieurs batteleurs empiriques, imposteurs, que nous auons par deça, qui persuadent aysement au simple peuple, et font profession de guerir toutes maladies curables et incurables. Ce que ie croiray fort bien, mais que science soit deuenue ignorance, ou au contraire. Doncques

Folle opinion des Sauuages à l'endroit de leurs prophetes et de leurs maladies.

ces prophetes donnẽt à entendre à ces bestiaux, qu'ils parlent aux esprits et ames de leurs parens, et que rien ne leur est impossible, qu'ils ont puissance de faire
Fol. 89. parler l'ame dedans || le corps. Aussi quand un malade ralle, ayant quelque humeur en l'estomac et poulmons, laquelle par debilité, ou autremẽt il ne peut ietter, ils estimẽt que c'est son ame qui se plaint. Or ces beaux prophetes, pour les guerir les suceront auec la bouche en la partie où ils sentiront mal, pensans que par ce moyen ils tirent et emportent la maladie [1] dehors. Ils se sucent pareillement l'un l'autre.

Methode de guerir les maladies obseruées entre les Sauuages.

[1] Cet usage est fort répandu chez les nations sauvages. D'après le Père DOBRITZHOFFER (*Historia de Abiponibus*. Vol. II. P. 249), « Les Abipons appliquent leurs lèvres à la partie malade et la sucent, crachant après chaque succion. Par intervalles ils tirent leur haleine du fond même de leur poitrine et soufflent sur la partie malade du corps. Ils répètent alternativement ces succions et ces exhalaisons.... car ils croyent que ces succions débarrassent le corps de toutes les causes de maladie. Les jongleurs encouragent constamment cette croyance par de nouveaux artifices, car, quand ils se préparent à sucer un homme malade, ils cachent dans leur bouche des épines, des insectes, des vers, puis les crachent après avoir sucé quelque temps, en disant au malade : Voici la cause de votre maladie. » Cf. SPIX ET MARTIUS. *Travelz in Brazil*. T. II. P. 77. — BRET. *Indian Tribes of Guiana* P. 364. « Après bien des momeries le sorcier tire de sa bouche quelque substance étrangère telle qu'une épine, un gravier, une arête de poisson ou un fil de métal que quelque méchant esprit a inséré dans la partie malade. Voir encore WILKES. *United states exploring expedition*. T. IV. P. 400. — SCHOOLCRAFT. *Indian Tribes*. Vol. I. P. 250. — CRANTZ. *History of Greenland*. Vol. I. P. 214. — Peut-être la trace de cette coutume s'est-elle perpétuée jusqu'à nous, quand nous disons à nos enfants : «Viens que je t'embrasse, et tu seras guéri ? »

mais ce n'est auec telle foy et opinion. Les femmes en usent autrement. Elles mettront un fil de coton long de deux pieds en la bouche du patiẽt, lequel apres elles sucent, estimant aussi auec ce fil emporter la maladie. Si l'un blesse l'autre par mal ou autrement, il est tenu de luy sucer sa plaie, iusques à ce qu'il soit gueri : et ce pendant ils s'abstiennẽt de certaines viãdes, lesquelles ils estiment estre contraires. Ils ont ceste methode de faire incisiõs entre les espaules, et en tirẽt quelque quantité de sang : ce qu'ils font auec une espece d'herbe fort trenchante, ou biẽ auec dents de quelques bestes. Leur maniere de viure estãs malades est, qu'ils ne donneront iamais à manger au patiẽt, si premierement il n'en demande, et le laisseront plus tost languir un moys. Les maladies, comme i'ay veu, n'y sont tant frequentes que par deça, encores qu'ils demeurent nuds iour et nuit : aussi ne font-ils aucun excès à boire ou à manger. Premierement ils ne goutteront de fruit corrompu, qu'il ne soit iustement meur : la viande biẽ cuitte. Au surplus, fort curieux de congnoistre les arbres et fruits, et leurs proprietés pour en user en leurs maladies. Le fruit duquel plus cõmunement ils usent en leurs maladies, est nommé *nana* [1], gros comme une

Maniere de viure des patiẽs et malades.

Nana, fruit fort excellẽt.

[1] L'ananas fut très apprécié dès que les Européens le connurent. Léry n'hésite pas à affirmer sa supériorité sur les autres fruits (§ XIII) : « Quand les ananas sont venus à maturité, estans de couleur iaune azurée, ils ont une telle odeur de framboise que non seulement en allant par les bois et autres lieux où ils croissent, on les sent de fort loin, mais aussi quant au goust fondans en la bouche, et estans naturellement si doux

moyenne citrouille, fait tout autour cõme une pomme
Fol. 90. de pin, ainsi || que pouvez voir par la présente figure. Ce fruit deuient iaune en maturité, lequel est merueilleusement excellent, tant pour sa douceur que saueur, autant amoureuse que fin sucre, et plus. Il n'est possible d'en aporter par deça, sinon en confiture, car estant meur il ne se peut longuement garder. D'auantage il ne porte aucune graine : parquoy il se plante par certains petits reiets, comme vous diriez les greffes de ce païs à enter. Ainsi auãt qu'estre meur il est si rude à manger, qu'il vous escorche la bouche. La fueille de cest arbrisseau, quãd il croist, est semblable à celle d'un large ionc. Ie ne veux oblier cõme par singularité entre les maladies d'une indisposition merueilleuse, que leur causent certains petis vers qui leur entrẽt es pieds, appellez en leur langue *Tom* [1], lesquels ne sont gueres plus gros que cirons : et croirois qu'ils s'engendrent et concréent dedans ces mesmes parties, car il y en a aucunesfois telle

qu'il n'y a confitures de ce pays qui les surpassent. » GANDAVO (*Santa Cruz*. P. 57.) en fait aussi le plus grand cas : « Il n'y a pas de fruit dans notre patrie qui puisse lui être comparé. »

[1] LÉRY. § XI. U. SCHMIEDEL. Ouv. cit. P. 220. — HANS STADEN. (P. 311). « Les Sauvages nomment *attun* une espèce d'insecte plus petit qu'une puce, que la malpropreté engendre dans les cabanes. Ces insectes entrent dans les pieds, produisent une légère démangeaison et s'établissent dans les chairs presque sans qu'on les sente. Si l'on n'y fait pas attention, ils y produisent un paquet d'œufs de la grosseur d'un pois. » Cf. BIARD. *Voyage au Brésil. (Tour du Monde*, n° 81) GOMARA. *Hist. gen. de las Indias*. P. 37. — THEVET. *Cosm. univ*. P. 935.

multitude en un endroit, qu'il se fait une grosse tumeur comme une febue, auec douleur et demangeaison en la partie. Ce que nous est pareillement aduenu estans par delà, tellemẽt que noz pieds estoyent couuerts de petites bossettes, ausquelles quãd sont creuées l'on trouue seulemẽt un ver tout blãc auec quelque boue. Et pour obuier à cela, les gens du païs font certaine huile d'un fruit nõmé *hiboucouhu*, semblant une date, lequel n'est bon à manger : laquelle huille [1] ils reseruent en petits vaisseaux de fruits, nommés en leur langue *caramemo*, et en frottent les parties offensées : chose propre, ainsi qu'ils affermẽt, contre ces vers. Aussi s'en oignent quelquefois tout le corps, quand ils se trouuent lassez. Ceste huile en outre est propre aux playes et ulceres, ainsi qu'ils ont cogneu par experience. Voyla des maladies et remedes dont usent les Ameriques.

Hiboucouhu, fruit et son usage.

[1] D'après Léry (§ xi.) cette huile se nommerait *Couroq*.

CHAPITRE XLVII.

La maniere de traffiquer entre ce peuple. D'un oyseau nommé Toucan, et de l'espicerie du païs.

COMBIEN qu'en l'Amerique y ait diuersité de peuples Sauuages, néantmoins mais de diuerses lignes et factions, coustumiers de faire guerre les uns contre les autres : toutefois ils ne laissent de traffiquer tãt entre eux qu'auec les estrangers (specialement ceux qui sont pres de la mer) de telles choses que porte le païs. La plus grande traffique est de plumes d'austruches, garnitures despées faictes de pennaches, et autres plumages fort exquis. Ce que l'on apporte [1] de cent ou six vingts lieües, plus ou

Traffique des Sauuages.

[1] Les principaux articles d'exportation Brésilienne étaient en effet les plumes, le coton, les animaux et surtout les bois précieux. Quant aux articles d'importation c'étaient des pièces de toiles et de draps, de la quincaillerie, de la verroterie, des peignes et des miroirs. HANS STADEN (P. 110) les énumère avec soin: « Les sauvages dit-il, ajoutaient que les Français venaient tous les ans dans cet endroit, et leur donnaient des couteaux, des haches, des miroirs, des peignes et des ciseaux. » « On leur donnait, lisons-nous dans Ramusio (T. III. P. 355.) des bêches des couteaux et autres ferrailles, car ils estiment plus un clou

moins, auant dedans les païs : grand quantité semblablement de colliers blancs et noirs : aussi de ces pierres vertes, lesquelles ils portent aux leures, comme nous auons dit cy dessus. Les autres qui habitent sus la coste de la mer, où traffiquent les Chrestiens, reçoiuent quelques haches, couteaux, dagues, espées, et autres ferremens, patenostres de verre, peignes, miroüers et autres menues besongnes de petite valeur : dont ils traffiquent auec leurs voisins, n'ayans autre moyen, sinon donner une marchandise pour l'autre : et en usent ainsi. Donne moi cela, ie te donneray cecy, sans tenir long propos. Sur la coste de la marine, la plus frequente marchandise est le plumage d'un oyseau, qu'ils ap || pellent en leur langue Toucan [1], lequel descrirons sommairement, puis qu'il vient à propos. Cest oyseau est de la grandeur d'un pigeon. Il y en a une autre espece de la forme d'une pie, de mesme

Fol. 91.

Description du Toucan, oyseau de l'Amerique.

qu'un écu. » Ces articles sont encore mentionnés dans les contrats, passés entre armateurs et capitaines, que le temps a respectés. Cf. FRÉVILLE. *Commerce maritime de Rouen.* T. I. Passim. GAFFAREL. *Histoire du Brésil Français.* P. 75-80.

[1] Les plumes du toucan étaient fort estimées par les Américains. Cet oiseau est encore aujourd'hui fort recherché par les sauvages du Brésil : Ils en font des coiffures où ils mêlent ses plumes à celles de l'ara. Ces coiffures ont une valeur symbolique : M. DE CASTELNAU (Ouv. cité. T. I. P. 447) eût occasion de voir dans la province de Goyaz, parmi les Indiens Chambious, plusieurs coiffures en plumes, de formes diverses, qui excitèrent son admiration. On les conservait dans une cabane sacrée, et si par malheur une femme avait tenté de les admirer ou simplement de les voir, une mort immédiate aurait puni ce sacrilége. Cf. F. DENIS. *Arte plumaria.* LÉRY. § XI.

plumage que l'autre : c'est à sçauoir noirs tous deux hors-mis autour de la queue, où il y a quelques plumes rouges, entrelacées parmi les noires, soubs la poitrine plume iaune enuiron quatre doigts, tant en longueur que largeur : et n'est possible trouuer iaune plus excellent que celuy de cest oiseau : au bout de la queüe il y a petites plumes rouges comme sang. Les Sauuages en prennent la peau, à l'endroit qui est iaune, et l'accommodent à faire garnitures d'espées à leur mode, et quelques robes, chapeaux, et autres choses. I'ay rapporté un chapeau fait de ce plumage, fort beau et riche, lequel a esté presenté au Roy, comme chose singuliere. Et de ces oyseaux ne s'en trouue sinon en nostre Amerique, prenāt depuis la riuiere de Plate iusques à la riuiere des Amazones. Il s'en trouue quelques uns au Peru, mais ne sont de si grande corpulēce que les autres. A la nouuelle Espaigne, Floride, Messique, Terreneuve, il ne s'en trouue point, à cause que le pays est trop froid, ce qu'ils craignent merueilleusement. Au reste cest oyseau ne vit d'autre chose parmy les bois où il fait sa residēce, sinon de certains fruictz prouenans du païs. Aucuns pourroient penser qu'il fust aquatique, ce qui n'est vraysemblable, cōme i'ay veu par experiēce. Au reste cest oyseau est merueilleusemēt difforme et mōstrueux, ayant le bec [1] plus gros et plus lōg quasi que le reste du corps. I'en ay aussi apporté

Chapeau estrange composé de plumages.

[1] Sur le bec du toucan, voir Léry. § xi. — Thevet. *Cosm. univ.* P. 938. — Belon. *Histoire de la nature des oiseaux*. Liv. iii. § xxviii. P. 184.

un qui me fut doné par de là, auec les peaux de plusieurs de diuerses couleurs, les unes rouges cõme une escarlatte, les autres iaunes, azurées, et les autres d'autres couleurs. Ce plumage dõc est fort estimé entre noz Ameriques, duquel ils traffiquent ainsi que nous auõns dit. Il est certain qu'auãt l'usage de monnoye on traffiquoit ainsi une chose pour l'autre, et consistoit la richesse des hommes, voire des Roys, en bestes, comme chameaux, moutons et autres. Et qu'il soit ainsi, vous en avez exemples infinis, tant en Berose qu'en Diodore : lesquels nous recitent la maniere que les anciens tenoyent de traffiquer les uns auec les autres, laquelle ie trouue peu differente à celle de noz Ameriques et autres peuples barbares. Les choses donc anciennemẽt se bailloyent les unes pour les autres, comme une brebis pour du blé, de la laine pour du sel. La traffique, si bien nous considerõs, est merueilleusemẽt utile, outre qu'elle est le moyen d'entretenir la société ciuile. Aussi est elle fort celebrée par toute natiõ. Pline [1] en son septième en || attribue l'inuention et premier usage aux Pheniciens. La traffique des Chrestiẽs auec les Ameriques, sont monnes, bois de bresil, perroquets, coton, en chãge d'autres choses, comme nous auons dit [2]. Il s'apporte aussi de là certaine espice qui est la graine d'une herbe ou arbrisseau de la hauteur de trois ou quatre pieds. Le fruit ressemble à une freze de ce païs, tant en couleur que autrement. Quand il

Singularitez apportées par l'auteur de l'Amerique en France.

Permutation des choses auãt l'usage de la monnoye.

Utilité de la traffique.

Fol. 92.

Quelle est la traffique des Crestiẽs avec les Ameriques.

Espece d'espice.

[1] Pline. H. N. vii, 57.

[2] P. Gaffarel. *Histoire du Brésil Français*. P. 75-81.

est meur il se trouue dedans une petite semence comme fenoil. Noz marchans Chrestiens se chargēt de ceste maniere d'espice, non toutefois si bonne que la maniguette qui croist en la coste de l'Ethiopie, et en la Guinée : aussi n'est elle à comparer à celle de Calicut, ou de Taprobane. Et noterés en passant, que *Espicerie de Calicut.* quand l'on dit l'espicerie de Calicut, il ne faut estimer qu'elle croisse là totalement, mais bien à cinquante lieües loing, en ie ne scay quelles isles, et *Isle de Corchel.* specialemēt en une appellée Corchel [1]. Toutefois Calicut est le lieu principal où se mene toute la traffique en l'Inde de Leuant : et pour ce est dite espicerie de Calicut. Elle est donc meilleure que celle de nostre Amerique. Le roi de Portugal [2], comme chacun peut entendre, reçoit grand emolument de la traffique qu'il fait de ces espiceries, mais non tant que le tēps passé : qui est depuis que les Espagnols *Isle de Zebut.* ont decouuert l'isle de Zebut [3], riche et de grande estēdue, laquelle vous trouuez apres auoir passé le destroit de Magellã. Ceste isle porte mine d'or, gimgēmbre, abondance de porceleine blanche. Apres ont *Aborney.* découuert Aborney [4], cinq degrez de l'equinoctial,

[1] On ne sait quelle est cette île de Corchel. Peut-être Thevet a-t-il ainsi défiguré le nom de Cochin, qui est en effet voisin de Calicut.

[2] Sur la grandeur et la décadence coloniale du Portugal on peut consulter RAYNAL, *Histoire philosophique des deux Indes.* — BOUCHOT, *Histoire du Portugal.* LA POPELLINIÈRE, *Histoire des trois mondes.*

[3] Zébut correspond à Cébu, une des Philippines, découvertes en 1522 par Magellan, qui y fut tué.

[4] Sans doute Bornéo.

et plusieurs isles des noirs, iusques à ce qu'ils sont paruenus aux Moluques, qui sont Atidore [1], Terrenate, Mate et Machian, petites isles asses pres l'une de l'autre : comme vous pourriez dire les Canaries, desquelles auons parlé. Ces isles distantes de nostre France plus de cent octante degrez, et situées droit au Ponent, produisent force bonnes espiceries, meilleures que celles de l'Amerique sans comparaison. Voila en passant des Moluques, apres avoir traité de la trafique de nos sauuages Ameriques.

Isles de Moluques et de l'espicerie qui en vient.

CHAPITRE XLVIII.

Des oyseaux plus communs en l'Amerique.

ENTRE plusieurs genres d'oyseaux que nature diuersement produit, descouurant ses dons par particulieres proprietez, dignes certes d'admiration, lesquelles elle a baillé à chacun animal

[1] On a reconnu les noms modernes de Tidor et Ternate. Maté et Machian paraissent correspondre aux îlots de Moti et Makian à l'ouest de Gilolo.

viuant, il ne s'en trouue un qui excede en perfection et beauté, cestuicy, qui se voit coustumierement en l'Amerique, nommé des Sauuages *Carinde* [1], tant nature se plaisoit à portraire ce bel oyseau, le reuestant d'un si plaisant et beau pennage qu'il est impossible n'admirer telle ouuriere. Cest oyseau n'excede point la grandeur d'un corbeau : et son plumage depuis le ventre iusques au gosier, est iaune comme fin or : les œlles et la queüe laquelle il a fort longue, sont de couleur de fin azur. A cest oyseau se trouue un autre semblable en grosseur, mais different en couleur : car au lieu que l'autre a le plumage iaune, cestuy cy l'a rouge, comme fine escarlatte, et le reste azuré. Ces oyseaux sont especes de perroquets, et de mesme forme tãt en teste, becs, que pieds. Les Sauuages du païs les tienẽt fort chers à cause que

Description du Carinde, oyseau de excellẽte beauté.

Fol. 93. trois ou quatre fois l'ãnée ils leur tirẽt les || plumes [2], pour en faire chapeaux, garnir boucliers, espées de

[1] Le Carindé est appelé Canidé par LÉRY (§ XI). Sa description est à peu près identique : « Ayant tout le plumage sous le ventre et à l'entour du col aussi iaune que fin or, le dessus du dos, les aisles et la queüe, d'un bleu si naïf qu'il n'est pas possible de plus, estant aduis qu'il soit vestu d'une toile d'or par dessous et emmantelé de damas violet figuré par dessus. » Cf. THEVET. *Cosm. univ.* P. 85. GANDAVO. *Santa Cruz*. P. 85.

[2] Ni Léry ni Thevet n'ont indiqué la méthode indienne pour prendre ces oiseaux. BELON l'a donnée (*Hist. de la nature des oyseaux*. P. 297) : « Les sauvages du Brésil ont des flesches moult longues, au bout des quelles ils mettent un bourlet de cotton à fin que tirant aux papegaux ils les abattent sans les naurer. » Cf. YVES D'EVREUX. *Voyage au nord du Brésil*. P. 204.

bois, tapisseries et autres choses exquises, qu'ils font coustumieremẽt. Les dits oyseaux sont si priuez, que tout le iour se tiennẽt dans les arbres, tout autour des logettes des Sauuages. Et quãd ce viẽt sur le soir, ces oyseaux se retirẽt les uns dãs les loges, les autres dans les bois : toutefois ne faillent iamais à retourner le lendemain, ne plus ne moins que font noz pigeons priuez, qui nidifient aux maisons par deça. Ils ont plusieurs autres especes de perroquets tous differens de plumage les uns des autres. Il y en a un plus verd que nul autre, qui se trouue par delà, qu'ils nõment *Aiouroub* [1] : autres ayans sur la teste petites plumes azurées, les autres vertes, que nõment les Sauuages, *Marganas*. Il ne s'en trouue point de gris comme en la Guinée, et en la haute Afrique. Les Ameriques tiennent toutes ces especes d'oyseaux en leurs loges, sans estre aucunement enfermez, comme nous faisons par deça : i'entens apres les auoir appriuoisez de ieunesse à la maniere des Anciens, comme dit Pline au liure dixieme de son histoire naturelle, parlãt des oyseaux : où il afferme que Strabon a esté le premier qui a mõstré à mettre les oyseaux en cage lesquels parauant auoyent toute liberté d'aller et venir. Les femmes specialemẽt en nourrissent quelques uns semblables de stature et couleur aux loriõs de par deça, lesquels elles tiennent fort chers, iusques à les appeller en leur langue, leurs amis [2]. Dauantage nos

Aiouroub oyseau verd.

Marganas.

Qui fut le premier qui a mis les oyseaux en cage.

[1] Sur les aiouroubs, appelés aiourous par Léry, voir le § XI de LÉRY.

[2] Amusant récit de LÉRY (§ XI) sur la grande affection que

Ameriques apprennent à ces oyseaux à parler en leur langue, comme à demander de la farine, qu'ils font de racines : ou bien leur apprennent le plus souuent à dire et proferer qu'il faut aller en guerre contre leurs ennemis, pour les prendre, puis les manger et plusieurs autres choses. Pour rien ne leur dõneroient des fruits à mãger, tant aux grands qu'aux petis : car telle chose (disent ils) leur engendrẽt un ver, qui leur perce le cœur. Il y a multitude d'autres perroquets sauuages, qui se tiennent aux bois, desquels ils tuent grande quãtité à coups de flesches, pour mãger. Et font ces perroquets leurs nids [1] au sommet des arbres, de forme toute ronde, pour crainte des bestes piquantes. Il a esté un temps que ces oyseaux n'estoient congneuz aux anciẽs Romains et autres païs de l'Europe, sinon depuis (comme aucũs ont voulu dire) qu'Alexandre le Grand enuoya son lieutenant Onesicrite en l'isle Trapobane, lequel en apporta quelque nombre : et depuis se multiplierent si bien, tant au païs de Leuant qu'en Italie,

Abõdãce de perroquets en l'Amerique.

Depuis quel tẽps auons eu cognoissance des perroquets.

portait une Brésilienne à son perroquet : « Aussi ceste femme sauuage l'appelant son *Chérimbané*, c'est-à-dire, chose que i'aime bien, le tenoit si cher que quand nous le lui demandions à vendre, et que c'est quelle en vouloit, elle respondoit par moquerie, *moca-ouassou*, c'est-à-dire, une artillerie, tellement que nous ne le sceusmes iamais auoir d'elle. » GANDAVO (*Santa Cruz*. P. 85) rapporte qu'ils préféraient un perroquet apprivoisé à deux ou trois esclaves.

1 LÉRY (§ XI) s'inscrit en faux contre ce passage : « Ayant veu le contraire en ceux de la terre du Brésil, qui les font tous en des creux d'arbres, en ronds et assez durs, i'estime que c'a esté une faribole et conte fait à plaisir par l'auteur de ce livre. »

et principalemẽt à Rome, cõme dit Columelle au liure troisieme des dits des Anciẽs, que Marcus Porcius Cato (duquel la vie et doctrine fut exemple à tout le peuple Romain) ainsi cõme se sentãt scandalizé, dist un iour au Senat : O peres cõscripts, o Rome malheureuse, ie ne sçay plus en quel tẽps nous sommes tõbez, depuis que i'ay veu en Rome telles monstruositez, c'est à sçauoir les hommes porter perroquets sur leurs mains, et veoir les femmes nourrir et auoir en delices les chiens. Retournons à noz oyseaux, qui se trouuent par delà, d'autre espece et fort estranges (comme est celuy qu'ils appellent Toucan, duquel nous auons parlé cy deuant) tous differens à ceux de nostre hemisphere : comme pouuez plus clerement voir par ceux qui nous sont representez en ce liure, et de plusieurs autres, dont i'ay apporté quelques corps garniz de plumes, les unes iaunes, rouges, vertes, pourprées, azu || rées, et de plusieurs autres couleurs : qui ont esté presentez au Roy, comme choses singulieres, et qui n'auoyent oncques esté veues par deça. Il reste à descrire quelques autres oyseaux assez rares et estranges : entre lesquels se trouue une espece de mesme grandeur et couleur que petis corbeaux, sinon qu'ils ont le deuant de la poitrine rouge, comme sang et se nomme *Panou* 1, son bec est cendré, et ne vit d'autre chose, sinon d'une espece de palmier, nommé *Jerahuua*. Il s'en trouue d'autres grans comme noz

Exclamation de Marcus Cato cõtre les delices de son tẽps.

Fol. 94.

Panou, oyseau estrange.

Jerahuua espece de palmier.

1 Léry donne une description à peu près identique du panou et du quapian (§ xi).

merles, tous rouges comme sang de dragon, qu'ils nomment en leur langue *Quiapian*. Il y a une autre espece de la grosseur d'un petit moineau, lequel est tout noir, viuant d'une façon fort estrange. Quand il est soul de formis, et autre petite vermine qu'il mange, il ira en quelque arbrisseau, dans lequel il ne fera que voltiger de haut en bas, de branche en brãche sans auoir repos quelconque. Les Sauuages le nõmẽt *Annou*. Entre tous les oyseaux qui sont par delà, il s'en trouue encore un autre que les Sauuages ne tueroient ou offenseroient pour chose quelconque. Cest oyseau a la voix fort esclatãte et piteuse [1], cõme celle de nostre Chathuant : et dient ces pauures gẽs que son chãt leur fait recorder leurs amis morts estimans que ce sont eux qui leur enuoyent, leur portant bonne fortune, et mauuaise à leurs ennemis. Il n'est pas plus grand qu'un pigeon ramier, ayãt couleur cẽdrée, et viuãt du fruit d'un arbre qui s'appelle Hiuourahé. Ie ne veux oublier un autre oyseau

Quiapiã, oyseau

Annou, oyseau.

Autre espece d'oyseau.

Hiuourahé, arbre.

[1] Léry (§ xi). « Nos pauvres Touoüpinambaoults l'entendant crier plus souuent de nuict que de iour, ont ceste resuerie imprimée en leur cerueau, que leurs parens et amis trespassez en signe de bonne aduenture et surtout pour les accourager à se porter vaillemment en guerre contre leurs ennemis, leur envoient ces oiseaux. » Cf. Yves d'Evreux. (*Voyage au nord du Brésil*. P. 281) : « Il y a aussi de certains oiseaux nocturnes, qui n'ont point de chant, mais une plainte moleste et facheuse à ouyr, fuyards et ne sortent des bois appelez par les Indiens *ouyra giropari*, les oiseaux du diable. » Cette croyance aux oiseaux prophétiques s'est conservée chez les Guaycourous, mais la plupart des indigènes se bornent à croire que ces oiseaux leur annoncent l'arrivée d'un hôte.

nõmé Goñabuch [1], qui n'est pas plus gros qu'un petit cerf volant, ou une grosse mousche : lequel neantmoins qu'il soit petit, est si beau à le voir, qu'il est impossible de plus. Son bec est longuet et fort menu, et sa couleur grisâtre. Et combien que ce soit le plus petit oyseau, qui soit (cõme ie pense) soubs le ciel, neantmoins il chante merueilleusement bien et est fort plaisant à ouyr. Ie laisse les oyseaux d'eau douce et salée, qui sont tous differens à ceux de par deça, tant en corpulence qu'en varieté de plumages. Ie ne doute, Lecteur, que noz modernes autheurs des liures d'oyseaux, ne trouuent fort estrange la description que i'en fais, et les pourtraits que ie t'ai representez. Mais sans honte leur pourras reputer cela à la vraye ignorance qu'ils ont des lieux, lesquels ils n'ont iamais visité, et la petite congnoissance qu'ils ont pareillement des choses estrangeres. Voyla donc le plus sommairement qu'il m'a esté possible, d'escrire des oyseaux de nostre France Antarctique, et ce que pour le temps que nous y auons seiourné, auons peu obseruer.

Gonambuch, oyseau fort pet.

[1] THEVET. *Cosm. univ.* P. 939. Charmante description de LÉRY : « Ayant le bec et gosier touiours ouuert, si on ne l'oyoit et voyoit par expérience, on ne croiroit iamais que d'un si petit corps il peut sortir un chant si franc et si haut, voir diray si clair et si net qu'il ne doit rien au rossignol. »

CHAPITRE XLIX.

Des venaisons et sauuagines que prennent ces Sauuages.

Il me semble n'estre hors de propos, si ie recite les bestes qui se trouuent es bois et montagnes de l'Amerique, et comme les habitans du païs les prennēt pour leur nourriture. Il me souuiēt auoir dit en quelque endroit, comme ils ne nourissent aucūs animaux domestiques, mais se nourrist par les bois grande quantité de sauuages, comme cerfs, biches, sangliers, et autres. Quand ces bestes se detraquent à l'escart pour chercher leur vie, ils vous feront une fosse profonde couuerte de feuillages, au lieu auquel la beste || hantera le plus souuent, mais de telle ruse et finesse, qu'à grand peine pourra eschapper : et la prendrōt toute viue, ou la feront mourir là dedans, quelquefois à coups de flesches. Le sanglier [1] est trop

Mode des Ameriques à prēdre bestes sauuages.

Fol. 95.

Sanglier de l'Amerique.

[1] D'après Léry (§ xi), le sanglier brésilien se nomme le *Taïassou*. On lui donne plus communément le nom de pécari. Cf. Gandavo. *Santa Cruz*. P. 67. — Gomara. *Hist. gen. Ind.* § 205.

plus difficile. Iceluy ne ressemble du tout le nostre, mais est plus furieux et dangereux : et a la dent plus longue et apparente. Il est totalement noir et sans queüe, d'auantage il porte sur le dos un euent semblable de grandeur à celuy du marsouïn, auec lequel il respire en l'eau. Ce porc sauuage iette un cry fort espouuentable, aussi entend t'on ses dents claqueter et faire bruit, soit en mangeãt ou autrement. Les Sauuages nous en amenerẽt une fois un lié, lequel toutesfois eschappa en nostre presence. Le cerf [1] et la biche n'ont le poil tant uni et delié comme par deça, mais fort boureux et tressonné, assez long toutefois. Les cerfs portent cornes petites au regard des nostres. Les Sauuages en font grande estime pource qu'apres auoir percé la leure à leurs petis enfans, ils mettront souuent dedãs le pertuis quelque pièce de ceste corne de cerf, pour l'augmenter, estimans qu'elle ne porte venin aucun : mais au contraire elle repugne et empesche qu'à l'endroit ne s'engendre quelque mal. Pline [2] afferme la corne de cerf estre remede et antidote contre tous venins. Aussi les medecins la mettẽt entre les medicamẽs cordiaux, comme roborant et confortant l'estomac de certaine proprieté, comme l'iuoire et autres. La fumée de ceste corne bruslée a

Cerf de l'Amerique.

Propriété de la corne de cerf.

[1] Léry (§ x) les nomme *seouassous* : « mais, outre qu'il s'en faut beaucoup qu'ils soyent si grans que les nostres, et que leurs cornes aussi soyent sans comparaison plus petites, encore different ils en cela qu'ils ont le poil aussi grand que celuy des cheures de par deça. »

[2] Pline. H. N. xxxviii. 46, 64.

puissance de chasser les serpens. Aucuns veulent dire que le cerf fait tous les ans cornes nouuelles : et lors qu'il est destitué de ses cornes, se cache, mesmes quand les cornes luy veulent tomber. Les anciens ont estimé à mauuais presage la rencõtre d'un cerf et d'un lieure : mais nous sommes tout au contraire, aussi est ceste opinion folle superstitieuse et repugnante à nostre religion. Les Turcs et Arabes sont encores auiourd'huy en cest erreur. A ce propos noz Sauuages se sont persuadez une autre resuerie [1], et sera bien subtil qui leur pourra dissuader : laquelle est, qu'ayans pris un cerf ou biche, ils ne les oseroient porter en leurs cabannes, qu'ils ne leur ayent couppé cuisses et iãbes de derriere, estimans que s'ils les portoyent auec leurs quatre membres, cela leur osteroit le moyen à eux et à leurs enfans de pouuoir prendre leurs ennemis à la course : outre plusieurs

Resuerie des Sauuages.

[1] Cette opinion était fort répandue chez tous les Américains. Ainsi les Caraïbes ne voulaient manger ni cochons ni tortues parce qu'ils craignaient que leurs yeux ne devinssent aussi petits que ceux de ces animaux ; les Dacotahs mangent encore le foie des chiens afin d'acquérir leur sagacité et leur courage. Les Esquimaux sont même persuadés que les qualités corporelles des Européens se communiquent à leurs vêtements, et ils récoltent les vieilles semelles des matelots norwégiens ou Danois, qu'ils font porter aux femmes stériles. LUBBOCK. *Origines de la Civilisation.* P. 18. Curieux passage de BRETT. *Indian Tribes of Guiana.* P. 355. « Les Acawoios et les Caraïbes, quand ils attendent l'accouchement de leurs femmes, s'abstiennent de certaines sortes de viandes, de peur que l'enfant qui va naître ne s'en ressente mystérieusement. »

resueries, dont leur cerueau est perfumé. Et n'ont autre raison, sinon que leur grād Charaïbe leur a fait ainsi entendre : aussi que leurs Pagès et medecins le defendent. Ils vous ferōt cuire [1] leur venaison par pieces, mais auec la peau : et apres qu'elle est cuitte sera distribuée à chacũ menage, qui habitent en une loge tous ensemble, cōme escoliers aux colleges. Ils ne māgeront iamais chair de beste rauissante, ou qui se nourrisse de choses impures, tāt priuée soit elle : aussi ne s'efforcerōt d'appriuoiser telle beste, cōme une qu'ils appellent *Coaty* [2], grande come un regnard de ce païs, ayāt le museau d'un pied de long, noir cōme une taupe, et menu cōme celuy d'un rat : le reste enfumé, le poil rude, la queüe gresle cōme celle d'un chat sauuage, moucheté de blanc et noir, ayant les oreilles comme un regnard. Ceste beste est rauissēte, et vit de proye autour des ruisseaux. En oultre se trouue là une espece de faisans [3], gros comme chappons mais de plumage noir, hors-mis la

Description du Coaty, animal estrange.

Espece de faisan.

[1] C'est ce qu'on nomme le *boucan*. Ce mode de cuisson est encore en usage chez toutes les peuplades américaines.

[2] Le coati ou agouty a été décrit par LÉRY (§ XI). Aussi bien sur tous ces animaux américains on peut consulter ROULIN. *Causeries sur l'Histoire naturelle.* P. 41-79.

[3] Ces prétendus faisans sont tout bonnement les dindons qui ne commencèrent à être connus en Europe qu'au XVIe siècle. CHAMPIER, qui publia en 1560 son traité *De re cibaria*, parle en ces termes des dindons : « Depuis peu d'années, il nous est arrivé en France certains oiseaux étrangers qu'on appelle poules d'Inde, nom qui leur a été donné parce qu'ils ont été pour la première fois transportés dans nos climats des îles indiennes qui viennent d'être découvertes. »

teste, qui est grisatre ayant une petite creste rouge
pendante comme celle d'une petite poulle d'Inde, et
Fol. 96. les pieds||rouges. Aussi y a des perdris nommées en
Macouacaña, leur lãgue *Macouacanna*, qui sont plus grosses que
espece de perdris les nostres. Il se trouue d'auantage en l'Amerique
Tapihire, grande quantité de ces bestes, qu'ils nomment *Tapi-*
animal. *hire*, désirées et recõmandables pour leur deformité
Aussi les Sauuages les poursuyuent à la chasse, nõ
seulement pour la chair qui est tresbonne, mais aussi
pour les peaux dont ces Sauuages font boucliers, desquels ils usent en guerre. Et est la peau de ceste beste
si forte, qu'à grãde difficulté un trait d'arbaleste la
pourra percer. Ils les prennẽt ainsi que le cerf et le
Description sanglier, dont nous auõs parlé n'agueres. Ces bestes [1]
du Tapihire. sont de la grandeur d'un grand asne, mais le col
plus gros, et la teste cõme celle d'un taureau d'un an :
les dents tranchãtes et agues : toutesfois elle n'est
dangereuse. Quãd on la pourchasse, elle ne fait autre
resistence que la fuite, cherchant lieu propre à se
cacher, courant plus legerement que le cerf. Elle n'a
point de queüe, sinõ bien peu, de la longueur de
trois ou quatre doigts, laquelle est sans poil, cõme
celle de l'Agoutin. Et de telles bestes sans queüe se
trouue grande multitude par de là. Elle a le pié

[1] GANDAVO (*Santa Cruz*. P. 68) : « Ces animaux ressemblent à des mules, mais ils ont la tête plus déliée, et les lèvres allongées comme une trompe. Leurs oreilles sont rondes et la queue courte ; ils sont cendrés sur le corps et blancs sur le ventre. Leur chair a tellement le goût du bœuf qu'on ne peut distinguer l'une de l'autre. » Cf. THEVET. *Cosm. univ.* P. 937. — LÉRY. § XI.

forchu, auec une corne plus longue, autant presque deuant cõme derrière. Sõ poil est rougeatre, cõme celuy d'aucunes mules ou vaches de par deça : et voila pourquoy les Chrestiẽs qui sont par de là, nomment telles bestes vaches, non différentes d'autre chose à une vache, hors-mis quelle ne porte point de cornes : et à la vérité, elle me semble participer autãt de l'asne que de la vache : car il se trouue peu de bestes d'especes diuerses, qui se ressemblent entierement sans quelque grande difference. Comme aussi des poissons, que nous auons veu sur la mer à la coste de l'Amerique, se presenta un entre les autres ayant la teste cõme d'un veau, et le corps fort bizarre. Et en cela pouuez voir l'industrie de Nature, qui a diuersifié les animaux selon la diuersité de leurs especes, tant en l'eau qu'en la terre.

Espece de poisson estrã[g]

CHAPITRE L.

D'un arbre nommé Hyuourahé.

Hyuourahé arbre.

Ie ne voudrois aucunement laisser en arrière, pour son excellence et singularité, un arbre nommé des sauuages *Hyuourahé*, qui vaut autãt à dire, comme, chose rare. Cest arbre est de haute stature, ayant l'escorce argentine, et au dedans demye rouge. Il a quasi le goust de sel, ou comme bois de réglisse, ainsi que i'ay plusieurs fois experimenté. L'escorce de c'est arbre a une merueilleuse proprieté entre toutes les autres, aussi est en telle reputation vers les sauuages, comme le bois de Gaiac par deça : mesmes qu'aucũs estiment estre vray Gaiac, ce que toutefois ie n'approuue : car ce n'est pas à dire, que tout ce qui a mesme propriété que le Gaiac, soit neãtmoins Gaiac. Nonobstant ils s'en seruent au lieu de Gaiac, i'entẽds des Chrestiens, car les sauuages ne sont tant subiets à ceste maladie commune, de laquelle parlerons plus amplement autre part. La

Usage de l'escorce de cest arbre.

maniere d'en user est telle : L'on prend quelque quãtité de ceste escorce, laquelle rend du laict quand elle est recentement separée d'auec le bois : laquelle couppée par petis morceaux font boulir en eau l'espace

Fol. 97.

de trois ou quatre heures, iusques à tant || que ceste decoction deuient colorée, comme un clairet. Et de ce bruuage boiuent par l'espace de quinze ou vingt iours consecutiuement, faisans quelque petite diete : ce que succede fort bien ainsi que i'ay peu entēdre. Et ladite escorce n'est seulement propre à ladite affection, mais à toutes maladies froides et pituiteuses, pour attenuer et deseicher les humeurs : de laquelle pareillement usent noz Ameriques en leurs maladies. Et encore telle decoction est fort plaisante à boire en pleine santé. Autre chose singuliere à cest arbre portãt un fruit de la grosseur d'une prune moyenne de ce païs, iaune comme fin or de ducat : et au dedans se trouue un petit noyau, fort suaue et delicat, auec ce qu'il est merueilleusement propre aux malades et dégoustez. Mais autre chose sera par auanture estrãge, et presque incroyable, à ceux qui ne l'auront veüe : c'est qu'il ne porte son fruit que de quinze ans en quinze ans. Aucuns m'ont voulu donner à entēdre de vingt en vingt : toutesfois depuis i'ai sceu le contraire pour m'en estre suffisammēt informé, mesmes des plus anciens du païs. Ie m'en fis montrer un, et me dist celuy qui me le monstroit, que de sa vie n'en auoit peu manger fruit que trois ou quatre fois. Il me souuiēt de ce bon fruit de l'arbre nommé *Lothe*, duquel le fruit est si friant, ainsi que recite Homere en son Odyssée, lequel apres que les gens de Scipion [1] eurent gousté, ils ne tenoyent conte de retourner à leurs nauires, pour manger autres viandes et fruits. Au surplus en ce païs se trouuent quelques arbres portans casse, mais elle n'est si excellente que celle d'Egypte ou Arabie.

Excellence du fruit de cest arbre Hyuourahé.

Lothe homerique

[1] PLINE. H. N. XIII. 32. — XXII. 27.

CHAPITRE LI.

D'un autre arbre nommé Vhebehasou, et des mousches à miel qui le frequentent.

Allant quelque iour en un village, distant du lieu où estoit notre residence enuiron dix lieües, accompagné de cinq sauuages et d'un truchement Chrestien, ie me mis à contempler de tous costez les arbres, dont il y auoit diuersité : entre lesquels ie m'arrestay à celui duquel nous voulons parler, lequel à voir l'on iugeroit estre ouurage artificiel et non de Nature. Cest arbre est merueilleusement haut, les branches passants les unes par dedans les autres, les fueilles semblables à celles d'un chou, chargée d'aucune branche de son fruit, qui est d'un pié de longueur. Interrogant donques l'un de la compagnie quel estoit ce fruit, il me monstre lors et m'admoneste de cõtempler une infinité de mouches, à l'entour de ce fruit, qui lors estoit tout verd, duquel nourrissent ces mousches à miel dont s'estoit retiré un grãd nombre dedans un pertuis de cest arbre, où elles faisoient miel et cire. Il y a

Description d'un arbre nommé Vebehasou.

deux especes de ces mousches [1] : les unes sont grosses comme les nostres, qui ne vient seulement que de bonnes fleurs odorantes, aussi font elles un miel tresbon, mais de cire non en tout si iaune que la nostre. Il s'en trouue une autre espece la moytié plus petites que les autres : leur miel est encore meilleur que le premier, et le nõment les Sauuages *Hira*. Elles ne viuent de la pasture des autres, qui cause à mõ aduis qu'elles font une cire noire comme charbon : et s'en fait une grande quantité, specialement près la riuiere des Vases et || de Plate. Il se trouue là un animant, nommé *Heyrat*, qui vaut autant à dire comme beste à miel, pour ce qu'elle recherche de toutes pars ces arbres, pour manger le miel que font ces mousches. Cest animãt est tanné, grand comme chat, et a la methode de tirer le miel auec ses griffes, sans toucher aux mousches, ne elles à luy. Ce miel est fort estimé par de là, pource que les Sauuages en presentent à leurs malades, mistiõné auec farine recente qu'ils ont accoustumé faire de racines. Quant à la cire ils n'en usent autrement, sinon qu'ils l'appliquent pour faire tenir leurs plumettes et pennages autour de la teste. Ou bien de boucher quelques grosses cannes, dans lesquelles ils mettent leurs plu-

Deux especes de mousches à miel.

Hira, miel.

Fol. 98.

Heyra animant

Usage de miel tenu en grande recõmendation de divers peuples.

[1] D'après HANS STADEN (P. 315) il y aurait trois espèces d'abeilles : « La première ressemble à celles de ce pays, la seconde est noire et de la grosseur des mouches, la troisième de celle des moucherons... leur piqûre n'est pas douloureuse, car j'ai souvent vu les sauvages en être couverts en prenant le miel, et moi-même j'en ai enlevé quoique étant nu. » Cf. YVES D'EVREUX. *Voyage dans le nord du Brésil*. P. 193.

mes, qui est le meilleur thresor de ces Sauuages. Les anciens Arabes et Egyptiens usoyent et appliquoyent aussi du miel en leurs maladies, plus que d'autres medecines, ainsi que recite Pline [1]. Les Sauuages de la riuiere de Marignan, ne mangent ordinairement, sinon miel auec quelques racines cuittes, lequel distille et dechet des arbres et rochers comme la manne du ciel, qui est un tres bon aliment à ces barbares. A propos Lactance au premier liure des institutiõs diuines recite, si i'ay bonne memoire, que Melissus Roy de Crete, lequel premier sacrifia aux Dieux, auoit deux filles, Amalthea et Melissa, lesquelles nourrirent Iupiter de laict de cheure, quand il estoit enfant, et de miel. Dont voyans ceux de Crete ceste tant bonne nourriture de miel, commencerent en nourrir leurs enfans : ce qui a donné argument aux poëtes de dire que les mouches à miel estoyent volées à la bouche de Iupiter. Ce que cognoissant encore le sage Solon [2] permit qu'on transportast tous fruits hors de la ville

Melissus, Roy de Crete.

Pourquoy ont faint les poëtes les mouches estre volées à la bouche de Iupiter.

Solon.

Fol. 99. d'Athenes, et plusieurs || autres victuailles, excepté le miel. Pareillement les Turcs ont le miel en telle estime qu'il n'est possible de plus, esperãs apres leur mort aller en quelques lieux de plaisance remplis de tous aliments, et specialement de bon miel, qui sont

[1] PLINE. H. N. XXI. 46. — XXII. 50. — XXIX. 38-39. — XXX. 10, 17, 19.

[2] Erreur de Thevet. On lit en effet dans PLUTARQUE (*Solon.* § 31.) « De toutes les productions indigènes, il ne permit de vendre aux étrangers que l'huile, et défendit l'exportation des autres. »

expectations fatales. Or pour retourner à nostre arbre, il est fort frequenté par les mousches à miel, combien que le fruit ne soit bon à manger, comme sont plusieurs autres du païs, à causes qu'il ne vient gueres à maturité, ains est mangé des mouches, cōme i'ay peu apperceuoir. Au reste il porte gomme rouge, propre à plusieurs choses, comme ils la sçauēt bien accomoder.

Gomme rouge.

CHAPITRE LII.

D'une beste assez estrange, appellée Haüt.

ARISTOTE et quelques autres apres luy se sont efforcez auec toute diligence de chercher la nature des animaux, arbres, herbes, et autres choses naturelles : toutesfois par ce qu'ils ont escript n'est vraysemblable qu'ils soient paruenuz iusques à nostre France Antarctique ou Amerique, pource qu'elle n'estoit decouuerte auparauant, ny de leur temps. Toutefois ce qu'ils nous en ont laissé par escrit, nous apporte beaucoup de consolation et soulagement. Si donc nous en descriuons quelques unes,

L'Amérique incognüe aux anciens.

rares quant à nous et incongnües, i'espere qu'il ne sera pris en mauuaise part, mais au contraire pourra apporter quelque contentement au lecteur, amateur des choses rares et singulieres, lesquelles nature n'a voulu estre communes à chacun païs. Ceste beste pour abreger, est autant difforme qu'il est possible et quasi incroyable à ceux qui ne l'auroient veüe. Ils la nomment *Haü* [1], ou *Haüthi*, de la grandeur d'un bien grand guenon d'Afrique, son ventre est fort

Description d'un animal nommé Haüthi.

aualé contre terre. Elle a la teste presque semblable à celle d'un enfant, et la face semblablement, comme pouuez voir par la sequente figure retirée du naturel. Estant prise, elle fait des souspirs comme un enfant affligé de douleur. Sa peau est cendrée et velüe comme celle d'un petit ours. Elle ne porte sinõ trois ongles aux pieds longs de quatre doigts, faits en mode de grosses arestes de carpe, auec lesquelles elle grimpe aux arbres où elle demeure plus qu'en terre. Sa queüe est longue de trois doigts, ayant bien peu de poil. Une autre chose digne de memoire, c'est que ceste

Fol. 100.

beste n'a iamais esté ||veüe manger d'homme viuant, encores que les Sauuages en ayent tenu longue espace de temps, pour voir si elle mangeroit, ainsi qu'eux

1 L'*haü* est l'*aï* ou paresseux. GANDAVO le décrit sous le nom de *pergniça* (P. 74.) : « Il marche si lentement que pendant quinze jours il n'avance pas de la distance d'un jet de pierre. Il lui faut deux jours pour monter sur un arbre et autant pour en descendre. » Cf. LÉRY. § X. Les savants modernes ont fait justice des exagérations des premiers observateurs. Cf. *Mémoire* de QUOY et GUAYMARD dans le *Voyage autour du Monde* par FREYCINET.

mesmes m'ont recité. Pareillement ie ne l'eusse encore creu, iusques à ce qu'un capitaine de Normandie nommé De l'Espiné, et le capitaine Mogneuille, natif de Picardie, se promenãs quelque iour en des bois de haute fustaye, tirerent un coup d'arquebuze contre deux de ces bestes qui estoient au feste d'un arbre, dont tomberent toutes deux à terre, l'une fort blessée, et l'autre seulemẽt estourdie, de laquelle me fut fait present. En la gardant bien l'espace de vingt six iours, où ie congnu que iamais ne voulut manger ne boire : mais tousiours à un mesme estat, laquelle à la fin fut estrãglée par quelques chiẽs qu'auions mené auec nous par delà. Aucuns estimẽt ceste beste viure seulement des fueilles de certain arbre, nommé en leur langue *Amahut*. Cest arbre est haut eleué sur tous autres de ce païs, ses fueilles fort petites et deliées. Et pource que coustumierement elle est en cet arbre ils l'ont appellé *Haüt*. Au surplus fort amoureux de l'homme quand elle est appriuoisée, ne cherchant qu'à mõter sur ses espaules, comme si son naturel estoit d'appeter tousiours choses hautes, ce que malaisément peuuent endurer les Sauuages, pource qu'ils sont nuds, et que cest animant a les ongles fort agües, et plus longues que le lion, ne beste que i'aye veu tant farouche et grande soit-elle. A ce propos, i'ay veu par experience certains Chameleõs, que lon tenoit en cage dans Constãtinople, qui furẽt apperceuz viure seulemẽt de l'air. Et par ainsi ie congneu estre veritable, ce que m'auoiẽt dit les Sauuages de ceste beste. En outre encore qu'elle demeurast attachée iour et nuict dehors au vent et à la pluye (car ce païs y est

M. de l'Espiné. Capitaine Mogneuille.

Chamaleon.

assez subiect) neãtmoins elle estoit tousiours aussi seche cõme parauãt. Voila les faits admirables de nature, et cõme elle se plaist à faire choses grandes, diuerses, et le plus souuent incomprehensibles, et admirables aux hõmes. Parquoy ce seroit chose impertinente d'en chercher la cause et raison, cõme plusieurs de iour en iour s'efforcent : car cela est un vray secret de nature, dont la congnoissance est reseruée au seul Createur, comme de plusieurs autres que lon pourroit icy alleguer, dont ie me deporteray pour sommairement paruenir au reste.

Industrie et faits admirables de nature.

CHAPITRE LIII.

Comme les Ameriques font feu, de leur opinion du deluge, et des ferremens dont ils usent.

APRÈS auoir traicté d'aucunes plantes singulieres, et animaux incongneuz, non seulement par deça, mais aussi comme ie pense en tout le reste de nostre monde habitable, pour n'auoir esté ce païs congneu ou decouuert, que depuis certain temps en ça : i'ay bien voulu, pour mettre fin à nostre discours de l'Amerique, descrire la maniere fort estrange, dont usent ces Barbares à faire feu comme par deça auec la pierre et le fer : laquelle inuẽtion à la verité est celeste, donnée diuinement à l'homme, pour sa necessité. Or noz Sauuages tiennent une autre methode, presque incredible, de faire feu, bien differente à la nostre, qui est de || frapper le fer au caillou. Et faut entendre qu'ils usent coustumierement de feu, pour leurs necessitez, comme nous faisons : et encores plus, pour resister à cet esprit malin, qui les tourmente : qui est la cause [1] qu'ils ne se coucheront iamais quelque part qu'ils soient, qu'ils n'y ait du feu allumé, à l'entour de leur lict. Et pource tant en leurs maisons que ailleurs, soit au boys ou à la campagne, où ils sont contraints quelquefois demeurer longtemps, comme quand ils vont en guerre, ou chasser à la venaison, ils portent ordinairement auec eux leurs instrumens à faire feu. Dõcques ils vous prendront [2] deux bastons inegaux, l'un, qui est le plus petit de deux pieds, ou enuiron, fait de certain bois fort sec, portant moëlle : l'autre quelque peu plus long. Celuy qui veult faire feu, mettra le plus

Methode des Sauuages à faire feu. Fol. 101.

[1] Cet usage s'est perpétué : Lire le curieux *Voyage aux vallées des quinquinas* par PAUL MARCOY. Les Indiens Siriniris ont constamment du feu allumé dans leurs cases.

[2] Cette méthode n'est point particulière aux Brésiliens. Tous les peuples primitifs l'ont pratiquée et la pratiquent encore. Cf. L. FIGUIER. *L'Homme primitif*, et tous les ouvrages d'archéologie préhistorique.

petit baston en terre, percé par le milieu, lequel tenant auec les pieds qu'il mettra dessus, fichera le bout de

l'autre baston dedans le pertuis du premier, auec quelque peu de cotton, et de fueilles d'arbre seiches : puis à force de tourner ce baston, il s'engendre telle chaleur, de l'agitation et tournemẽt, que les fueilles et cotton se prennent à brûler, et ainsi allument leur

Thata. Thatatin feu, lequel en leur langue ils appellent *Thata*, et la fumée *Thatatin*. Et celle maniere de faire feu, tãt subtile, disent tenir d'un grãd Charaïbe plus que prophete, qui l'enseigna à leurs peres anciens, et autres choses, dont parauant n'auoient eu congnoissance. Ie scay bien qu'il se trouue plusieurs fables de ceste inuention de feu. Les uns tiennent que certains pasteurs furent premiers inuenteurs de faire feu, à la maniere de noz Sauuages : c'est à sçauoir auec certain bois, destituez de fer et caillou. Par cela lon peut cõgnoistre euidemment, que le feu ne vient ne du fer ne de la pierre comme dispute tresbien Aphrodisée en ses Problemes, et en quelque annotation sur ce passage, par celuy qui n'agueres les a mis en Frãçois. Vous pourrez voir le lieu. Diodore escrit, que Vulcain a esté inuẽteur du feu, lequel pour ce respect les Egyptiens eleurent Roy. Aussi sont presque en mesme opinion noz Sauuages, lesquels parauant l'inuention du feu, mangeoient leurs viandes seichées à la fumée [1]. Et ceste cõgnoissance leur appporta comme nous auons dit, un grand Charaïbe, qui la leur communiqua la nuict en dormãt, quelque temps apres un deluge [2], lequel ils main-

Premiere inuention du feu.

Vulcain inuẽteur du feu

Opinion des Sauuages touchant un deluge.

[1] Léry a vraiment beau jeu pour se moquer de la naïveté de Thevet qui pense que les viandes peuvent être séchées à la fumée sans qu'il y ait du feu. Cf. sa préface.

[2] Sur la notion du déluge chez les Américains, Cf. Léry. § xvi. Les Indiens racontent : « que les eaux s'estans une fois tellement desbordées qu'elles couurirent toute la terre, tous les hommes du monde, excepté leurs grands peres qui se sauuerent sur les plus hauts arbres de leurs pays, furent noyez. » Hans Staden (P. 286) : « Ils disent qu'autrefois il y eut une grande inondation, que tous leurs ancêtres furent noyez à l'exception de quelques-uns qui réussirent à s'échapper dans leurs canots ou en montant sur de grands arbres. Je pense qu'ils veulent parler du déluge. » Cf. N. Perrot. *Mœurs et religion des sauvages de l'Amérique septentrionale.* P. 161-164. — Brasseur de Bourbourg. *Le Popol Vuh.* — *Revue Américaine.* 2e série. No 2. P. 89.

tiennent auoir esté autrefois, encores qu'ils n'ayent aucune congnoissance par escriptures, sinon de pere en fils : tellement qu'ils perpetuent ainsi la memoire des choses, biẽ l'espace de trois ou quatre cents ans :
Fol. 102. ce || qui est aucunement admirable. Et par ainsi sont fort curieux d'enseigner et reciter à leurs enfants les choses aduenües et dignes de memoire : et ne font les vieux et anciens la meilleure partie de la nuyt, apres le reueil, autre chose que remonstrer aux plus ieunes : et de les ouyr vous diriez que ce sont prescheurs, ou lecteurs en chaire. Or l'eau fut si excessiuement grande en ce délugc, qu'elle surpassoit les plus haultes montagnes de ce païs : et par ainsi tout le peuple fut submergé et perdu. Ce qu'ils tiennẽt pour asseuré, ainsi que nous tenons celuy que nous propose la saincte escriture. Toutefois il leur est trop aisé de faillir, attendu qu'ils n'ont aucun moyen d'escriture, pour memoire des choses, sinon comme ils ont ouy dire à leurs peres : aussi qu'ils nombrent par pierres ou autres choses seulement, car autrement ils ne sçavent nõbrer que iusques à cinq, et comptent les mois par lunes (comme desia en auons fait quelque part mention) disans, il y a tant de lunes que ie suis né, et tant de lunes que fut ce deluge, lequel temps fidelement supputé reuiẽt bien à cinq cens ans. Or ils afferment et maintiennent constamment leur deluge, et si on leur contredit, ils s'efforcent par certains argumens de soustenir le contraire. Apres que les eaux furent abaissées et retirées, ils disent qu'il vint un grand Charaïbe, le plus grand qui fut iamais entre eux, qui mena là un peuple de païs fort

Maniere de nombrer des Sauuages.

Origine des Sauuages.

lointain, estãt ce peuple tout nud, cõme ils sont encore auiourd'huy, lequel a si bien multiplié iusques à present, qu'ils s'en disent par ce moyen estre yssuz[1]. Il me semble n'estre trop repugnãt, qu'il puisse auoir esté autre deluge que celuy du temps de Noë. Toutefois ie me deporteray d'en parler, puisque nous n'en auõs aucun tesmoignage par l'escriture, retournans au feu de noz Sauuages, cõme ils en ont usé à plusieurs choses, cõme à cuire viandes, abatre bois, iusques à ce que depuis ils ont trouué moyẽ de le coupper[2], encore auec quelques pierres, et depuis nagueres ont receu l'usage des ferremens par les Chrestiens qui sont allez par delà. Ie ne doute que l'Europe et quelques autres païs n'ayẽt esté autrefois sans usage de ferremẽs. Ainsi recite Pline[3] au septieme de son *Histoire naturelle*, que Dedalus fut inuenteur de la premiere forge, de laquelle il forgea luy mesme

Premiere mode des Sauuages à couper du bois.

[1] Sur l'universalité de cette tradition dans toute l'Amérique on peut consulter PRESCOTT. *Conquête du Mexique*. Passim. DE CHARENCEY. *Le Mythe de Votan*. — BRASSEUR DE BOURBOURG. *Histoire des nations civilisées de l'Amérique avant C. Colomb, et préface du Popol Vuh*.

[2] D'après LÉRY (§ XIII) « auparavant, ainsi que i'ay entendu des vieillards, ils n'auoyent presque aucune industrie d'abattre un arbre, sinon mettre le feu au pied. » D'après HANS STADEN (P. 249) « ils prennent une espèce de pierre d'un bleu très foncé à laquelle ils donnent la forme d'un coin ; ils aiguisent ensuite le côté le plus large... ensuite ils attachent cette pierre au bout d'un bâton au moyen d'une corde. »

[3] PLINE. H. N. VII. 57.

une cõgnée, une sie, lime et cloux. Ouide [1] toutefois au huitième de sa *Metamorphose*, dit qu'un nommé Pedris, neueu de Dedalus inuenta la sie à la semblance de l'espine d'un poisson eleuée en haut. Et de telle espece de poisson passans soubs la ligne equinoctiale à nostre retour, en primes un, qui auoit l'espine longue d'un pié sus le dos : lequel volontiers nous eussions ici représenté par figure, si la commodité l'eust permis ; ce que toutefois nous esperons faire une autrefois. Donques aucuns des Sauuages depuis quelque temps desirans l'usage de ces ferremens pour leur necessitez, se sont appris à forger, sans auoir esté instruits par les Chrestiens. Or sans diuertir loin de propos, i'ay esté cõtraint de changer souuent et varier de sentẽces, pour la varieté des pourtraits que i'ay voulu ainsi diuersifier d'une matiere à autre.

[1] Ovide. *Métamorphoses*. viii. 256 :

> Ille etiam medio spinas in pisce notatas
> Traxit in exemplum, ferroque incidit acuto.
> Perpetuas dentes, et serræ repperit usum.

|| CHAPITRE LIV. Fol. 103.

De la riuiere des Vases, ensemble d'aucuns animaux qui se trouuent là enuiron, et de la terre nommée Morpion.

Situatiõ de la riuiere des Vases

CESTE riuiere des Vases [1] par delà celebrée, autant et plus, que Charante, Loire, ou Seine par deça, située à vingt et cinq lieües de Geneure, où nous arrestames, et sont encore pour le iourd'huy les François, est fort frequentée, tant pour l'abondance du bon poisson, que pour la nauigation à autres choses necessaires. Or ce fleuue arrouse un beau et grand païs, tant en plainure, que de montagnes : esquelles se trouue quelque mine d'or, qui n'aporte grand emolument à son maistre, pour ce que par le feu il resoult presque tout en fumée. Là autour sont plusieurs rochers, et pareillement en plusieurs endroits de l'Amerique, qui

[1] Il est à peu près impossible de déterminer la position de la rivière des Vases. C'est un des nombreux fleuves qu'on trouve sur la côte au sud de Rio, peut être la lagune de Los Patos ou le Rio Grande do Sul, mais les indications de Thevet ne sont pas assez précises pour établir l'identification moderne.

Marchasites, et autres pierres de la Frãce Antarctique.

portent grande quantité de marchasites luisantes cõme fin or : semblablement autres petites pierres luisantes [1], mais non pas fines comme celles de Leuant : aussi ne s'y trouuent rubis ne diamans, ne autres pierres riches. Il y a en outre abondance de marbre et iaspe et en ces mesmes endroits lon espere de trouuer quelques mines d'or ou d'argent : ce que lon n'a osé encore entreprendre, pour les ennemis qui en sont assez proches. En ces montagnes se voyent bestes rauissantes, cõme leopards, loups-ceruiers, mais de lions nullement, ne de loups. Il se trouue là une espece de monnes, que les Sauuages appelent *Cacuycu* [2] de mesme grandeur que les communes, sans autre differẽce, sinon qu'elle porte barbe au menton comme une cheure. Cest animal est fort enclin à luxure. Auecques ces monnes se trouuent force petites bestes iaunes, nommées *Sagouïns* [3] non seulement en cest endroit mais en plusieurs autres. Les Sauuages les chassent pour les manger, et si elles se voyent contraintes, elles prendront leurs petis au col, et gaigneront la fuyte. Ces monnes sont noires et grises en la Barbarie, et au Peru de la couleur d'un regnard. Là ne se trouuent aucuns singes, comme en l'Afrique et Ethiopie : mais en recompense se

Espece de monnes nõmées Cacuycu.

Sagouin animal

[1] Sur les richesses minérales du Brésil, consulter SAINT HILAIRE. *Voyage au Brésil.* MACEDO. *Chorographie Brésilienne*, etc.

[2] Le cacuycu correspond au *cay* de LÉRY (§ x) et à l'*ackakey* de HANS STADEN (P. 308).

[3] D'après GANDAVO (*Santa Cruz*. P. 77) « On les nomme sagoïs ou sahuis. Les uns sont jaune doré, d'autres sont fauves ; ils ont le poil très fin et ressemblent à des lions par la forme

trouue grand multitude de *Tattous* [1], qui sont bestes armées, dont les uns sont de la grandeur et hauteur d'un cochon, les autres sont moindres : et à fin que ie dise ce en passant, leur chair est merueilleusement delicate à manger. Quant au peuple de ceste constrée, il est plus belliqueux, qu'en autre endroit de l'Amerique, pour estre confin et pres de ses ennemis : ce que les contraint à s'exercer au faict de la guerre. Leur Roy en leur langue s'appelle *Quoniambec* [2], le plus craint et redouté qui soit en tout le païs, aussi est il martial et merueilleusement belliqueux. Et pense que iamais Menelaüs, Roy et conducteur de l'armée des Grecs ne fut tant craint ou redouté des Troyens, que cestuy-ci est de ses ennemis. Les Portugais le craignent sus les autres, car il en a faict mourir plusieurs. Vous verriez son palais, qui est une loge faite de mesme, et ainsi que les autres, ornée par dehors de testes de Portugais : car c'est la coustume d'emporter

Tattou, animal

Quoniãbec Roy redouté.

de leur tête et la conformation de leur corps. » Jolie description de Léry (§ x) : « Sa figure ayant le muffle, le col, et le devant et presque tout le reste ainsi que le lion : fier qu'il est de mesme, c'est le plus ioli petit animal que i'aye veu par delà... encore est-il si glorieux que pour peu de fascherie qu'on luy face, il se laisse mourir de despit. »

[1] Hans Staden (P. 308). — Gandavo. *Santa Cruz*. P. 69. — Léry. § x. — Roulin. Ouv. cit. P. 217-224. *Description et Histoire du Tatou.*

[2] Thevet a parlé à diverses reprises de ce principicule. Il lui a même consacré une notice particulière dans ses *Vrais Portraits et Notices des hommes illustres*. Hans Staden en parle également sous le nom de Quoniam Bebé, mais Thevet a

la teste de leurs ennemis [1], et les pendre sur leurs loges. Ce Roy aduerty de nostre venüe, nous vint voir incontinent au lieu où nous estions, et y seiourna l'espace de dix huit iours, occupant la meilleure partie du temps, principalement de trois heures du matin à
Fol. 104. reciter ses victoires et gestes belliqueux || contre ses ennemis : d'auantage menasser les Portugais, auec
Peros. certains gestes, lesquels en sa langue il appelle *Peros*. Ce Roy est le plus apparent et renommé de tout le païs. Son village et territoire est grand, fortifié à l'entour de bastions et plateformes de terre, fauorisez de quelques pieces, comme fauconneaux, qu'il a pris sur les Portugais. Quant à y auoir villes et maisons fortes de pierre, il n'en y a point, mais bien, comme nous auons dit, ils ont leurs logettes fort longues, et spatieuses. Ce que n'auoit encores au commencement le gẽre humain, lequel estoit si peu curieux et songnez d'estre en seureté, qu'il ne se soucioit pour lors estre enclos en villes murées, ou fortifiées de fossez et rempars,

singulièrement exagéré sa puissance et sa force. N'est-il pas allé jusqu'à prétendre qu'il portait deux canons sur ses épaules, et les faisait décharger à la fois ? ce qui a prêté à rire à Léry dans la préface de son ouvrage. On pourrait comparer ce Quoniambec, avec son emphase ridicule et ses prétentions outrecuidantes, à ces rois de l'Afrique centrale qui se croient naïvement les principaux souverains de l'univers.

[1] LÉRY. § XV. « Nos Toüoupinambaoults reservans les tects par monceaux en leurs villages... la premiere chose qu'ils font quand les Français les vont voir et visiter, c'est qu'en recitant leur vaillance, et par trophée leur monstrant ces tects ainsi descharnez, ils disent qu'ils feront de mesme à tous leurs ennemis. »

ains estoit errant et vagabond ne plus ne moins que les autres animaux, sans auoir lieu certain et désigné pour prendre son repos, mais en ce lieu se reposoit, auquel la nuyt le surprenoit, sans aucune crainte de larrõs : ce que ne font noz Ameriques, encore qu'ils soyent fort sauuages. Or pour conclusiõ ce Roy, dõt parlons, s'estime fort grãd, et n'a autre chose à reciter que ses grandeurs, reputant à grand gloire et honneur auoir fait mourir plusieurs personnes et les auoir mãgées quãt et quant, mesmes iusques au nõbre de cinq mille, cõme il disoit. Il n'est mémoire qu'il se soit iamais faict tele inhumanité, cõme entre ce peuple. Pline recite biẽ que Iule Cesar en ses batailles est estimé auoir fait mourir de ses ennemis nonãte deux mille unze cẽs hõmes : et se trouuent plusieurs autres guerres et grands saccagemens mais ils ne se sont mãgez l'un l'autre. Et par ainsi retournãs à nostre propos, le Roy et ses subiets sont en perpetuelle guerre et inimitié auec les Portugais de Morpion, et aussi les Sauuages du païs. Morpiõ est une place tirãt vers la riuiere de Plate, ou au détroit de Magellan, distant de la ligne vingt cinq degrez, que tiennẽt les Portugais [1] pour leur Roy. Et pour ce faire y a un lieutenãt general auec nõbre de gẽs de tous estats et esclaues : où ils se maintiennẽt de sorte qu'il en reuiẽt grãd emolument au Roy de Portugal. Du cõmencement ilz se sont adõnez à plãter force cãnes à faire sucres :

Combiẽ es estimé Iule Cesar auoir fait mourir de gens en ses batailles.

Description du païs de Morpiõ.

[1] Sur les premiers établissements des Portugais au Brésil consulter Varnhagen. *Hist. geral do Brasil.* Southey. Beauchamp. F. Denis, etc. *Histoires du Brésil.*

à quoy depuis ils n'ont si diligẽment vaqué, s'ocupans à chose meilleure, apres auoir trouué mine d'argẽt.

Fertilité de Morpion.

Ce lieu porte grãd quãtité de bõs fruits, desquels ils font cõfitures à leur mode, et principalemẽt d'un fruit

Nanas.

nõmé *Nanas* [1], duquel i'ay parlé autre part. Entre ces arbres et fruits ie reciteray un nõmé en leur langue *Cohyne* [2], portant fruit comme une moyenne citrouille, les feuilles semblables à celles de laurier : au reste le fruit faict en forme d'un œuf d'autruche. Il n'est bon à manger, toutes fois plaisant à voir, quand l'arbre en est ainsi chargé. Les Sauuages en outre qu'ils en font vaisseau à boire, ils en font certain mystere, le plus estrãge qu'il est possible. Ils emplissent [3] ce fruit apres estre creusé, de quelques graines, de mil ou autres, puis auec un baston fiché en terre d'un bout, et de l'autre dedans ce fruict, enrichy tout à l'entour de beaux plumages, le vous tiennent ainsi en leur

[1] On a reconnu l'ananas. Cf. THEVET. *Cosm. univ.* P. 936. GANDAVO. *Santa Cruz*. P. 57. — LÉRY. § XIII.

[2] LÉRY. § XIII. « L'arbre que les sauvages appellent *choyne* est de moyenne grandeur, a les feuilles presque de la façon et aussi vertes que celles du laurier : et porte un fruict aussi gros que la teste d'un enfant, lequel est de forme comme un œuf d'austruche. »

[3] C'est ce que les Brésiliens nommaient le *maraca*. HANS STADEN (P. 283) appelle encore cet instrument *tammarakas*, mais sa description concorde avec celle de Thevet. Cf. LÉRY. § XVI. Les maracas sont encore usités dans l'Amérique méridionale. Spix et Martius les ont retrouvés chez les Caropos, les Coroados et autres Brésiliens ; mais ce ne sont plus que des morceaux d'écaille remplis de maïs, qui rendent un bruit pareil à celui des castagnettes.

maison, chascun menage, deux ou trois : mais auec une grand reuerence, estimãs ces pauures idolatres en sonnant et maniant ce fruit, que leur *Toupan* parle à eux : et que par ce moyẽ ils ont reuelation de tout, signamment à leurs Prophetes : parquoy estiment et croyent y auoir quelque diuinité, et n'adorent autre chose sensible que cest instrument ainsi || sonnant Fol. 105.
quand on le manie. Et pour singularité i'ay apporté un de ces instruments par deça (que ie retiray secretement de quelqu'un) auec plusieurs peaux d'oyseaux de diuerses couleurs, dont i'ay faict present à Monsieur Nicolas de Nicolaï [1], geographe du Roy, homme ingenieux et amateur non seulement de l'antiquité, mais aussi de toutes choses vertueuses. Depuis il les a monstrées au Roy estant à Paris en sa maison, qui estoit expres allé voir le liure [2] qu'il faict imprimer des habits du Leuant : et m'a fait le recit que le Roy print fort grand plaisir à voir telles choses, entendu qu'elles luy estoient iusqu'à ce iour incongnües. Au reste y a force orenges, citrons, cannes de sucre :

[1] Nicolas de Nicolaï (1517-1583) militaire, diplomate et voyageur. Henri II l'avait attaché à sa personne comme valet de chambre et géographe. En 1551 il suivit G. d'Aramon dans son ambassade de Constantinople. Il parlait presque toutes les langues de l'Europe et dessinait fort bien. C'est lui qui a fourni les dessins des gravures et plans qui ornent ses livres.

[2] Cet ouvrage est intitulé : *Navigations et pérégrinations orientales, avec les figures et les habillements au naturel, tant des hommes que des femmes*. Lyon, 1568, in-fol. avec 60 fig. Il fut réimprimé à Anvers, 1576, in-fol. et 1576, 1577 et 1586, in-4°, et traduit en plusieurs langues.

brief le lieu est fort plaisant. Il y a là aussi une riuiere non fort grande, où se trouuent quelques petites perles, et force poisson, une espece principalement qu'ils appellent *Pira-Ipouchi* [1], qui vaut autant à dire comme meschant poisson. Il est merueilleusement difforme prenant sa naissance sur le dos d'un chien de mer, et le suit estant ieune, comme son principal tuteur. D'auantage en ce lieu de Morpion, habité, comme nous auons dit, par les Portugais, se nourrissent maintenant plusieurs especes d'animaux domestiques, que lesdits Portugais y ont portez. Ce que enrichist fort et decore le païs, outre son excellence naturelle, et agriculture, laquelle iournellement et de plus en plus y est exercée.

Pira-Ipouchi.

[1] Léry. § xii. « Un autre qu'ils appellent *Pira-Ypochi* qui est long comme une anguille, et n'est pas bon : aussi, ypochi en leur langage veut dire cela. »

|| CHAPITRE LV.

Fol. 106.

De la riuiere de Plate, et païs circonuoisins.

Riuiere de Platepourquoy ainsi nommée.

Puis que nous sommes si auant en propos, ie me suis auisé de dire un mot de ce beau fleuue de l'Amerique, que les Espagnols ont nommé Plate, ou pour sa largeur, ou pour les mines d'argẽt, qui se trouuent aupres, lequel en leur lãgue ils appellent Plate : vray est que les Sauuages du païs le nõment *Paranagacu*, qui est autãt à dire comme mer, ou grande congregation d'eau. Ce fleuue contient de l'argeur vint six lieües [1], estant outre la ligne trente cinq degrés, et distant du cap de Saint Augustin six cens septante lieües. Ie pense que le nõ de Plate luy a esté donné par ceux [2] qui du commencement le descouurirẽt, pour la raison premieremẽt

Premier voyage des Espagnols à la riuiere de Plate.

[1] A son embouchure seulement, et encore ce chiffre est-il fort exagéré.

[2] Thevet se trompe : Juan Diaz de Solis fut le premier qui découvrit, en 1515, ce fleuve dont l'immense embouchure ressemblait à une mer. Il lui imposa son nom, mais ne jouit pas longtemps de cet honneur, car il fut assassiné par les Indiens Charruas. En 1528, Sébastien Cabot chargé par le gouvernement Espagnol d'une mission dans les Indes Orientales s'arrêta,

amenée. Aussi lors qu'ils y paruindrẽt receurẽt une ioye merueilleuse, estimãs ceste riuiere tãt large estre le destroit Magellanique, lequel ils cherchoiẽt pour passer, de l'austre costé de l'Amerique : toutesfois cognoissans la verité de la chose, delibererẽt mettre pied à terre, ce qu'ils feirent. Les Sauuages du païs se trouuerent fort estonnez, pour n'auoir iamais veu Chrestiens ainsi aborder en leurs limites : mais par succession de temps les appriuoiserent, specialement les plus anciens, et habitans pres le riuage, auec presens et autrement : de maniere que visitant les lieux assés librement, trouuerent plusieurs mines d'argent et apres auoir bien recongneu les lieux s'en retournerent leurs nauires chargés de bresil. Quelque temps apres equipperent trois bien grandes nauires de gens et munitions pour y retourner pour la cupidité de ces mines d'argent. Et estãs arriués au mesme lieu, où premierement auoyent esté, desplierẽt leurs esquifs pour prendre terre : c'est à scauoir le capitaine accompagné d'enuirõ quatre vingts soldats, pour resister aux Sauuages du païs, s'ils faisoyent quelque effort : toutesfois au lieu d'approcher, de prime face ces Barbares [1] s'ẽfuyoiẽt ça et là : qui estoit uneruze,

Second voyage.

malgré ses instructions, en Amérique, pénétra de nouveau dans le fleuve, et reçut des riverains des lames d'or et d'argent qu'il envoya en Espagne pour se faire pardonner sa désobéissance. On crut, à la cour de Charles-Quint, avoir découvert un nouveau Pactole, et le *Solis* devint la *Rivière d'Argent*, le *Rio de la Plata.*

[1] Est-ce une allusion au meurtre de Solis par les Charruas en 1516 ou bien à la surprise de Nuno de Lara en 1530 ? On

pour pratiquer meilleure occasion de surprendre les autres, desquels ils se sentoiēt offensez dès le premier voyage. Dōc peu apres qu'ils furēt en terre, arriuerēt sur eux de trois à quatre cens de ces Sauuages, furieux et enragés cōme lyons affamez, qui en un moment vous saccagerent ces Espagnols, et en feirent une gorge chaude, ainsi qu'ils sont coustumiers de faire : monstrans puis apres ceux, qui estoiēt demeurez es nauires, les cuisses et autres membres de leurs compagnons rostiz, donnans entendre que s'ils les tenoient leur feroyent le semblable. Ce que m'a esté recité par deux Espagnols qui estoyent lors ès nauires. Aussi les Sauuages du païs le sçauent bien raconter, comme chose digne de memoire quad il vient à propos. Depuis [1] y retourna une compagnie de bien deux mil hommes auec autres nauires, mais pour estre affligez de maladies, ne peurēt rien executer, et furent contrains s'en retourner ainsi. Encore depuis le capitaine Arnal [2] mil cinq cens quarante et un

Massacre des Espagnols.

Troisiesme voyage.

Quatriesme voyage.

l'ignore, car Thevet n'a pas donné de détails assez précis. Sur les débuts de la colonisation européenne dans la région de la Plata, on peut consulter Funes. *Ensayo de la historia civil del Paraguay.* — Azara. *Voyages*, etc.

[1] Il s'agit de l'expédition conduite en 1535 par Pedro de Mendoza.

[2] Arnal faisait sans doute partie de la bande de Nunez Cabeça de Vaca qui, en 1541, se rendit à l'Assomption en passant à travers des régions encore inexplorées, ou bien n'est-il que Juan de Ayolas, le fidèle lieutenant de Mendoza, qui, en 1538, à la tête de 200 hommes, sommit le pays entre Candelaria et Carcarès.

accõpagné seulemẽt de deux cens hommes, et enuirõ cinquãte cheuaux y retourna, ou il usa de telle ruse, qu'il vous accoustra messieurs les Sauuages d'une terrible maniere. En premier les espouuẽta auec ces cheuaux, qui leur estoiẽt incongneux, et reputez cõme ||bestes rauissantes : puis vous feit armer ses gens, d'armes fort polies et luisantes, et par dessus eleuées en bosse plusieurs images espouuentables, cõme testes de loups, lions, leopards, la gueule ouuerte, figures de diables cornuz, dõt furent si espouuentés ces pauures Sauuages qu'ils s'en fuyrent et par ce moyẽ furent chassez de leur païs. Ainsi sont demeurés maistres et seigneurs de ceste contrée, outre plusieurs autres païs circõuoysins que par succession de tẽps ils ont conquesté, mesmes iusques aux Moluques en l'Ocean, au Ponent de l'autre costé de l'Amerique : de maniere qu'auiourd'huy ils tiennent grand païs à l'entour de ceste belle riuiere, où ils ont basty villes et forts, et ont esté faits Chrestiens quelques Sauuages d'alenuiron reconciliez ensemble. Vray est qu'enuiron cent lieües de là se trouuent autres Sauuages, qui leur font la guerre, lesquels sont fort belliqueux, de grande stature, presque comme geans [1] et ne viuent guere sinon de chair humaine cõme les Canibales. Les dits peuples marchent si legeremẽt du pié, qu'ils peuuent attaindre les bestes sauuages à la course. Ils viuent plus longuement que tous autres Sauuages,

Stratageme du capitaine Arnal.

Fol. 107.

Sauuages grands comme Geans.

[1] Ce sont ou les Guaranis habitants des Pampas ou plutôt les Patagons, que l'on s'obstina longtemps à considérer comme des géants.

cõme cent cinquante ans, les autres moins. Ils sont fort subiets au peché de luxure damnable et enorme deuãt. Dieu duquel ie me deporteray de parler, non seulement pour le regard de ceste contrée de l'Amerique, mais aussi de plusieurs autres. Ils font donc ordinairement la guerre, tant aux Espanols, qu'aux Sauuages du païs à l'entour. Pour retourner à nostre propos, ceste riuiere de Plate, auecques le territoire circonuoisin est maintenant fort riche, tãt en argent que pierreries. Elle croist [1] par certains iours de l'année, comme faict semblablement l'Aurelane qui est au Peru, et comme le Nil en Egypte. A la bouche de ceste riuiere se trouuent plusieurs isles [2], dont les unes sont habitées, les autres non. Le païs est fort montueux, depuis le cap de Sainte Marie [3] iusques

Richesse du païs à l'ẽtour la riuiere de Plate.

[1] Le débordement du fleuve commence ordinairement dans les derniers jours de décembre et continue sans interruption jusqu'au mois d'avril. Cette crue des eaux, pendant les quatre mois de l'année où le soleil est le plus rapproché des tropiques, paraît provenir des torrents de pluie qui tombent à cette époque, dans les contrées de la zône torride.

[2] Près de Montevideo, les îles Goritty, Flores.

[3] Presque toutes ces dénominations géographiques sont aujourd'hui changées. Le cap de Sainte-Marie se retrouve encore au sud de l'embouchure de la Plata, et le cap des onze mille Vierges à l'entrée du détroit de Magellan, mais la pointe Sainte-Hélène et le cap Blanc n'existent plus : ou du moins le cap Blanc s'appelle plus communément cap des Trois-Pointes au sud du golfe de Saint-Georges. Quant aux Arenes Gourdes et la baie de Fonde, on hésite entre port Désiré, port Saint-Julian et port Santa Cruz. Comparer les deux cartes de Patagonie d'Ortelius (1613) et de Daireaux. (*L'Exploration*. n° 50.)

au cap blanc, specialement celuy deuers la pointe Sainte Helene, distãte de la riuiere soixãte cinq lieües : et de là aux Arenes gourdes trente lieües : puis encore de là aux Basses à l'autre terre ainsi nommée Basses, pour les grãdes valées qui y sont. Et de Terre basse à l'abbaïe de Fonde, septante cinq lieües. Le reste du païs n'a point esté frequenté des Chrestiens, tirant iusques au Cap de Saint Dominique, au Cap Blanc, et de là au promontoire des unze mille vierges, cinquante deux degrez et demy outre l'equinoctial : et là pres est le detroit de Magellan, duquel nous parlerons cy apres. Quant au plat païs il est de present fort beau par une infinité de iardinages, fontaines, et riuieres d'eau douce, ausquelles se trouue abondãce de tresbon poisson. Et sont les dittes riuieres frequentées d'une espece de beste, que les Sauuages nommẽt en leur langue *Saricouienne* [1], qui vaut autant à dire cõme beste friande. De fait c'est un animal amphibie, demeurãt plus dãs l'eau que dans terre, et n'est pas plus grãd qu'un petit chat. Sa peau qui est maillée de gris, blãc, et noir, est fine comme veloux : ses pieds estants faits à la semblãce de ceux d'un oyseau de riuiere. Au reste sa chair est fort delicate et tresbonne à manger. En ce païs se trouuẽt autres bestes fort estranges et mõstrueuses en la part tirant au detroit, mais non si cruelles qu'en Afrique. Et

Saricouienne, animal amphibie.

[1] C'est la sarigue, mammifère de l'ordre des marsupiaux dont la femelle a sous le ventre une espèce de poche dans laquelle elle porte ses petits. En brésilien : *Carigueya*. Voir Léry. § x. — Gandavo. *Santa Cruz*. P. 73.

pour conclusion le païs à présent se peut voir reduit en telle forme, que lon le prendroit du tout pour un autre: car les Sauuages du païs ont depuis peu || de temps en Fol. 108.
ça inuenté par le moyen des Chrestiens arts et sciences tres ingenieusement, tellement qu'ils font vergongne maintenant à plusieurs peuples d'Asie et de nostre Europe, i'entends de ceux qui curieusement obseruent la loy Mahometiste, epileutique et dãnable doctrine.

CHAPITRE LVI.

Du detroit de Magellã et de celuy de Dariene.

Puis que nous sommes approchés si pres de ce lieu notable, il ne sera impertinẽt en écrire sommairement quelque chose. Or, ce detroit appelé en grec πόρθμος ainsi que l'Ocean entre deux terres, et ἰστμὸς un detroit de terre entre deux eaux : cõme celuy de Dariene cõfine l'Amerique vers le midy, et la separe d'auec une autre terre [1] aucunemẽt decouuerte, mais non habitée, ainsi que Gibaltar, l'Europe d'auecques l'Afrique, et celuy de Constantinoble l'Europe de l'Asie, appelé detroit de Magellan du nom de celuy qui premierement le decouurit, situé cinquante deux degrés et demy dela l'Equinoctial : contenant de largeur deux lieuës, par une mesme hauteur, droit l'Est et Ouest, deux mille deux cens lieuës de Venecule [2] du Su au Nort : dauãtage du cap d'Esseade, qui est à l'entrée du detroit, iusques à l'autre mer, du Su, ou Pacifique septante quatre lieuës, iusques au cap ou promontoire qui est quarante degrez. Ce detroit a esté long temps desiré et cherché de plus de deux mil huit cens lieuës, pour entrer par cest endroit en la mer Magellanique, dite autrement Pacifique, et paruenir aux isles de Moluque. Americ Vespuce [3] l'un des meilleurs pillots qui ayt esté, à costoyé presque depuis Irlande iusques au cap de Saint Augustin, par le commandement du Roy de Portugal, l'an mil cinq cens et un. Depuis un autre capitaine [4], l'an mil cinq cens trente

Situatiõ du destroit de Magellã.

Americ Vespuce

[1] On a cru longtemps que la terre de feu était un continent, et les atlas, même assez modernes, ont figuré au sud du détroit une immense terre qui occupait toute la partie méridionale du grand Océan.

[2] Venecule correspond à Venezuela, nous n'avons pu rétablir la concordance du cap d'Esseade.

[3] Erreur de Thevet : Vespuce n'a jamais côtoyé l'Amérique depuis l'Irlande jusqu'au Brésil. Voir HUMBOLDT. *Histoire de la Géographie du nouveau continent.* T. IV.

[4] Ce capitaine était Pedro de Mendoza, fondateur de Buenos-Ayres ; mais il quitta l'Europe en 1535 et non en 1534.

quatre, vint iusques à la region nommée des Geans. Ceste region entre la riuiere de Plate et ce destroit, les habitants, sont fort puissans, appellez en leur langue *Patagones*, Geans pour la haute stature [1] et forme de corps. Ceux qui premierement decouurirent ce païs, en prindrent un finement, ayant de hauteur douze palmes, et robuste à l'auenant : pourtant si mal aisé à tenir que bien à grãd peine y suffisoyẽt vingt et cinq hommes : et pour le tenir, conuint le lier pieds et mains, es nauires : toutefois ne le peurent garder long temps en vie : car de dueil et ennuy se laissa (comme ils disent) mourir de faim. Ceste re-

[1] Il est peu de problèmes géographiques qui aient été plus souvent discutés que celui de la taille des Patagons. En 1520, Magellan affirmait qu'il atteignait à peine leur ceinture; en 1526, Loaysa, d'après son historien Oviedo, leur donnait jusqu'à treize palmes de hauteur. En 1578, Drake affirme, au contraire, qu'il y a des Anglais plus grands que le plus haut Patagon. En 1579, Sarmiento parle de géants de neuf pieds. En 1592, Cavendish se borne à dire que les Patagons sont grands et robustes. En 1593, Hawkins parle de véritables géants. Au XVIIe et au XVIIIe siècle, les renseignements contradictoires continuent. C'est seulement au XIXe siècle que d'ORBIGNY (*L'Homme américain*) a définitivement fixé, après un examen attentif, la taille moyenne des Patagons à cinq pieds quatre pouces, mais il a soin d'ajouter : « Nous avons été trompé nous-mêmes plusieurs fois à l'aspect des Patagons. La largeur de leurs épaules, leur tête nue, la manière dont ils se drapent de la tête aux pieds avec des manteaux de peaux d'animaux sauvages nous faisaient tellement illusion qu'avant de les mesurer, nous les aurions pris pour des hommes d'une taille extraordinaire, tandis que l'observation directe les amenait à l'ordre commun. D'autres voyageurs n'ont-ils pu se laisser influencer par les apparences, sans chercher comme nous la vérité au moyen de mesures exactes ? »

gion est de mesme temperature que peut estre Canada, et autres païs approchans de nostre Pole : pource les habitants se vestent de peaux de certaines bestes, qu'ils nomment en leur langue, *Su*, qui est autãt à dire, comme eau : pourtant selon mon iugement, que cest animal la plus part du temps reside aux riuages des fleuues. Ceste beste est fort rauissante, faite d'une façon fort estrange, pourquoy ie lai voulu representer par figure. Autre chose : si elle est poursuyuie, comme font les gẽs du païs, pour en auoir la peau, elle prend ses petits sur le dos, et les couurant de sa queüe grosse et longue, se sauue à la fuite. Toutesfois les Sauuages usent d'une finesse pour prendre ceste beste : faisant une fosse profonde pres du lieu où elle a de coustume faire sa residence
Fol. 109. et la couurent de fueil||les verdes, tellemẽt qu'en courant, sans se doubter de l'embusche, la pauure beste tõbe en ceste fosse auec ses petits. Et se voyant ainsi prise, elle (comme enragée) mutile et tue ses petits : et fait ses cris tant espouuantables, qu'elle rend iceux Sauuages fort craintifs et timides. Enfin pourtãt ils la tuẽt à coups de fleches, puis ils l'escorchẽt.

Voyage de Fernand de Magellã.

Retournons à propos : Ce capitaine, nommé Fernand de Magellan [1], homme courageux, estant informé de la richesse, qui se pouuoit trouuer es isles des Moluques, cõme abondãce d'espicerie, gingẽbre, canelle,

[1] Sur Magellan et son voyage, consulter la bibliographie spéciale insérée dans le tome III des *Voyageurs anciens et modernes*, par E. CHARTON. P. 353-356. — Cf. F. LACROIX. *Patagonie et Terre de feu*. (Collection de l'*Univers Pittoresque*.) — LANGERON. *Magellan*. (*Revue géographique*. 1877.)

muscades, ambre gris, myrobalãs, rubarbe, or, perles, et autres richesses specialement en l'isle de Matel, Mahian, Tidore et Terrenate, assez prochaines l'une de l'autre, estimãt par ce detroit, chemin plus court et plus commode, se delibera, partant des isles Fortunées, aux isles de cap Verd, tirant à droite route au promontoire de Sainct Augustin, huict degrez, outre la ligne, costoya pres de terre trois moys entiers : et feit tant par ses iournées, qu'il vint iusques au cap des Vierges, distant l'Equinoctiale cinquante deux *Cap des Vierges* degrez, pres du destroit dõt nous parlõs. Et apres auoir nauigé l'espace de cinq iournées dedans ce detroit de l'Est droit à Ouest sur l'Ocean : lequel s'enflant les portoit sans voiles depliées droit au Su qui leur donnoit un merueilleux contentement, encore que la meilleure part de leurs gens fussent morts, pour les incommoditez de l'air et de la marine, et principalement de faim et soif. En ce detroit se trouuent plusieurs belles isles [1], mais non habitées. Le païs à l'entour est fort sterile, plein de montagnes, et ne s'y trouue sinon bestes rauissantes, oyseaux de diuerses especes, specialement autruches : bois de toutes sortes, cedres, et autre espece d'arbre portant son fruict presque ressemblant à noz guines, mais plus delicat à manger. Voila l'occasion, et comme ce destroit a esté trouué. Depuis ont trouué quelque autre chemin nauigãs sur une grande riuiere du costé du Peru, coulant sur la coste du nombre de Dieu, au païs de Chagre, quatre

1 Ce sont les îles Sainte-Elisabeth, Saint-Georges, Saint-Barthélemy, Louis-le-Grand, Clarence, Terre de désolation, etc.

lieües de Pannana, et de là au golfe Sainct Michel vingt cinq lieües. Quelques temps apres un capitaine[1] ayant nauigué certain temps sur ces fleuues se hazarda de visiter le païs : et le Roy des Barbares de ce païs *Therca.* là nommé en leur langue *Therca*, les receut humainement auecques presens d'or et de perles (ainsi que m'ont recité quelques Espagnols qui estoient en la compagnie) combien que cheminans sur terre ne furent sans grand danger, tant pour les bestes sauuages que pour autres incommodítez. Ils trouuerent par
Fol. 110. apres quelque nombre des habi||tans du païs fort sauuages et plus redoutez que les premiers, ausquels pour quelque mauuaise asseurance que l'on auoit d'eux, promirent tout seruice et amytié au Roy prin-
Atorizo. cipalement qu'ils appellent *Atorizo* : duquel receurent aussi plusieurs beaux presents, comme grandes pieces pesantes enuiron dix liures. Apres aussi luy auoir donné de ce qu'ils pouuoyēt auoir, et ce qu'ils estimoyent, qui luy seroit le plus aggreable, c'est à sçauoir menues ferailles, chemises, et robes de petite valeur : finablement auecque bonnes guides ataigni-
Detroit de Dariène. rent Dariéne. De là entrerent et decouurirent la mer du Su de l'autre costé de l'Amerique, en laquelle sont les Moluques, ou ayans trouué les commoditez dessus nommées, se sont fortifiés pres de la mer. Et ainsi par ce detroit de terre ont sans comparaison abregé

[1] Le voyage raconté par Thevet est probablement celui de Nunez Balboa. Cf. OVIEDO. *Hist. gener.* XXXIX. 2. — QUINTANA. *Vidas de Españoles celebres.* — W. IRVING. *Voyages et découvertes des compagnons de Colomb.*

leur chemin sans monter au detroit Magellanique, tant pour leurs traffiques, que pour autres commoditez. Et depuis ce temps traffiquent aux isles des Moluques [1], qui sont grandes et pour le present habitées et réduites au Christianisme, lesquelles auparauant estoient peuplées de gens cruels, plus sans comparaison, que ceux de l'Amerique, qui estoyent aueuglez et priuez de la congnoissance des grandes richesses que produisoient lesdites isles : vray est qu'en ce mesme endroit de la mer de Ponent y a quatre isles desertes, habitées (comme ils affermẽt) seulement de Satires [2], parquoy les ont nommées Isles des Satyres. En ceste mesme mer se trouuẽt dix isles, nommées Manioles [3], habitées de gens sauuages, lesquels ne tiennent aucune religion. Aupres d'icelles y a grands rochers qui attirent les nauires à eux, à cause du fer dont elles sont clouées. Tellement que ceux qui traffiquent en ce païs là sont contrains d'user de petites nauires cheuillées de bois [4] pour euiter tel

Isles de Moluques.

1 Les Moluques ont été décrites peu de temps après leur découverte par Maximilianus Transylvanus : *De Moluccis insulis itemque aliis pluribus admirandis epistola perquam jucunda.* 1523. — OVIEDO. *Historia general.* 2me partie, etc.

2 Les îles des Satyres correspondent sans doute à l'un des nombreux archipels de la mer de la Sonde. Les navigateurs qui les découvrirent leur donnèrent ce nom parce qu'ils crurent avoir retrouvé les *Insulæ Satyrides*, d'Euphemos de Carie. Cf. PAUSANIAS. I. 23.

3 Ce sont les Philippines. Le nom de Manioles se retrouve dans Manille.

4 Les jonques chinoises et japonaises sont, en effet, chevillées en bois et non en fer, mais ce n'est pas à cause des rochers aimantés qu'on trouverait dans ces mers.

danger. Voila quant à nostre destroit de Magellan. Touchant de l'autre terre nommée Australe, laquelle costoyant le detroit est laissée à main senestre, n'est point encores cognüe des Chrestiens : combien qu'un certain pilot Anglais [1] homme autant estimé et experimenté à la marine que lon pourroit trouuer, ayant passé le detroit, me dit auoir mis pied en ceste terre : alors ie fuz curieux de luy demander quel peuple habitoit en ce païs, lequel me respondit qu'estoient gens puissans et tous noirs, ce qui n'est vraysemblable, comme ie luy dis, veu que ceste terre est quasi à la hauteur d'Angleterre et d'Escosse, car la terre est comme esclatante et gelée de perpetuelles froidures, et hyuer continuel.

Terre Australe non encore découuerte.

[1] Thevet a négligé de conserver le nom de ce pilote anglais. Quant à la terre où débarqua cet inconnu, ce ne peut être que la Terre de feu, ou plutôt du feu, car les Espagnols lui donnèrent ce nom pour conserver le souvenir des feux qu'ils avaient aperçus sur le rivage. Les Fuégiens sont peut-être les individus les plus méprisables de l'espèce humaine. N'en déplaise à Thevet, le renseignement du pilote anglais était authentique. Les Fuégiens, en effet, aiment à se barbouiller de charbon et parfois d'ocre rouge. Ils pouvaient donc, aux yeux d'un observateur superficiel, passer pour nègres.

CHAPITRE LVII.

Que ceux qui habitent depuis la riuiere de Plate iusques au detroit de Magellan sont noz antipodes.

COMBIEN [1] que nous voyons tant en la mer qu'aux fleuues, plusieurs isles diuisées et separées de la continente, si est ce que l'elemẽt de la terre est estimé un seul et mesme cors, qui n'est autre chose, que ceste rotondité et superficie de la terre, laquelle nous apparoist toute plaine pour sa grande et admirable amplitude. Et telle estoit l'opinion de Tale Milesien, l'un des sept sages de Grece et autres Philosophes, comme recite Plutarque [2]. Œcetes [3] grand philosophe Pithagorique constitue

[1] Thevet a fait dans ce chapitre une perpétuelle confusion entre les Antipodes et les Antichtones. Hanté par les souvenirs antiques, il n'a pas compris que ces deux termes étaient identiques. De là des tâtonnements et des contradictions apparentes qui rendent pénible la lecture de ces quelques pages. Ne pas oublier néanmoins que les découvertes géographiques n'étaient pas encore assez complètes pour permettre de constituer une théorie scientifique. A défaut de précision, il faut au moins reconnaître à Thevet le mérite d'avoir tenté une explication cosmographique.

[2] PLUTARQUE. *De placitis philosophorum*. III. 10.

[3] Id. III. 9.

Fol. 111. *Sçauoir est s'il y a deux mondes ou non.*

deux parties de la terre, à scauoir ce||ste cy que nous habitons, que nous appellons Hemisphere : et celle des antipodes, que nous appellons semblablement Hemisphere inferieur. Theopompe [1] histoiriographe dit apres Tertullian contre Hermogene, que Silene iadis afferma au roy Midas, qu'il y auoit un monde et globe de terre, autre que celuy où nous sommes. Macrobe [2] d'auantage (pour faire fin aux tesmoignages) traitte amplement de ces deux hemispheres, et parties de la terre, auquel vous pourrez auoir recours, si vous desirez voir plus au long sur ce les opinions des Philosophes. Mais cecy importe de sçauoir, si ces deux parties de la terre doiuent estre totalement separées et diuisées l'une de l'autre, comme terres differentes, et estimées estre deux mondes : ce que n'est vray semblable, consideré qu'il n'y a qu'un element de la terre, lequel il faut estimer estre coupé par la mer en deux parties, comme escrit Solin en son Polyhistor, parlant des peuples Hyperborées. Mais i'aimeroys trop mieux dire l'univers estre separé en deux parties egales par ce cercle imaginé, que nous appellons equinoctial. D'auantage, si vous regardez l'image et figure du monde en un globe, ou quelque charte, vous congnoistrez clairemẽt, comme la mer diuise la terre en deux parties, non du tout

[1] ELIEN. III. 18.

[2] MACROBE, à propos d'un passage de Cicéron (*Songe de Scipion*. II. 9). Nam inter nos et australes homines, means ille per calidam zonam, totamque ingens et rursus utriusque regiones extrema finibus suis ambiens, binas in superiore et inferiore terræ superficie insulas facit.

égales, qui sont les deux hemispheres, ainsi nommez par les Grecs. Une partie de l'uniuers contient l'Asie, Afrique et Europe : l'autre contient l'Amerique, la Floride, Canada et autres regions comprises soubs le nom des Indes Occidentales, ausquelles plusieurs estiment habiter noz Antipodes. Ie sçay bien qu'il y a plusieurs opinions des Antipodes. Les uns [1] estiment n'y en auoir point, les autres que s'il y en a, doyuent estre ceux qui habitent l'autre Hemisphere, lequel nous est caché. Quant à moy ie seroye bien d'auis que ceux qui habitent sous les deux poles (car nous les auons monstrez habitables) sont veritablemẽt antipodes les uns aux autres. Pour exemple ceux qui habitent au Septentrion, tant plus approchent du pole et plus leur est eleué, le pole opposite est abbaissé, et au contraire : de maniere qu'il faut necessairement que tels soient Antipodes : et les autres tãt plus elõgnent des poles approchans de l'equinoctial, et moins sont antipodes. Parquoy ie prendrois pour vrais antipodes ceux qui habitent les deux poles, et les deux autres poles prins directement, c'est à sçauoir Leuant et Ponant : et les autres au milieu Antichtones, sans en faire plus long propos. Il n'y a point de doubte que ceux du Peru sont antichtones plus tost qu'antipodes, à ceux qui habitent en Lima, Cuzco, Cariquipa, au Peru à ceux qui sont autour de ce grand fleuue Indus, au païs de Calicut, isle de Zeilan, et autres terres de l'Asie. Les habitans des isles des

Diuerses opinions sur les Antipodes.

Quels peuples sont antipodes et antichtones les uns aux autres.

[1] Nous avons déjà cité (§ XIX) les divers témoignages relatifs aux Antipodes.

Moluques d'où viennent les espiceries, à ceux de l'Ethiopie, auiourd'huy appellée Guinée. Et pour ceste raison Pline a tres bien dit, que c'estoit la Taprobane des Antipodes, confondant, comme plusieurs, antipodes auec antichtones. Car certainemẽt ceux qui viuent en ces isles sont antichtones aux peuples qui habitent cette partie de l'Ethiopie, comprenant depuis l'origine du Nil, iusques à l'isle de Meroë : cõbien que ceux de Mexicone soyẽt directemẽt Antipodes aux peuples de l'Arabie Felice, et à ceux qui sont aux fins du cap de Bonne Esperance. Or les Grecs ont

Difference entre Antipodes et Antichtones. Fol. 112.

appellé Antipodes ceux qui cheminent les pieds opposites les uns aux autres, c'est à dire, plãte contre plante, comme ceux dõt nous || auons parlé : et Antichtones, qui habitent une terre oppositement située :

Anteci.

comme mesme ceux qu'ils appellent Anteci, ainsi que les Espagnols, François, et Alemans, à ceux qui habitent pres la riuiere de Plate, et les Patagones, desquels nous auons parlé au chapitre precedent, qui sont pres le detroit de Magellan, sont Antipodes. Les

Parœci.

autres nommez Parœci, qui habitent une mesme zone, comme François et Alemans, au contraire de ceux qui sont Anteci. Et combien que proprement ces deux ne soyent Antipodes, toutesfois on les appelle communement ainsi, et les confondent plusieurs les uns auec les autres. Et pour ceste raison i'ay obserué que ceux du cap de Bonne Esperance ne nous sont du tout Antipodes : mais ce qu'ils appellent Anteci, qui habitent une terre non opposite, mais diuerse, comme ceux qui sont par delà l'équinoctial, nous qui sommes par deça, iusques à paruenir aux Antipodes. Ie ne doubte point que plusieurs malaisement comprennent ceste façon de cheminer d'Antipodes, qui a esté cause que plusieurs des Anciens ne les ayent approuuez, mesme Sainct Augustin au liure quinzieme de la cité de Dieu, chap. IX [1]. Mais qui voudra diligemment considerer, luy sera fort aisé de les comprendre. S'il est ainsi que la terre soit comme un Globe tout rond, pendu au milieu de l'univers, il faut necessairement qu'elle soit regardée du ciel de tous costés. Doncques nous qui habitons cest Hemisphere superieur quant à nous, nous voyons une partie du ciel à nous propre et particuliere. Les autres habitans l'Hemisphere inferieur quant à nous, à eux superieur voyent l'autre partie du ciel qui leur est affectée. Il y a mesme raison et analogie de l'un à l'autre : mais notez que ces deux Hemispheres, ont mesme et commun centre en la terre. Voila un mot en passant des Antipodes, sans elongner de propos.

Maniere de cheminer des Antipodes, nõ guere bien entendue et approuuée des anciens.

[1] La véritable citation de Saint Augustin est liv. XVI. §. 9. « Quod Antipodas esse fabulantur, id est homines a contraria parte terræ, ubi sol oritur quando occidit nobis, calcare vestigia nostris pedibus adversa, nulla ratione credendum est. »

CHAPITRE LVIII.

Comme les Sauuages exercent l'agriculture et font iardins d'une racine nommée Manihot, et d'un arbre qu'ils appellent Peno-absou.

Occupations cõmunes des Sauuages.

Noz Ameriques en temps de paix n'ont gueres autre mestier ou occupation, qu'à faire leurs iardins : ou bien quãd le temps le requiert, ils sont cõtraints aller à la guerre. Vray est qu'aucuns font bien quelques traffiques, comme nous auons dit, toutes fois la necessité les contraint tous de labourer [1] la terre pour viure, comme nous autres de par deça. Et suyuent quasi la coustume des anciens, lesquels apres auoir enduré et mangé les fruits prouenans de la terre sans aucune industrie de l'homme, et n'estans suffisans pour nourrir tout ce qui viuoit dessus terre, leur causerent rapines et enuahissemens, s'approprians un chacun quelque portiõ de terre, laquelle ils

[1] Les théories de Thevet sur les premiers âges de l'humanité font de lui un des précurseurs de J.-Jacques Rousseau : mais l'histoire le contredit, car il est aujourd'hui à peu près prouvé que l'homme dans presque tous les pays a traversé successivement comme trois étapes de civilisation : d'abord chasseur, puis pasteur, et enfin agriculteur.

separoient par certaines bornes et limites : et des lors commença entre les hommes l'estat populaire et des Republiques. Et ainsi ont appris noz Sauuages à labourer la terre, non auecques beufs, ou autres bestes domestiques, soit lanigeres ou d'autres especes que nous auons de par deça : car ils n'ẽ ont point, mais auec la sueur et labeur de leurs corps, cõme lon fait en d'autres prouinces. Toutesfois ce qu'ils labourent est bien peu, comme || quelques iardins loing de leurs maisons et village enuiron de deux ou trois lieües, où ils sement du mil seulement pour tout grain : mais bien plantent quelques racines. Ce qu'ils recueillent deux fois l'an, à Noël, qui est leur esté, quand le Soleil est au Capricorne : et à la Pẽtecoste. Ce mil dõc est gros comme pois communs, blanc et noir [1] : l'herbe qui le porte, est grande en façon de roseaux marins. Or la façon de leurs iardins est telle. Apres auoir coupé sept ou huit arpẽs de bois, ne laissans rien que le pié, à la hauteur parauenture d'un homme, ils mettent le feu [2] dedans pour bruler et bois et herbe à l'entour, et le tout c'est en plat païs. Ils grattent la terre auec certains instrumens de bois, ou de fer, depuis qu'ils en ont eu congnoissance : puis les femmes plantent ce mil et racines, qu'ils appellent

Labourage des Sauuages.

Fol. 113.

Mil blãc et noir.

[1] LÉRY. § IX.

[2] Ce procédé primitif est encore pratiqué par presque tous les peuples sauvages. D'après HANS STADEN (P. 251), « les Brésiliens commencent par abattre les arbres et par les laisser sécher pendant deux ou trois mois, puis ils y mettent le feu, les laissent brûler sur place, et plantent ensuite dans le champ la racine qui leur sert de nourriture. »

Hetich. *Hetich* [1], faisans un pertuis en terre auecques le doigt, ainsi que lon plante les pois et febues par deça. D'engresser et amender la terre ils n'en ont aucune pratique, ioint que de soy elle est assez fertile, n'estãt aussi lassée de culture, cõme nous la voyons par deça. Toutefois c'est chose admirable, qu'elle ne peut porter nostre blé : et moy mesme en ay quelquefois semé (car nous en auions porté auec nous) pour esprouuer, mais il ne peut iamais profiter. Et n'est à mon auis, le vice de la terre, mais de ie ne sçay quelle petite vermine qui le mange en terre : toutefois ceux qui sont demeurez par delà, pourront auec le temps en faire plus seure experience. Quant à noz Sauuages, il ne se faut trop esmerueiller, s'ils n'ont eu congnoissance du blé, car mesmes en nostre Europe et autres païs au commencement les hommes viuoyent des fruits que la terre produisoit d'elle mesme sans estre labourée. Vray est que l'agriculture est fort ancienne [2] : comme il appert par l'escriture : ou bien

En Amerique nul usage de blé.

Ancieñeté de l'agriculture.

[1] THEVET (*Cosm. univ.* P. 921) décrit au long l'*hetich*. Cette description est à peu près conforme à celle de Léry (§ XIII). L'hétich serait-il la pomme de terre? Walter Raleigh passe pour en avoir apporté les premiers plants en Angleterre vers 1586, mais ils venaient de Virginie. Ce fut seulement l'expérience décisive de Parmentier, en 1779, qui en popularisa la culture, après qu'il eut prouvé par analyse chimique que le tubercule n'avait pas les propriétés nuisibles des autres solanées. Il se peut encore que l'hétich soit le topinambourg, dont le nom rappelle la tribu brésilienne des Tupinambas à laquelle nous le devons.

[2] Voir PICTET. *Origines Indo-Européennes.* LENORMANT. *Manuel d'histoire ancienne.* T. II. Il est en effet prouvé que les pre-

si dès le commencement ils auoient la congnoissance du blé, ils ne le sçauoient accommoder à leur usage. Diodore [1] escrit que le premier pain fut veu en Italie, et l'apporta Isis Royne d'Egypte, monstrant à moudre le blé, et cuire le pain, car auparauant ils mãgeoient les fruits tels que nature les produisoit, soit que la terre fust labourée ou nõ. Or que les hommes uniuersellement en toute la terre ayent vescu de mesme les bestes brutes, c'est plustost fable [2] que vraye histoire : car ie ne voy que les poëtes qui ayẽt esté de ceste opiniõ, ou biẽ quelques autres les imitans, cõme vous auez en Virgile au premier de ses Georgiques : mais ie croy trop mieux l'Escriture Sainte : qui fait mention du labourage d'Abel, et des offrãdes qu'il faisoit à Dieu. Ainsi auiourd'huy noz Sauuages font farine de ces racines que nous auons appellées *Mani-*

Premier usage de blé.

miers habitants de l'Europe ne connurent que fort tard les céréales. C'est seulement dans les habitations lacustres de Suisse et de France, mais jamais dans les cavernes où habitaient nos ancêtres qu'on a recueilli des céréales carbonisées, surtout du froment et de l'orge. Cf. DESOR. *Les Palafites de la Suisse.*

[1] DIODORE. I. 43.

[2] C'est pourtant la vérité. Les études préhistoriques ont complètement renouvelé la science sur ce point, et démontré jusqu'à l'évidence que les premiers hommes ne se doutaient même pas de l'agriculture. Ils étaient avant tout chasseurs, et avaient déjà trop de peine à se défendre contre la dent des bêtes féroces ou la rigueur du climat pour songer à confier des semences à la terre. Voir à ce propos NILLSON. *Habitants primitifs de la Scandinavie.* — LYELL. *L'Ancienneté de l'Homme.* — HAMY. *Paléontologie humaine.* — BERTRAND. *Antiquités celtiques et gauloises.* — FIGUIER. *L'Homme primitif*, etc.

hot, qui sont grosses comme le bras, longues d'un pié et demy, ou deux piés : et sont tortues et obliques communément. Et est ceste racine d'un petit arbrisseau, haut de terre enuirõ quatre piez, les fueilles sont quasi semblables à celles que nous nommons de par deça, *Pataleonis*, ainsi que nous demonstrerons par figure, qui sont six ou sept en nombre : au bout de chacune branche, est chacune fueille longue de demy pié, et trois doigts de large. Or la maniere de faire ceste farine est telle. Ils pilent [1] ou rapẽt ces racines seches ou verdes auecques une large escorce d'arbre, garnie toute de petites pierres fort dures, à la maniere qu'on fait de par deça une noix de muscade : puis vous passẽt cela, et la font chauffer en quelque vaisseau sur le feu auec cer||taine quantité d'eau : puis brassent le tout, en sorte que ceste farine deuiẽt en petis drageons, comme est la manne grenée, laquelle est merueilleusement bonne quand elle est recente, et nourrist tres bien. Et deuez penser que depuis le Peru, Canade, et la Floride, en toute ceste

Maniere de faire ceste farine de racines.

Fol. 114.

[1] LÉRY. § IX. « Apres les auoir faits secher au feu sur le boucan, ou bien quelques fois les prenans toutes vertes, à force de les raper sur certaines petites pierres pointues, fichees et arrengees sur une piece de bois plate, elles les reduisent en farine laquelle est aussi blanche que neige... apres cela et pour l'apprester ces femmes Brésiliennes ayans de grandes et fort larges poesles de terre... les mettans sur le feu, et quantité de cette farine dedans : pendant que elle cuict elles ne cessent de la remuer auec des courges miparties. » Cf. Sur la culture du manioc, HANS STADEN. Ouv. cit., p. 251. — GANDAVO. *Santa Cruz*. P. 52, 55. — THEVET. *Cosmographie universelle*. P. 948.

terre continente entre l'Ocean et le Macellanique, comme l'Amerique, Canibales, voire iusques au destroit de Magellan, ils usent de ceste farine, laquelle y est fort commune, encore qu'il y a de distance d'un bout à l'autre de plus de deux mille lieües de terre : et en usent auec chair et poisson, comme nous faisons icy de pain. Ces Sauuages tiennent une estrange [1] methode à la manger, c'est qu'ils n'approcherent iamais la main de la bouche, mais la iettent de loin plus d'un grand pié, à quoy ils sont fort dextres : aussi se sçauent bien moquer des Chrestiens, s'ils en usent autrement. Tout le negoce de ces racines est remis aux femmes, estimans n'estre seant aux hommes de s'y occuper. Noz Ameriques en outre plantent quelques febues, lesquelles sont toutes blãches, fort plates, plus larges et longues que les nostres. Aussi ont-ils une espece de petites legumes blanches en grande abondance, non differentes à celles que l'on voit en Turquie et Italie. Ils les font bouillir, et en mangent auec du sel, lequel ils font auec eau de mer boullue, et consumée iusques à la moitié : puis auec autre matiere la font conuertir en sel. Pareillement auecques ce sel et quelque espice broyée ils font pains

Estrange façon de viure des Sauuages.

Espece de febues blanches.

Cõme ils font le sel.

Pain fait d'espice et de sel.

[1] Léry. § ix. « Ils sont tellement duitz et façonnez à cela, que la prenant auec leurs quatre doigts dans la vaisselle de terre... encores qu'ils la iettent d'assez loin, ils rencontrent neantmoins si droit dans leurs bouches qu'ils n'en répandent pas un seul brin. Que si entre nous François, les voulans imiter, la pensions manger de ceste façon, n'estans point comme eulx stilez à cela, au lieu de la ietter dans la bouche, nous l'espanchions sur les ioues et nous enfarinions tout le visage. »

gros comme la teste d'un homme, dont plusieurs mangent auec chair et poisson, les femmes principalement. En outre ils meslent quelquefois de l'espice auecques leur farine, non puluerisée, mais ainsi qu'ils

Farine de poisson.
Fol. 115.

l'ont cueillie. Ils font encore farine de poisson [1] fort seche, || tres bonne à manger auec ie ne sçay quelle mixtion qu'ils sçauent faire. Ie ne veux icy oublier

Nenuphar, espece de chou.

une maniere de choux ressemblãs presque ces herbes larges sur les riuieres, que lon appelle Nenuphar, auec une autre espece d'herbe portant fueilles telles que noz ronces, et croissent tout de la sorte de grosses ronses piquantes. Reste à parler d'un arbre, qu'ils

Peno-absou, arbre.

nomment en leur langue *Peno-absou*. Cest arbre porte son fruit gros comme une grosse pomme, rond à la semblance d'un esteuf : lequel tant s'en faut qu'il soit bon à manger, que plustost est dangereux comme venin. Ce fruit porte dedans six noix de la sorte de noz amãdes, mais un peu plus larges et plus plates : en chacune desquelles y a un noyau, lequel (comme ils afferment) est merueilleusement propre pour guerir playes : aussi en usent les Sauuages, quand ils ont esté blessez en guerre de coups de flesches, ou autrement. I'en ay apporté quelque quantité à mon retour par deça, que i'ay departy à mes amis. La maniere d'en user est telle. Ils tirent certaine huile toute rousse de ce noyau apres estre pilé, qu'ils appliquent sus la partie offensée. L'escorce de cest

[1] Léry. § x. « Ainsi font-ils de poissons, desquels mesme quand ils ont grande quantité après qu'ils sont bien secs, ils en font de la farine. »

arbre a une odeur fort estrange, le fueillage tousiours verd, espés comme un teston, et fait comme fueilles de pourpié. En cest arbre frequente ordinairement un oyseau grand comme un piuerd, ayant une longue hupe sus la teste, iaune comme fin or, la queüe noire, et le reste de son plumage iaune et noir, auecques petites ondes de diuerses couleurs, rouge à l'entour des ioües, entre le bec et les ïeux cõme escarlate : et frequente cest arbre, comme auons dit, pour manger, et se nourrir de quelques vers qui sont dans le bois. Et est sa hupe fort longue, comme pouuez voir par la figure. Au surplus laissant plusieurs especes d'arbres et arbrisseaux, ie diray seulement, pour abreger qu'il se trouue là cinq à six sortes de palmes portans fruits, non comme ceux de l'Egypte, qui portent dattes, car ceux cy n'en portent nulles, ains bien autres fruits les uns gros comme esteufs, les autres moindres. Entre lesquelles palmes est celle qu'ils appellent *Gerahuua* [1] : une autre *Iry*, qui porte un fruit different. Il y en a une qui porte son fruit tout rond, gros comme un petit pruneau, estant mesme de la couleur quand il est meur, lequel parauant a goust de verins venant de la vigne. Il porte noyau tout blãc,

Oyseau d'une estrange beauté et admirable.

Diuersité de palmes.

Gerahuua, Iry.

[1] Léry. § xiii, les appelle *geraü* et *yri*. « Mais ni aux uns ni aux autres ie n'ai iamais veu de dattes, aussi croi-ie qu'ils n'en produisent point. Bien est vrai que l'yri porte un fruit rond comme prunelles serrées et arrengées ensemble, ainsi que vous diriez un bien gros raisin : tellement qu'il y en a un seul trousseau tant qu'un homme peut leuer et emporter d'une main : mais encore n'y a il que le noyau, non plus gros que celuy d'une çerise, qui en soit bon. »

gros comme celuy d'une noisette, duquel les Sauuages mangent. Or voila de nostre Amerique ce qu'auons
Fol. 116. voulu||reduire assez sommairement, apres auoir obserué les choses les plus singulieres qu'auons congneües par delà, dont nous pourrons quelquefois escrire plus amplement, ensemble de plusieurs arbres, arbrisseaux, herbes, et autres simples, auec leurs proprietez selon l'experience des gens du païs, que nous auons laissé à dire pour euiter prolixité. Et pour le surplus auons deliberé en passant escrire un mot de la terre du Bresil.

CHAPITRE LIX.

Comme la terre de l'Amerique fut découuerte, et le bois du Bresil trouué, auec plusieurs autres arbres non veuz qu'en ce païs.

Terre du Bresil decouuerte par les Portugais.

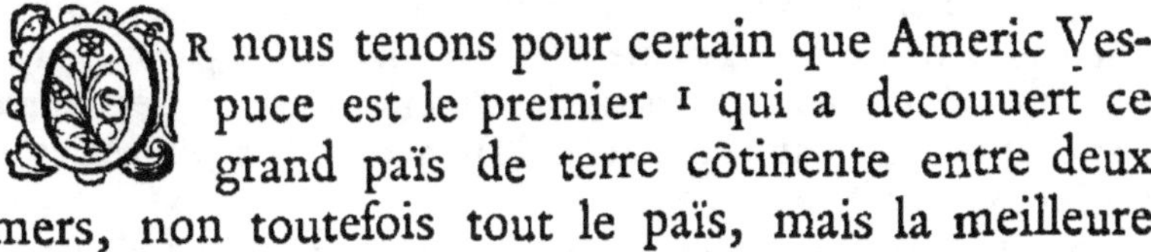

OR nous tenons pour certain que Americ Vespuce est le premier [1] qui a decouuert ce grand païs de terre cõtinente entre deux mers, non toutefois tout le païs, mais la meilleure

[1] On a déjà écrit et on écrira encore plusieurs volumes sur la question de la priorité de la découverte de l'Amérique. Vespuce

partie. Depuis les Portugais, par plusieurs fois, nõ cõtens de certains païs, se sont efforcez tousiours de decouurir païs, selon qu'ils trouuoyent la commodité : c'est à sçauoir quelque chose singuliere, et que les gens du païs leur faisoient recueil. Visitans doncques ainsi le païs, et cerchans comme les Troyens, au territoire Carthaginois, veirent diuerses façons de plumages, dont se faisoit traffique, specialement de rouges : se voulurent soudainement informer, et sçauoir le moyen de faire ceste teinture. Et leur monstrerent les gens du païs l'arbre de Bresil [1]. Cest arbre, nommé en leur langue, *Oraboutan* [2], est tres beau à voir, *Oraboutan, arbre du Bresil.*

exalté par les uns a été trop rabaissé par les autres. Le dernier travail publié sur cet intéressant sujet, celui qui résume tous les mémoires antérieurs, est celui de M. SCHŒTTER. *Congrès des Américanistes de Luxembourg* (1877-78).

[1] On donnait depuis longtemps au bois de teinture le nom de Brésil. Dès le XIIe siècle, *bressil, brasilly, bresilzi, braxilis* étaient appliqués à un bois rouge propre à la teinture des laines et du coton (MURATORI. *Antiquités italiennes.* T. II. P. 894-899). Marco Polo parle également du *berzy*. En Espagne le bois de teinture ou *brazil* fut introduit de 1221 à 1243. En France nous le trouvons mentionné dans le *Livre des métiers* (P. 104 et 177), et aussi dans presque tous les tarifs de douane à partir de la fin du XIIIe siècle. Par le plus curieux des hasards, le nom de la production fut appliqué au pays producteur, et, comme on ne connaissait pas exactement la situation de ce pays, la terre du Brésil, au fur et à mesure des découvertes, voyagea comme avaient voyagé dans l'antiquité l'Hespérie, le mont Atlas ou les colonnes d'Hercule.

[2] LÉRY (§ XIII) a donné une description de *l'araboutan* et des autres bois de teinture brésiliens. THEVET dans sa *Cosmographie universelle* (P. 950-954) est revenu sur ce sujet.

l'escorce par dehors est toute grise, le bois rouge par dedans, et principalement le cueur, lequel est plus excellẽt, aussi s'en chargent ils le plus. Dont ces Portugais, des lors en apporterent grande quantité : ce que lon continue encores maintenant : et depuis que nous en auons eu congnoissance s'en fait grande trafique. Vray est que les Portugais n'endurent aysément [1] que les François nauigent par delà, ains en plusieurs lieux traffiquent en ces païs : pource qu'ils s'estiment, et s'attribuent la propriété des choses, comme premiers possesseurs, consideré qu'ils en ont fait la decouuerte, qui est chose veritable [2]. Retour-

[1] Voir P. GAFFAREL. *Histoire du Brésil Français.* P. 84-112. Les Portugais poursuivaient de leur haine tous ceux de nos compatriotes qui s'aventuraient sur les mers américaines. Comme l'écrivait avec éloquence le capitaine dieppois Jean Parmentier, « Bien que ce peuple soit le plus petit de tout le globe, il ne lui semble pas assez grand pour satisfaire sa cupidité. Il faut que les Portugais aient bu de la poussière du cœur du roi Alexandre pour montrer une ambition si demesurée. Ils croient tenir dans une seule main ce qu'ils ne pourraient embrasser avec toutes les deux, et il semble que Dieu ne fit que pour eux les mers et la terre, et que les autres nations ne sont pas dignes de naviguer. »

[2] Cette question est à tout le moins controversée. Avant Alvares Cabral qui, poussé par la tempête, découvrit en 1500 le continent auquel il donna le nom de terre de Santa Cruz, plusieurs de nos compatriotes, sans parler du Dieppois Jean Cousin, paraissent avoir débarqué au Brésil. Ne lisons-nous pas dans la relation du capitaine Gonneville, qui voyageait au Brésil en 1503. « Or passez le tropique Capricorne, hauteur prinse, trouuerent estre plus esloignez de l'Affrique que du pays des Indes occidentales, où d'*empuis ancunes annécs ença* les

nons à nostre Bresil. Cest arbre porte fueilles semblables à celles du bouis, ainsi petites, mais épesses et frequentes. Il ne rend nulle gomme, cõme quelques autres, aussi ne porte aucun fruit. Il a esté autrefois en meilleure estime, qu'il n'est à présent, specialement au païs de Leuant : lon estimoit au commencement que ce bois estoit celuy que la Royne de Saba porta à Salomon, que nomme l'histoire au premier liure des Roys, dit Dalmagin [1]. Aussi ce grand capitaine Onesicrite au voyage qu'il fit en l'isle Taprobane, située en l'Ocean Indique au Leuant, apporta grande quantité de ce bois, et autres choses fort exquises : ce que prisa fort Alexandre son maistre. De nostre bresil, celuy qui est du costé de la riuiere de Ianaire, Morpion, et cap de Frie est meilleur que l'autre du costé des Canibales, et toute la coste de Marignan. Quand les Chrestiens, soyent Frãçois ou Espagnols, vont par delà pour charger du bresil, les Sauuages du païs le couppent et depecent eux mesmes, et aucunefois le portent de trois ou quatre lieües [2], iusques aux nauires : ie vous laisse

Dalmagin.

Voyage au Leuãt d'Onesicrite capitaine d'Alexandre le Grand.

Dieppois et les Malouins et autres Normands vont quérir du bois à teindre en rouge, cotons, guenons, et perroquets et autres denrées. »

[1] Ces bois précieux cités par la Bible (atse, hâal, mughim), le sandal, l'aloès et l'ébène, sont encore l'objet d'un commerce important sur la côte orientale d'Afrique.

[2] THEVET. *Cosmographie universelle.* P. 950. « Ils y prennent si grant peine que l'ayant porté iusques aux navires quelques voïages vous leur voyez leurs espaules toutes meurtries et dechirées de la pesanteur du boys. » Cf. LÉRY. § XIII. — F. DENIS. *Une Fête brésilienne à Rouen en 1550.*

Fol. 117. à penser à quelle peine,|| et ce pour appetit de gaigner quelque pauure accoustrement de meschante doublure, ou quelque chemise. Il se trouue dauantage *Bois iaune.* en ce païs un autre bois iaune [1], duquel ils font aucuns leurs espées : *Bois de couleur de pourpre.* pareillement un bois de couleur de pourpre, duquel à mon iugement l'on pourroit faire de tres bel ouurage. Ie doubte fort si c'est point celuy duquel parle Plutarque, disant que Caius Marius Rutilius, premier dictateur de l'ordre populaire, *Bataille en bois de pourpre.* entre les Romains, feit tirer en bois de pourpre une bataille, dont les personnages n'estoyent plus grands que trois doigts : et auoit esté apporté ce bois de la haute Afrique, tant ont esté les Romains curieux des choses rares et singulieres. Dauantage se trouuent *Bois blãc.* autres arbres, desquels le bois est blanc comme fin papier, et fort tendre : pour ce les Sauuages n'en tiennent conte. Il ne m'a esté possible d'en sçauoir autrement la propriété : sinon qu'il me vint en memoire d'un bois blãc, duquel parle Pline [2], lequel il *Betula.* nomme Betula, blanc et tendre, duquel estoient faites les verges, que lon portoit deuant les magistrats de Rome. Et tout ainsi qu'il se trouue diuersité d'arbres et fruits differents de forme, couleurs, et autres pro- *Diuersité de terre.* prietez, aussi se trouue diuersité de terre, l'une plus grasse, l'autre moins, aussi de terre forte, dont ils font vases à leur usage, comme nous ferions par deça, pour manger et boire. Or voila de nostre Amerique, non pas tant que i'en puis auoir veu, mais ce que m'a

[1] LÉRY. § XIII.
[2] PLINE. *Hist. nat.* X. 19.

semblé plus digne d'estre mis par escript, pour satisfaire au bon vouloir d'un chacun honneste lecteur, s'il luy plaist prendre la patience de lire, comme i'ay de le luy reduire par escrit, apres tous les trauaux et dangers de si difficile et lointain voyage. Ie m'as || seure Fol. 118.
que plusieurs trouueront ce mien discours trop brief [1], les autres par auenture trop long : parquoy ie cerche mediocrité pour satisfaire à un chacun.

CHAPITRE LX.

De nostre departement de la France Antarctique ou Amerique.

OR auons nous cy dessus recueilli et parlé amplement de ces nations, desquelles les mœurs et particularitez, n'ont esté par Historiographes anciens descrites ou celebrées, pour n'en auoir eu la congnoissance. Apres donc auoir seiourné quelque espace de temps en ce païs, autant

1 Le bon Thevet ne s'est pas toujours conformé à ce sage précepte; et ce n'est pas précisément par la concision qu'il brille.

que la chose, pour lors le requeroit, et qu'il estoit necessaire pour le contentement de l'esprit, tant du lieu, que des choses y contenües : il ne fut question que de regarder l'opportunité, et moyen de nostre retour [1], puis qu'autrement n'auions deliberé y faire plus longue demeure. Donques soubs la conduite de monsieur de Bois-le-conte, capitaine des nauires du Roy, en la France Antarctique, homme magnanime [2], et autant bien appris au fait de la marine, outre plusieurs autres vertus, comme si toute sa vie en auoit fait exercice. Primes donc nostre chemin tout au contraire de celuy par lequel estions venus, à cause des vents qui sont propres pour le retour : et ne faut aucunement doubter que le retour ne soit plus lõg que l'allée de plus de quatre ou cinq cens lieües, et plus difficile. Ainsi le dernier iour de ianuier [3] à quatre heures du matin, embarquez auec ceux qui ramenoyẽt les nauires par deça, feimes voile, saillans de ceste

Retour de l'autheur de l'Amerique.

[1] Léry, qui, dans l'Histoire de son voyage au Brésil, se moque de Thevet et affirme qu'il n'a pas eu le temps de voir tout ce qu'il décrit, pourrait donc avoir raison quand il prétend que Thevet raconte ce qu'il n'a pu apprendre au Brésil, et que par conséquent ses récits ne méritent qu'une créance médiocre.

[2] Bois-le-Conte, tellement vanté par Thevet, paraît n'avoir été qu'un piètre personnage. Sans parler des écrivains protestants qui, de parti pris, le traînent dans la boue, les auteurs catholiques eux-mêmes n'ont pour lui qu'une très-mince estime.

[3] Janvier, 1556. Thevet n'est donc resté que quelques mois au Brésil, et Léry a grandement raison, dans la préface de son livre, d'attaquer sa véracité, toutes les fois qu'il se donne comme témoin de faits qui ne se passèrent qu'après son retour en Europe.

riuiere de Ianaïre, en la grande mer sus l'autre costé, tirant vers le Ponēt, laissée à dextre la coste d'Ethiopie, laquelle nous auiōs tenüe en allant. Auquel depart nous fut le vent assez propice, mais de petite durée : car incontinent se vint enfler comme furieux, et nous donner droit au nez le Nort et Nort-Oüest, lequel auec la mer assez inconstante et mal asseurée en ces endroits, qui nous destourna de nostre droite route, nous iettāt puis ça puis là en diuerses pars, tāt que finablemēt auecques toute difficulté se decouurit le cap de Frie, où auions descendu et pris terre à nostre venue. Et de rechef arrestames l'espace de huit iours, iusques au neufième, que le Su commença à nous donner à pouppe, et nous conduit bien nonante lieües en plaine mer, laissans le païs d'aual, et costoyant de loin Mahouac [1], pour les dangers. Car les Portugais tiennent ce quartier là, et les Sauuages, qui tous deux nous sont ennemis, comme i'ay mōstré quelque part : où depuis deux ans [2] en ça ont trouué mine d'or et d'argent, qui leur a esté cause de bastir en cest endroit, et y mettre sieges nouueaux pour habiter. Or cheminans tousiours sur ceste mer à grāde difficulté, iusques à la hauteur du cap de Saint Augustin pour lequel doubler et afronter demeurames flottās ça et là l'espace de deux moys ou enuiron, tant il est grand, et se iettant auant dans la mer. Et ne s'en faut

Cap de Saint Augustin.

[1] Ce sont les îles Maqhué. Cf. LÉRY. § v.

[2] HANS STADEN (Ouv. cité) a raconté la fondation de ce fort, et les petites guerres soutenues par les Portugais contre les sauvages des environs.

emerueiller, car ie sçay quelques uns de bonne memoire, qui y ont demeuré trois ou quatre mois [1] : et si le vẽt ne nous eust fauorisé, nous estions en danger d'arrester d'auãtage, encore qu'il ne fut aduenu autre incõuenient. Ce cap tient de longueur huit lieües ou enuirõ, distant de la riuiere dont nous
Fol. 119. estions || partis trois cens deux lieües. Il entre en mer neuf ou dix lieües du moins, et pource est autant redouté des nauigans sur ceste coste, comme celuy de Bonne-Esperance sur la coste d'Ethiopie, qu'ils ont pour ce nommé lion de la mer, comme i'ay desia dit : ou bien autant comme celuy qui est en la mer Aegée en Achaïe (que lon appelle auiourd'huy la Morée) nõmé cap de Saint Ange [2], lequel est aussi tres dangereux. Et a ce cap esté ainsi nommé par ceux qui premierement l'ont decouuert, que lon tient auoir esté Pinson [3] Espagnol. Aussi est il ainsi marqué en nos chartes marines. Ce Pinson auec un sien fils ont merueilleusement

Cap de Bõne Esperance pourquoy nõmé Lion de la mer.

Cap de Saint Ange dangereux.

Decouuerte de païs faite par le capitaine Pinson.

[1] LÉRY. (§ XVIII) avoue la grande difficulté que ses compagnons et lui eurent à surmonter pour doubler ce cap. Partis de la baie de Ganabara le 4 janvier 1558, ils étaient encore en vue des côtes Américaines à la fin de février.

[2] C'est le cap Matapan actuel.

[3] Pinzon (Vicente Ianez), le capitaine de la *Nina*, lors du premier voyage de Colomb. En 1499, il partit pour le nouveau monde avec quatre caravelles, aborda le continent en janvier 1500, un peu au sud des parages entrevus sept mois auparavant par Hojeda et Juan de la Cosa. Il longea la terre ferme pendant sept à huit cents lieues, et imposa partout des noms espagnols. Il aurait, entre autres dénominations, donné celle de Santa Maria de la Consolacion au cap Saint-Augustin. Voir sur Yanez

decouuert de païs incõgneuz et non au parauant decouuerts. Or l'an mil cinq cens un, Emanuel Roy de Portugal enuoya auec trois grãds vaisseaux en la basse Amerique pour recercher le destroit de Furne et Dariéne, à fin de pouuoir passer plus aisément aux Moluques, sans aller au detroit de Magellan [1], et nauigeans de ce costé, feirent decouuerte de ce beau promontoire : où ayans mis pié en terre, trouuerent le lieu si beau et temperé, combien qu'il ne soit qu'à trois cens quarante degrez de longitude, minute o, et huyt de latitude, minute o, qu'ils s'y arresterẽt et depuis sont allez autres Portugais auec nombre de vaisseaux et de gens. Et par succession de temps, apres auoir pratiqué les Sauuages du païs, feirent un fort nommé Castelmarin : et encore depuis un autre assez pres de là, nommé Fernambon [2], traffiquans là les uns auecques les autres. Les Portugais se chargent de cotton [3], peaux de sauuagines, espiceries, et entre

Castelmarin.

Fernambon.

Pinzon : AVEZAC. *Considérations géographiques sur l'histoire du Brésil. Americ Vespuce.* — VARNHAGEN. *Examen de quelques points de l'histoire du Brésil. — Vespuce et son premier voyage.* — SILVA. *L'Oyapoc et l'Amazone*, avec une bibliographie très complète de la matière.

[1] Thevet oublie qu'en 1501 le détroit de Magellan n'était pas encore découvert. Il ne le sera qu'en 1520. La flotte d'Alvarès Cabral, dont il est ici question, avait justement pour mission de chercher un passage rapide vers les Indes.

[2] Paranambuco, le vrai nom de Fernambouco, est formé du mot Tupi *parana* la grande eau, et du Portugais *bouco*, embouchure. Duarte Coelho Pereira passe pour avoir été le fondateur de cette ville.

[3] Sur les articles d'exportation du Brésil au XVIe siècle, voir P. GAFFAREL. *Le Brésil Français.* P. 75.

autres choses, de prisonniers, que les Sauuages ont pris en guerre sus leurs ennemis, lesquels ils menẽt en Portugal pour vendre.

CHAPITRE LXI.

Des Canibales, tant de la terre ferme, que des isles, et d'un arbre nõmé Acaiou.

Ce grand promontoire ainsi doublé et afronté, combien que difficilement, quelque vent qui se presentast, il failloit tenter la fortune et auancer chemin autant que possible estoit, sans s'elõgner beaucoup de terre ferme, principalement costoyãs assez pres de l'isle Saint Paul [1], et autres

Isle de Saint Paul.

[1] L'île Saint-Paul est plus connue sous le nom de penedo de San Pedro. C'est un rocher abrupte au profil anfractueux, hérissé de pointes aigües, et dont le point culminant ne dépasse pas 17 mètres au-dessus de l'Océan. C'est en 1511 que Georges de Brito, lieutenant de Garcia de Norõnha découvrit cet îlot sur lequel il faillit se briser. Les autres îles dont parle Thevet sont sans doute l'archipel de la Trinité et de Martin Vas, ainsi

petites non habitées, prochaines de terre ferme, où sont les Canibales, lequel païs diuise les païs du Roy d'Espagne d'auec ceux de Portugal, cõme nous dirons autre part. Puisque nous sommes venuz à ces Canibales, nous en dirons un petit mot. Or ce peuple depuis le cap de Saint Augustin, et au delà iusques pres de Marignã, est le plus cruel et inhumain, qu'en partie quelconque de l'Amerique. Ceste canaille mange [1] ordinairement chair humaine, comme nous ferions du mouton, et y prennent encore plus grand plaisir. Et vous asseurez qu'il est malaisé de leur oster un hõme d'entre les mains quand ils le tiennent, pour l'appetit qu'ils ont de le manger comme lions rauissans. Il n'y a beste aux deserts d'Afrique, ou de l'Arabie tãt cruelle, qui appete si ardemmẽt le sang

Inhumanité de Canibales.

que l'île Fernando de Norõnha. Consulter sur les rochers ou vigies épars dans l'Atlantique un intéressant mémoire de l'amiral Fleuriot de Langle *(Société de géographie de Paris.* Juillet 1863).

1 Americ Vespuce est le premier qui ait signalé l'anthropophagie des Brésiliens, et il l'a fait en termes expressifs (Lettre à Lorenzo Medicis) : « S'ils sont vainqueurs, ils coupent en morceaux les vaincus, et assurent que c'est un mets très agréable. Ils se nourrissent ainsi de chair humaine ; le père mange le fils et le fils le père suivant les circonstances et les hasards des combats. J'ai vu un abominable homme qui se vantait d'avoir mangé plus de trois cents hommes. J'ai vu aussi une ville, que j'ai habitée environ vingt sept jours, et où des morceaux de chair humaine salée étaient accrochés aux poutres des maisons, comme nous accrochons aux poutres de nos cuisines, soit de la chair de sanglier sechée au soleil ou fumée, soit des saucissons, soit d'autres provisions de cette espèce. » Mais cette description paraît bien exagérée. On dirait une réminiscence des récits de divers voyageurs du moyen-âge.

humain, que ce peuple sauuage plus que brutal. Aussi n'y a natiõ qui se puisse acouster d'eux, soyent Chrestiens ou autres. Et si vous voulez traffiquer et entrer en leur païs, vous ne serez receu aucunement sans bailler ostages, tant ils se defiẽt, eux mesmes plus dignes desquels lon se doibue mefier. Voila
Fol. 120. pour || quoy les Espagnols quelquefois, et Portugais [1] leur ont ioué quelques brauades : en memoire de quoy quand ils les peuuent attaindre, Dieu sçait comme ils les traittent, car ils disnent auec eux. Il y a donc inimytié et guerre perpetuelle entre eux, et se sont quelquefois bien battuz, tellemẽt qu'il y est demeuré des Chrestiens au possible. Ces Canibales portent pierres [2] aux leures, verdes et blanches, comme les autres Sauuages, mais plus longues sans comparaison, de sorte qu'elles descendent iusques à la poitrine. Le païs au surplus est trop milleur qu'il n'appartiẽt à telle canaille : car il porte fruits en abondance, herbes, et racines cordiales, auec grande quantité d'arbres qu'ils nomment *Acaïous* [3], portans fruits gros

Inimitié grande entre les Espagnols et les Canibales.

Fertilité du païs des Canibales.

[1] La haine de ces Cannibales contre les Portugais surtout était inexpiable. Thevet raconte dans sa *Cosmographie universelle* (P. 946) qu'il essaya de prêcher aux Brésiliens la compassion vis-à-vis de leurs prisonniers Portugais : « mais ils nous renuoierent auec grande colere, et d'un fort mauuais visage, disans, que c'estoit grand honte à nous de pardonner à noz ennemis, les ayant prins en guerre, et qu'il vaut mieux en depescher le monde, à fin que de là en auant ils n'ayent plus occasion de vous nuire. »

[2] Voir plus haut, § XXXIV et note.

[3] LÉRY. § XIII. « Il y a en ce païs là un arbre qui croist haut eleué, comme les cormiers par deça et porte un fruict nommé

comme le poin, en forme d'un œuf d'oye. Aucuns en font certain bruuage, combien que le fruit de soy n'est bon à mãger, retirant au goust d'une corne demy meure. Au bout de ce fruit vient une espece de noix grosse cõme un marron, en forme de rognon de lieure. Quant au noyau qui est dedans, il est tres bon à manger, pourueu qu'il ait passé legerement par le feu. L'escorce est toute pleine d'huile, fort aspre au goust, de quoy les Sauuages pourroyent faire quantité plus grãde que nous ne faisons de noz noix par deça. La fueille de cest arbre est semblable à celle d'un poirier, un peu plus pointue, et rougeatre par le bout. Au reste cest arbre a l'escorce un peu rougeatre, assez amere : et les Sauuages du païs ne se seruent aucunement de ce bois, à cause qu'il est un peu mollet. Aux isles des Canibales, dans lesquelles s'en trouue grande abondance, se seruent du bois pour faire brusler, à cause qu'ils n'en ont gueres d'autre, et du gaiac. Voila ce que i'ay voulu dire de nostre *Acaïou*, || auec le pourtrait qui vous est cy deuant representé. Il se trouue là d'autres arbres ayans le fruit dangereux à manger : entre lesquels est un nommé *Haounay* [1]. Au surplus ce païs est fort mõtueux, auec-

Fol. 121.

Arbres mortifères. Haounay.

acaiou par les sauuages, lequel est de la grosseur et figure d'un œuf de poule. » GANDAVO. *Hist. de Santa Cruz*. P. 58 : « Ce fruit ressemble à une poire, il est d'une couleur très iaune. Il a beaucoup de ius, et on le mange dans les chaleurs, car il est très froid de sa nature. »

[1] LÉRY. § XIII : « L'*Aouai* put et sent si fort les aulx, que quand on le coupe ou qu'on en met au feu, on ne peut durer au près. » THEVET. *Cosm. univ*. P. 922 « L'arbre sent mal, et à

ques bonnes mines d'or. Il y a une haute et riche montagne, où ces Sauuages prennent ces pierres verdes, lesquelles ils portent aux leures [1]. Pour ce n'est pas impossible qu'il ne s'y trouuast emeraudes, et autres richesses, si ceste canaille tant obstinée permettoit que lon y allast seurement. Il s'y trouue semblablement marbre blanc et noir, iaspe, et porphire. Et en tout ce païs depuis qu'on a passé le cap Saint Augustin, iusques à la riuiere de Marignan, tiennent une mesme façon de viure que les autres du cap de Frie. Ceste mesme riuiere separe la terre du Peru d'auec les Canibales, et a de bouche quinze lieües ou enuiron, auec aucunes isles peuplées et riches en or : car les Sauuages ont appris quelque moyen de le fondre, et en faire anneaux larges comme boucles, et petis croissans qu'ils pendent aux deux costez des narines et à leurs ioües : ce qu'ils portent par gentilesse et magnificence. Les Espagnols disent que la grand riuiere qui vient du Peru, nommée Aurelane [2], et ceste cy s'assemblent. Il y a sur ceste riuiere une autre isle, qu'ils nomment de la Trinité [3], distante dix

Richesse du païs des Canibales.

Riuiere de Marignan separe le Peru d'auec les Canibales.

Aurelane fleuue du Peru.

Isle de la Trinité fort riche.

l'odeur merueilleusement puante quand on le coupe : qui est cause qu'ils n'en usent aucunement en leur mesnage. »

1 C'est la province actuelle de Minas Geraës. Il s'y trouve en effet de magnifiques émeraudes. Consulter à ce propos l'intéressant ouvrage de M. DE SAINT-HILAIRE. *Voyage dans le district des diamants.*

2 Thevet veut parler sans doute du grand fleuve des Amazones et d'un de ses affluents les plus importants, l'Araguay ou le Tocantin, qui unissent leurs eaux en amont de l'île Marajo.

3 L'île de la Trinité a été l'objet de plusieurs monographies : Nous ne citerons que l'*History of Trinidad*, par JOSEPH, et surtout l'*Histoire de la Trinité sous le Gouvernement Espagnol*, par BORDE.

degrez de la ligne, ayant de longueur enuiron trente lieües, et huit de largeur : laquelle est des plus riches qui se trouue point en quelque lieu que ce soit, pource qu'elle porte toute sorte de métaux. Mais pource que les Espagnols y descendans plusieurs [1] fois pour la vouloir mettre en leur obeissance ont mal traité les gens du païs, en ont esté rudemēt repoussez et saccagez la meilleure part. Ceste isle produist abondance d'un certain fruit, dont l'arbre ressemble fort à un palmier, duquel ils font du bruuage. D'auantage se trouue là encens fort bon, bois de gaiac, qui est auiourd'huy tant celebré : pareillement en plusieurs autres isles prochaines de la terre ferme. Il se trouue entre le Peru et les Canibales, dont est question plusieurs isles [2] appellées Canibales assez prochaines de la terre de Zamana, dont la principale est distante de l'isle Espagnole enuiron trente lieües. Toutes lesquelles isles sont soubs l'obeissance d'un Roy, qu'ils appellent *Cassique*, desquels il est fort bien obeï. La plus grande a de longueur soixante lieües, et de largeur quarante huit, rude et montueuse, comparable presque à l'isle de Corse : en laquelle se tient leur Roy coustumierement. Les Sauuages de ceste isle sont ennemis mortels des Espagnols, mais de

Espece d'arbre semblable à un palmier.

[1] Les principaux conquistadores de la Trinité furent don Antonio Sedeno, don Juan Ponce, don Antonio de Berrio y Orana et son fils don Fernando.

[2] Ce sont les Antilles alors peuplées de Caraïbes. Sur les mœurs de ces Caraïbes on peut consulter LABAT. *Voyage aux îles d'Amérique.* — ROCHEFORT. *Histoire civile et naturelle des Antilles*, etc.

telle faço qu'ils n'y peuuent aucunement traffiquer. Aussi est ce peuple epouuentable à voir, arrogãt et courageux, fort subiet à commettre larrecin. Il y a plusieurs arbres de gaiac, et une autre espece d'arbre portant fruit de la grosseur d'un esteuf, beau à voir toutesfois veneneux : parquoy trempent leurs fleches dont ils se veulent aider contre leurs ennemis, au ius de cest arbre. Il y en a un autre, duquel la liqueur qui en sort, l'arbre estant scarifié, est venin, comme reagal par deça. La racine toutesfois est bonne à manger, aussi en font ils farine, dont ils se nourrissent, comme en l'Amerique, combiẽ que l'arbre soit different de tronc, branches, et fueillage. La raison pourquoy mesme plante porte aliment et venin, ie la laisse à contempler aux philosophes. Leur maniere de guerroyer est comme des Ameriques, et autres Cani-
Fol. 122. bales, dont nous auons parlé, hors-mis qu'ils || usent de fondes, faictes de peaux de bestes, ou de pelure de bois : à quoy sont tant expers, que ie ne puis estimer les Baleares inuenteurs de la fonde, selon Vegece, auoir esté plus excellens fundibulateurs.

CHAPITRE LXII.

De la riuiere des Amazones, autrement dite Aurelane, par laquelle on peut nauiguer aux païs des Amazones, et en la France Antarctique.

PENDANT que nous auons la plume en main pour escrire des places decouuertes, et habitées, par delà nostre Equinoctial, entre Midy et Ponent, pour illustrer les choses, et en dõner plus euidẽte cognoissance, ie me suis aduisé de reduire par escrit un voyage [1], autant lointain que difficile, hazardeusement entrepris, par quelques Espagnols, tant par eau que par terre, iusques aux terres de la mer Pacifique, autremẽt appelée Magellanique, où sont les isles des Moluques et autres. Et pour mieux entendre ce propos, il faut noter, que le Prince d'Espagne tient soubs son obeissance grande estendüe de païs, en ces Indes occidentales, tant en isles que

Mer pacifique ou Magellanique.

[1] Le voyage, dont Thevet donne un résumé, est celui de Francesco Orellana, ami d'enfance des Pizarre, qui s'attacha à leur fortune et prit une part active à la conquête du Pérou. En 1540, il descendit la Coca, rencontra le Napo, puis l'Amazone dont il suivit le cours jusqu'à la mer. Consulter sur cet étrange personnage HUMBOLDT. *Voyage aux régions équinoxiales du nouveau continent.* Cf. ACUNA. *Al descubrimiento del grã Rio de las Amazonas.* 1641.

terre ferme, au Peru, et à l'Amerique, que par succession de temps il a pacifié de maniere qu'auiourd'hui il en reçoit grand emollument et profit. Or entre les autres un capitaine Espagnol, estant pour son prince au Peru, delibera un iour de decouurir, tãt par eau que par terre, iusque à la riuiere de Plate (laquelle est distante du cap Saint Augustin sept cens lieües, delà la ligne, et du dit cap iusques aux isles du Peru enuirons trois cens lieües) quelque difficulté qu'il y eust, pour la longueur du chemin, et montagnes inaccessibles, que pour la suspicion des gens et bestes sauuages : esperant l'execution de si haute entreprise, outre les admirables richesses, acquerir un loz immortel, et laisser perpetuelle gloire de soy à la posterité. Ayant donques dressé, et mis le tout en bon ordre, et suffisant equipage, ainsi que la chose le meritoit, c'est à sçauoir de quelque marchandise, pour en trafiquant par les chemins recouurer viures, et autres munitions : au reste accompagné de cinquante Espagnols [1], quelque nombre d'esclaues pour le seruice laborieux, et quelques autres insulaires, qui auoient esté faits Chrestiens, pour la conduite et interpretation des langues. Il fut question de s'embarquer auec quelques petites carauelles, sur la riuiere d'Aurelane, laquele ie puis asseurer la plus lõgue et la

Situatiõ de la riuiere de Plate.

[1] Ses principaux compagnons étaient le dominicain Gaspar de Carvajal et un gentilhomme de Badajoz, Hernando Sanchez de Vargas. Quand ils le virent s'abandonner au cours du fleuve et se lancer dans l'inconnu, ils l'accusèrent d'outrepasser les ordres de Pizarre. Orellana débarqua les mécontents sur la rive du fleuve et passa outre.

plus large qui soit en tout le monde. Sa largeur est de cinquante neuf lieües [1], et sa longueur de plus de mille. Plusieurs la nommẽt mer douce, laquelle procede du costé des hautes montages de Moullubẽba, auecques la riuiere de Marignan [2], neantmoins leur emboucheme nt et entrée sont distantes de cent quatre lieües l'une de l'autre, et enuiron six cens lieües dans plain païs s'associent, la marée entrant dedans, bien quarante lieües. Ceste riuiere croist en certain temps de l'année, comme fait aussi le Nil, qui passe par l'Egypte, procedant des montagnes de la Lune selon l'opinion d'aucuns, ce que i'estime estre vraisemblable. Elle fut nommée Aurelane, du nõ de celuy qui premierement fit dessus ceste lõgue nauigation, neantmoins que par||auant avoit esté decouverte par aucuns qui l'ont appellée par leurs cartes riuiere des Amazones [3] : elle est merueilleusement facheuse à nauiger, à cause des courantes, qui sont en toutes saisons de l'année : et que plus est, l'emboucheme nt difficile, pour quelques gros rochers, que lõ ne peut euiter, qu'auec toute difficulté. Quand l'on est entré assez auant,

Situatiõ et admirable grãdeur de la riuiere d'Aurelane.

Origine du Nil.

Fol. 123.

Aurelane ou riuiere des Amazones.

[1] Singulière exagération. A Tábatinga, à plus de 3000 kil. de l'Atlantique, la largeur est de 2500 m.; à Santarem, à 500 kil. de la mer, de 1600 m. L'estuaire à son débouché n'est que de 50 kil. Quant à la longueur du fleuve, Thevet a donné la mesure à peu près exacte. Elle est de 4900 kil.

[2] Nom portugais du fleuve, le Maranão.

[3] Vicente Janez Pinzon dans son voyage de 1500, reconnut le fleuve des Amazones, mais il s'appelait alors Marañon ; ce qui semble démontrer que ce nom existait déjà à l'embouchure du fleuve. Voir PETRUS MARTYR. *Décades* (1511).

lon trouue quelque belles isles, dont les unes sont peuplées, les autres non. Au surplus cette riuiere est dangereuse tout du long, pour estre peuplée, tãt en pleine eau, que sur la riue de plusieurs peuples, fort inhumains, et barbares, et qui de longtemps tiennent inimitié aux estrangers, craignans qu'ils abordent en leur païs, et les pillent. Aussi quand de fortune ils en rencontrent quelques uns, ils les tuent, sans remission, et les mangent rotiz et boullus, comme autre chair. Donques embarquez en l'une de ces isles

Isle de S. Croix. du Peru nõmée S. Croix, en la grand mer, pour gaigner le detroit de ce fleuue : lequel apres auoir passé auec un vent merueilleusement propre, s'acheminẽt costoyãs la terre d'assez pres, pour tousiours recognoistre le païs, le peuple et la façon de faire, et pour plusieurs autres commoditez. Costoyans donc en leur nauigation noz viateurs, maintenant deça, maintenant delà, selon que la commodité le permettoit, les Sauuages [1] du païs se monstroient en grand nombre sur la riue, auec quelques signes d'admiration, voyans ceste estrãge nauigatiõ, l'equipage des personnes, vaisseau, et munitions propres à guerre et à nauigation. Cepẽdant les nauigans n'estoyent moins estonnez de leur part, pour la multitude de ce peuple incivil, et totalement brutal, monstrant quelque semblant de les vouloir saccager, pour dire en peu de parolles. Qui leur donna occasion de nauiguer longue espace

[1] Voir *Tour du Monde*, n° 398, planche représentant l'étonnement des Sauvages à la vue du premier bateau à vapeur sillonnant les eaux de l'Amazone.

de temps sans ancrer, ni descendre. Neantmoins la famine et autres necessitez, les contraignit finablement de plier voiles et planter ancres. Ce qu'ayans fait enuiron la portée d'une arquebuze loin de terre, il demande s'il leur restoit autre chose, si non par beaux signes de flatterie, et autres petits moyens, caressa messieurs les Sauuages [1], pour impetrer quelques viures, et permission de se reposer. Dõt quelque nombre de ces Sauuages allechez ainsi de loing auec leurs petites barquettes d'escorce d'arbres, desquelles ils usent ordinairement sur les riuieres, se hazarderent d'approcher, non sans aucune doubte, n'ayans iamais veu les chrestiens afronter de si pres leurs limites. Toutesfois pour la crainte qu'ils monstroient de plus en plus, les Espagnols de rechef, leur faisans monstre de quelques couteaux, et autres petits ferremẽs reluisans les attirerẽt. Et apres leur auoir fait quelques petits presens, ce peuple sauuage à toute diligence leur va pourchasser des viures : et de fait apporterent quãtité de bon poisson, fruits de merueilleuse excellence, selon la portée du païs. Entre autres l'un de ces Sauuages, ayant massacré le iour precedẽt quatre de ses ennemis Canibaliẽs, leur en presẽta deux mẽbres cuits, ce que les autres refuserent. Ces Sauuages (comme ils disent) estoient de haute stature, beau corps tous nuds ainsi que les autres Sauuages, portans sur l'estomac larges croissans de

Stature de ces Sauuages.

[1] Ce fut le 8 janvier 1541, que les compagnons d'Orellana s'arrêtèrent pour la première fois et reçurent un fraternel accueil de la part des Indiens.

fin or bien poly en forme de miroirs ronds. Il ne faut enquerir si les Espagnols changerẽt de leurs marchandises avec belles richesses : ie croy fermemẽt
Fol. 124. qu'elles ne leur echapperent pas || ainsi, pour le moins en feirent ils leur deuoir. Or noz pelerins ainsi refreschis, et enuitaillez pour le present, auec la reserue pour l'aduenir, auant que prendre congé feirent encores quelques presens, comme parauant : et puis pour la continuation du voyage, fût question de faire voile, et abreger chemin. De ce pas nauigerẽt plus de cent lieües sans prẽdre terre, obseruans tous sur les riues diuersité de peuples sauuages aussi comme les autres, desquels ie ne m'arresteray à escrire pour euiter prolixité : mais suffira entendre le lieu où pour la seconde [1] fois sont abordés.

[1] Ils s'arrêtèrent pour la seconde fois à Aparia, dont le cacique les reçut avec bienveillance, mais en leur recommandant de prendre garde aux Coniapayara (Amazones). Le 24 avril, Orellana continua son voyage, mais, pendant une navigation de quatre-vingts lieues, ne put débarquer que rarement à cause de l'escarpement des rives du fleuve. Le 12 mai il parvint dans la province de Machiparo, où il eut à lutter contre les Indiens. Il traversa ensuite un pays inhabité, s'arrêta au confluent d'une rivière qu'il nomma Rio de la Trinidad, traversa le pays des Paguanas, celui des Picotas, qu'il nomma ainsi parce qu'il trouva sur les rives du fleuve des têtes humaines fichées sur des piques, et arriva le 22 juin dans un pays tributaire des Coniapayara. Thevet a omis tous ces détails pour arriver tout de suite au combat d'Orellana contre les Amazones.

CHAPITRE LXIII.

Abordement de quelques Espagnols en une contrée où ils trouuerent des Amazones.

Les dits Espagnols feirẽt tãt par leurs iournées, qu'ils arriuerent en une cõtrée, où se trouua des Amazones : ce que lon n'eust iamais estimé, pour ce que les Historiographes n'ẽ ont fait aucune mentiõ, pour n'auoir eu la cognoissance de ces païs n'agueres trouués. Quelques uns pourroyent dire que ce ne sont Amazones, mais quant à moy ie les estime telles, attendu quelles viuent tout ainsi que nous trouuons auoir vescu les Amazones de l'Asie. Et auãt que passer outre, vous noterez que ces Amazones, dont nous parlons, se sont retirées, habitãt en certaines petites isles, qui leur sont comme forteresses, ayans tousiours guerre perpetuelle à quelques peuples, sans autre exercice, ne plus ne moins que celles desquelles ont parlé les Historiographes. Donques ces femmes belliqueuses de nostre Amerique, retirées et fortifiées en leurs isles, sont coustumierement assaillies de leurs ennemis, qui les vont chercher par sus l'eau auec barques et autres vaisseaux, et charger à coups de flesches. Ces femmes

Amazones de l'Amerique.

au contraire se defendent de mesme, courageusement auec menasses, hurlements, et contenances les plus espouuentables qu'il est possible. Elles font leurs rem-

pars descailles de tortues, grandes en toute dimension. Le tout comme vous pouuez voir à l'œil par la presente figure [1]. Et pour ce qu'il vient à propos de parler des Amazones, nous en escrirons quelque chose en cest endroit. Les pauures gens ne trouuent grande

[1] En effet, une planche de l'ouvrage représente deux îles assaillies par de nombreux bateaux, et défendues par des Amazones, vêtues de leur pudeur et de leurs armes.

consolation entre ces femmes tant rudes et sauuages. Lon trouue par les histoires qu'il y a eu trois || sortes d'Amazones [1], semblables, pour le moins differentes de lieux et d'habitations. Les plus anciẽnes ont esté en Afrique, entre lesquelles ont esté les Gorgones, qui auoyent Meduse pour Roine. Les autres Amazones ont esté en Scythie pres le fleuue de Tanaïs : lesquelles depuis ont regné en une partie de l'Asie, pres le fleuue Thermodoõ. Et la quatrième sorte des Amazones, sont celle desquelles parlons presentement. Il y a diuerses opinions pourquoy elles ont esté appellées Amazones. La plus commune [2] est, pour ce que ces femmes se brusloiẽt les mammelles en leur ieunesse, pour estre plus dextres à la guerre. Ce que ie trouue fort estrange, et m'en rapporterois

Fol. 125.

Trois sortes d'Amazones ancieñement.

Diuersité d'opinions sur l'appellation et etymologie des Amazones.

[1] Sur les Amazones on peut consulter O. MULLER. *Histoire de l'antiquité grecque*. P. 356. — GUIGNIAUT. *Religions de l'antiquité*. II. P. 979. — BERGMANN. *Les Amazones dans l'histoire*. — FRÉRET. *Acad. des Inscriptions*. XXI. P. 106, etc. Ce mythe paraît s'être formé avec les récits qui avaient cours sur l'ardeur belliqueuse des femmes de Scythie, et les emportements sanguinaires des hiérodules ou prêtresses de Pallas et d'Artemis. Leur existence fut admise, même par des auteurs dont le sens critique était développé, tels qu'Arrien et Strabon. Leur popularité s'explique en partie par l'heureux choix des artistes. Voir, VINET. Article *Amazones*, dans le *Dictionnaire des antiquités grecques et romaines*.

[2] Cette étymologie n'est confirmée par aucune représentation de l'art antique. D'après BERGMANN (Ouv. cité. P. 25), le *a* aurait une valeur augmentative, et le massa serait un mot oriental qui signifie lune, car l'examen de toutes les traditions fait reconnaître en elles les prêtresses d'une divinité lunaire. Voir, MAURY. *Religions de la Grèce*, III, 117.

aux medecins, si telles parties se peuuent ainsi cruellement oster sans mort, attendu qu'elles sont fort sensibles, ioint aussi qu'elles sont prochaines du cueur, toutefois la meilleure part est de ceste opinion. Si ainsi estoit ie pense que pour une qui euaderoit la mort, qu'il en mourroit cent. Les autres prennent l'etymologie de ceste particule *A*, priuative, et de *Maza*, qui signifie pain, pour ce qu'elle ne viuoyent de pain, ains de quelques autres choses. Ce que n'est moins absurde que l'autre : car lon eust peu appeller, mesme de ce temps là, plusieurs peuples viuants sans pain, Amazones : comme les Troglodites, et plusieurs autres, et auiourd'huy tous noz Sauuages. Les autres de *A* priuatif, et *Mazos*, comme celles qui ont esté nourries sans lait de mãmelle : ce qui est plus vraysemblable, comme est d'opiniõ Philostrate : ou biẽ d'une nymphe nõmée Amazonide ou d'une autre nõmée Amazone religieuse de Diane et Royne d'Ephese. Ce que i'estimerois plus tost que bruslemẽt de mãmelles : et en dispute au cõtraire qui voudra. Quoy qu'il en soit ces femmes sont renõmées belliqueuses. Et pour en parler plus à plein, il faut noter qu'apres que les Scythes, que nous appellons Tartares, furent chassez d'Egypte, subiuguerent la meilleure partie de l'Asie, et la rendirent totalement tributaire et soubs leur obeissance. Cependãt que long temps les Scythes demeurerent en ceste expedition et conqueste, pour la resistence des superbes Asians, leurs femmes ennuyées de ce si long seiour (comme la bonne Penelopé de son mary Ulysses) les admonesterẽt par plusieurs gracieuses lettres et messages de

Philostrate.

Amazones femmes belliqueuses.

retourner : autrement que ceste longue et intolerable absence les cõtraindroit faire nouuelles alliances auecques leurs prochains et voisins : consideré que l'ancienne lignée des Scythes estoit en hazard de perir. Nonobstant ce peuple sans auoir egard aux douces requestes de leurs femmes, ont tenu d'un courage obstiné cinq cens ans ceste Asie tãt superbe : voire iusques à ce que Ninus la deliura de ceste miserable seruitude. Pendant lequel temps ces femmes ne firent oncques alliãce de mariage auecques leurs voisins, estimans que le mariage n'estoit pas moyen de leur liberté, ains plus tost de quelque lien et seruitude : mais toutes d'un accord et vertueuse entreprise delibererent de prendre les armes, et faire exercice à la guerre, se reputans estre descendues de ce grand Mars dieu des guerres. Ce qu'elles executerent si vertueusement soubs la conduite de Lampedo et Marthesia leurs Roynes, qui gouuernoyent l'une apres l'autre, que non seulement elles defendirent leur païs de l'inuasion de leurs ennemis, maintenans leur grandeur et liberté, mais aussi firent plusieurs belles con||questes en Europe et en Asie, iusques à ce fleuue dont nous auõs n'agueres parlé. Ausquels lieux, principalement en Ephese, elles firent bastir plusieurs chasteaux, villes, et forteresses. Ce fait elles renuoyerent une partie de leurs bandes en leurs païs, auecques riche butin de despouilles de leurs ennemis, et le reste demoura en Asie. Finablemẽt ces bonnes dames pour la conseruation de leur sang, se prostituerent voluntairement à leurs voisins, sans autre espece de mariage : et de la lignée qui en procedoit, elles fai-

Asie tributaire aux Scythes l'espace de cinq cẽs ans.

Lãpedo et Marthesia premieres Roynes des Amazones.

Fol. 126.

soyent mourir l'enfant masle, reseruans la femelle aux armes, ausquelles la dressoient fort bien, et auecques toute diligence. Elles ont doncques preferé l'exercice des armes, et de la chasse, à toutes autres choses. Leurs armes estoyent arcs et flesches auec certains boucliers, dont Virgile parle en son Eneide, quand elles allerent, durant le siege de Troie, au secours des Troyens contre les Grecs. Aucuns tiennent aussi qu'elles sont les premieres qui ont commencé à cheuaucher et à combattre, à cheual. Or est il temps desormais de retourner aux Amazones de nostre Amerique et de noz Espagnols. En ceste part elles sont separées d'auec les hommes, et ne les frequentent que bien rarement, cõme quelquefois en secret la nuit ou à quelque autre heure determinée. Ce peuple habite en petites logettes, et cauernes contre les rochers, viuant de poisson, ou de quelques sauuagines, de racines, et quelques bons fruits, que port ce terrouer. Elles tuẽt leurs enfans masles, incontinent apres les auoir mis sus terre : ou bien les remettẽt entre les mains de celuy auquel elles les pensent appartenir. Si c'est une femelle, elles la retiennent à soy tout ainsi que faisoyent les premieres Amazones. Elles font guerre ordinairement contre quelques autres nations : et traitent fort inhumainement ceux quelles peuuent prendre en guerre. Pour les faire mourir elles les pendent par une iambe à quelque haute branche d'un arbre : pour l'auoir ainsi laissé quelque espace de temps, quand elles y retournẽt, si de cas fortuit n'est trespassé, elles tireront dix mille coups de fleches, et ne le mangent comme les autres Sauuages,

Maniere de viure des Amazones de l'Amerique.

Cõme les Amazones traitẽt ceux qu'ils preñent en guerre.

ains le passent par le feu, tant qu'il est reduit en cendres. D'auantage ces femmes auançant pour combatre, jettent horribles et merueilleux cris, pour espouuenter leurs ennemis. De l'origine des Amazones en ce païs n'est facile d'en escrire au certain. Aucuns tiennent, qu'apres la guerre de Troie, où elles allerent (comme desia nous auons dit) soubs || Pentesilée, elles s'escarterẽt ainsi de tous costez. Les autres, qu'elles estoyent venues de certains lieux de la Grece en Afrique, d'où un Roy, assez cruel les rechassa. Nous en auons plusieurs histoires, ensemble de leurs proüesses au fait de la guerre, et de quelques autres femmes, que ie laisseray pour continuer nostre principal propos : comme assez nous demonstrent les histoires anciennes, tant Grecques, que Latines. Vray est, que plusieurs auteurs n'en ont descript quasi que par une maniere d'acquit. Nous auons commencé à dire, cõme nos pelerins n'auoyent seiourné que bien peu, pour se reposer seulement et pour chasser quelques viures : pour ce que ces femmes [1] comme tout estonnées de les voir en cest equipage, qui leur estoit fort estrange, s'assemblent incontinẽt de dix à

Origine des Amazones Ameriques incertaine.

Fol. 127.

Arriuée des Espagnols en la cõtrée des Amazones et comme ils furẽt receuz.

[1] Quelque peu vraisemblable que ce fait paraisse, il paraît néanmoins résulter de la sérieuse enquête à laquelle Humboldt s'est. livré, que les Espagnols rencontrèrent réellement sur les bords du grand fleuve des femmes armées de flèches qui, en diverses occasions, leur opposèrent une vive résistance, et les indigènes parlaient de peuplades uniquement composées de femmes, qui, à certaines époques seulement, entraient en communication momentanée avec les hommes des tribus avoisinantes. Cf. HUMBOLDT. *Voyages aux régions équinoxiales.* VIII, 18.

douze mille en moins de trois heures, filles et femmes toutes nues, mais l'arc au poin et la flesche, commençans à hurler comme si elles eussent veu leurs ennemis : et ne se termina ce deduit sans quelques flesches tirées : à quoy les autres ne voulans faire resistence, incontinent se retirerent bagues sauues. Et de leuer ancres, et de desplier voiles. Vray est qu'à leur partement disans adieu, ils les saluerent de quelques coups de canon : et femmes en route [1] : toutefois qu'il n'est vraysemblable qu'elles se soient aisement sauuées sans en sentir quelque autre chose.

CHAPITRE LXIV.

De la continuation du voyage de Morpion, et de la riuiere de Plate.

Cõtinuation du voyage des Espagnols en la terre de Morpion.

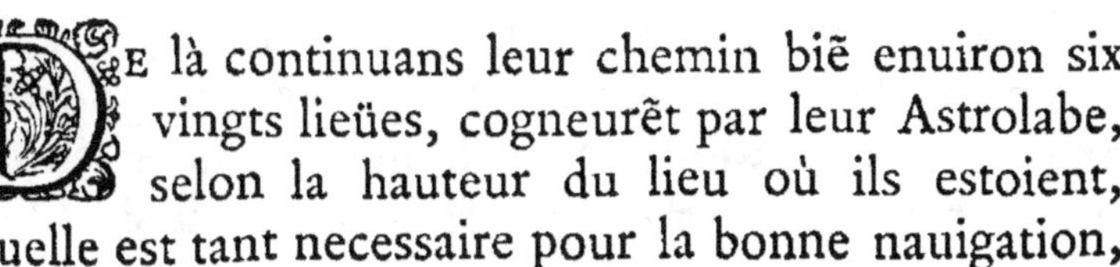

De là continuans leur chemin biẽ enuiron six vingts lieües, cogneurẽt par leur Astrolabe, selon la hauteur du lieu où ils estoient, laquelle est tant necessaire pour la bonne nauigation,

[1] Vieux mot pour déroute.

que ceux qui nauigent en lointains païs ne pourroyent auoir seureté de leur voyage, si ceste prattique leur defailloit : parquoy cest art de la hauteur du Soleil, excede toutes les autres reigles : et ceste subtilité : les Anciens l'ont grandement estimée et pratiquée, mesmement Ptolomée et autres grãds autheurs. Donques ils quittent leurs carauelles, les enfonsans au fond de l'eau, puis chacun se charge du reste de leurs viures, munitions et marchandises, les esclaues principalemẽt, qui estoyẽt là pour ceste fin. Ils cheminerent par l'espace de neuf iours, par montagnes, enrichies de toutes sortes d'arbres, herbes, fleurs, fruits et verdure, tant que par leurs iournées aborderẽt un grand fleuue, prouenãt des hautes mõtagnes, où se trouuerẽt certains sauuages, entre lesquels de grãd crainte les uns fuyoiẽt, les autres montoyẽt es arbres : et ne demeura en leurs logettes, que quelques vieillards, ausquels (par maniere de cõgratulation) feirent presens de quelques cousteaux et miroüers : ce que leur fut tres agreable. Parquoy ces bõs vieillards se mettẽt en effort d'appeler les autres, leur faisans entẽdre, que ces estrangers nouuellement arriuez, estoient quelques grãds Seigneurs, qui en riẽ ne les vouloyẽt incõmoder, ains leur faire||presens de leurs richesses. Les Sauuages Fol. 128.
esmeuz de ceste liberalité, se mettent en deuoir de leur amener viures, cõme poissons, sauuagines, et fruits selon le païs. Ce que voyans les Espagnols se proposerẽt de passer là leur hyuer attendans autre temps, et ce pendant decouurir le païs, aussi s'il se trouueroit point quelque mine d'or, ou d'argent, ou autre chose, dõt ils remportassent quelque fruit. Par

ainsi demeurerẽt là sept mois entiers : lesquels voyans les choses ne succeder à souhait, reprennent chemin, et passent outre, ayãs pris pour cõduite huit de ces Sauuages, qui les menerent enuiron quatre vingts lieües, passans tousiours par le milieu d'autres Sauuages, beaucoup plus rudes, et moins traitables, que les precedens : en quoy leur fut autant necessaire que profitable la conduite. Finablement congnoissants veritablemẽt estre paruenus à la hauteur d'un lieu nommé Morpion, lors habité de Portugais, les uns, comme lassez de si long voyage, furent d'auis de tirer vers ce lieu susnommé : les autres au contraire de perseuerer iusques à la riuière de Plate [1], distante encore enuiron trois cẽs lieües par terre. En quoy pour resolution, selon l'aduis du Capitaine en chef, une partie poursuit la route vers Plate, et l'autre vers Morpion. Pres lequel lieu nos pelerins speculoyent de tous costez, s'il se trouueroit occasion aucune de butin, iusques à tant qu'il se trouua une riuiere passant au pié d'une mointagne, en laquelle beuuans, considerent certaines pierres, reluysantes comme argent, dont ils en porterent quelque quantité iusques à

Diuision de leur compagnie pour tirer à la riuière de Plate.

[1] Il est probable que l'excellent Thevet s'en est laissé conter par quelque hâbleur espagnol, car Orellana n'accomplit jamais ce voyage à travers le continent. Après avoir débouché dans l'Atlantique, il partit tout de suite pour l'Espagne, et sollicita le gouvernement de l'immense pays qu'il venait de découvrir. Charles-Quint lui accorda sa demande et donna le nom de Nueva Andalucia à sa découverte. Mais Orellana ne réussit pas dans un second voyage d'exploration, et mourut sur le territoire des Manoas (1545). C'est peut-être un des survivants de cette seconde expédition qui raconta ses aventures à Thevet.

Morpion, distant de là dix huict lieües : lesquelles furent trouuées à la preuue, porter bonne et naturelle mine d'argent. Et en a depuis le Roy de Portugal tiré de l'argent infini, apres auoir fait sonder la mine, et reduire en essence. Apres que ces Espagnols furent reposez et recreés à Morpion, auec les Portugais leurs voisins, fut question de suiure les autres, et tourner chemin vers Plate, loing de Morpiõ deux cens cinquante lieües, par mer, et trois cens par terre : où les Espagnols ont trouué plusieurs mines d'or et d'argent et l'ont ainsi nommée Plate [1], qui signifie en leur langue Argent : et pour y habiter, ont basti quelques forteresses. Depuis aucuns d'eux, auec quelques autres Espagnols, nouuellement venus en ce lieu, non contens encore de leur fortune, se sont hasardez de nauiguer, iusques au destroit de Magellan, ainsi appellé, du nom de celuy qui premierement le decouurit, qui confine l'Amerique, vers le midy : et de là entrerent en la mer Pacifique, de l'autre costé de l'Amerique, où ils ont trouué plusieurs belles isles, finablement paruenus iusques aux Molluques, qu'ils tiennent et habitent encores auiourd'huy. Au moyen de quoy retourne un grand tribut d'or et d'argent au prince d'Espagne. Voila sommairement quãt au voyage, duquel i'ay bien voulu escrire en passant, ce que m'en a esté recité sus ma nauigatiõ par quelcun qui le sçauoit, ainsi qu'il m'asseura, pour auoir fait le voyage.

Mine d'argent tres bonne.

Mines d'or et d'argent. Plate fleuue pourquoy ainsi nõmée.

Detroit de Magellan. Mer pacifique. Isles des Moluques habitées des Espagnols.

1 MARTIN DE MOUSSY. *Coup d'œil sur l'histoire du bassin de la Plata avant la découverte.*

CHAPITRE LXV.

La separation des terres du Roy d'Espagne et du Roy de Portugal.

Les Roys d'Espagne et Portugal apres auoir acquis en communes forces plusieurs victoires et heureuses conquestes, tant en Le-
Fol. 129. uant qu'au Ponent, aux lieux de terre et de mer || non auparauant congneuz ne descouuers, se proposerent pour une asseurance plus grande de diuiser et limiter tout le païs qu'ils auoient conquesté, pour ainsi obuier aux querelles qui en eussent peu ensuyuir, comme
Cap à trois pointes. ils eurent de la mine d'or du Cap à trois pointes, qui est en la Guinée : comme aussi des isles du Cap Verd, et plusieurs autres places. Aussi un chacũ doit sçauoir qu'un Royaume ne veut iamais souffrir deux Roys, ne plus ne moins que le monde ne reçoit deux Soleils. Or est il dit [1] que depuis la riuiere de Mari-

[1] Allusion à la fameuse bulle d'Alexandre VI, qui partageait entre Portugais et Espagnols les futures découvertes. « De nostra mera liberalitate et ex certa scientia ac de apostolicæ potestatis plenitudine, omnes insulas et terras firmas inventas et inveniendas, detectas et detegendas versus occidentem et meridiem, fabricando et construendo unam lineam a polo arctico, scilicet sep-

gnan, entre l'Amerique et les isles des Antilles qui ioignent du Peru iusques à la Floride, pres Terre Neuue, est demeuré au prince d'Espagne, lequel tiēt aussi grand païs en l'Amerique, tirant du Peru au Midy sus la coste de l'Ocean iusques à Marignan, cōme a esté dit. Au Roy de Portugal auint tout ce qui est depuis la mesme riuiere de Marignan vers le Midy, iusques à la riuiere de Plate, qui est trente six degrez de là l'Equinoctial. Et la premiere place tirant au costé de Magellan est nommée Morpion, la seconde Mahouhac [1], auquel lieu se sont trouuées plusieurs mines d'or et d'argent. Tiercement Porte Sigoure pres du cap de Saint Augustin. Quartement la pointe de Crouest Mouron, Chasteaumarin et Fernābou, qui sont confins des Cannibales de l'Amerique. De declarer particulieremēt tous les lieux d'une riuiere à l'autre comme Curtane, Caribes, prochain de la riuiere douce, et de Real, ensemble leurs situations et autres, ie m'en deporteray pour le present. Or sçachez seulement qu'en ces places dessus nommées les Portugais se sont habituez, et sçauent bien

Terres du Roy d'Espagne.

Païs auenuz au Roy de Portugal.

tentrione, ad polum antarcticum, scilicet meridiem, quæ linea distet a qualibet insularum quæ vulgariter nuncupantur les Açores et Cabo Verde centum leucis versus occidentem et meridiem... vobis hœredibusque et successoribus vestris Castellæ et Legionis regibus in perpetuum tenore præsentiarum donamus. »

[1] Mahouhac correspond à Macqué. Porto Seguro a conservé son nom ainsi que Fernanbuco. On ne connaît pas avec précision l'emplacement des autres points désignés. Sur ces premiers établissements Portugais à la côte brésilienne, consulter VARNHAGEN. *Historia geral do Brasil.* — HANS STADEN. Ouv. cité, etc.

entretenir les Sauuages du païs, de maniere qu'ils viuent là paisiblement, et traffiquent de plusieurs marchandises. Et là ont basti maisons et forts pour s'asseurer contre leurs ennemis. Pour retourner au prince d'Espagne, il n'a pas moins fait de sa part, que nous auons dit estre depuis Marignan [1] vers le Ponent, iusques aux Moluques, tant deça que delà en l'Ocean et en la Pacifique, les isles de ces deux mers, et le Peru en terme ferme : tellement que le tout ensemble est d'une merueilleuse estendue, sans le païs confin qui se pourra descouurir auec le temps, comme Cartagere, Cate, Palmarie, Parise, grande et petite. Tous les deux, specialement Portugais, ont semblablement decouuert plusieurs païs du Leuant pour traffiquer, dont ils ne iouyssent toutefois, ainsi qu'en plusieurs lieux de l'Amerique et du Peru. Car pour regner en ce païs il faut prattiquer l'amitié des Sauuages : autrement ils se reuoltent, et saccagent tous ceux qu'ils peuuent trouuer le plus souuent. Et se faut accommoder selõ les ligues, querelles, amitiez, ou inimitiez qui sont entre eux. Or ne faut penser telles decouuertes auoir esté faites sans grande effusion de sang humain, specialement des pauures Chrestiens [2], qui ont exposé leur vie sans auoir esgard à la cruauté et inhumanité de ces peuples, bref ne difficulté quelconque.

Païs non encore decouuers.

[1] Marignan pour Maranãn ou les Amazones.

[2] Il faudrait retourner la phrase ; on sait, en effet, que si du sang coula en Amérique, ce fut surtout du sang Indien. Il suffit de parcourir les histoires écrites au XVIe siècle pour en être convaincu. — Consulter surtout à ce propos les ouvrages de *Las Casas*.

Nous voyons en nostre Europe combien les Romains au commencemẽt voulans amplifier leur Empire, voire d'un si peu de terre, au regard de ce qui a esté fait depuis soixante ans en ça, ont espandu de sang, tant d'eux que de leurs ennemis. Quelles furies, et horribles dissipations de loix, disciplines et honnestes façons de viure ont regné par l'uniuers, sans les guerres ciuiles de Sylla et Marius, Cinna et de Põpée, de Brutus, d'Antoine et d'Auguste, plus dommageables que les autres ? Aussi || s'en est ensuyuie la ruine Fol. 130.
de l'Italie par les Gots, Huns et Wandales, qui mesmes ont enuahi l'Asie, et dissipé l'Empire des Grecs. Auquel propos Ouide semble auoir parlé :

Or voyons nous toutes choses tourner,
Et maintenant un peuple dominer,
Qui n'estoit rien : et celui qui puissance.
Auoit en tout, lui faire obeissance.

Conclusion que toutes choses humaines sont subiectes à mutation, plus ou moins difficiles, selon qu'elles sont plus grandes ou plus petites.

CHAPITRE LXVI.

Diuision des Indes Occidentales en trois parties.

Avant que passer outre à descrire ce pais, à bon droit (comme i'estime) auiourd'huy appellé France Antarctique, au parauãt Amerique, pour les raisons que nous auons dictes, pour son amplitude en toute dimension, me suis aduisé (pour plus aisément donner à entendre aux Lecteurs) le diuiser en trois. Car depuis les terres recentemẽt decouuertes, tout le païs de l'Amerique, Peru, la Floride, Canada, et autres lieux circonuoisins, à aller iusques au destroit de Magellan, ont esté appellez en commun, Indes Occidentales. Et ce pourtant que le peuple tiẽt presque mesme maniere de viure, tout nud, barbare [1], et rude, comme celuy qui est encores aux Indes de Leuãt. Lequel païs merite

[1] Erreur singulière de Thevet : Non seulement plusieurs nations américaines avaient alors une véritable civilisation, mais encore tous les Indiens de l'Hindoustan étaient depuis longtemps hors de la vie « barbare et rude. » Il n'y avait donc aucune parité à établir entre les tribus sauvages de l'Amérique d'un côté, et de l'autre les nations civilisées du Nouveau Monde ou de l'Hindoustan.

veritablement ce nõ du fleuue Indus, comme nous disons en quelque lieu. Ce beau fleuue donc entrant en la mer de Leuãt, appellée Indique, par sept bouches (cõme le Nil en la Mediterranée) prend son origine des montagnes Arbiciennes et Beciennes. Aussi le fleuue Ganges, entrant semblablement en ceste mer par cinq bouches, diuise l'Inde en deux, et fait la separation de l'une à l'autre. Estant donc ceste region si loingtaine de l'Amerique, car l'une est en Orient, l'autre comprend depuis le Midy iusques en Occident, nous ne sçaurions dire estre austres, qui ayent imposé le nom à ceste terre que ceux qui en ont fait la premiere decouuerte, voyãs la bestialité et cruauté de ce peuple ainsi barbare sans foy, ne sans loy, et non moins semblable à diuers peuples des Indes, de l'Asie, et païs d'Ethiopie : desquels fait ample mention Pline en son *Histoire naturelle*. Et voila cõme [1] ce païs a pris le nom d'Inde à la similitude de celuy qui est en Asie, pour estre conformes les meurs, ferocité et barbarie (comme n'agueres auons dit) de ces peuples Occidentaux, à aucuns de Leuant. Doncques la premiere partie de ceste terre, ainsi ample contient

[1] Si l'Amérique a pris le nom d'Indes occidentales, on sait aujourd'hui, et on devait déjà savoir du temps de Thevet, que cette dénomination a pour origine l'erreur de Colomb et des conquistadores, qui n'ayant navigué dans la direction de l'ouest que pour trouver un chemin plus court vers les Indes, s'imaginèrent qu'ils les avaient retrouvées, quand ils abordèrent en Amérique, et ne furent désabusés que très-tard, alors que l'usage avait déjà prévalu d'appeler Indiens des peuples qui n'avaient rien de commun avec les véritables Indiens.

vers le midy depuis le detroit de Magellan, qui est cinquante deux degrez, minutes trente de la ligne equinoctiale, i'entens de latitude australe, ne comprenant aucunement l'autre terre [1], qui est delà le detroit, laquelle n'a esté iamais habitée, ne congnüe de nous, si non depuis ce detroit, venant à la riuiere de Plate. De là tirant vers le Ponent, loing entre ces deux mers, sont comprinses les prouinces de Patalie, Paranaguacu, Margageas, Patagones, ou region des Geans, Morpion, Tabaiares, Toupinambau, Amazones, le païs du Bresil, iusques au cap de Sainct Augustin, qui est huit degrez delà la ligne, le païs des Canibales,
Fol. 131. Antropophages, lesquelles re||gions sont comprises en l'Amerique enuironnée de nostre mer Oceane, et de l'autre costé deuers le Su de la mer Pacifique, que nous disons autremẽt Magellanique. Nous finirons donc ceste terre Indique à la riuiere des Amazones, laquelle tout ainsi que Ganges fait la separation d'une Inde à l'autre vers Leuant : aussi ce fleuue notable (lequel a de largeur cinquante lieües) pourra faire separation de l'Inde Amerique à celle du Peru. La seconde partie commencera depuis ladite riuiere, tirant et comprenant plusieurs royaumes et prouinces, tout le Peru, le destroit de terre contenant Darien [2],

[1] Il s'agit simplement de la Terre de feu, à laquelle on donna longtemps des dimensions formidables.

[2] On aura déjà remarqué que Thevet entasse les noms un peu au hasard, et attribue parfois le même pays, par exemple la Patalia, à deux de ses grandes divisions géographiques. Il n'en est pas moins curieux de voir que dès la première moitié du XVIe siècle, presque toute l'Amérique avait déjà été reconnue.

Furne, Popaian, Auzerma, Carapa, Quimbaya, Cali, Paste, Quito, Canares, Cuzco, Chile, Patalia, Parias, Temistitan, Mexique, Catay, Panuco, les Pigmées iusques à la Floride, qui est située vingt cinq degrez de latitude deça la ligne. Ie laisse les isles à part, sans les y comprendre, combien qu'elles ne sont moins grandes que Sicile, Corse, Cypre, ou Candie, ne moins à estimer. Parquoy sera ceste partie limitée vers Occident, à la Floride. Il ne reste plus, sinon de descrire la troisieme : laquelle commencera à la neuue Espagne, comprenant toutes les prouinces de Anauac, Ycatan, Culhuacan, Xalixe, Chalco, Mixtecapan, Fezenco, Guzanes, Apalachen, Xancho, Ante, et le royaume de Micuacan. De la Floride iusques à la terre des Baccales [1] (qui est une grande region, soubs laquelle est comprise aussi la terre de Canada et la prouince de Chicora, qui est trente trois degrez deça la ligne) la terre de Labrador, Terre Neuue, qui est enuironnée de la mer glaciale, du costé du Nort. Ceste contrée des Indes Occidentales, ainsi sommairement diuisée sans specifier plusieurs choses d'un bout à l'autre, c'est à sçauoir, du destroit de Magellan, auquel auons commencé, iusques à la fin de la derniere terre Indique, y a plus de quatre mille huit cens lieües de longueur : et par cela lon peut considerer la largeur, excepté le destroit de Parias susnommé. Pourquoy on les appelle communement auiourd'huy Indes maieures, sans comparaison plus grandes que celles de Leuant. Au reste ie supplie le lecteur prendre

[1] Ce fut le premier nom de Terre Neuve

en gré ceste petite diuision, attendant le temps qu'il plaise à Dieu nous donner moyen d'en faire une plus grande, ensemble de parler plus amplement de tout ce païs : laquelle i'ay voulu mettre en cest endroit, pour apporter quelque lumiere au surplus de nostre discours.

CHAPITRE LXVII.

De l'Isle des Rats.

QUITTANS incontinent ces Canibales pour le peu de consolation que lon en peut receuoir, auec le vent de Su, vogames iusques à une tresbelle isle [1] loingtaine de la ligne quatre degrez : et non sans grand danger on l'approche, car elle n'est

[1] Il nous a été impossible d'établir la correspondance de l'île des Rats avec une des îles de l'Atlantique. Dans sa *Cosmographie universelle* (P. 966, 967), Thevet a décrit de nouveau l'île des Rats. Il en a même donné la représentation figurée, mais avec si peu de précision que nous devons avouer notre impuissance à le compléter par nos recherches.

moins difficile à afronter que quelque grand promontoire, tant pource qu'elle entre auant dedãs la mer, que pour les rochers, qui sont à l'entour et en front du riuage. Ceste isle a esté decouuerte fortuitement, et au grand desauantage de ceux qui premierement la decouurirent. Quelque nauire de Portugal passant quelquefois sur ceste coste par imprudence et faute de bon gouuernement, hurtant contre un rocher pres de ceste isle, fut brisée et toute sub||mergée en fond, hors-mis vingt et trois hommes qui se sauuerent en ceste isle. Auquel lieu ont demeuré l'espace de deux ans, les autres morts iusques à deux : qui cependant n'auoient vescu que de rats, oyseaux et autres bestes. Et comme quelquefois passoit une nauiere de Normandie retournant de l'Amerique, mirent l'esquif pour se reposer en ceste isle, où trouuerent ces deux pauures Portugais, restans seulement de ce naufrage, qu'ils emmenerent auec eux. Et auoient ces Portugais nõmé l'isle des Rats, pour la multitude des rats de diuerse espece, qui y sont, en telle sorte qu'ils disoient leurs compagnons estre morts en partie, pour l'ennuy que leur faisoit ceste vermine, et font encores, quand l'on descend là, qu'à grande difficulté s'en peult-on defendre. Ces animaux viuent d'œufs de tortue, qu'elles font au riuage de la mer, et d'œufs d'oyseaux dont il y a grande abondãce. Aussi quand nous y allames pour chercher eau douce, dont nous auions telle necessité, que quelques uns d'entre nous furent contrains de boire leur urine : ce qui dura l'espace de trois mois, et la famine quatre, nous y vimes tant d'oiseaux et si priuez qu'il

Naufrage d'une nauire Portugaise.

Fol. 132.

Isle des Rats pourquoy ainsi nõmée.

nous estoit aisé d'en charger noz nauires. Toutefois il ne nous fut possible de recouvrer eau douce, ioint que n'entrames auant dans le païs : Au surplus elle est tresbelle, enrichie de beaux arbres verdoyans la meilleure part de l'ãnée, ne plus ne moins qu'un verd pré au mois de may, encore qu'elle soit pres de la ligne à quatre degrez. Que ceste isle soit habitable n'est impossible, aussi bien que plusieurs autres en la mesme Zone : comme les isles Saint Homer, sous l'Equinoctial et autres. Et si elle estoit habitée, ie puis veritablement asseurer, qu'on en feroit un des plus beaux lieux qui soit possible au monde, et riche à l'equipolent. On y feroit bien force bon sucre, espiceries, et autre chose de grand emolument. Ie sçay bien que plusieurs cosmographes ont eu ceste opinion, que la Zone [1] entre les tropiques estoit inhabitable, pour l'excessive ardeur du soleil : toutefois l'expérience monstre le contraire, sans plus longue contention : Tout ainsi que les Zones aux deux poles pour le froid. Herodote et Solin affirment que les monts Hyperborées sont habitables, et pareillement le Canada, approchant fort du Septentrion, et autres païs encores plus pres, enuiron la mer glaciale, dont nous auons desia parlé. Pourquoy sans plus en disputer, retournons à nostre isle des Rats. Ce lieu est à bon droit ainsi nommé, pour l'abondance des rats qui viuent là, dont y a plusieurs especes. Une entre les autres, que mangẽt [2] les Sauuages de l'Amerique, nommez en

Commoditez de l'isle des Rats.

Zone entre les tropiques habitable.

Abõdance de rats.

[1] Thevet se répète : Voir plus haut, § XIX.

[2] LÉRY, § X. « Ils prennent semblablement par les bois certains rats, gros comme escurieux, et presque de mesme poil

leur langue Sohiatan, et ont la peau grise, la chair bonne et delicate, comme d'un petit leureaut. Il y en a une autre nommée *Hierousou*, plus grands que les autres, mais non si bons à manger. Ils sont de telle grandeur que ceux d'Egypte, que l'on appelle rats de Pharaon. D'autres grands cõme foines que les Sauuages ne mangent point, à cause que quãd ils sont morts ils puent comme charongne, comme i'ai veu. Il se trouue là pareillement varieté de serpens, nommez *Gerara*, lesquels ne sont bons à manger : ouy bien ceux qu'ils nomment *Theirab* [1]. Car de ces serpens y a plusieurs especes qui ne sont en rien veneneux, ne semblables à ceux de nostre Europe : de maniere que leur morsure n'est mortelle, ne aucunement dangereuse. Il s'en trouue de rouges, escail||lez de diuerses couleurs : pareillemẽt en ay veu de verds autant ou plus que la verde fueille de laurier que lon pourroit trouuer. Ils ne sont si gros de corps que les autres, neantmoins ils sont forts longs, pourtant ne se fault esmerueiller si les sauuages là entour mangent de ces rats et serpens sans danger : ne plus ne moins que les lesarts, comme cy deuant nous auons dit. Pres ceste isle se trouue semblablement une sorte de poisson, et sur toute la coste de l'Amerique, qui est fort dangereux, aussi craint et redouté des Sauuages : pour ce qu'il est rauissant et dangereux, cõme un lion ou un loup affamé. Ce poisson nõmé *Houperou* en

Sohiatã, espece de rat.

Hierousou espece de rat.

Gerara, espece de serpent, Theirab.

Fol. 183.

Houperou, espece de poisso

roux, lesquels ont la chair aussi delicate que celle des connils de garenne. »

[1] Léry. § x.

leur langue, mãge l'autre [1] poisson en l'eau, hormis un, qui est grand comme une petite carpe, qui le suit tousiours, comme s'il y auoit quelque sympathie et oculte amytié entre les deux : ou bien le suit pour estre garanti et defendu contre les autres, dont les Sauuages quãd ils peschẽt tous nuds, ainsi qu'ils font ordinairement, le craignent, et nõ sans raison, car s'il les peut atteindre, il les submerge et estrãgle, ou bien où il les touchera de la dent, il emportera la piece. Aussi ils se gardent bien de manger de ce poisson, ains s'ils le peuuent prendre vif, ce qu'ils font quelquefois pour se venger, ils le font mourir à coups de fleches. Estãs donc encores quelque espace de temps, et tournãns ça et là, i'en contemple plusieurs estranges que n'auons par deça : entre lesquels i'en veis deux fort

Espece de poisson estrange

mõstrueux, [2] ayãs soubs la gorge comme deux tetines de cheure, un fanon au menton, que lon iugeroit à le voir estre une barbe. La figure cy deuãt mise, comme pouuez voir, represente le reste du corps.

Voila comme Nature grãde ouuriere prend plaisir à diuersifier ses ouurages tãt en l'eau qu'ẽ la terre : ainsi que le sçauant ouurier enrichist son œuure de pourtraits et couleurs, outre la tradition commune de son art.

[1] Il s'agit du requin. Le petit poisson dont parle Thevet, et qui s'est institué son compagnon, ou plutôt son commensal, est le pilote. Voir Espinas. *Les Sociétés animales*.

[2] Il s'agit de quelque amphibie, morse ou phoque, égaré dans la baie de Ganabara.

CHAPITRE LXVIII.

La continuatiõ de nostre chemin auecques la declaration de l'Astrolabe marin.

Indisposition de l'air pres de l'equinoctial.

Pour ne trouuer grand soulagemẽt de noz trauaux en ceste isle, il fut question sans plus seiourner, de faire voile auecques vẽt assez propre iusques sous nostre equinoctial, à l'entour duquel et la mer et les vents sont asses inconstans. Aussi là voit on tousiours l'air indisposé : si d'un costé est serein, de l'autre nous menasse d'orage : donc le plus sou||uent là dessoubs sont pluies et tonnerres, qui ne peuuent estre sans danger aux nauigants. Or auant qu'approcher de ceste ligne, les bons pillots et mariniers experts conseillent tousiours leurs astrolabes, pour congnoistre la distance et situatiõ des lieux où lon est. Et puis qu'il vient à propos de cest instrument tãt necessaire en nauigation, i'en parleray legerement en passant pour l'instructiõ de ceux qui veulent suiure la marine, si grand que l'entendement de l'homme ne le peut bonnement comprendre. Et ce que ie dis de l'astrolabe, autant en faut entendre de la bossole, ou esguile de mer, par laquelle on peut aussi conduire droitement le nauire. Cest instrument

Fol. 134.

est aussi tant subtil et prime, qu'auec un peu de papier ou parchemin, comme la paume de la main, et auecques certaines lignes marquées, qui signifient les vents, et un peu de fer, duquel se fabrique cest instrument, par sa seule naturelle vertu, qu'une pierre luy dõne et influe, par son propre mouuement, et sans que nul la touche, mõstre où est l'Orient, l'Occident, le Septentrion et le Midy : et pareillement touts les trente deux vents de la navigation, et ne les enseigne pas seulement en un endroit, ains en tous lieux de ce monde : et autres secrets, que ie laisse pour le present. Parquoy appert clerement que l'astrolabe, l'esguille, auec la carte marine sont bien faites, et que leur adresse et perfection est chose admirable, d'autant qu'une chose tant grande, comme est la mer, est portraite en si petite espace, et se conforme, tant qu'on adresse par icelle à nauiger le mõde. Dont le bon et iuste Astrolabe n'est autre chose que la sphere pressée et representée en un plain, accompli en sa rotondité de trois cẽts soixante degrez, respondant à la circonference de l'uniuers diuisée en pareil nombre de degrez : lesquels derechef il faut diuiser en nostre instrumẽt par quatre parties egales : c'est à sçauoir en chacune partie nonante, lesquels puis apres faut partir de cinq à cinq. Puis tenãt vostre instrument par l'anneau, l'eleuer au Soleil, en sorte que lõ puisse faire entrer les rayons par le pertuis de la lidade, puis regardãt à vostre declinaison, en quel an, moys, et iour vous estes, quand vous prenez la hauteur, et que le Soleil soit deuers le Su, qui est du costé de l'Amerique et vous soyez deuers le Nort, il vous faut

Signification de l'Astrolabe marin.

oster de vostre hauteur autant de degrez que le Soleil a decliné loing de la ligne, de laquelle nous parlons, par deuers le Su. Et si en prenãt la hauteur du Soleil vous estes vers midy delà l'equinoctial, et le Soleil soit au Septentrion, vous deuez semblablement oster autant de degrez que le Soleil decline de la ligne vers nostre pole. Exemple : Si vous prenez vostre hauteur, le Soleil estant entre l'Equinoctial et vous, quãd aurez pris ladicte hauteur, il faut pour sçauoir le lieu où vous estes, soit en mer ou en terre, adiouster les degrez que le Soleil est decliné loing de la ligne, auecques vostre hauteur, et vous trouuerez ce que demandez : qui s'entend autant du pole Arctique qu'Antarctique. Voila seulemẽt, Lecteur, un petit mot en passant de nostre Astrolabe, remettant le surplus de la congnoissance et usage de cest instrument aux Mathematiciẽs, qui en font profession ordinaire. Il me suffit en auoir dit sommairement ce que ie congnois estre necessaire à la nauigation, specialement aux plus rudes, qui n'y sont encores exercez.

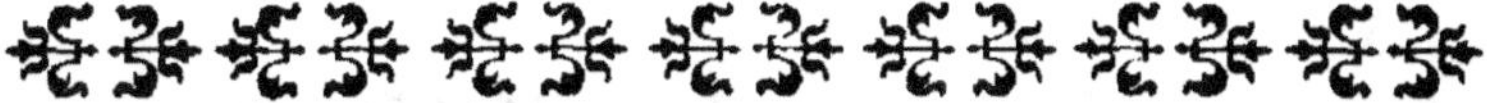

Fol. 135.

|| CHAPITRE LXIX.

Departement de nostre equateur, ou equinoctial

Je pense qu'il n'y a nul homme d'esprit qui ne sçache que l'equinoctial ne soit une trasse ou cercle, imaginé par le milieu du monde, de Leuant en Ponent, en egale distance des deux : tellement que de cest equinoctial iusques à chacun des Poles y a nonnante degrez, comme nous auons amplement traicté en son lieu. Et de la temperature de l'air, qui est là enuiron, de la mer, et des poissons : reste qu'en retournant en parlions encores un mot, de ce que nous auons omis à dire. Passans donc enuiron le premier d'Auril, auec un vent si propice, que tenions facilement nostre chemin au droit fil, à voiles depliées sans en decliner aucunemẽt, droit au Nort, toutefois molestez d'une autre incommodité c'est que iour et nuit ne cessoit de plouuoir : ce que neantmoins nous venoit aucunement à propos pour boire, consideré la necessité que l'espace de deux moys et demy, auions enduré de boire, n'ayant peu recouurer d'eau douce. Et Dieu sçait si nous ne beumes pas nostre saoul, et à gorge depliée, veu les chaleurs excessives qui nous bruloyent. Vray est que

Depart de l'auteur de l'Equinoctial.

l'eau de pluye, en ces endroits est corrompue [1] pour l'infection de l'air, dont elle vient, et de matière pareillement corrompue en l'air et ailleurs, dõt ceste pluye est engendrée : de manière que si on en laue les mains, il s'eleuera dessus quelques vessies et pustules. A ce propos ie sçay bien que les Philosophes tiennẽt quelque eau de pluye n'estre saine, et mettent difference entre ces eaux, avec les raisons que ie n'allegueray pour le present, euitant prolixité. Or quelque vice qu'il y eust, si en falloit-il boire, fusse pour mourir. Ceste eau dauantage tombant sur du drap, laisse une tache, que à grande difficulté lon peut effacer. Ayant doncques incontinent passé la ligne, il fut question pour nostre conduite, commẽcer à compter noz degrez, depuis là iusques en notre Europe, autant en faut-il faire, quand on va par delà, apres estre paruenu soubs ladicte ligne.

Certaine eau de pluye vitieuse.

Il est certain, que les Anciens [2] mesuroyent la terre

Dimension de l'uniuers.

[1] Gonneville, dans son voyage au Brésil en 1503, fut surpris par ces pluies « aussi estoient incommodez de pluyes puantes qui tachoient les habits : cheutes sur la chair, faisoient venir bibes, et estoient frequentes. » Cf. Léry. Ouv. cit. § iv : « La pluye qui tombe soubs et ès enuiron de ceste ligne non seulement put et sent fort mal, mais aussi est si contagieuse que si elle tombe sur la chair, il s'y leue des pustules et grosses vessies. » Dans la première des lettres de Nicolas Barré, un des compagnons de Villegaignon, nous lisons encore : « Les vents estoient ioincts auec pluye tant puante, que ceulx lesquels estoient mouillez de ladicte pluye, souldain ils estoient couuerts de grosses pustules. »

[2] *Revue de géographie.* Avril 1877. Monin. *La longueur du méridien d'après Eratosthène.*

(ce que l'on pourroit faire encore auiourd'huy) par stades, pas et pieds, et non point par degrez, comme nous faisons, ainsi qu'afferment Pline, Strabon, et les autres. Mais Ptolemée [1] inuenta depuis les degrez, pour mesurer la terre et l'eau ensemble, qui autrement n'estoyent ensemble mesurables, et est beaucoup plus aysé. Ptolemée donc a compassé l'uniuers par degrez, où, tant en longueur que largeur, se trouuent trois cens soixante, et en chacun degré septante mille, qui vallent dix sept lieües et demye, comme i'ay peu entẽdre de noz Pilotes, fort expers en l'art de nauiguer. Ainsi cest uniuers ayant le ciel et les elements en sa circonference, contiẽt ces trois cens soixante degrez, egalez par douze signes, dont un chacun a trente degrez : car douze fois trente font trois cens soixante iustement. *Diuision du degré.* Un degré contient soixante minutes, une minute soixante tierces, une tierce soixante quartes, une quarte soixante quintes, iusques à soixante dixiesmes. Car les proportions du ciel se peuuent partir en autant de parties, que nous auons icy dit. Donc par les degrez, on trouue la longitude, Fol. 136. latitude, et distance des || lieux. La latitude depuis la ligne en deça iusques à nostre pole, où il y a nonãte degrez et autant delà, la longitude prise depuis les Isles Fortunées au Leuãt. *Cõme se peut congnoistre latitude, lõgitude et distãce des lieux.* Pourquoy ie dis pour cõclusion que le Pilotte qui voudra nauiguer, doit cõsiderer trois choses ; la premiere en quelle hauteur de

[1] Sur Ptolémée et ses découvertes, on peut consulter HALMA. *Edition de l'Almageste.* — MONTUCLA. *Histoire des mathématiques.* — LA PLACE. *Mécanique céleste.* — HUMBOLDT. *Cosmos.* T. II.

degrez il se trouue, et en quelle hauteur est le lieu où il veut aller. La secõde le lieu où il se trouue, et le lieu où il espere aller, et sçauoir quelle distãce ou elõgnement il y a d'un costé à l'autre. La troisieme, sçauoir quel vent ou vents le seruiront en sa nauigation. Et le tout pourra voir et cognoistre par sa carté et instruments de marine. Poursuiuans tousiours nostre route six degrez deça nostre ligne, tenans le cap au Nort iusques au quinzième d'auril, auquel tẽps congneumes le soleil directement estre soubs nostre Zenith, qui n'estoit sans endurer excessiue chaleur, comme pouuez bien imaginer, si vous considerez la chaleur qui est par deça le soleil estant en Cancer, bien loing encores de nostre Zenith, à nous qui habitons ceste Europe. Or avant que passer outre, ie parleray de quelques poissons volans que i'avois omis, quand i'ay parlé des poissons qui se trouvent enuiron ceste ligne. Il est donc à noter qu'enuiron ladite ligne dix degrez deça et delà, il se trouue abondance d'un poisson que l'on voit voler haut en l'air, estant poursuyvi d'un autre poisson pour le manger. Et ainsi de la quantité de celuy que l'on voit voler, on peut aisément comprendre la quantité de l'autre viuant de proye. Entre lesquels la Dorade (de laquelle auons parlé cy dessus) le poursuiuit sur tous autres, pour ce qu'il a la chair fort délicate et friande. Duquel y a deux especes : l'une est grande comme un haren de deça : et c'est celuy qui est tant poursuyui des autres. Ce poisson a quatre ailes, deux grandes faites comme celles d'une chauue-souris, deux autres plus petites aupres de la queüe. L'autre ressemble

Espece de poissõ volant.

quasi à une grosse lamproye. Et de telles especes ne s'en trouue gueres, sinon quinze degrez deça et delà la ligne, qui est cause selon mon iugement, que ceux qui font liures des poissõs l'ont omis auec plusieurs *Pirauene.* autres. Les Ameriques nõment ce poisson *Pirauene* [1]. Son vol est presque comme celuy d'une perdrix. Le petit vole trop mieux et plus haut que le grand. Et quelquefois pour estre poursuyuis et chassez en la mer, volent en telle abondãce, principalemẽt de nuit, qu'ils venoyent le plus souuent heurter contre les voiles des nauires, et demeuroient là. Un autre poisson *Albacore, poisson.* est qu'ils appellent *Albacore*, beaucoup plus grand que le marsouin, faisant guerre perpetuelle au poisson volant ainsi que nous auons dit de la Dorade : et est fort bon à manger [2], excellent sur tous les autres poissons de la mer, tãt de Ponent que de Leuant. Il est difficile à prendre : et pour ce lon contrefait un poisson blãc auecques quelque linge, que lon fait voltiger sur l'eau, comme fait le poisson volant, et par ainsi se laisse prendre communemẽt.

[1] On peut comparer la description de Léry. § III. « Ils sont si priuez que souuentes fois il est aduenu, que se posans sur les bords, cordages et mats de nos nauires, ils se laissoyent prendre auec la main, tellement que pour en auoir mangé, en voici la description : Ils sont de plumage gris comme espreviers : mais combien que quant à l'extérieur, ils paroissent aussi gros que corneilles, si est ce toutefois que quand ils sont plumez, il ne s'y trouue guere plus de chair qu'en un passereau. »

[2] Thevet. *Cosmog. univ.* P. 977. — Léry. § III. « Parce que ce poisson n'est nullement visqueux, ains au contraire s'esmie et a la chair aussi friable que la truite, mesme n'a qu'une areste en tout le corps, et bien peu de tripailles, il le faut mettre au rang des meilleurs poissons de la mer. »

CHAPITRE LXX.

Du Peru, et des principales prouinces contenues en iceluy.

POUR suyure nostre chemin auec si bonne fortune de vent, costoyames la terre du Peru [1], et les isles estans sur ceste coste de mer Oceane, appellées isles du Peru, iusques à la hauteur de l'isle Espagnole, de laquelle nous parlerons cy apres en || particulier. Ce païs, selon que nous auons diuisé, est l'une des trois parties des Indes Occidentales, ayant de longueur sept cens lieües, prenant du Nort au Midy, et cẽt de largeur, de Leuant en Occidẽt, commence en terre continente, depuis Themistitan, à passer par le destroit de Dariéne entre l'Ocean et la mer qu'ils appellent Pacifique : et a esté ainsi appelé d'une riuiere nommée Peru [2] laquelle a de

Fol. 137.

Peru, troisième partie des Indes occidentales.

Peru, regiõ d'ou ainsi appellée.

[1] Pour bien comprendre les explications de Thevet, il faut ne pas perdre de vue que par Peru, il entend non pas le Pérou proprement dit, mais toute l'Amérique méridionale au nord des Amazones et à l'ouest des régions occupées par les Portugais, et en plus l'Amérique centrale.

[2] On ne sait quelle est cette rivière de Péru. Aussi bien le nom de Pérou n'était pas connu des indigènes. Il fut donné par

largeur enuiron une petite lieüe; cõme plusieurs autres prouinces en Afrique, Asie et Europe, ont pris leur nõ des riuieres plus fameuses : ainsi que mesme nous auons dit de Senequa. Ceste region est dõc enclose de l'Ocean, et de la mer de Su : au reste, garnie de forests espesses, et de mõtagnes, qui rendẽt le païs en plusieurs lieux presque inaccessible, tellement qu'il est mal aisé d'y pouuoir cõduire chariots ou bestes chargées, ainsi que nous faisons en nos plaines de deça. En ce païs du Peru, y a plusieurs belles prouinces [1] entre lesquelles, les principales, et plus renommées sont Quito, tirãt au Nort, qui a de longueur, prenant de Leuant au Ponent, enuiron soixante lieües, et trẽte de largeur. Apres Quito, s'ensuit la prouince des Canares, ayant au Leuãt la riuiere des Amazones,

Prouinces renommées du Peru.

Quito region.

Prouince des Canares.

les Espagnols et provint de l'interprétation erronée du nom indien qui signifie rivière. Voir GARCILASO DE LA VEGA. *Com. Real.* I, I, 6. D'après MONTESINOS qui consacre les trente-deux chapitres du premier livre de ses *Memorias Antiguas* à cette question, le Pérou était l'ancien *Ophir* de Salomon qui serait peu à peu devenu *Phirou*, *Pirou* et *Pérou*. En tous cas, les indigènes n'avaient pour désigner les nombreuses tribus réunis sous le sceptre des Incas d'autre appellation que celle de *Tavantinsuyu*, c'est-à-dire les quatre quartiers du monde.

1 Toute cette géographie est tant soit peu fantastique, et surtout manque absolument de précision. Les Péruviens, à l'époque de la conquête espagnole, étaient divisés en quatre provinces, à chacune desquelles conduisait une des quatre grandes routes qui rayonnaient autour de Cuzco. La ville se divisait en quartiers habités chacune par les originaires des quatre provinces. Elle était de la sorte comme une réduction de l'empire tout entier. Voir GARCILASO. Ouv. cité. I, 9, 10. — CIEZA DE LEON. *Cronica*. 93.

auec plusieurs mõtagnes, et habitée d'un peuple assez inhumain, pour n'estre encores reduit. Ceste prouince passée, se trouue celle que les Espagnols ont nommée Saint Iaques du port vieux, commençant à un degré de la ligne equinoctiale. La quatrieme, qu'ils appellent en leur langue Taxamilca, se confine à la grãd ville de Tongille, laquelle apres l'empoisonnement de leur Roy, nommé Atabalyba, Pizare voyant la fertilité du païs la fist bastir et fortifier quelque ville et chasteau. Il y en a un autre nommé Cuzco [1], en laquelle ont longtemps regné les Inges, ainsi nommez qui ont esté puissans Seigneurs : et signifie ce mot Inges autant comme Roys. Et estoit leur royaume et dition si ample en ce temps là, qu'elle contenoit plus de mille lieües d'un bout à autre. Aussi a esté nommé ce païs de la principale ville, ainsi nommée comme Rhodes, Metellin, Candie, et autres païs prenans le nom des villes plus renommées, comme nous auons deuant dit. Et diray dauantage qu'un Espagnol ayant demeuré quelque temps en ce païs, m'a affermé estant quelquefois au cap de Fine terre en Espagne, qu'en ceste cõtrée du Cuzco, se trouue un peuple qui a les oreilles pendantes [2] iusques sur

Saint Iaques du port vieux.

Taxamilca.

Cuzco.

Royaume des Inges.

[1] Les Inges sont les Incas. Cuzco a été décrit par PRESCOTT. *Histoire de la conquête du Pérou.* I, I.

[2] Il se trouve, en effet, dans le Pérou, des tribus à demi sauvages qui ont encore conservé l'habitude de se défigurer par une prodigieuse extension des oreilles. Voir MARCOY. *Du Pacifique à l'Atlantique* (*Tour du Monde.* n° 272). — H. STADEN. Ouv. cité. P. 270. — LÉRY. § VIII. « Il semble à les voir un peu de loin que ce soient oreilles de limiers qui leur pendent de costé et d'autre. »

les espaules ornées par singularité de grandes pieces de fin or, luisantes et bien polies, riches toutefois sur tous les autres du Peru, aux parolles duquel ie croirois plus tost que non pas à plusieurs Historiographes de ce temps, qui escriuent par ouyr dire, cõme de nos gentilz obseruateurs, qui nous viennent rapporter les choses qu'ils ne virent onques. Il me souuiẽt à ce propos [1] de ceux qui nous ont voulu persuader, qu'en la haute Afrique auoit un peuple portant oreilles pendantes iusques aux talons : ce qui est manifestement absurde. La cinquieme prouince est

Canar, region fort froide.

Canar, ayant du costé de Ponent la mer du Su, contrée merueilleusemẽt froide, de maniere que les neiges et glaces y sont toute l'année. Et combien qu'aux autres regiõs du Peru le froid ne soit si violent, et qu'il y vienne abondance de plus beaux fruits, aussi n'y a il telle temperature en esté : car es autres parties en esté l'air est excessiuement chaud, et mal tẽperé, qui cause une corruption, principalement es

Fol. 138.

|| fruits. Aussi que les bestes veneneuses ne se trouuent es regions froides, comme es chaudes. Parquoy le tout consideré, il est mal aisé de iuger, laquelle de ces contrées doit estre preferée à l'autre : mais en cela se faut resoudre que toute commodité est accompagnée de ses incommoditez. Encores une autre

Prouince de Calao.

nommée Colao [2], en laquelle se fait plus de traffique qu'en autre contrée du Peru : qui est cause que pareillement est beaucoup plus peuplée. Elle se

[1] PLINE. H. N. IV, 27.
[2] Colao correspond sans doute au Callao.

cõfine du costé de Leuant aux montagnes des Andes et du Ponent aux montagnes des Nauados. Le peuple de ceste contrée, nommée en leur langue *Xuli*, *Chilane*, *Acos*, *Pornata*, *Cepita*, et *Trianguanacho* [1], combien qu'il soit sauuage et barbare, est tontesfois fort docile [2], à cause de la marchandise et traffique qui se mene là, autrement ne seroit moins rude que les autres de l'Amerique. En ceste contrée y a un grand lac, nommé en leur langue Titicata [3], qui est à dire isle de plumes : pour ce qu'en ce lac y a quelques petites isles, esquelles se trouue si grand nôbre d'oyseaux de toutes grandeurs et especes, que c'est chose presque incroyable. Reste à parler de la derniere contrée de ce Peru nommée Carcas [4], voisine de Chile, en laquelle est située la belle et riche cité de Plate [5], le païs fort riche pour les belles riuieres, mines d'or et d'argẽt. Dõques ce grand païs et

Titicata lac.

Carcas, cõtrée du Peru.

Plate, cité riche et ample.

[1] Ces noms ont éprouvé de singulières modifications depuis Thevet. On retrouve pourtant encore celui de Tiahuanaco dans le Haut Pérou. Consulter à ce propos l'excellent travail de M. ANGRAND sur les ruines de cette cité.

[2] Cette docilité de Péruviens ne tenait pas uniquement au commerce. Elle avait encore pour cause la législation des Incas, très minutieuse et encore plus rigoureuse. Cf. WIENER. *Les institutions des Incas.*

[3] Le vrai nom du lac est Titicaca. Ce lac a été récemment visité et décrit par M. Paul MARCOY. (*Tour du Monde.* n° 852, 3, 4.) Le nombre des îles qu'il renferme est très considérable, et toutes ces îles ont encore une énorme population d'oiseaux, surtout des grèbes.

[4] Sans doute Caracas, mais Caracas est bien éloigné du Chili.

[5] Aujourd'hui Chuquisaca, en Bolivie.

royaume contient, et s'appelle tout ce qui est compris depuis la ville de Plate, iusques à Quito, comme desia nous auons dit, et duquel auons declaré les huit principales contrées et prouinces. Ceste terre continente aussi ample et spacieuse represente la figure d'un triãgle equilatere, cõbien que plusieurs des modernes l'appellent isle, ne pouuans, ou ne voulans mettre difference entre isle, et ce que nous appellons presque-isle, et continente. Par ainsi ne faut douter que depuis le detroit de Magellan, cinquante deux degrez de latitude, et trente minutes, et trois cens trois degrez de longitude delà la ligne iusques à plus de soixante huit degrez deça est terre ferme. Vray est que si ce peu de terre entre la nouuelle Espagne et le Peru n'ayant de largeur que dix sept lieües, de la mer Oceane, à celle du Su, estoit coupée d'une mer en l'autre, le Peru se pourroit dire alors isle [1], mais Dariẽ, detroit de terre ainsi nommé de la riuiere de Dariéne, l'empesche. Or est il question de dire encores quelque chose du Peru. Quant à la religiõ [2] des Sauuages du païs qui ne sont encores reduits à nostre foy, ils tiennẽt une opinion fort estrange, d'une grande bouteille, qu'ils gardent par singularité disans

Terre du Peru represente la figure d'un triangle.

Darien, detroit de terre.

Superstitiõ grãde d'aucuns peuples Perusiẽs

[1] Il est assez singulier que, dès les premières années de la découverte de l'Amérique, on se soit ainsi préoccupé de la question du percement de l'isthme.

[2] Les croyances des anciens Péruviens sont tellement confuses, ou du moins ont été exposées si contradictoirement par plusieurs auteurs, qu'il est à peu près impossible d'en débrouiller le chaos. Consulter à ce propos les œuvres de GARCILASO DE LA VEGA, GARCIA, GOMARA, ZARATE, etc.

que la mer a autrefois passé par dedans auec toutes ses eaux et poissons : et que d'un autre large vase estoient saillis le Soleil et la Lune, le premier homme et la premiere femme. Ce que faussement leur ont persuadé leurs meschans prestres, nõmez *Bohitis* : et l'on creu longue espace de temps, iusques à ce que les Espagnols leur ont dissuadé la meilleure part de telles resueries et impostures. Au surplus ce peuple est fort idolatre [1] sur tous autres. L'un adore en son particulier ce qu'il luy plaist : les pescheurs adorent un poisson nommé Liburon, les autres adorent autres bestes et oiseaux. Ceux qui labourent les iardins adorent la terre : mais en general ils tiennent le Soleil un grand Dieu, la Lune pareillement et la terre : estimans que par le Soleil et la Lune toutes choses sont conduites et regies. En iurant ils touchent la terre de la main regardãs le Soleil. Ils tiennent d'auantage auoir esté un deluge [2], comme ceux|| de l'Amerique, disans qu'il vint un Prophete de la part de Septentrion, qui faisoit merueilles : lequel apres auoir esté mis à mort, auoit encores puissance de viure, et de fait auoit vescu. Les Espagnols occupẽt tout le païs de terre ferme, depuis la riuiere de Mari-

Bohitis, prestres

Idolatrie de ces peuples.

Fol. 139.

Les Espagnols seigneurs de tout le Peru.

[1] Sur la religion des Incas, consulter WIENER. *Essai sur les institutions politiques, religieuses, économiques et sociales de l'empire des Incas.* § V. *De la religion incasique, des mœurs et coutumes Qquichuas.* P. 72. — PRESCOTT. Ouv. cité. I, 4.

[2] Tous les peuples ont cru au déluge, mais les légendes américaines présentent parfois de singulières analogies avec les croyances chrétiennes. Cf. H. DE CHARENCEY. *Le Déluge et les traditions indiennes de l'Amérique du Nord.*

gnan iusques à Furne et Dariéne, et encores plus auant du costé de l'Occident, qui est le lieu plus estroit de toute la terre ferme, par lequel on va aux Moluques. D'auantage ils s'estēdent iusques à la riuiere de palme : où ils ont si bien basti et peuplé tout le païs, que c'est chose merueilleuse de la richesse qu'auiourd'huy leur rapporte tout ce païs, comme un grand royaume. Premieremēt presque en toutes les isles du Peru y a mines [1] d'or ou d'argent, quelques emeraudes et turquoises, n'ayās toutefois si vive couleur que celles qui viennēt de Malacca ou Calicut. Le peuple le plus riche de tout le Peru est celuy qu'ils nōment *Ingas*, belliqueux aussi sur toutes autres nations. Ils nourrissent bœufs, vaches, et tout autre bestial domestique, en plus grand nōbre que ne faisons par deça : car le païs est fort propre, de maniere qu'ils font grand traffique de cuir de toutes sortes : et tuent les bestes seulement pour en auoir le cuir [2]. La plus grād part de ces bestes priuées et domestiques sont deuenues sauuages, pour la multitude qu'il y en a, tellement que lon est cōtraint les laisser aller par

Richesses des isles de Peru.

Ingas peuple fort riche et belliqueux.

[1] Sur les richesses du Pérou voir *Extrait d'un voyage en Bolivie* par F. Clavairoz (*Explorateur*. I. 289). Ces richesses sont d'ailleurs devenues proverbiales. L'histoire des *tapados*, ou trésors enfouis au moment de la conquête, formerait un curieux chapitre dans une relation générale des événements de cette époque.

[2] Tel est encore l'usage des Indiens de la prairie dans la Confédération Argentine. Les émigrants européens ne les ont que trop souvent imités dans leur folle imprévoyance. Cf. Sarmiento. *Civilisation et Barbarie*. — Daireaux. *Articles de la Revue des deux Mondes*.

les bois iour et nuit, sans les pouuoir tirer ne heberger aux maisons. Et pour les prendre sont contrains de les courir, et user de quelques ruses, comme à prẽdre les cerfs et autres bestes sauuages par deça. Le blé, comme i'ay entẽdu, ne peut proffiter tant es isles que terre ferme du Peru, non plus qu'en l'Amerique. Parquoy tant gentilshommes qu'autres viuẽt d'une maniere d'alimẽt, qu'ils appellent *Cassade* [1], qui est une sorte de torteaux, faits de une racine, nõmée Manihot. Au reste ils ont abõdance de mil et de poisson. Quant au vin il n'y en croist aucunement, au lieu duquel ils font certains bruuages. Voilà quant à la continente du Peru, lequel auec ses isles, dont nous parlerons cy apres, est remis en telle forme, qu'à present y trouuerez villes, chasteaux, citez, bourgades, maisons, villes episcopales, republiques, et toute autre maniere de viure, que vous iugeriez estre une autre Europe. Nous congnoissons par cela combien est grande la puissance et bonté de nostre Dieu, et sa prouidence envers le genre humain : car autant que les Turcs, Mores, et Barbares, ennemis de verité, s'efforcent d'aneantir et destruire nostre religion, de tant plus elle se renforce, augmente, et multiplie d'autre costé. Voila du Peru, lequel à nostre retour auons costoyé à senestre, tout ainsi qu'en allant auons costoyé l'Afrique.

Blé et vin en nul usage aux païs occidentaux

Cassade sorte d'aliment.

Le Peru estimé à present quasi une autre Europe.

[1] Cassade ou plutôt cassave.

CHAPITRE LXXI.

Des isles du Peru, et principalement de l'Espagnole.

APRES auoir escrit de la continẽte du Peru, pourtant que d'une mesme route auons costoyé à nostre retour quelques isles sus l'Oceã appelées isles du Peru, pour en estre fort prochaines, i'en ay pareillement biẽ voulu escrire quelque chose. Or pour ce qu'estans paruenuz à la hauteur de l'une de ces isles, nommée Espagnole, par ceux
Fol. 140. qui depuis cer||tain temps l'ont decouuerte, appellée parauant *Haïti* [1], qui vaut autant à dire comme terre aspre, et *Quisqueia*, grande. Aussi veritablement est elle de telle beauté et grandeur, que de Leuant au Ponent, elle a cinquante lieües de long, et de large du Nort au Midy enuiron quarante, et plus de quatre cens de circuit. Au reste est à dix huict degrez de la ligne, ayant au Leuant l'isle dite de Saint Iean, et plusieurs petites islettes, fort redoutées et dangereuses aux nauigans : et au Ponent l'isle de Cuba et Ia-

Isle Espagnole, nommée auparauant Haïti et Quisqueia.

[1] Cette île fut découverte par Colomb qui lui donna le nom de petite Espagne, Hispaniola. Depuis elle a porté le nom de Saint-Domingue.

maïque : du costé du Nort les isles des Canibales [1], et vers le Midy, le cap de Vele, situé en terre ferme. Cette isle ressemble aucunement à celle de Sicile, que premierement lon appelloit Trinacria, pour auoir trois promontoires [2], fort eminens : tout ainsi celle dont nous parlons, en a trois fort auancez dans la mer : desquels le premier s'appelle Tiburon, le deuxieme Higuey, le troisieme Lobos, qui est du costé de l'isle qu'ils ont nommée Beata, quasi toute pleine de bois de gaiac. En ceste Espagnole se trouuent de tresbeaux fleuues, entre lesquels le plus celebre, nommé Orane, passe alentour de la principale ville de ladite isle, nõmée par les Espagnols Saint Domingue. Les autres sont Nequée, Hatibonice, et Haqua, merueilleusement riches de bon poisson, et delicat à manger : et ce pour la temperature de l'air, et bonté de la terre, et de l'eau. Les fleuues se rendent à la mer presque tous du costé du Leuant : lesquels estans assemblez font une riuiere fort large, nauigable de nauires entre deux terres. Auant que ceste isle fust decouuerte des Chrestiens, elle estoit habitée des Sauuages [3], qui idola-

Trois promontoires de l'isle Espagnole, Tiburon, Higuey, Lobos.

Orane, fleuue.

Saint Domigue ville principale de l'isle Espagnole.

Fleuues les plus renommez de l'isle Espagnole.

Religiõ ancienne des habitants de l'isle Espagnole.

[1] Les îles des Cannibales sont les Lucayes ou Bahama.

[2] Deux de ces caps ont gardé leurs noms, Tiburon et Higuey. Le cap Lobos se nomme auiourd'huy Mougon, et il est toujours en face de l'île Beata. Quant à l'Orané, qui n'est pas le cours d'eau le plus important (c'est l'Artibonite), son nom n'a pas changé. L'Artibonite se retrouve dans Hatibonice. La Neyba dans Nequée et l'Haqua dans le Grand Yague.

[3] Les premiers insulaires étaient les Caraïbes. Leur religion était la croyance au bon et au mauvais principe : seulement, comme dans tous les cultes soumis à cette croyance, la déité tutélaire avait fini par céder le pas au génie malfaisant, et les

troient ordinairement le diable, lequel se monstroit à eux en diuerses formes : aussi faisoient plusieurs et diuerses idoles, selon les visions et illusions nocturnes qu'ils en auoyent : comme ils font encores à present en plusieurs isles et terre ferme de ce païs. Les autres adoroyent plusieurs dieux, mesmement un par dessus les autres, lequel ils estimoient comme un moderateur de toutes choses : et le representoyent par une idole de bois, eleuée contre quelque arbre, garnie de fueilles et plumages : ensemble ils adoroient le Soleil et autres creatures celestes. Ce que ne font les habitãs d'auiourd'huy, pour auoir esté reduits au Christianisme et à toute ciuilité. Ie sçay bien qu'il s'en est trouué aucuns le temps passé, et encore maintenant, qui en tiennent peu de conte.

Caius Caligula Emp. Rom. Nous lisons de Caius Caligula empereur de Rome, quelque mespris qu'il fit de la diuinité, si a il horriblement tremblé quand il s'est apparu aucun signe de l'ire de Dieu. Mais auãt que ceste isle de laquelle nous parlõs ait esté reduite à l'obeissãce des Espa-

Caraïbes ne songeaient plus qu'à conjurer le mauvais esprit, ou Maboya. ROCHEFORT. *Histoire des Antilles*. P. 420, semble croire à l'existence de Maboya. « Il est constant par le témoignage de plusieurs personnes de condition et d'un rare savoir que les diables les battent effectivement, et qu'ils montrent souvent sur leurs corps les marques bien visibles des coups qu'ils en ont reçeu. Nous apprenons aussi par la relation de plusieurs des habitans françois de la Martinique qu'estans allez au quartier de ces Sauuages... ils les ont souuent trouuez faisant d'horribles plaintes de ce que Maboya les venoit de mal traiter. »

gnols (ainsi que quelques uns qui estoient à la cõqueste m'ont recité) les Barbares ont fait mourir plus de dix ou douze mille Chrestiens [1], iusques apres auoir fortifié en plusieurs lieux, ils en ont fait mourir grand nombre, les autres menez esclaues de toutes parts. Et de ceste façon ont procedé en l'isle de Cuba, de Saint Ieã, Iamaïque, Sainte Croix, celles des Cannibales, et plusieurs autres isles, et païs de terre ferme. Car au commencement les Espagnols et Portugais, pour plus aisément les dominer, s'accommodoient fort à leur maniere de viure, et les allechans par presens et par douces parolles, s'entretenoyent tousiours en leur amitié : tant que par succession de temps se voyans les plus forts, commencerent à se reuolter, prenant les uns esclaues, les ont con||trains Fol. 141.
à labourer la terre : autrement iamais ne fussent venuz à fin de leur entreprise. Les Roys plus puissans de ce païs sont en Casco et Apina, isles riches et fameuses, tant pour l'or et l'argẽt qui s'y trouue, que pour la fertilité de la terre. Les Sauuages ne portent qu'or sur eux, comme larges boucles de deux ou trois liures, pendues aux oreilles, tellement que pour si grande pesanteur, ils pendent les oreilles demy pié de long : qui a donné argument aux Espagnols de les appeler grands oreilles. Ceste isle est merueilleu-

Casco et Apina isles riches et fertiles.

[1] Singulière façon d'excuser les cruautés espagnoles ! Thevet ne connaissait sans doute pas les ouvrages de Las Casas, ou bien il oubliait trop facilement que les insulaires des Antilles n'usaient que de leur droit strict en résistant aux envahisseurs.

Fertilité et richesses de l'isle Espagnole.

sement riche [1] en mines d'or, comme plusieurs autres de ce païs là, car il s'en trouue peu, qui n'aye mines d'or ou d'argent. Au reste elle est riche et peuplée de bestes à cornes, comme bœufs, vaches, moutons, cheures, et nombre infini de pourceaux, aussi de bons cheuaux : desquelles bestes la meilleure part pour la multitude est deuenue sauuage, comme nous auons dit de la terre ferme. Quant au blé et vin, ils n'en ont aucunement, s'il n'est porté d'ailleurs : parquoy en lieu ils mangent force Cassade, fait de farine de certaines racines : et au lieu de vin bruuages bons et doux, faits aussi de certains fruits, comme le citre de Normandie. Ils ont infinité de bons poissons, dont les uns sont fort estranges : entre lesquels s'en trouue un nommé Manati [2], lequel se prend dans les riuieres, et aussi dans la mer, non toutefois qu'il aye tant esté veu en la mer qu'en riuieres. Ce poisson est fait à la semblãce d'une peau de bouc, ou de cheure pleine d'huile ou de vin, ayant deux pieds aux deux costez des espaules, auec lesquels il nage, et depuis le nõbril

Description du Manati, poisson estrange

[1] Sur la fertilité et les richesses d'Hispaniola, on peut consulter les descriptions enthousiastes de Colomb.

[2] Manati est le nom espagnol du lamantin. La description de Thevet est assez exacte. ROCHEFORT. *Histoire des Antilles*. P. 178, la reproduit en termes à peu près identiques, mais en ajoutant quelques détails. « Il n'y a pas de poisson qui ait tant de bonne chair que le lamantin. Car il n'en faut souvent que deux ou trois pour faire la charge d'un grand canot, et cette chair est semblable à celle d'un animal terrestre, courte, vermeille, appetissante, et entre meslée de graisse, qui étant fondue, ne se rancit jamais. Lors qu'elle a esté deux ou trois jours dans le sel, elle est meilleure pour la santé que quand on la mange toute fraîche. »

iusques au bout de la queüe, va tousiours en diminuant de grosseur : sa teste est cõme celle d'un bœuf, vray est qu'il a le visage plus maigre, le menton plus charnu et plus gros, ses ïeux sont fort petis selon sa corpulence, qui est de dix pieds de grosseur, et vingt de longueur, sa peau grisatre, brochée de petit poil, autant espesse comme celle d'un bœuf, tellement que les gens du païs en font souliers à leur mode. Au reste ses pieds sont tous ronds, garnis chascun de quatre ongles assez longuets, ressemblans ceux d'un elephant. C'est le poisson le plus difforme, que lon ait gueres peu voir en ces païs là. Neantmoins la chair est merueilleusement bonne à manger, ayant plus le goust de chair de veau que de poisson. Les habitans de l'isle font grand amas de la gresse dudit poisson, à cause qu'elle est propre à leurs cuirs de cheures, de quoy ils font grand nombre de bons marroquins. Les esclaues noirs en frottent communement leurs corps, pour le rendre plus dispos et maniable, comme ceux d'Afrique font d'huile d'oliue. Lon trouue certaines pierres dans la teste de ce poisson, desqueles ils font grãde estime, pource qu'ils les ont esprouuées estre boñes cõtre le calcule [1], soit es reins ou à la vessie : car de certaine proprieté occulte, ceste pierre le comminüe et met en poudre. Les femelles de ce poisson rendent leurs petis tous vifs, sans

Pierres qui rompent le Calcule.

[1] Rochefort (Ouv. cité. P. 179) tout en constatant l'efficacité du remède, a grand soin d'ajouter : « à cause que ce remède est violent, on ne conseille à personne d'en user sans l'avis d'un sage et bien expérimenté medecin. »

œuf, comme fait la balene, et le loup marin : aussi elles ont deux tetins cõme les bestes terrestres, auec lesquels sont alaités leurs petis.

Un Espagnol qui a demeuré long temps en ceste isle m'a affermé qu'un Seigneur en auoit nourri un l'espace de trente ans en un estang, lequel par succession de tẽps deuint si familier et priué, qu'il se laissoit presque mettre la main sur luy. Les Sauuages prennẽt ce poisson communément assez pres de la

Fol. 142. terre, ainsi qu'il plaist de l'herbe. || Ie laisse à parler

Diuers ouurages faits de plumes d'oiseaux par les Sauuages.

du nombre des beau oyseaux vestuz de diuers et riches pennages, dont ils font tapisseries [1] figurées d'hõmes, de femmes, bestes, oyseaux, arbres, fruits, sans y appliquer autre chose que ces plumes naturellement embellies et diuersifiées de couleurs : bien est vray qu'ils les appliquent sus quelque linceul. Les autres en garnissent chapeaux, bonnets, et robes, choses fort plaisantes à la veüe. Des bestes estrãges à quatre pieds ne s'en trouue point, sinon celles que nous auõs dit : bien se trouuent deux autres especes

Hulias et Caris especes de bestes estrãges.

Isle de Saint Iaques.

d'animaux, petis cõme connins, qu'ils appellent, *Hulias* [2], et autres *Caris*, bons à mãger. Ce que i'ay dit de ceste isle, autant puis ie le dire de l'isle Saint Iaques, parauant nommée Iamaïca : elle tient à la part du Leuãt l'isle de Saint Dominique. Il y a une

[1] F. Denis. (*De arte plumaria*) citant un mémoire inédit de M. Angrand sur *Le rôle symbolique des ornements en plumes chez les anciens Américains.*

[2] Ces mots ne se trouvent pas dans le dictionnaire caraïbe de Rochefort. Thevet a peut-être voulu parler du coati.

autre belle isle, nõmée *Bouriquan* [1] en langue du pays, appellée es cartes marines, isle de Saint Iean : laquelle tient du costé du Leuãt l'isle Sainte Croix, et autres petites isles, dõt les unes sont habitées, les autres desertes. Ceste isle de Leuãt, en Ponẽt tient enuiron cinquante deux lieües, de lõgitude trois cẽs degrés, minutes nules. Bref, il y a plusieurs autres isles en ces parties là, desquelles, pour la multitude, ie laisse à parler, n'ayãt aussi peu en auoir particuliere congnoissance. Ie ne veux oublier qu'en toutes ces isles ne se trouuent bestes rauissantes, non plus qu'en Angleterre, et en l'isle de Crete.

Isle de Saint Iean.

CHAPITRE LXXII.

Des Isles de Cuba et Lucaïa.

ESTE pour le sommaire des isles du Peru, reciter quelques singularitez de l'isle de Cuba, et de quelques autres prochaines, combien qu'à la verité, lon n'en peut quasi dire

Description de l'isle de Cuba.

1 S'agit-il de Porto Rico ? Tout porte à le croire.

gueres autre chose, qui desia n'ait esté attribué à l'Espagnole. Ceste isle est plus grande que les autres, et quant et quant plus large : car on côte du promontoire [1] qui est du costé du Leuant, à un autre qui est du costé de Ponent, trois cens lieües, et de Nort à Midy, septante lieües. Quant à la disposition de l'air, il y a une fort grãde temperature, tellement qu'il n'y a grand exces de chaud, ne de froid. Il s'y trouue de riches mines [2], tant d'or que d'argent, semblablemẽt d'autres metaux. Du costé de la marine se voyent hautes montagnes, desquelles procedent fort belles riuieres, dont les eaues sont excellentes, auec grande quantité de poisson. Au reste parauant qu'elle fust decouuerte, elle estoit beaucoup plus peuplée des Sauuages [3], que nulle de toutes les autres : mais auiourd'huy les Espagnols en sont Seigneurs et maistres. Le milieu de ceste isle tient deux cens nonãte degrez de longitude, minutes nulles, et latitude vingt degrés minutes nulles. Il s'y trouue

[1] Ce sont les caps de Maysi et San Antonio.

[2] Sur Cuba à l'époque de la conquête espagnole par Diego Velasquez, on peut consulter Gomara. *Historia general de las Indias*. — Oviedo. Même titre. — Pierre Martyr. *Décad*. III, I, 3.

[3] Les Espagnols massacrèrent systématiquement les insulaires, dès qu'ils se furent aperçu que le travail des mines ne répondait pas à leurs espérances. Aussi cette conquête leur fut-elle d'abord peu profitable. Manquant de bras, ils ne purent tirer parti des richesses du sol. A la Havane, en 1561, après la publication du livre de Thevet, on ne comptait encore que trois cents familles, et, à l'exception de cette ville, deux siècles devaient encore se passer avant que cette riche possession fut considérée comme autre chose qu'une étape commode.

une montagne pres de la mer, qui est toute de sel, plus haute que celle de Cypre, grãd nõbre d'arbres de cotõ, bresil et ebene. Que diray-ie du sel terrestre, qui se prend en une autre mõtagne fort haute et maritime? et de ceste espece s'en trouue pareillement en l'isle de Cypre, nommé des || Grecs ὀρύκτος, lequel se prend aussi en une montagne prochaine de la mer. D'auantage se trouue en ceste isle abondãce d'azur, vermillõ, alun, nitre, sel de nitre, galene et autres tels, qui se prennẽt es entrailles de la terre. Et quãt aux oyseaux, vous y trouuerés une espece de perdrix assez petite, de couleur rougeastre par dehors, au reste diuersifiées de variables couleurs, la chair fort délicate. Les rustiques des mõtagnes en nourrissẽt un nõbre dãs leurs maisons, cõme on fait les poulles par deça. Et plusieurs autres choses dignes d'estre escrites et notées. En premier lieu y a une valée, laquele dure enuirõ trois lieües, entre deus mõtagnes où se trouue un nõbre infini de boules de pierre, grosses, moyẽnes, et petites rondes cõme esteufs, engẽdrées naturelemẽt en ce lieu, combien que lon les iugeroit estre faites artificiellement. Vous y en verrés quelques fois de si grosses, que quatre hõmes seroyẽt bien empechez à en porter une : Les autres sont moindres, les autres si petites, qu'elles n'excedẽt la quãtité d'un petit esteuf. La secõde chose digne d'admiratiõ est, qu'en la mesme isle, se trouue une mõtagne prochaine du riuage de la mer, de laquelle sort une liqueur semblable à cele que l'õ fait aux isles Fortunées, appellée Bré, cõme nous auons dit : laquelle matiere viẽt à degoutter et rẽdre dans la mer.

Montagne de sel.

Sel terrestre.

Fol. 143.

Espece de perdris.

Liqueur admirable sortãt d'une mõtagne.

Bré, sorte de liqueur.

Quinte Curse [1] en ses liures qu'il a fait des gestes d'Alexãdre le Grãd recite qu'iceluy estãt arriué à une cité nomée Memi, voulut voir par curiosité une grãde fosse ou cauerne en laquelle auoit une fontaine rendãt grande quãtité de gõme merueilleusement forte, quãd elle estoit appliquée auec autre matiere pour bastir : telemẽt que l'Auteur estime pour ceste seule raison, les murailles de Babylone auoir esté si fortes, pour estre cõposées de tele matiere. Et nõ seulemẽt s'en trouue en l'isle de Cuba, mais aussi au païs de Themistitan, et du costé de la Floride. Quãt aux isles de Lucaïa (ainsi nommées pour estre plusieurs en nombre) elles sont situées au nort de l'isle d'Cuba et de Saint Dominique. Ellessont plus de quatre cens en nombre, toutes petites, et non habitées, sinon une grande, qui porte le nom pour toutes les autres, nommée Lucaïa [2]. Les habitans de ceste isle vont communément traffiquer en terre ferme, et aux autres isles.

Pourquoy iadis les murailles de Babylone ont esté estimées si fortes.

Isles de Lucaïa.

[1] QUINTE CURCE. V, 1. Alexander ad Mennin urbem pervenit : caverna ubi est ex qua fons ingentem vim bituminis effundit.

[2] Les îles Lucayes ou Bahama sont plus nombreuses que ne le croyait Thevet. On en compte 3077, dont 19 habitées, 10 inhabitées, 661 cayes ou îlots rocheux et 2387 rocs ou récifs. Il est peu probable qu'au temps de Thevet une de ces îles fut encore habitée, car les Espagnols avaient transporté les inoffensifs insulaires qu'ils y rencontrèrent aux mines de Haïti ou aux pêcheries de perles de Cumana. Ce sont les Anglais qui s'y établirent de nouveau en 1629. Cf. BACOT, *The Bahamas, a sketch*. L'île dont parle Thevet se nomme aujourd'hui Grand Abaco ou Lucaya. Elle compte 2362 habitants.

Ceux qui font residence, tât hommes que femmes, sont plus blancs qu'en aucune des autres. Puis qu'il vient à propos de ces isles, et de leurs richesses, ie ne veux oublier à dire quelque chose des richesses de Potosi [1] : lequel prend son nom d'une haute montagne qui a de hauteur une grande lieüe, et une demie de circuit, elevée en haut en façon de pyramide. Ceste montagne est merueilleusement riche à cause des mines d'argent, de cuiure, et estain, qu'on a trouué quasi aupres du coupeau de la mõtagne, et s'est trouuée là mine d'argent si tres bonne, qu'à un quintal de mine, se peut trouuer un demy quintal de pur argent. Les esclaues ne font autre chose que d'aller querir ceste mine, et la portent à la ville principale du païs, qui est au bas de la montagne, laquelle depuis la decouuerture a esté là bastie par les Espagnols. Tout le païs, isles, et terre ferme est habitée de quelques Sauuages tous nuds ainsi qu'aux autres lieus de l'Amérique. Voila du Peru et de ses isles.

Montagne de Potosi fort riche en mines.

[1] Transition singulière, puisque Potosi se trouve au centre du continent et non plus dans les Antilles. La montagne ou Cerro de Potosi est en effet en Bolivie. Ce furent longtemps les mines d'argent les plus riches du monde. D'apres Humboldt, elles ont fourni, depuis la découverte jusquen 1789, un total de 107,736,299 marcs d'argent. On y compte plus de 5,000 ouvertures, mais quelques-unes sont seules exploitées de nos jours.

Fol. 144.

|| CHAPITRE LXXIII.

Description de la nouuelle Espagne et de la grande cité de Themistitan, situeé aux Indes Occidentales.

POUR ce qu'il n'est possible à tout homme de veoir sensiblement toutes choses, durant son aage, soit ou pour la continuelle mutation de tout ce qui est en ce monde inferieur, ou pour la longue distance des lieux et païs, Dieu a donné moyen de les pouuoir representer, nõ seulemẽt par escript, mais aussi par vray portrait, par l'industrie et labeur de ceux qui les ont veues. Ie regarde que lon reduit bien par figures plusieurs fables anciennes, pour donner plaisir seulement : comme sont celles de Iason, d'Adonis, d'Acteon, d'Aeneas, d'Hercules : et pareillement d'autres choses que nous pouuons tous les iours voir, en leur propre essence, sans figure, comme sont plusieurs especes d'animaux. A ceste cause ie me suis auisé vous descrire simplement et au plus pres qu'il m'a esté possible la grande et ample cité de Themistitan [1], estant suffisamment

Themistitan.

[1] Le vrai nom est Tenochtitlan, qui signifie cactus sur une pierre. Ce nom fut donné en 1325 à la ville alors fondée en souvenir du magnifique cactus sortant d'un rocher, que les Aztèques

informé que bien peu d'entre vous l'ayez veüe, et encores moins la pouuez aller voir, pour la longue, merueilleuse, et difficile nauigation qu'il vous conuiendroit faire. Themistitan est une cité située en la nouuelle Espagne, laquelle prend son commencement au destroit d'Ariane, limitrophe du Peru, et finist du costé du Nort, à la riuiere de Panuque : or fut elle iadis nommée *Anauach* [1], depuis pour auoir esté decouuerte, et habitée des Espagnols, a receu le nom de nouuelle Espagne. Entre lesquelles terres et prouinces la premiere habitée, fut celle d'Yucathã [2], laquelle a une pointe de terre, aboutissãt à la mer, semblable à celle de la Floride : Iaçoit que noz faiseurs de cartes ayẽt oublié de marquer le meilleur, qui embellist leur descriptiõ. Or ceste nouuelle Espagne de la part de Leuãt, Ponẽt, et Midy, est entourée du grãd Oceã : et du costé de Nort a le nouueau Mõde lequel estãt habité, voit encore par delà en ce mesme Nort, une autre terre nõ cõgneüe [3] des

Nouuelle Espagne, iadis Anauach.

Situatiõ de la Nouuelle Espagne.

trouvèrent près du bord du lac de Tezcuco, et au-dessus lequel planait un grand aigle tenant un serpent dans ses serres. C'est ce qui compose les armoiries du Mexique : Mexico fut le nom donné par les fondateurs au quartier des nobles, en l'honneur de Mextilli ou Mecill, premier grand Roi de leurs ancêtres.

[1] Anahuac fut en effet un des anciens noms du Mexique. Cf. Brasseur de Bourbourg. *Histoire des nations civilisées du Mexique et de l'Amérique centrale durant les siècles antérieurs à Colomb.* — Prescott. *Histoire de la conquête du Mexique*, etc.

[2] Le Yucatan est terminé par la pointe Catoche, en face de San Antonio de Cuba.

[3] Ce sont les pays désignés depuis sous le nom de Californie, et qui, pendant de longues années encore, devaient être marqués de la fatale légende *terra incognita*.

Modernes, qui est la cause que ie surseoy d'en tenir plus long propos. Or Themistitan, laquelle est cité forte [1], grãde et tresriche au païs sus nommé, est située au milieu d'un grãd lac. Le chemin par où lon y va, n'est point plus large, que porte la longueur de deux lances. Laquelle fut ainsi appellée du nom de celuy qui y mit les premiers fondemẽts, surnommé Tenuth, fils puisné du roy Iztacmircoatz. Ceste cité a seulement deux portes [2], l'une pour y entrer, et l'autre pour en sortir : et non loing de la cité, se trouue un pont de bois, large de dix pieds, fait pour l'accroissement et decroissement de l'eau : car ce lac croist et decroist à la semblance de la mer. Et pour la deffence de la cité y en a encores plusieurs autres, pour estre comme Venise edifiée en la mer. Ce païs est tout enuironné de fort hautes montagnes : et le plain païs a de circuit enuiron cent cinquante lieües, auquel se trouuent deux lacs, qui occupent une grande partie de la campagne, par ce qu'iceux lacs [3] ont de circuit cinquante lieües, dõt l'un est

L'opiniõ de deux lacs.

[1] Themistitan est bâtie dans le lac de Tezcuco. Le plan de cette ville fut inséré de bonne heure dans les Atlas : nous ne mentionnerons que l'*Isolario* de BORDONE (pl. XI.) et le *Theatrum orbis terrarum* d'ORTELIUS. Il est facile de suivre sur la dernière planche de cet Atlas la description de Thevet.

[2] Les deux portes étaient celles de Tepeyaquillo et de Iztapalapa. Quant aux ponts et chaussées, les principaux se nommaient Tacuha, Coyohacan et Coliahuaco. Voir le plan de Mexico dans le *Bernal Diaz*, trad. JOURDANET.

[3] Ces deux lacs sont ceux de Tezcuco et de Chalco. Voici comment les décrit Cortès dans sa 2e *Relation* : « Deux lagunes, l'une d'eau douce et l'autre d'eau salée, occupent presque toute

d'eau douce, auquel naissent force petits poissons et delicats, et l'autre d'eau salée laquelle outre son amertume est venimeuse, et pour ce ne peut nourrir aucun poisson, || qui est contre l'opinion de ceux qui pensent que ce ne soit qu'un mesme lac. La plaine est separée desdits lacs par aucunes montagnes, et à leur extremité, sont conioincts d'une estroicte terre, par où les hõmes se font conduire auec barques, iusques dedans la cité, laquelle est située dãs le lac salé : et de là jusques à terre ferme, du costé de la chaussée, sont quatre lieües : et ne la sçaurois mieux comparer en grandeur qu'à Venise. Pour entrer en ladicte cité y a quatre chemins, faits de pierre artificiellement où il y a des conduicts de la grandeur de deux pas, et de la hauteur d'un homme : dont par l'un desdits est conduicte l'eau douce en la cité, qui est de la hauteur de cinq pieds : et coule l'eau iusques au milieu de la ville, de laquelle ils boiuent et en usent en toutes leurs necessitez. Ils tiennent l'autre canal vuide pour celle raison, que quand ils veulent nettoyer celuy dans lequel ils conduisent l'eau douce, ils menent toutes les immõdices de la cité, auec l'autre en terre. Et pour ce que les canaulx passent par les ponts, et par les lieux où l'eau salée

Fol. 145.

Comparaison de Themistitan.

l'étendue de la plaine... Comme la lagune d'eau salée s'élève et décroit comme la mer, son excédant des crues se déverse dans la lagune d'eau douce par un courant rapide, ainsi que le pourrait faire un grand fleuve, et par conséquent l'eau douce se précipite dans le lac salé lorsque le niveau de celui-ci s'abaisse.» Tezcuco est le lac salé. On peut encore citer les deux lagunes de San Cristobal et Zumpango.

entre et sort, ils conduisent la dicte eau par canaulx doulx, de la hauteur d'un pas. En ce lac qui enuironne la ville, les Espagnols ont fait plusieurs petites maisons [1], et lieux de plaisance, les unes sur petites rochotes, et les autres sur pilotis de bois. Quant au reste Themistitan est situé à vingt degrez de l'eleuation sur la ligne equinoctiale et à deux cens septante deux degrez de longitude. Elle fut prise de force par

Fernand Cortes

Fernand de Cortes [2], capitaine pour l'Empereur en ces païs l'an de grace mil cinq cens vingt et un, contenāt lors septante mille maisons, tant grandes

Mutueczuma.

que petites. Le palais du Roy, qui se nommoit *Mutueczuma* [3], auec ceux des Seigneurs de la cité, estoient fort beaux, grands, et spacieux. Les Indiens qui alors se tenoient en ladite cité auoient coustume de tenir

La maniere de leur traffique.

de cinq iours en cinq iours le marché [4] en place à ce dediée. Leur traffique estoit de plumes d'oyseaux [5],

[1] La plus célèbre est celle de Chapultepec On peut encore citer S. Magdalena, Tocubayo, Jesus del monte, Guadalupe, etc.

[2] La bibliographie de Fernand Cortès a eté faite avec soin dans le 3e volume des *Voyageurs anciens et Modernes* d'ED. CHARTON. P. 420-424.

[3] Montezuma et non Mutueczuma. Son palais est décrit par BERNAL DIAZ. *Conquête de la Nouvelle Espagne.* § 91, et ANTONIO DE SOLIS. *Conquête du Mexique.* T. II. § 12, 14. L'emplacement de ce palais est aujourd'hui occupé en partie par la Casa del Estado.

[4] Sur le marché de Mexico, voir B. DIAZ. § 92.

[5] Sur l'habileté des Mexicains à travailler les plumes, on peut consulter la très intéressante dissertation de FERDINAND DENIS. *De arte plumaria.* D'après PRESCOTT. *Conquête du Mexique.* (Liv. I) : « L'art qui faisait leurs délices était le plumaje ou

desquelles ils faisoiẽt varieté de belles choses : comme robes façonnées à leur mode, tapisseries, et autres choses. Et à ce estoient occupez principalement les vieux, quand ils vouloient aller adorer leur grande idole, qui estoit erigée au milieu de la ville en mode de theatre, lesquels quand ils auoiẽt pris aucun de leurs ennemis en guerre, ils le sacrifioient [1] à leurs idoles, puis le mangeoient tenans cela pour maniere de religion. Leur traffique d'auantage estoit de peaux de bestes, desquelles ils faisoiẽt robes, chausses, et une maniere de coqluches pour se garder tãt du froid, que des petites mouches fort piquantes. Les habitans

travail en plumes, dont les brillants effets rivalisaient avec les plus belles mosaïques. Le magnifique plumage des oiseaux du tropique leur offrait la plus grande variété des couleurs, et le fin duvet des oiseaux mouches, dont les bocages de chevrefeuille du Mexique attiraient des essaims, leur fournissaient des teintes d'une douceur aérienne... Aucun produit de l'industrie américaine n'excita plus d'admiration en Europe.» Cf. B. DIAZ. § 91. — ACOSTA. IV, 37. — SAHAGUN. IX, 18, 21. — CARLI. *Lettres américaines*, XXI : « Je n'ai jamais rien vu de si exquis pour le brillant et l'habile gradation des couleurs comme pour la beauté du dessin. Il n'y a pas d'artiste européen capable de faire rien de pareil. »

[1] Sur les sacrifices sanglants du Mexique dans les teocallis, consulter PRESCOTT. *Conquête du Mexique*, liv. I. — CLAVIGERO. *Stor. del Messico*. I. P. 167. — SAHAGUN. *Hist. de Nueva España*. II, 2, 5, 24. — HERRERA. *Hist. gen.* III, 2, XVI. — ACOSTA. V, 9, 21, etc. Le nombre des victimes humaines fut parfois effroyable. D'après Torquemada (*Mon. Ind.* II, 63) 72,244. — D'après Ixtlilxochitl (*Hist. des Chichimeques*) 80,400. Ce sont probablement des chiffres exagérés. Pourtant les compagnons de Cortès (Gomara) comptèrent 136,000 crânes dans un seul des teocallis de Mexico.

du iourd'huy iadis cruels et inhumains [1], par succession de temps ont changé si bien de meurs et de condition, qu'au lieu d'estre barbares et cruels, sont à present humains et gracieux, en sorte qu'ils ont laissé toutes anciennes inciuilitez, inhumanitez et mauuaises coustumes : comme de s'entretuer l'un l'autre, manger chairs humaines [2], auoir compagnie à la premiere femme qu'ils trouuoient, sans auoir aucun egard au sang et parentage, et autres semblables vices et imperfections. Leurs maisons sont magnifiquement basties [3] : entre les autres y a un fort beau palais, où les armes de la ville sont gardées : les rües [4]

[1] CH. DE LABARTE. *De l'état politique et social du Mexique avant l'arrivée des Espagnols.*

[2] Singulières exagérations : Les Mexicains immolaient mais ne dévoraient pas leurs prisonniers. Nous lisons pourtant dans BERNAL DIAZ (§ 83) que les Cholulans avaient préparé de grandes jarres pour y déposer, après les avoir salées, les chairs des Espagnols assassinés. Quant à leurs mœurs elles n'étaient ni meilleures ni pires que celles de leurs vainqueurs. L'institution du mariage était fort respectée. On avait même établi un tribunal uniquement chargé de discuter les questions qui s'y rattachaient. Le divorce ne pouvait être obtenu que par une sentence de cette cour, après une patiente audition des parties. Voir TORQUEMADA et CLAVIGERO. Ouv. cités.

[3] Les maisons de Mexico étaient presque toutes ornées de sculptures. Les fondations de la cathédrale ont été bâties avec des pierres sculptées. On ne peut creuser une cave sans déterrer quelque débris de l'art aztèque : mais on n'en fait aucun cas, et le gouvernement donne l'exemple du vandalisme. PIERRE MARTYR protestait déjà contre ces destructions systématiques. *De orbe novo*. Dec. V. § 10.

[4] Voici la description d'A. DE SOLIS (II, 12) : « Les rues de la ville étaient très larges et semblaient tirées au cordeau ; les

et places de ceste ville sont si droites que d'une porte lon peut voir en l'autre sans aucun empeschement. Bref ceste cité à present fortifiée [1] et enuironnée de rempars et fortes murailles à la façon de celles de par deça, et est une des gran || des, belles et riches, qui soient en toutes les prouinces des Indes Occidentales, comprenant depuis le destroit de Magellan, qui est au delà la ligne cinquante deux degrez iusques à la derniere terre de L'abrador, laquelle tient cinquante et un degrez de latitude deça la ligne du costé du Nort. Fol. 146.

unes, bâties sur pilotis le long de très-remarquables canaux, avaient des ponts pour le service des habitants, et les autres étaient construites le long des chaussées, en terre transportée de main d'homme. Quelques-unes avaient pour les piétons deux chaussées côtoyant les maisons. »

[1] Mexico était en effet une place de guerre redoutable. Protégée par les eaux qui l'entouraient de tous côtés, accessible seulement par trois chaussées, coupées de distance en distance, elle ressemblait à une immense forteresse. On se demande comment les Espagnols eurent l'audace de l'attaquer.

CHAPITRE LXXIV.

De la Floride Peninsule.

Puis qu'en escriuant ce discours auons fait quelque mention de ceste terre appellée Floride [1], encores qu'à nostre retour n'en soyons si pres approchez, considéré que nostre chemin ne s'adonnoit à d'escendre totalement si bas, toutefois que nous y tirames pour prendre le vent d'Est : il semble n'estre impertinent d'en reciter quelque chose, ensemble de la terre de Canada qui luy est voisine, tirant au Septentrion, estans quelques montagnes seulement entre deux. Poursuyuans donc nostre chemin de la hauteur de la mesme Espagne, à dextre pour atteindre nostre Europe, non si tost, ne si droitement que nous le desirions, trouuames la mer assez favorable. Mais, cõme de cas fortuit, ie

Mer marescageuse.

[1] La Floride comprenait alors non seulement la péninsule qui a gardé ce nom, mais encore à peu près tous les Etats Unis actuels, ou du moins ce que l'on en connaissait. D'après Garcilaso de la Vega (*Histoire de la Floride.* § II), elle a pour limites au sud le golfe du Mexique, à l'est l'Atlantique, à l'ouest le nouveau Mexique ; ses frontières du nord sont encore inconnues.

m'auisay de mettre la teste hors pour la contempler, ie la vei, tant qu'il fut possible etendre ma veue, toute couuerte d'herbes [1], et fleurs par certains endroits, les herbes presques semblables à noz geneures : qui me donna incontinent à penser que nous fussions pres de terre, consideré aussi qu'en autre endroit de la mer ie n'en auois autãt veu, toutefois ie me cõgnuz incontinent frustré de mon opinion, entendant qu'elles procedoient de la mer : et ainsi la vimes nous semée de ces herbes bien l'espace de quinze à vingt iournées. La mer en cest endroit ne porte gueres de poisson, car ces lieux semblent plus estre quelques marecages qu'autrement. Incontinent apres nous apparut autre signe et presage, d'une estoille à queüe, de Leuant au Septentrion : lesquels presages ie remets aux astrologues, et à l'experience que chacun peut auoir congnue. Apres (ce qui est encore pis) fumes agitez l'espace de neuf iours d'un vent fort contraire, iusques à la hauteur de nostre Floride. Ce lieu est une pointe de terre entrant en pleine mer bien cent lieües, vingtcinq lieües en quarré, vingtcinq degrez et demy deça la ligne, et cent lieües du cap de Baxa qui est pres de là. Lors ceste grande terre de la Floride [2] est fort dangereuse à ceux qui nauigent du costé de Catay, Canibalu, Panuco, et Themistitan : car à la voir de loin on estimeroit que ce fut une isle située en pleine mer. D'auantage est ce lieu dangereux à cause des

Estoile à queüe.

Situation de la Floride.

[1] Il s'agit de la mer des Sargasses. Voir *Bulletin de la Société de Géographie*. Décembre 1872.

[2] Il s'agit ici uniquement de la presqu'île de Floride terminée par le cap Sable ou Agi.

eaües courantes, grandes et impetueuses, vents et tempestes, qui là sont ordinaires. Quant à la terre ferme de la Floride, elle tient de la part du Leuāt la prouince de Chicoma, et les isles nommées Bahama et Lucaïa. Du costé de Ponent elle tient la neuue Espagne, laquelle se diuise en la terre que l'on nomme Anahuac, de laquelle par cy deuant avons traité. Les provinces meilleures et plus fertiles de la Floride, c'est Paunac [1], laquelle se confine à la neuue Espagne. Les gēs naturels de ce païs puissans et fort cruels, tous idolatres, lesquels quand ils ont necessité d'eau ou du soleil pour leur iardins et racines, dont ils uiuent tous les iours, se vont prosterner deuant
Fol. 147. leurs || idoles, formées en figure d'hommes ou de bestes. Au reste ce peuple est plus cauteleux et rusé au fait de guerre que ceux du Peru. Quāt ils vont en guerre, ils portent leur Roy dans une grande peau de beste, et ceux [2] qui le portent, estans quatre en nombre, sont tous vestus et garniz de riches plumages. Et s'il est question de cōbatre contre leurs ennemis, ils mettrōt leur Roy au milieu d'eux, tout vestu de fines peaux, et iamais ne partira de là, que toute la bataille ne soit finie. S'ils se sentent les plus foibles, et que le Roy face semblant de s'enfuyr, ils ne faudront de le tuer : ce qu'obseruent encore auiourd'huy les

[1] Paunac paraît correspondre au Texas et à la Louisiane d'aujourd'hui.

[2] Voir dans la collection des *Grands et petits voyages*, par DE BRY, les planches qui représentent les caciques portés en cérémonie par leurs sujets.

Perses et autres nations barbares du Leuãt. Les armes de ce peuple sont arcs, garnis de flesches faites de bois qui porte venin, piques, lesquelles en lieu de fer sont garnies par le bout d'os de bestes sauuages, ou poissons, toutefois bien aguz. Les uns mãgent leurs ennemis, quand ils les ont pris, comme ceux de l'Amérique, desquels auons parlé. Et cõbien que ce peuple soit idolatre, comme desia nous auons dit, ils croient toutesfois l'ame estre immortelle : aussi qu'il y a un lieu deputé pour les meschans, qui est une terre fort froide : et que les dieux permettent les pechez des mauuais estre punis. Ils croyent [1] aussi qu'il y a un nõbre infini d'hommes au ciel, et autant soubs la terre, et mille autres follies, qui se pourroient mieux comparer aux transformations d'Ouide, qu'à quelque chose d'où l'on puisse tirer rien mieux, que moyen de rire. D'auantage se persuadẽt ces choses estres veritables comme font les Turcs et Arabes, ce qui est escrit en leur Alcoran. Ce païs est peu fertile la part qui approche à la mer. Ce peuple y est fort agreste, plus que celuy du Peru, ne de l'Amerique, pour auoir peu esté frequẽté d'autre peuple plus civil. Ceste terre ainsi en pointe fut nommée Floride [2]

Floride pourquoy ainsi nõmée.

[1] Voir à propos des croyances religieuses des indigènes Floridiens : LAUDONNIÈRE. *Histoire notable de la Floride* (édit. Jannet.) P. 94, 100, 142. GARCILASO DE LA VEGA. *Histoire de la Floride*, chap. IV.

[2] Ce fut Juan Ponce de Léon qui découvrit la Floride en 1512, mais le pays avait été, dès 1496, entrevu par Sebastiani Gabotto. D'après la tradition on lui donna ce nom, parce qu'elle fut découverte le jour de *Pâques Fleuries*. Voir GARCILASO DE LA VEGA. *Histoire de Floride*. § II. — GAFFAREL. *Histoire de la Floride française*.

l'an mil cinq cens douze, par ceux qui la decouurirẽt premierement, pour ce qu'elle estoit toute verdoyante, et garnie de fleurs d'infinies especes et couleurs. Entre ceste Floride et la riuiere de Palme se trouuent
Toreau sauuage diuerses especes de bestes monstrueuses [1] : entre lesquels on peut voir une espece de grands taureaux, portans cornes longues seulement d'un pied, et sur le dos une tumeur ou eminence cõme un chameau : le poil long par tout le corps, duquel la couleur s'approche fort du poil d'une mule fauue, et encores plus l'est celuy qui est dessoubs le mentõ. Lon en amena une fois deux tous vifs en Espagne, de l'un desquels i'ay veu la peau et non autre chose, et n'y
Fol. 148. peu||uent viure long temps. Cest animal ainsi que lon dit, est perpetuel ennemy du cheual, et ne le peut endurer pres de luy. De la Floride tirant au promon-
Cap de Baxe. toire de Baxe [2], se trouue quelque petite riuiere, où les esclaues vont pescher huitres, qui portent perles. Or depuis que sommes venus iusques là, que de tou-
Huitres portans perles. cher la collection des huitres, ne veux oublier par quel moyen les perles en sont tirées, tant aux Indes Orientales que Occidentales, il faut noter que chacun chef de famille ayant grand troupe d'esclaues, ne sçachant en quoy mieux les employer, les enuoyent à la marine, pour pescher (comme dit est) huitres, desquelles en portans pleines hottées, chez leurs

[1] Il s'agit du bison. Thevet en a donné une représentation assez exacte dans la planche qui accompagne sa description.

[2] Le cap de Baxe ou Baixos se retrouve dans l'Atlas d'Ortelius au sud du Labrador. Il paraît correspondre au cap Whittle actuel.

maistres, les posent dans certains grands veisseaux, lesquels estãs à demy pleins d'eau, sont cause que les huitres, conservées là quelques iours, s'ouurent : et l'eau les nettoyãt laissent ces pierres ou perles dans leurs veisseaux. La forme de les en tirer est telle : ils ostent premierement les huitres du veisseau, puis font couler l'eau par un trou, soubs lequel est mis un drap ou linge, à fin qu'auec l'eau les perles qui pourroient y estre ne s'ecoulent. Quant à la figure de ces huitres, elle est moult differente des nostres, tant en couleur, que escaille, ayans chascune d'elles, certains petits trous que lon pourroit iuger auoir esté faits artificiellement, là où sont comme liées ces petites perles par le dedans. Voila ce que i'ay bien voulu vous declarer en passant. D'icelles aussi s'en trouue au Peru, et quelques autres pierres en bon nombre : mais les plus fines se trouuent à la riuiere de Palme, et à celle de Panuco, qui sont distantes l'une de l'autre trente deux lieües : mais ils n'ont liberté d'en pescher, à cause des Sauuages qui ne sont encores tous reduits, adorans les creatures celestes, et attribuant la diuinité à la respiration, cõme faisoiẽt ceux qui passerent ensemble plusieurs peuples des Scithes et Medes. Costoyans donc à senestre la Floride pour le vent qui nous fut contraire, approchasmes fort pres de Canada, et d'une autre contrée que lon appelle Baccalos, à nostre grand regret toutefois et *Pays de Baccalos* desauantage pour l'excessiue froidure, qui nous molesta l'espace de dix huit iours : combien que ceste terre de Baccalos [1] entre fort auant en pleine mer du

[1] Thevet veut parler du Labrador.

costé de Septentrion en forme de pointe, bien deux cens lieües, en distance à la ligne de quarante huit degrez seulement. *Pointe de Baccales.* Ceste pointe a esté appellée des Baccales, pour une espece de poisson, qui se trouue en la mer d'alentour, *Baccales poisson* lequel ils nomment *Baccales*, entre laquelle et le cap del Gado y a diuerses isles peuplées, difficiles toutesfois à aborder, à cause de plusieurs rochers dont *Isles de Cortes.* elles sont enuironnées : et sont nommées isles de Cortes [1]. Les autres ne les estiment isles, mais terre ferme, dependante de ceste pointe de Baccalos. *Voyage de Sebastian Babate Anglois.* Elle fut decouuerte premierement par Sebastian Babate [2] Anglois, lequel persuada au Roy d'Angleterre

[1] Les îles de Cortes correspondent sans doute à l'archipel de Terre Neuve: Quant à la pointe des Baccales, on la retrouve à l'extrémité nord de la baie de la Conception ? C'est un rocher isolé, où se rassemblent des milliers d'oiseaux aquatiques, dont les cris servent d'avertissement aux marins pendant les brouillards : aussi les gouverneurs de Terre Neuve ont-ils défendu de tuer et même d'inquiéter ces oiseaux.

[2] Sebastiani Gabotto n'était pas Anglais, mais Vénitien au service du roi d'Angleterre. De plus ce n'est pas lui qui découvrit le nord de l'Amerique. Ces régions avaient été déjà visitées, et probablement depuis fort longtemps, sans parler des Northmans, par nos Basques. C'est à un certain Jean de Echaïde qu'on attribue l'honneur de cette decouverte. Sur la septième feuille de l'Atlas de Bianco (1436) est marquée très à l'Ouest dans l'Atlantique l'île de Stokafixa, dans laquelle on a cru reconnaître le nom de Stokfish ou île des Morues. A partir de cette époque toutes les cartes portent, dans la même direction, un certain nombre d'îles designées sous le nom de Stokfish ou Bacalaos. Ce mot *Bacalaos* est justement le mot basque qui signifie morue. Il s'est perpétué jusqu'à nos jours dans les parages de Terre Neuve. Aussi bien les dénominations Basques

Henry septième, qu'il iroit aisément par là au païs de Catay, vers le Nort, et que par ce moyen trouueroit espiceries et autres choses, aussi bien que le Roy de Portugal aux Indes : ioint qu'il se proposoit d'aller au Peru et Amerique, pour peupler le païs de nouueaux habitants, et dresser là une nouuelle Angleterre. Ce qu'il n'executa : vray est qu'il mist bien trois cens hommes en terre du costé d'Irlande au Nort, où le froid fit mourir presque toute sa compagnie, encores que ce fust au moys de iuillet. Depuis Iaques Quartier [1] (ainsi que luy || mesme m'a recité) fist deux fois Fol. 149.
le voyage en ce païs là, c'est à sçauoir l'an mil cinq cens trente quatre, et mil cinq cens trente cinq.

abondent à Terre Neuve. Le nom de cap de *Raye* rappelle le basque *arraico*, qui veut dire poursuite ou approches, attendu qu'on doit en ranger les bords de très près à cause des écueils voisins. *Rognouse* rappelle *Aurongue* près Saint-Jean-de-Luzy. *Ylicillo* signifie en basque trou à mouches, *Ophorportu* vase à lait, *Portuchoa* le petit port. Il existe donc dans cette île des traces persistantes des voyages et du séjour des Basques. Cf. GOYETCHE. *Histoire pittoresque de Saint Jean de Luz.* — J. PERES. *Revue Americaine*, 2me série, t. II. — GAFFAREL. *Jean Verazzano.* (*Explorateur*, 27 janvier 1876). — DESIMONI. *Voyage de Jean Verazzano.* (Archivio Storico Italiano, 4me liv.)

1 Jacques Cartier fit au Canada non pas deux mais trois voyages. Le troisième eut lieu en 1541. La relation du premier voyage a été réimprimée en 1865 par MM. Michelant, et Ramé, et, en 1867, par M. Michelant ; celle du second en 1863 par MM. Tross et d'Avezac. Le troisième, dont la fin est perdue, n'est connu que par la traduction Italienne de Ramusio et la traduction Anglaise de Hackluyt (1600). Une traduction de cette traduction a été publiée par la Société littéraire et historique de Québec. Voir CHARTON. *Voyageurs anciens et modernes.* T. IV. P. 66-73.

CHAPITRE LXXV.

De la terre de Canada, dicte par cy deuant Baccalos, decouuerte de nostre temps et de la maniere de viure des habitans.

Voyage de Seigneur Iaques Quartier en Canada.

POUR autant que ceste contrée au Septentrion a esté decouuerte de nostre temps, par un nommé Iaques Cartier, Breton, maistre pillot et Capitaine, homme expert et entendu à la marine, et ce par le commandement du feu Roy François premier de ce nom, que Dieu absolue, ie me suis auisé d'en escrire sommairement en cest endroit, ce qu'il me semble meriter d'estre escript, combien que selon l'ordre de nostre voyage à retourner, il deuoit preceder le prochain chapitre. Qui m'a d'auantage inuité à ce faire, c'est que ie n'ay point veu homme [1], qui en aye traicté autrement, combien que la chose ne soit sans merite en mon endroit, et

[1] Pourtant la première relation du second voyage de Cartier avait été publiée dès 1545 : *Brief recit, et succincte narration de la nauigation faicte es ysles de Canada, Hochelage et Saguenay et autres...* etc. Paris. Ponce Roffet et Anthonie Leclerc, in-8° 48 ff. — On peut consulter sur les premiers ouvrages relatifs au Canada, HARRISSE. *Notes pour servir à l'histoire de la nouvelle France,* (1545-1700.)

que ie l'aye certainement appris dudit Quartier, qui en a fait la decouuerte. Ceste terre, estant presque soubs le pole Arctique zeniculaire, est iointe par l'Occident à la Floride, et aux isles du Peru, et depuis là costoye l'Ocean, vers les Baccales, dont auons parlé. Lequel lieu ie crois que ce soit le mesme que ceux qui ont fait la derniere decouuerte ont nommé Canada (comme il auient que souuent à plaisir lon nomme ce qui est hors de la congnoissance d'autruy) se confinant vers Orient, à une mer prouenant de la Glaciale ou Hyperborée : et de l'autre costé à une terre ferme, dicte Campestre de Berge, au Suest ioignant à ceste contrée. Il y a un cap appellé de Lorraine, autrement de ceux qui l'ont decouuert, Terre des Bretons [1], prochaine des Terres neuues, où se prennent auiourd'huy les morües, un espace de dix ou douze lieües, entre les deux, tenant la dicte Terre neuue à ceste haute terre, laquelle nous auons nommée Cap de Lorraine : et est assise au Nordest, une assez spacieuse et longue isle entre deux, laquelle a de circuit enuiron quatre lieües. Ladicte terre commence tout aupres dudit cap, par deuers le Su,

Situation de la terre de Canada.

Cap de Lorraine ou terre des Bretons. Pesche de mourues.

[1] Le nom de terre des Bretons attribué à cette partie de l'Amérique est fort ancien. Nous lisons dans une note adressée par Catherine de Médicis à Forquevaulx, ambassadeur de France en Espagne : « Aussi ne seroit-il raisonnable que sa maiesté Catholique voullit tellement empescher, brider et coarcter aux subiets de sa maiesté la liberté de la nauigation qu'ils ne puissent aller nauiguer et sacommoder ès autres lieux, mesme en celluy *qui a esté descouuert passé cent ans par ses subiets, et qui est dès ce temps en tesmoignage de la descouuerte faicte par les François appelée la terre et coste aux Bretons.* » 28 novembre 1565.

où se renge Est, Nordest, et Ouest, Surouest, la plus part d'icelle allant à la terre de Floride, se rĕge en forme de demy cercle, tirant à Themistitan. Or pour retourner au cap de Lorraine [1], dont nous auons parlé, il gist à la terre par deuers le Nort, laquelle est rengée par une mer Mediterranée (comme desia nous auons dit) ainsi que l'Italie entre la mer Adriatique et Ligustique [2]. Et depuis ledit cap allant à l'Ouest, Ouest et Surouest, se peut renger enuiron deux cens lieües, et tous sablons et arenes, sans aucun port ne haure. Ceste region est habitée de plusieurs gens, d'assez grande corpulence, fort malins, et portent ordinairement visage masqué, et deguisé par lineaments de rouges et pers : lesquelles couleurs ils tirent de certains fruits. Ladicte terre fut decouuerte par le dedans de ceste mer, l'an mil cinq cēs trēte cinq, par le seigneur Quartier [3], comme nous auons dit, natif de Sainct Malo. Donques outre le nombre des nauires dont il usa, pour l'execution de son voyage, auec quelques barques de soixante à quatre || vingts hommes, rengea le païs par auant incongneu, iusques à un fleuue grand et spacieux, lequel ils

Situation du cap de Lorraine.

Fol. 150.

[1] La dénomination de cap de Lorraine n'a pas été conservée. Autant qu'on peut le conjecturer à travers les incertitudes de la description de Thevet, ce cap paraît correspondre au cap Canso ou au cap Sable qui terminent la nouvelle Ecosse.

[2] Le sinus Ligusticus répond au golfe de Gênes. Thevet aurait dû nommer la mer Tyrrhénienne au lieu du golfe de Gênes.

[3] Il paraît néanmoins prouvé que Cartier avait été précédé dans ces parages par des Européens, sans doute par des Basques.

nomment l'Abaye de chaleur [1], où il se trouue de tresbon poisson et en abondance, principalemẽt des saulmons. Alors ils traffiquerent en plusieurs lieux circonuoisins, c'est à sçauoir les nostres de haches, cousteaux, hains à pescher, et autres hardes, contre peaux de cerfs, loutres, et autres sauuagines, dont ils ont abondance. Les Barbares de ce païs leur firent bien bon accueil, se monstrant bien affectionnez enuers eux, et ioyeux de telle venüe, congnoissance, et amytié pratiquée et conceue les uns auecques les autres. Apres ce fait, passans outre, trouuerent autres peuples, presque contraires aux premiers, tant en langue que maniere de viure : et disoient estre descendus du grãd fleuue de Chelogua [2], pour aller faire la guerre aux premiers voisins. Ce que puis apres le capitaine Quartier a sceu, et veritablement entendu, par eux mesmes, d'une de leurs barques, qu'il prit auec sept hommes [3] : dont il retint deux, qu'il amena en France au Roy : lesquels il ramena à sa seconde

Abbaye de chaleur, fleuue.

Chelogua, fleuue.

[1] Voici le passage de la relation de Cartier (D'après CHARTON. *Voyageurs anciens et modernes.* IV, 17) : « Le pays est plus chaud que n'est l'Espagne, et le plus beau qu'il est possible de voir, tout égal et uni, et il n'y a lieu si petit où il n'y ait des arbres... Il y a grande abondance de saumons : nous appelâmes ce golfe, golfe de la Chaleur. » Le nom s'est conservé : La baie des Chaleurs.

[2] Cartier n'a jamais désigné ce fleuve que sous le nom de Hochelagua.

[3] La relation de Cartier ne mentionne que cinq hommes. Quant aux deux Canadiens qui partirent avec Cartier, et revinrent à son second voyage, ils se nommaient Taiguragui et Domagaya. Ils lui rendirent de grands services.

nauigation : et les ayans de rechef amenez, ont pris le Christianisme, et sont ainsi decedez en France. Et n'a oncques esté entendue la maniere de viure de ces premiers Barbares, ne de ce qu'il y a en leur païs et region, pour ce qu'elle n'a esté hantée ne autrement traffiquée.

CHAPITRE LXXVI.

D'une autre contrée de Canada.

Autre region de Canada decouuerte par Ia. Quartier.

QUANT à l'autre partie de ceste region de Canada, où se tiennent et frequentent les derniers Sauuages, elle a esté depuis decouuerte entre ledit fleuue de Chelogua, plus de trois à quatre cens lieües par ledit Quartier, auecques le cõmandement du Roy : où il a trouué le païs fort peuplé, tant en sa seconde que premiere nauigation.

Mœurs amiables de ces Canadiẽs.

Le peuple est autant obeissant et amiable qu'il est possible, et aussi familier, que si de tout temps eussent esté nourris ensemble, sans aucun signe de mauuais vouloir, ne autre rigueur. Et ilec fist ledit

Quartier quelque petit fort et bastiment pour hyuerner luy et les siens, ensemble pour se defendre contre l'iniure de l'air tant froid et rigoureux. Il fut assez bien traité pour le païs et la saison : car les habitans lui amenoient par chacun iour leurs barques chargées de poisson, cõme anguilles, lamproyes et autres : pareillement de chairs sauuages, dont ils en prennent bonne quantité. Aussi sont ils grands veneurs, soit esté ou hyuer, auecques engins ou autremẽt. Ils usent d'une maniere de raquettes [1] tissues de cordes en façon de crible, de deux piés et demy de long, et un pié de large, tout ainsi que vous represente la figure cy apres mise. Ils les portent soubs les pieds au froid et à la neige, specialement quand ils vont chasser aux bestes sauuages, à fin de n'enfoncer point dans les neiges, à la poursuite de leur chasse. Ce peuple se reuest de peaux de cerfs, couroyées et accommodées à leur mode. || Pour prendre ces bestes [2], ils

Maniere de raquettes.

Usage de ces raquettes.

Fol. 151.

[1] Cf. Second voyage de CARTIER. § XII. — THEVET. *Cosmographie universelle*. P. 1011. — LESCARBOT. VI, 21.

[2] N. PERROT (P. 53, 4) raconte ainsi la chasse aux caribous ou cerfs : « On environne d'abord les savanes d'arbres et de perches, de distance en distance, où se tendent des lacets de peau crüe qui ferment un petit passage laissé à dessein. Quand tous ces piéges sont une fois dressez, on s'éloigne en marchant de front et faisant continuellement de grands cris ; ce bruit extraordinaire les épouvante et les met en fuite de tous costés ne sçachant plus où aller, ils viennent rencontrer cest embarras qui leur a esté préparé, et ne le pouvant franchir, ils sont contraints de le suivre pour se rendre dans le passage, où sont tendus les lacets à nœuds coulants, qui les saisissent par le col. » Cf. CHAMPLAIN (P. 266). — CHARLEVOIX. *Hist. de la Nouvelle France*. T. III. P. 128, 129.

Comme ces Canadiens chassēt le cerf et autres bestes sauuages.

s'assembleront dix ou douze armés de longues lances ou piques grandes de quinze à seze pieds, garnies par le bout de quelque os de cerf ou autre beste, d'un pié de long ou plus, au lieu de fer, portans arcs et fleches garnies de mesme : puis par les neiges qui leur sont familieres toute l'année, suyuans les cerfs au trac par lesdites neiges assez profondes, descouurent la voye, laquelle estāt ainsi decouuerte, vous y planteront branches de cedre qui verdoyent en tout temps, et ce en forme de rets, sous lesquelles ils se cachent armez en ceste maniere. Et incontinent que le cerf attiré pour le plaisir de ceste verdure et chemin frayé s'y achemine, ils se iettent dessus à coups de piques et de fleches, tellement qu'ils le contraindront de quitter la voye, et entrer es profondes neiges, voire iusques au ventre, où ne pouuant aisément cheminer, est attaint de coups iusques à la mort. Il sera escorché sur le champ, et mis en pieces, l'enuelopperont en sa peau, et traineront par les neiges iusques en leurs maisons. Et ainsi les apportoient iusques au fort des François, chair et peau, mais pour autre chose en recompense, c'est à sçauoir quelques petits ferremens et autres choses. Aussi ne veux omettre cecy qui est singulier, que quād lesdits Sauuages sont malades de fieure ou persecutez d'autre maladie interieure, ils prennent des fueilles d'un arbre [1] qui est fort semblable aux cedres, qui se trou-

Bruuage souuerain dont ils usent en leurs maladies.

[1] L'arbre dont il est question paraît être le sapin du Canada (Abies Canadensis), doué de propriétés antiscorbutiques. On a encore émis l'opinion que ce pourrait être l'épine vinette qui a

uent autour de la montagne de Tarare, qui est au Lyonnois : et en font du ius, lequel ils boiuent. Et ne faut doubter que dans vingt quatre heures il n'y a si forte maladie, tant soit elle inueterée dedans le corps, que ce breuuage ne guerisse : comme souuentes fois les Chrestiens ont experimenté, et en ont apporté de la plante par deça.

CHAPITRE LXXVII.

La Religion et maniere de viure de ces pauures Canadiens, et comme ils resistent au froid.

Ce peuple en sa maniere de viure et gouuernement, approche assez de la loy de nature. Leur mariage [1] est, qu'un homme prendra deux ou trois femmes sans autre solennité, comme

Mariages des Canadiēs.

des propriétés analogues. D'après la relation de Cartier tous ses hommes, qui étaient malades du scorbut, furent guéris par la décoction des feuilles de cet arbre nommé *aneoda.*

1 SAGARD (*Histoire du Canada.* § 17) reconnaît que le concubinage est fréquent au Canada, et il en donne une singulière

les Ameriques, desquels auons ia parlé. De leur religion, ils ne tiennent aucune methode ne ceremonie de reuerer ou prier Dieu, sinon qu'ils contemplent
Fol. 145. *Osannaha.* le nouueau crois||sant, appelé en leur lãgue *Osannaha*, disans que *Andouagni* l'appelle ainsi, puis l'enuoye peu à peu, qu'elle auance et retarde les eaux. Au reste, ils croyẽt tresbien qu'il y a un Createur plus grãd que le Soleil, la Lune, ne les Estoilles, et qui tient tout en sa puissance : et est celuy qu'ils appellẽt *Andouagni* [1], sans auoir toutefois forme, ne aucune
Andouagni, dieu des Canadiens. methode de le prier : combien qu'en aucune region de Canada ils adorent des idoles [2], et en aurõt aucunefois de telles en leurs loges, quarãte ou cinquante, comme veritablement m'a recité un pillot Portugais, lequel visita deux ou trois villages, et les loges où

excuse : « Les ieunes hommes qui ne se veulent point marier, ni obliger à une femme, tiennent ordinairement des filles à pot et à feu, qui leur seruent en la mesme maniere que s'ils en estoient les marys, il n'y a que le seul nom de différence, car ils ne les appellent point Atenouha femme, ains Asqua, compagne ou concubine... sans ceste licence de chercher amis, ie croy que beaucoup de filles resteroient vierges et sans marys, pour estre le nombre plus grand que celuy des hommes à mon advis: il en est de mesme en France, où les guerres consomment une infinité d'hommes. » Cf. LESCARBOT. *Histoire de la Nouvelle France.* VI. 13.

1 Le nom de cette divinité supérieure variait : tantôt Cudoüagni, tantôt Youskeka. Voir SAGARD. Ouv. cité. § 30. — LESCARBOT. VI, 5. — CHAMPLAIN. III, II.

2 Lescarbot affirme pourtant (VI, 5) que les Canadiens n'ont pas d'idoles : « Ie ne trouve sinon les Virginiens qui facent quelque service divin. Ils représentent leurs Dieux en forme d'hommes, lesquels ils appellent *Kewasowok.* »

habitoient ceux du païs. Ils croyent [1] que l'ame est immortelle, et que si un homme verse mal, apres la mort un grãd oyseau prend son ame, et l'emporte : si au contraire, l'ame s'en va en un lieu decoré de plusieurs beaux arbres, et oyseaux chantans melodieusement. Ce que nous a fait entendre le Seigneur du païs de Canada, nommé *Donacona* [2] *Aguanna*, qui est mort en France bon chrestien, parlant François, pour y auoir esté nourry quatre ans. Et pour euiter prolixité en l'histoire de noz Canadiẽs, vous noterez que les pauures gens uniuersellement sont affligez d'une froideur perpétuelle, pour l'absence de Soleil, comme pouuez entendre. Ils habitent par villages et

Opinion des Canadiens de l'immortalité de l'ame.

Donacona Aguaña, Roy de Canada.

Froideur extreme du païs de Canada.

[1] Nous lisons dans la relation de Cartier : « Ils croyent aussi quand ils trepassent qu'ils vont ès estoiles : puis vont en beaux champs verds, pleins de beaux arbres et fruits somptueux. » Champlain retrouvait la même croyance (§ v, P. 127) : « Ils croyent l'immortalité des âmes, et disent qu'ils vont se resjouir en d'autres pays avec leurs parents et amis qui sont morts. » Perrot (P. 40). « Tous les sauvages qui ne sont pas convertis croyent l'âme immortelle, mais ils prétendent qu'en se séparant du corps, elle va dans un beau pays de campagne, où il ne fait ni froid ni chaud, et que l'air y est agréablement tempéré. » Chaque découverte de peuplades nouvelles n'a fait que rendre cette vérité plus incontestable. Cf. Lallemand. *Relations* de 1626, 3 et 4. — *Relations* de 1634 (iv, 16), 1636 (ii, 104-107) 1637 (xi, 52), 1639 (x, 43). — *Lettres édifiantes* (vii, 11 et 12) etc. Sagard. *Hist. du Canada.* P. 454, 457, 459, 473, 587.

[2] Donnacona fut en effet enlevé par Cartier (2e relation, § 20). Pour excuser cet enlèvement, on allègue que Cartier céda au désir de le convertir au christianisme, et de lui donner une idée de notre civilisation afin de hâter celle du Canada. Il lui avait bien promis de le ramener, mais ne put tenir sa promesse, car

Loges des Canadiens.

hameaux en certaines maisons [1], faites à la façon d'un demy cercle, en grandeur de vingt à trente pas, et dix de largeur, couuertes d'ecorces d'arbres, les autres de ioncs marins. Et Dieu sçait si le froid les penetre tant mal basties, mal couuertes, et mal appuyées tellement que bien souuent les piliers et cheurons flechissent et tombent pour la pesanteur de la neige estant dessus. Nonobstãt ceste froidure tant excessiue, ils sont puissans et belliqueux, insatiables de trauail. Semblablement sont tous ces peuples septentrionaux ainsi courageux, les uns plus, les autres moins, tout ainsi que les autres tirans vers l'autre pole, specialement vers les tropiques et equinoctial sont tout au contraire : pour ce que la chaleur si vehemente de l'air leur tire dehors la chaleur naturelle, et la dissipe : et par ainsi sont chaulds seulement par dehors, et froids en dedans. Les autres ont la chaleur naturelle serrée et contrainte dedans par le froid extérieur, qui les rend ainsi robustes et vail-

Peuples du Septentrion pourquoy plus courageux que es Meridionaux

Donnacona mourut en France moins de deux ans après y être arrivé. Trois sauvages qui survécurent seuls furent baptisés le 22 mars 1538 à Notre-Dame de Saint Malo. Cartier servit de parrain à l'un des trois.

[1] Sur la construction de ces cabanes, lire la curieuse description de Sagard (Ouv. cité. § 13), qui d'ailleurs ne paraît les apprécier que médiocrement : « Ie ne sçay si lon pourroit assez exagérer la peine et les incommoditez que lon souffre dedans ces chétifs palais, où l'on experimente parfois les deux extremitez; un extreme chaud tel que l'on est à demy rosty, ou un extreme froid tel que l'on est à demy glacé, et puis des chiens vous importunent sans cesse pour auoir place près de vous, mais la fumée selon les vents en est insupportable. »

lans : car la force et faculté de toutes les parties du corps dépend de ceste naturelle chaleur [1]. La mer alentour de ce païs est donc glacée tirant au Nort, et ce pour estre trop elongnée du Soleil lequel d'Orient en Occident passe par le milieu de l'uniuers, obliquement toutefois. Et de tant plus que la chaleur naturelle est grande, d'autant mieux se fait la concoction et digestion des viandes dans l'estomac : l'appetit aussi en est plus grand. Ainsi ce peuple de septentrion mange beaucoup plus que ceux de la part opposite : qui est cause que bien souuent en ce Canada y a famine, ioint que leurs racines et autres fruits desquels se doiuent sustenter et nourrir toute l'année, sont gelez, leurs riuieres pareillement, l'espace de trois ou quatre moys. Nous auons dit qu'ils couurent leurs maisons d'ecorces de bois, aussi en font-ils barques, pour pescher en eau douce et salée. Ceux du païs de Labrador, leurs voisins [2] (qui furent decouuers par les Espagnols, pensans de ce costé trouuer un destroit pour aller aux isles des Moluques,

Mer glaciale.

Famine frequète en Canada, et pourquoy.

Païs de Laborador decouuert par les Espagnols.

[1] Ces remarques sont fort justes : MONTESQUIEU les développera plus tard dans l'*Esprit des Lois*. Il est certain que les peuples du Nord sont en général plus braves que ceux du midi. Il est également prouvé qu'ils absorbent une quantité d'aliments bien plus considérable. Plus on s'avance dans le nord, plus cette faculté d'inglutition est prodigieuse.

[2] Ce ne furent pas les Espagnols mais les Portùgais qui découvrirent le Labrador, et ils ne l'aperçurent avec Gaspard Cortereal qu'en 1501. Sebastiani Gabotto, qui voyageait alors au compte de l'Angleterre, l'avait déjà entrevu en 1497, et il est très probable que nos pêcheurs basques et bretons le connaissaient depuis bien plus longtemps.

où sont les espiceries) sont pareillement subiets à ces froidures, et couurent leurs logettes de peaux de poissons, et de bestes sauuages, comme aussi plu-
Fol. 153. sieurs autres Ca||nadiens. D'auantage lesdits Canadiẽs habitẽt en cõmunité [1], ainsi que les Ameriques, et là trauaille chacun selon ce qu'il sçait faire. Aucuns font pots de terre, les autres plats, escuelles et cuillers de boys : les autres arcs et fleches, paniers, quelques autres habillemẽs de peau, dõt ils se couurent contre le froid. Les femmes labourent la terre [2], et la remuent auec certains instrumens faits de lõgues pierres et semẽt les grains, du mil specialemẽt, gros cõme pois, et de diuerses couleurs, ainsi que l'õ plãte les legumes par deça. La tige croist en façõ de cãnes à sucre, portãt trois ou quatre espis, dõt y en a tousiours un plus grãd que les autres, de la façon de nos artichaux. Ils plãtent aussi des feues plates, et

Cõmunité de vie entre les Canadiẽs.

Maniere de labourer la terre.

Mil legume.

Febues blãches.

[1] SAGARD (Ouv. cité. § XI) : « En une cabane il y a plusieurs feux, et à chaque feu il y a deux mesnages, l'un d'un costé, et l'autre de l'autre, et cette cabane aura iusqu'à 8, 10 ou 12 feux qui font 24 mesnages, et les autres moins, selon qu'elles sont fort longues ou petites. »

[2] C'étaient encore les usages de la période connue sous le nom d'âge de pierre : Les Canadiens pourtant avaient aussi d'autres instruments : D'après SAGARD (Ouv. cité. § 14) : « Ils défrichent avec grand peine et travail pour n'avoir des instruments propres et commodes, car ils n'ont pour tous outils que la hache et la petite pesle de bois, faicte comme une oreille, attachée par le mollet au bout d'une manche. » LESCARBOT (Ouv. cité. § 24) : « Tous ces peuples cultivent la terre avec un croc de bois, nettoient les mauvaises herbes et les brûlent, puis assemblent leur terre en petites mottes éloignées l'une de l'autre de deux piez, etc. »

blãches cõme neige, lesquelles sont fort bõnes. Il s'en trouue de·ceste espece en l'Amerique et au Peru. Il y a d'auãtage force citrouilles et coucourdes, lesquelles ils mangent cuites à la braise, cõme nous faisons les poires de par deça. Il y a en outre une petite graine fort menue, ressemblãt à la graine de Mariolaine, qui produist une herbe assez grãde. Ceste herbe est merueilleusement estimée [1], aussi la font ils secher au

Citrouilles, et cõme ils en usent.

Espece d'herbe.

[1] Voir plus haut § XXXII. Cette herbe, déjà signalée par Colomb et par Cartier n'est autre que le tabac. Second voyage, § X. « Ils font poudre de ladite herbe, et la mettent à l'un des bouts dudit cornet, puis ils mettent un charbon de feu dessus et soufflent par l'autre bout, tant qu'ils s'emplissent le corps de fumée, tellement qu'elle leur sort par la bouche et les narines comme par un tuyau de cheminée... Nous avons experimenté ladite fumée, après laquelle auoir mis dans notre bouche, il semble y auoir de la poudre de poivre, tant elle est chaude. Les Canadiens l'avaient en haute estime. LESCARBOT. (*Nouvelle France.* § 24) rapporte que « noz sauuages font aussi grand labourage de *petun*, chose tres pretieuse entre eux et parmi tous ces peuples universelement. Apres qu'ils ont cuilli ceste herbe, ils la mettent secher à l'ombre et ont certains sachets de cuir pendus à leur col ou ceinture, dans lesquels ils en ont tousiours, et quant et quant un calumet ou petunoir, qui est un cornet troué par le côté, et dans le trou ils fichent un long tuyau duquel ils tirent la fumée... Et nos François qui les ont hanté sont pour la pluspart tellement affolez de ceste yvrongnerie de petun qu'ils ne s'en sçauroient passer non plus que du boire et du manger, et à cela depensent de bon argent, car le bon petun qui vient du Brésil coute quelquefois un écu la liure. Cf. SAGARD. P. 182, 222, 228, 747 et surtout 604. « Ie croy que le createur a donné aux Hurons le tabac ou petun, qu'ils appellent hoüanhoüan, comme une manne necessaire pour ayder à passer leur miserable vie, car outre qu'elle leur est d'un goust excellentis-

Soleil, apres en auoir fait grãd amas : et la portẽt à leur col ordinairemẽt en de petits sachets de peaux, de quelque beste auec une maniere de cornet persé, où ils mettẽt un bout de ceste herbe ainsi sechée : laquelle ayans frottée entre leurs maïs, y mettent le feu, et en reçoiuent la fumée par la bouche par l'autre bout du cornet. Et en prennẽt en telle quãtité, qu'elle sort par les yeux et par le nez : et se perfumẽt ainsi à toutes heures du iour. Noz Ameriques ont une autre maniere de se perfumer, cõme nous auons dit cy deuant.

Usage de ceste herbe en parfuns.

CHAPITRE LXXVIII.

Des habillemens des Canadiens, comme ils portent cheueux, et du traitement de leurs petis enfans.

Vestemens des Canadiens.

LES Canadiens trop mieux apris que les habitans de l'Amerique, se sçauent fort bien couurir de peaux des bestes sauuages, auecques leur poil, acoustrées à leur mode, ainsi que desia nous

sime, elle leur amortit la faim, et leur faict passer un long temps sans auoir necessité de manger : et de plus elle les fortifie comme à nous le vin, car quand ils se sentent foibles, ils prennent un bout de petun et les voyla gaillards. »

auons touché, parauanture contrains pour le froid, et non autrement : laquelle occasion ne s'est presentée aux autres, qui les a fait demeurer ainsi nuds, sans aucune vergogne l'un de l'autre. Combien que ceux cy, i'entens les hommes, ne sont totalement vestuz, sinon enueloppez d'une peau pelüe [1], en façõ d'un dauanteau, pour couurir le deuant et parties honteuses : le faisans passer entremy les iambes, fermées à boutons sur les deux cuisses : puis ils se ceignent d'une large ceinture, qui leur affermist tout le corps, bras et iambes nues : hormis que par sus le tout ils portent un grand manteau de peaux cousües ensemble, si bien accoustrées, cõme si le plus habile peletier y auoit mis la main. Les manteaux sont faits, les uns de loutre, ours, martres, panteres, renards, lieures, rats, connins et autres peaux, courayées auecques le poil : qui a dõné argument, à mon aduis, à plusieurs ignorans de dire que les Sauuages estoyent velus. Aucuns ont escript [2] que Hercules de Lybie venant en France, trouua le peuple viuant presque à la maniere des

[1] Lescarbot. *Nouvelle France.* VI, 9 : « Ils se couvrent d'une peau attachée par devant à une courroye de cuir, laquelle passant entre les fesses, va reprendre l'autre côté de ladite courroye par derriere. Et pour ce qui est du reste de leur vêtement, ils ont un manteau sur le dos fait de plusieurs peaux, si elles sont de loutres ou de castors, et d'une seule peau, si c'est de cuir d'ellan, ours, ou loup-cervier, lequel manteau est attaché auec une laniere de cuir par en haut, et mettent le plus souvent un bras dehors : mais estans en leurs cabanes, ils le mettent bas, s'il ne fait trop froid. Et ne le scauroy mieux comparer qu'aux peintures que l'on fait de Hercule. »

[2] Diodore IV, 19.

Sauuages, qui sont tant aux Indes de Leuãt, qu'en l'Amerique, sans nulle ciuilité : et alloyent les hommes et femmes presque || tous nuds: les autres estoyent vestus de peaux de diuerses especes de bestes. Aussi a esté la premiere cõdition du genre humain, estant au commencement rude, et mal poly : iusques à ce que par succesion de temps, necessité a contraint les hommes d'inuenter plusieurs choses, pour la conseruation et maintien de leur vie. Encores font en ceste rude inciuilité ces pauures Sauuages admirans nostre vestement, de quelle matiere et comment il est ainsi basti iusques à demander quels arbres portoyent ceste matiere, comme il m'a esté proposé en l'Amerique : estimans la laine croistre es arbre comme leur cotton. L'usage de laquelle a esté par long temps ignoré, et fut inuenté, comme veulent plusieurs, par les Atheniens, et mise en œuure. Les autres [1] l'ont attribué à Pallas, pour ce que les laines estoyent en usage auant les Atheniens, que leur ville fust bastie. Voilà pourquoy les Atheniens l'ont merueilleusement honorée, et eue en grande reuerence, pour auoir receu d'elle ce grand benefice. Et par ainsi est vraysemblable que lesdits Atheniens et autres peuples de la Grece, se vestoient de peaux, à la maniere de noz Canadiens : et à la similitude du premier homme, comme tesmoigne Saint Hierome, laissant exemple à sa postérité d'en user ainsi, et non aller tous nuds. En quoy ne pouuons assez louer et recongnoistre Dieu, lequel par singuliere affection, sur toutes les autres parties du monde, auroit uniquement fauorisé à nostre Eu-

Fol. 154.

Usage de la laine par qui inuenté.

[1] PLINE. *Hist. nat.* VII, 57.

rope. Reste à parler comme ils portent les cheueux, c'est à sçauoir autrement que les Ameriques. Tant hommes que femmes [1] portent les cheueux noirs, fort longs, et y a ceste difference seulement, que les hommes ont les cheueux troussez sur la teste, comme une queüe de cheual, auec cheuilles de bois à trauers : et là dessus une peau de tygre, d'ours, ou autres bestes : tellement qu'à les voir accoustrez en telle sorte, lon les iugeroit ainsi deguisez vouloir entrer en un theatre, ressemblans mieux aux portraits d'Hercules, que faisoient pour recreation les anciens Romains, et comme nous le peignons encores auiourd'huy, qu'à autre chose. Les autres se ceignent et enueloppent la teste de martres zebelines, ainsi appelées du nom de la religion [2] située au Nort, où cest animal est frequent : lesquelles nous estimons precieuses par deça pour la rarité, et pour ce telles peaux sont reseruées pour l'ornement des Princes et grands Seigneurs, ayans la beauté coniointe auec la rarité. Les hommes ne portent aucune barbe [3], nõ plus que

Maniere des Canadiēs à porter leurs cheueux.

Martres Zebelines.

[1] LESCARBOT. VI, 9. « Quant à ce qui est de l'habillement de tête, nul des Sauuages n'en porte : ains portent les cheueux battans sur les épaules tant hommes que femmes sans estre nouez, ny attachez sinon que les hommes en lient un trousseau au sommet de la teste de la longueur de quatre doits, auec une bende de cuir : ce qu'ils laissent pendre par derriere... Pour euiter l'empechement que cela leur apporteroit, ils les troussent comme noz palfreniers font la queüe d'un cheual, et y fichent les hommes quelque plume qui leur aggrée, et les femmes une aiguille à trois pointes. »

[2] *Sic* pour region.

[3] Nous lisons dans LESCARBOT. *Nouvelle France.* VI, 10. « La

ceux du Bresil, pour ce qu'ils l'arrachent selõ qu'elle
Habillemens des femmes de Canada. pullule. Quãt aux femmes, elles s'habillẽt de peaux de cerfs preparées à leur mode, qui est tres bõne et meilleure que celle qu'on tient en France, sans en perdre un poil seul. Et ainsi enueloppées [1] se serrent tout le corps d'une ceinture lõgue, à trois ou quatre tours par le corps, ayans tousiours un bras et une mammelle hors de ceste peau, attachée sur l'une des espaules, comme une escharpe de pelerin. Pour cõtinuer nostre propos, les femmes de Canada portent chausses de cuir tanné, et fort bien labouré à leur mode, enrichi de quelque teinture faite d'herbes et fruits, ou bien de quelque terre de couleur, dont il y a plusieurs especes. Le soulier est de mesme matiere
Mariage des Canadiens. et cadeleure. Ils obseruent le mariage auec toute foy [2] fuyans adultere sur tout : vray est que chascun a
Agahanna. deux ou trois femmes, cõme desia nous auons dit
Fol. 155. en un autre lieu. Le Seigneur du païs nom || mé *Aga-*

barbe du menton leur est noire comme les cheveux. Ils en ostent toute la cause productiue, exceptez les Sagamoz, lesquelz pour la pluspart n'en ont qu'un petit... Pour ce qui est des parties inférieures, noz sauuages n'empechent point que le poil n'y vienne et prenne accroissement. On dit que les femmes y en ont aussi, et comme elles sont curieuses, quelques uns de noz gens leur ont fait à croire que celles de France ont de la barbe au menton. »

[1] Id. § 9. « Quant aux femmes, elles ont une ceinture par dessus la peau qu'elles ont velüe, et ressemblent (sans comparaison) aux peintures de Saint Iean Baptiste. Mais en hiver, ils font de bonnes manches de castor attachées par derrière qui les tiennent bien chaudement. »

[2] Voir plus haut, § LXXVII.

hanna [1], en peut auoir autant que bon lui semble. Les filles ne sont desestimées pour auoir seruy à quelques ieunes hommes [2] auãt qu'estre mariées ainsi qu'en l'Amerique. Et pource ont certaines loges en leur village, où ils se rencontrent, et communiquẽt les hommes auec les femmes, separez d'auec les ieunes gens, fils et filles. Les femmes vefues [3] ne se remarient iamais en quelque nombre qu'elles soient apres la mort de leur mary : ains viuent en dueil le reste de leur vie, ayans le visage tout noircy de charbon puluerisé auec huyle de poisson : les cheueux tousiours espars sur le visage, sans estre liez ne troussez par derriere, comme portent les autres : et se maintiennent ainsi iusques à la mort. Quant au traitement de leurs petis enfans [4], ils les lient et enue-

Viduité fort honorée par les femmes de Canada.

Cõme elles traitẽt leurs petis enfans.

[1] C'était le nom d'un des roitelets du pays lors du second voyage de Cartier, mais ce ne fut jamais un titre.

[2] Lescarbot. vi, 13 : « Ils ont une autre coutume fort mauvaise de leurs filles. Car depuis qu'elles sont d'âge d'aller à l'homme, elles sont toutes mises en une maison de bordeau, abandonnées à tout le monde qui en veut, iusques à ce qu'elles ayent trouué leur parti : et tout ce auons veu par experience. »

[3] On lit en effet dans Cartier : « Depuis que le mari est mort, iamais les femmes ne se remarient, ains font le dueil de ladite mort toute leur vie, et se teindent le visage de charbon pilé et de graisse de l'espesseur d'un couteau, et à cela conoit on qu'elles sont vefues » Pourtant ces usages ne se conservèrent pas toujours au Canada. Nous lisons en effet dans N. Perrot. P. 26 : « Si le mary vient à mourir, la femme ne se *peut remarier* qu'à celuy qui sera au gré de sa belle-mère, après deux années de deuil, qu'elle observe en se coupant les cheveux, etc. »

[4] N. Perrot. P. 31 : « Cet enfant a pour berceau une planche fort mince qui est ornée vers la teste de rassades ou de grelots,

loppent en quatre ou cinq peaux de martres cousues ensemble : puis les vous attachent et garrotent sur une planche ou ais de bois persée à l'endroit du derriere, en sorte qu'il a tousiours ouuerture libre, et entre les iambes comme un petit entonnoir, ou gouttiere faite d'ecorce mollette, ou ils font leur eau sans toucher ne coïnquiner leur corps, soit deuãt ou derriere, ne les peaux où ils sont enueloppez. Si ce peuple estoit plus prochain de la Turquie, i'estimerois qu'ils auroient appris cela des Turcs : ou au cõtraire auoir enseigné les autres. Non pas que ie vueille dire que ces Sauuages estimẽt estre pesché, que leurs enfants se mouillent de leur propre urine, comme ceste nation superstiteuse de Turquie : mais plus tost comme une ciuilité qu'ils ont par dessus les autres. Parce que lon peut estimer combien ces pauures brutaux les surpassent en honnesteté. Ils vous plantent ceste planche auecques l'enfant par l'extremité inferieure, pointue en terre, et demeure ainsi l'enfant debout pour dormir, la teste pendant en bas.

Superstition des Turcs.

ou bien de ronds ou de canons de porcelaines. » — SAGARD. § XIX : « Lorsque l'enfant est emmaillotté sur sa petite planchette, ordinairement enioliuée de matachias et chappelets de pourceleine, ils luy laissent une ouuerture, deuant la nature, par où il faict son eau, et si c'est une fille, ils y adioustent une fueille de blé d'Inde renuersée, qui sert à porter l'eau dehors, sans que l'enfant soit gasté de ses eaües, ny salle de ce costé là. »

CHAPITRE LXXIX.

La maniere de leur guerre.

COMME ce peuple semble auoir presque mesmes meurs que les autres Barbares sauuages, aussi apres eux .ne se trouue autre plus prōpt et coustumier de faire guerre l'cōtre l'un autre, et qui approche plus de leur maniere de guerre, aucunes choses exceptées. Les Tontaniens, les Guadalpes, et Chicorins font guerre ordinaire contre les Canadiens, et autres peuples diuers, qui descendent de ce grand fleuue d'Ochelagua [1] et Saguené. Lesquelles riuieres sont merueilleusement belles et grandes, portans tresbons poissons et en grande quantité : aussi par icelles peut on entrer bien trois cens lieues en païs, et es terres de leurs ennemis auec petites barques, sans pouuoir user de plus grands vaisseaux pour le danger des rochers [2]. Et disent les anciens

Canadiens peuple belliqueux.

Tontaniens ennemis de ceux de Canada.

Ochelagua et Saguené fleuues de Canada.

[1] L'Hochelagua correspond au Saint-Laurent. Le Saguenay a conservé son nom. Le premier de ces cours d'eau est navigable pour les plus grands vaisseaux jusqu'à Québec, à 150 lieues de son embouchure, pour les navires de 600 tonneaux jusqu'à Montréal à 60 autres lieues. Quant au Saguenay, on peut le remonter jusqu'au lac Saint-Jean, auquel il sert de déversoir.

[2] Allusion aux Sauts, assez fréquents sur le Saint-Laurent, (Cascades, Saint-Louis, Long Saut, Sainte-Marie, La Chine.)

du païs, que qui voudroit suyure ces deux riuieres, qu'en peu de Lunes, qui est leur maniere de nombrer le temps, lon trouueroit diuersité de peuples, et abondance d'or et d'argent. Outre que ces deux fleuues separez l'un de l'autre, se trouuent et ioignent ensemble en certain endroit, tout ainsi que le Rhosne et la Saone à Lyon : et ainsi assemblez se rendent bien auant dans la nouuelle Espagne : car ils sont confins l'un à l'autre [1], comme la France et l'Italie.

Preparatiue de guerre des Canadiens. Fol. 156.

Et pour ce quãd il est question de guerre [2] en Canada, leur grand *Agahanna*, qui vaut autant à dire que Roy ou Signeur, commande aux || autres Seigneurs de son obeissance, ainsi que chacun village à son superieur, qu'ils se deliberent de venir et trouuer par deuers luy en bon et suffisant equipage de gens, viures et autres munitiõs, ainsi que leur coustume est de faire. Lesquels incontinent chacun en son

[1] Géographie fantastique : Inutile de faire remarquer que le Saguenay et le Saint-Laurent ne se joignent qu'à leur confluent, et qu'ils n'ont jamais arrosé la Nouvelle Espagne ou Mexique.

[2] THEVET dans sa *Cosmographie universelle*, a longuement raconté ces guerres Canadiennes. Il a même ajouté de curieux détails à ceux qu'il donne ici. LESCARBOT (VI, 25) a consacré tout un chapitre à la guerre. « Auant que partir, les nôtres ont la coutume de faire un fort, dans lequel se met toute la ieunesse de l'armée ; où estans, les femmes les viennent enuironner et tenir comme assiegés. Se voyans ainsi enueloppés, ils font des sorties pour euader et se liberer de prison. Les femmes qui sont au guet les repoussent, les arrêtent, font leur effort de les prendre. Et s'ils sont pris, elles chargent dessus, les battent, les dépouillent, et d'un tel succès, prennent bon augure de la guerre qui se va mener. S'ils eschappent, c'est mauuais presage.

endroit, se mettent en effort et deuoir d'obeir au commandement de leurs Seigneurs, sans en rien y faillir, ou aller au contraire. Et ainsi s'en viennent sur l'eau, auec leurs petites barquettes, longues, et larges bien peu, faites d'escore de bois, ainsi qu'en l'Amerique et autres lieux circonuoisins. Puis l'assemblée faite, s'en vont chercher leurs ennemis : et lors qu'ils sçauent les deuoir rencontrer, se mettront en si bon ordre pour combatre et donner assaut qu'il est possible, auec infinité de ruses et stratagemes, selon leur mode. Les attendans se fortifient leurs loges et cabanes,

Stratageme de guerre usité des Canadiens.

auec quelques pieces de bois, fagots, ramages, engressez de certaine gresse de loup marin, ou autre poisson :

et ce à fin qu'ils empoisonnent leurs ennemis s'ils approchent, mettans le feu dedans, dont il en sort une fumée grosse et noire, et dangereuse à sentir pour la puanteur tant excessiue, qu'elle fait mourir ceux qui la sentent : outre ce qu'elle aueugle les ennemis, qu'ils ne se peuuent voir l'un l'autre. Et vous sçauent adresser et disposer ceste fumée de telle methode que le vẽt la chasse de leur costé à celuy des ennemis. Ils usent pareillement de poisons faits d'aucunes fueilles d'arbres, herbes, et fruits, lesquelles matières sechées au Soleil, ils meslent parmi ces fagots et ramages, puis y mettent le feu de loing, voyans approcher leurs ennemis. Ainsi se voulurent ils defendre contre les premiers, qui allerent decouurir leur païs, faisãs effort, auec quelques gresses et huiles, de mettre le feu la nuict es nauires des autres abordées au riuage de la mer. Dont les nostres informez de ceste entreprise, y donnerent tel ordre, qu'ils ne furent aucunement incommodez. Toutesfois i'ay entendu que ces pauures Sauuages n'auoient machiné ceste entreprise, que iustement et à bõne raison, cõsideré le tort qu'ils auoient receu des autres. C'est qu'estans les nostres descenduz en terre, aucuns ieunes folastres par passetemps, vicieux toutefois et irraisonnables, comme par une maniere de tyrannie [1]

Autre stratageme.

[1] Ce furent surtout les Espagnols qui prirent plaisir à massacrer les indigènes sans motif : aussi exciterent-ils contre eux des haines inexpiables. Il faut lire dans Las Casas l'abominable récit de leurs cruautés gratuites. Voir premier mémoire contenant la *Relation des cruautés commises par les Espagnols conquérans de l'Amérique*. Trad. Llorente. T. I, P. I, 116.

couppoient bras et iambes à quelques uns de ces pauures gens, seulemẽt disoient-ils pour essayer, si leurs espées trenchoient bien, nonobstãt que ces pauures Barbares les eussent receu humainement, || auecques toute douceur et amytié. Et par ainsi depuis n'ont permis aucuns Chrestiens aborder et mettre pié à terre en leurs riuages et limites, ne faire traffique quelcõque comme depuis lon a bien congneu par experience. Fol. 157.

Cõme les Canadiens marchẽt en guerre.

Or pour n'elongner dauantage de nostre propos, ces Canadiens marchent en guerre quatre à quatre, faisans, quand ils se voyent, ou approchent les uns des autres, cris et hurlemens merueilleux et espouuentables (ainsi qu'auons dit des Amazones [1]) pour donner terreur, et espouenter leurs ennemis. Ils portent force enseignes, faites de branches de boulleaux, enrichies de pennages et plumages de cygnes. Leurs tabourins sont de certaines peaux tendues et bendées en maniere d'une herse, où lon fait le parchemin, portées par deux hõmes de chacun costé, et un autre estãt derriere frappant à deux bastons le plus impetueusement qu'il luy est possible. Leurs flustes sont faites d'os de iambes de cerf, ou autre sauuagine. Ainsi se combatent ces Canadiens à coups de fleches [2],

Façon de leurs tabourins, et cõme ils les portent.

[1] Voir plus haut, § LIII.

[2] SAGARD (§ 27) a décrit tout au long les armes et les usages guerriers des Canadiens. « Ils n'ont pour toutes armes que la masse, l'arc et les fleches, lesquelles ils empannent de plumes d'aigles, comme les meilleures de toutes, et à faute d'icelles ils y en accommodent d'autres. Ils y appliquent aussi fort proprement des pierres tranchantes collées au bois, auec une colle de

Maniere de leur combat.

rondes massues, bastons de bois à quatre quarres, lances, et piques de bois, aguisées par le bout d'os au lieu de fer. Leurs boucliers sont de pennaches, qu'ils portent au col, les tournãs dauant ou derriere, quand bon leur semble. Les autres portent une sorte de morion fait de peaux d'ours fort espesses, pour la defence de la teste. Ainsi en usoient les anciens à la maniere des Sauuages : ils cõbattoient à coups de poing, à coups de pié, mordoient à belles dents, se prenoient aux cheueux et autres manieres semblables. Depuis à cõbattre ils userent de pierres, qu'ils iettoient l'un contre l'autre : cõme il appert mesmement par la Sainte Bible. D'auãtage Herodote en son quatrieme liure, parlãt de certain peuple qui se cõbattoit à coups de bastõs et de massue : il dit en outre que les vierges de ce païs auoient coustume de batailler tous les ans auec pierres et bastõs les unes contre les autres, à l'honneur de la déesse Minerue, le iour de son anniuersaire. Aussi Diodore au premier liure recite, que les massues et peaux de liõs estoient propres à Hercules pour cõbatre : car auparauant n'estoient encores les autres armes en usage. Qui voudra voir Plutarque et Iustin, et autres auteurs trouuera que les anciens Romains cõbatoient tous

Maniere que tenoyẽt les anciens à cõbatre.

Cõbat de vierges aux festes de Minerue.

poisson tres forte, et de ces fleches, ils en emplissent leur carquois, qui est fait d'une peau de chien passée. Ils portent aussi de certaines armures et cuirasse qu'ils appellent *aquientor*... Ces cuirasses sont faites auec des baguettes couppées de mesures et serrées les unes contre les autres, tissues et entrelassées de cordelettes fort durement et proprement. Ils se seruent aussi d'une rondache ou bouclier fait d'un cuir bouilly fort dure, et d'autres faits de planches de bois de cedre fort grands, larges et legers qui leur conurent presque tout le corps, etc. »

nuds. Les Thebains et Lacedemoniens se vengerẽt de leurs ennemis à coups de leuiers et grosses massues de bois. Et ne faut estimer que lors ce pauure peuple ne fust autant hardi comme celui d'auiourd'huy, pour auoir demeuré tous nuds sans estre aucunement vestuz, cõme à present sont noz Canadiens de grosses peaux, destituez semblablement de moyens et ruses de guerre, dont ces Sauuages se sçauent ayder maintenãt. Ie vous pourroys amener plusieurs auteurs parlãs de la maniere que tenoient les anciens en guerre, mais suffira pour le present ce que i'ẽ ay allegué, pour retourner au peuple de Canada, qui est nostre principal propos. Ce peuple n'use de l'ennemy pris en guerre, cõme l'õ fait en toute l'Amerique, c'est à sçauoir qu'ils ne les mangent aucunement, ainsi que les autres. Ce qu'est beaucoup plus tolerable. Vray est, que s'ils prennẽt aucũs de leurs ennemis, ou autremẽt demeurent victorieux [1], ils leur escorchent

Coustume anciẽne des Thebaïs et Lacedemoniẽs à cõbatre.

Comme les Canadiẽs traitẽt leurs prisonniers.

[1] Lescarbot (vi, 15) : « La victoire acquise d'une part ou d'autre, les victorieux retiennent prisonniers les femmes et enfans, et leur tondent les cheueux, comme on faisoit anciennement par ignominie, ainsi qu'il se voit en l'histoire sacrée... Quant aux morts, ils leur coupent les têtes en si grand nombre qu'ils en peuuent trouuer, lesquelles se diuisent entre les capitaines, mais ils laissent la carcasse, se contentans de la peau, qu'ils font secher, ou la couroyent, et en font des trophées en leurs cabanes... et auenant quelque fête solennelle entre eux ils les prennent, et dansent auec, pendues au col, ou au bras, ou à la ceinture, et de rage quelquefois mordent dedans. » — Cf. le chapitre 28 de Sagard intitulé : « *Des prisonniers de guerre, lesquels ils mangent en festin, apres les auoir faict cruellement mourir.* » Au chapitre 27 le même auteur fait remarquer « qu'il y a des na-

la teste et le visage, et l'estendent à un cercle pour la secher : puis l'emportent en leur païs, la monstrãs auec une gloire à leurs amis, femmes et vieillards,
Fol. 158. qui pour l'aage imbecille ne peuuent plus por||ter le fais, en signe de victoire. Au reste ils ne sont si enclins à faire guerre, comme les Perusiens, et ceux du Bresil, pour la difficulté parauenture, que causent les neiges et autres incommoditez, qu'ils ont par delà.

tions en nostre Amerique qui auoient accoustumé d'escorcher ceux qu'ils prenoient à la guerre, et de remplir de cendres leurs peaux, qu'ils appendoient à leurs places publiques, comme autant de trophées et de monumens de leurs beaux faits. Il y en auoit neantmoins plusieurs d'entre eux qui employoient ces peaux à d'autres usages, et en faisoient des tambours, disans que ces caisses quand on venoit à les batre, auoient une secrette vertu de mettre en fuite leurs ennemis. »

CHAPITRE LXXX.

Des mines, pierreries, et autres singularitez qui se trouuent en Canada.

Le païs et terrouer de Canada, est beau et bien situé, et de soy tres bon, hormis l'intemperature du ciel, qui le defauorise : comme pouuez aysément coniecturer. Il porte plusieurs arbres et fruits, dont nous n'auons la cognoissance par deça. Entre lesquels y a un arbre [1] de la grosseur et

Bõté du païs de Canada.

[1] Cet arbre est une espèce particulière de hêtre. Sagard (§ 9) en parle en ces termes : « Si au temps que les bois estoient en seue, nous auions quelque indisposition ou debilité du cœur, on faisoit une fente dans l'escorce de quelques gros fouteau, et auec une escuelle on amassoit la liqueur qui en distilloit, qu'on beuuoit comme un remede de bien peu d'effect, et qui affadit plus tost qu'il ne fortifie, mais on se sert de tout où la nécessité contrainct. » — Thevet. *Cosmographie universelle.* P. 1014 : « Le capitaine Iaques Cartier auec lequel me suis tenu cinq mois, en sa maison à Sainct Malo en Bretaigne, et autres capitaines et gentils hommes dignes de foy, mesmes un chanoine de la ville d'Angers qui assista à l'ambarquement, m'asseurerent tous la chose estre veritable. Les Canadeẽs n'oubliront pas l'excellence de ceste liqueur, et se souuiendront tousiours de ceux qui en trouuerent l'usage. »

forme d'un gros noyer de deça, lequel a demeuré longtemps inutile, et sans estre congnu, iusques à tant que quelcun le voulant coupper en saillit un suc, lequel fut trouvé d'autant bon goust, et delicat, que le bon vin d'Orleans, ou de Beaune : mesmes fut ainsi iugé par noz gens qui lors en firent l'experience : c'est à sçauoir le Capitaine, et autres gentils hômes de sa compagnie, et recueillirent de ce ius sur l'heure de quatre à cinq grands pots. Ie vous laisse à penser, si depuis ces Canadiens afriandez à ceste liqueur, ne gardent pas cest arbre cherement, pour leur bruuage, puisqu'il est ainsi excellent. Cest arbre, en leur langue est appellé *Couton*. Une autre chose quasi incredible est, qui ne l'auroit veüe. Il se trouue en Canada plusieurs lieux et contrées, qui portent tres beaux ceps de vigne [1], du seul naturel de la terre, sans culture,

Suc dudit arbre ayant goust de vin.

Couton arbre.

Ceps de vigne naturels en Canada.

[1] On sait que les Norvégiens, quand ils débarquèrent en Amérique au Xe siècle de l'ère chrétienne, y trouvèrent des vignes en telle abondance, qu'ils donnèrent au pays le nom de Vinland. Voir GRAVIER. *Découverte de l'Amérique par les Normands*. — RAFN. *Antiquitates Americanæ*, etc. CARTIER (Second voyage. § III.) « Etant à ladite île (il s'agit de l'île d'Orléans dans le Saint Laurent), nous la trouuames pleine de fort beaux arbres... et pareillement nous y trouuames force vignes, ce que nous auions vu par ci-deuant en toute la terre. Et pour cela, nous la nommames l'île de Bacchus. » Les missionnaires essayèrent plus tard de faire du vin avec les raisins du pays. On lit dans SAGARD (§ 9) : « Il fut tres bon et boullut en nostre petit baril et en deux autres bouteilles que nous auions ; de mesme qu'il eust pu faire en de plus grands vaisseaux, et si nous en eussions encore eu d'autres, il y auoit moyen d'en faire une assez bonne prouision, pour la grande quantité de vignes et de raisins, qui sont en ce païs là. »

auec grande quantité de raisins gros, bien nourris, et tres bons à manger : toutefois n'est mention que le vin en soit bon en pareil. Ne doubtez combien trouuerẽt cela estrãge et admirable ceux, qui en firent la première decouuerte. Ce païs est acompli de montagnes et plauures. En ces hautes montagnes se trouuent certaines pierres retirãs en pesanteur et couleur à mine d'or : mais quand on la voulut esprouuer, si elle estoit legitime, elle ne peult endurer le feu, qu'elle ne fust dissipée et convertie en cendre. Il n'est impossible, qu'en cest endroit ne se trouuast quelque mine aussi bõne, qu'aux isles du Peru, qui caueroit plus auãt en terre. Quãt à mines de fer [1], et

Pierres de couleur de mine d'or.

[1] CARTIER (3e voyage. § II) : « De l'autre costé de ladite montagne (le cap rouge, près Quebec) se trouue une belle mine du meilleur fer qui soit au monde... le sable sur lequel nous marchions est terre de mine parfaite prête à mettre au fourneau. Et sur le bord de l'eau, nous trouuames certaines feuilles d'un or fin, aussi epaisses que l'ongle... On voit des veines de l'espece des minéraux, et qui luisent comme or et argent..., en quelques endroits. Nous auons trouué des pierres comme diamants, les plus beaux, polis, et aussi merueilleusement taillés qu'il soit possible à homme de voir, et lorsque le soleil iette ses rayons sur ceux-ci, ils luisent comme si c'étaient des étincelles de feu. » En effet, le fer se rencontre fréquemment au Canada. L'or natif gît en assez grande quantité dans le comté de Beauce. En fait de pierres précieuses, on trouve des agates, du jaspe, des labradoristes, des hyacinthes, des améthystes, du jais, et parfois des grains de rubis. Voir *Esquisse sur le Canada*, par J. TACHÉ. — SAGARD. (*Voyage au pays des Hurons*. II, 4), confirme la richesse minérale du pays : « Il y a des mines de cuiure qui ne deuroient pas estre mesprisées... on tient qu'il y en a encore vers le Saguenay, et mesme qu'on y trouuoit de l'or, des rubis et autres richesses... puis de certaines pierres bleues transparentes, les-

Mines de fer, mines de cuiure. de cuiure il s'en trouue assez. Au surplus de petites pierres, faites et taillées en pointe de diamant qui prouiennent les unes en plainure, les autres aux montagnes. Ceux qui premierement les trouuerent, pensoyent estre riches en un moment, estimãs que fussent vrays diamans, dont ils apporterent abõdance : *Diamant de Canada, prouerbe.* et de là est tiré le prouerbe auiourd'huy connu par tout. C'est un diamant de Canada. De fait il tire au diamãt de Calicut, et des Indes Orientales. Aucuns veulent dire, que c'est une espece de fin christal : de quoy ie ne puis donner autre resolution, sinon ensuyuant Pline [1], qui dit le cristal prouenir de neige, et eau excessiuement gelée, et ainsi concrée. Parquoy es lieux subiets à glace et neige se peut faire que *Opiniõs sur la cõcreation du cristal.* quelque partie d'icelles par succession de temps, se deseche et cõcrée en un corps luysant, et transparent cõme crystal. Solin estime ceste opinion faulse, que le cristal viẽne totalement de neige : car si ainsi estoit, Fol. 159. il se trouueroit seulemẽt es lieux froids, || comme en Canada, et semblables regions froides, mais l'experiẽce

quelles ne vallent moins que les Turquoises. Parmy ces rochers de cuyure se trouuent aussi quelquefois des petits rochers couuers de diamants y attachez, et peux dire en auoir amassé et recueilly moy-mesme vers nostre couuent de Canada, qui sembloient sortir de la main du Lapidaire, tant ils estoient beaux, luisans et bien taillez. Ie ne veux assurer qu'ils soient fins, mais ils sont agreables et escriuent sur le verre. »

[1] PLINE. *Hist. nat.* XXXVII, 9. Contraria causa crystallum facit, gelu vehementiore concreto non aliubi certe reperitur, quam ubi maxime hibernæ nives rigent.

nous monstre le contraire : cõme en l'isle de Cypre, Rhodes, et en plusieurs lieus d'Egypte et de la Grèce, cõme moymesme ay veu du temps que i'y estois, où il se trouuait, et encores se trouue auiourd'huy abondance de cristal. Qui est vray argument de iuger que le cristal n'est eau congelée, considéré qu'ẽ ces païs desquels parlons, la chaleur est trop plus frequente et vehemente sans comparaison, qu'en Canada païs affligé de perpetuelles froidures. Diodore dit que le cristal est concrée d'eau pure, non congelée par froideur, mais plus tost sechée par chaleur vehemente. Neantmoins celuy de Canada est plus luysant, et sent mieux en toutes choses sa pierre fine, que celuy de Cypre, et autres lieux. Les anciens Empereurs de Rome, estimoyent beaucoup le fin cristal, et en faisoyent faire des vases où ils mangeoyent. Les autres en faisoyent simulacres, qu'ils tenoient particulierement enfermez en leurs cabinets et tresors. Pareillement les Roys d'Egypte [1], du temps que florissoit Thebes la Grande, enrichissoient leurs sepultures de fin cristal, que l'õ apportoit de l'Armenie maieur, et du costé de Syrie. Et de ce cristal estoyent representez les Roys par portraits au naturel, pour demeurer, ce leur sembloit, et estre en perpetuelle memoire. Voila cõme les Anciens estimerẽt le cristal, et à quels usages estoit appliqué. Auiourd'hui il est employé à faire vases et coupes à boire, chose fort estimée, si elle n'estoit tant fragile. Au surplus en ce païs se trouue grande abondance de iaspes et cassidoines.

Cristal de Canada.

Combien le cristal estoit estimé des anciens, et à quels usages appliqué.

Iaspes. Cassidoines.

1 Pline. H. N. xxxvii, 9, 10.

CHAPITRE LXXXI.

Des tremblemens de terre et gresles ausquels est fort subiect ce païs de Canada.

Païs de Canada subiet à tremblement de terre et pourquoy.

CESTE region de Canada est merueilleusement subiette aux tremblemẽs de terre [1], et aux gresles : dont ce pauure peuple ignorant les choses naturelles, et encores plus les celestes tombẽt en une peur extreme, encores que teles choses leur soyent frequentes et familieres, ils estiment que cela prouient de leurs Dieux, pour les auoir irritez et faschez. Toutesfois le tremblemẽt de terre naturel, ne vient sinon des vents enfermez par quelques cauitez de la terre, lesquelz par grande agitation la font mouuoir, comme ils font sur la terre trembler arbres et autres choses : comme dispute tresbien Aristote [2] en ses Meteores. Quant à la gresle ce n'est de merueille si elle y est frequẽte, pour l'intemperature et inclemence de l'air, autant froid en sa moyenne region qu'en la plus basse, pour la distance du Soleil, qui n'en approche plus pres, que quãd il vient à

Gresle frequente en Canada.

[1] Les tremblements de terre ne paraissent pas si fréquents au Canada que veut bien le dire Thevet.

[2] ARISTOTE. *Météores*. III, 552. C'est également la théorie de SÉNÈQUE dans ses *Questions naturelles*.

nostre tropique : pourquoy l'eau qui tõbe du ciel, l'air estãt perpetuellement froid, est tousiours cõgelée, qui n'est autre chose que neige ou gresle. Or ces Sauuages incontinent qui'ils sentent telles incommoditez, pour l'afflictiõ qu'ils en reçoiuent, se retirent en leurs logettes, et auec eux quelque bestial, qu'ils nourrissent domestiquement, et là caressent leurs idoles, la forme desquelles n'est gueres differente à la fabuleuse Melusine de Lusignã, moitié serpent, moitié femme : veu que la teste auec la chevelu||re Fol. 160. represente lourdement (selon leur bon esprit sauuage) une femme. Or le surplus du corps en forme de serpent, qui pourroit bailler argument aux Poëtes de faindre que Melusine soit leur déesse, veu qu'elle s'enfuit en volãs, selon qu'aucuns fabulent, narrateurs dudit Romã, qu'ils tiennent en leurs maisons ordinairement. Le tremblemẽt de terre est dãgereux, combien que la cause en soit euidente. Puis qu'il vient à propos de ce trẽblemẽs, nous en dirõs un mot, selon l'opinion des Philosophes naturels, et les inconueniẽs qui en ensuiuent. Thale Milesien[1], l'un des sept sages de la Grece, disoit l'eau estre cõmencement de toutes choses : et que la terre flottant au milieu de ceste eau, cõme une naue en plaine mer, estoit en un tremblement perpetuel, quelquefois plus grãd, et quelquefois plus petit. De mesme opiniõ a esté Democrite : et disoit dauãtage, que l'eau sous terre creüe par pluye, ne pouuant pour

Trẽblemens de terre dangereux

Opiniõs d'aucuns philosophes sur les trẽblemens de terre.

[1] Tout ceci est la traduction ou du moins la paraphrase d'un chapitre de PLUTARQUE. *De placitis philosophorum.* III, 15.

son excessiue quantité estre cõtenue es veines et capacitez de la terre, causoit ce tremblement : et de là venir les sources et fontaines que nous auõs. Anaxogoras disoit estre le feu, lequel appetant (comme est son naturel) mõter en haut, et se unir au feu elementaire causoit non seulement ce tremblement, mais quelques ouuertures, goulfes, et autres semblables en la terre : cõme nous voyons en quelques endroits. En confermoit son opinion de ce que la terre bruloit en plusieurs lieux. Anaximenes asseuroit la terre mesme estre seule cause de ce trẽblement, laquelle estant ouuerte, pour l'excessiue ardeur du Soleil, l'air entroit dedans en grande quantité et auec violence : lequel par apres la terre estant reunie et reiointe, ne pouuant par où sortir, se mouuoit çà et là au ventre de la terre : et que de là venoit ce trẽblement. Ce que me semble plus raisonnable, et approchãt de la verité, selon que nous auõs dit, suyuans Aristote, aussi que le vent n'est autre chose, qu'un air impetueusemẽt agité. Mais ces opiniõs laissées des causes naturelles du tremblement de terre, il se peut faire pour autres raisons, du vouloir et permission du Superieur, à nous toutefois incongnües. Les inconueniens qui en suruiennent, sont renuersemẽs de villes et citez : cõme il aduint en Asie des sept citez, du temps de Tybere Cesar, et de la metropolitaine ville de Bithinie, durãt le regne de Cõstantin. Plusieurs aussi ont esté englouties de la terre, les autres submergées des eaux : cõme furent [1] Elicé et Bura aux

Qu'ést ce que le vènt.

Inconueniens qui ensuyuent les trẽblemens de terre.

[1] PLINE. *Hist. nat.* II, 94. IV, 6.

ports de Corinthe. Et pour dire en bref, ce trêblement se fait quelquefois de telle vehemence, que outre les inconueniens predits, il fait isles de terre ferme cõme il a fait de Sicile, et quelques lieux en Syrie et autres. Il unist quelquefois les isles à la continente, comme Pline dit estre aduenu de celles de Doromisce [1], Perne en Milette : ayãt mesme fait qu'en la vieille Afrique plusieurs plaines et lieux chãpestres, se voyent auiourd'huy reduits en lacs. Aussi recite Seneque [2] qu'un troupeau de cinq cens ouailles et autres bestes et oyseaux, furent quelquefois engloutis et perdus par un tremblement de terre. Pour ceste raison ils se logent (la plus grande part) pres des riuages pour euiter ce trêblement, bien informés par experience et nõ de raison, que les lieux marescageux ne sont subiects à tremblemẽs, cõme la terre ferme : et de ce la raison est bien facile à celuy qui entendra la cause du trêblement cy deuãt alleguée. Voyla pourquoy le tres riche || et renõmé temple de Fol. 161.
Diane, en Ephese, qui dura plus de deux cens ans, basti si sumptueusement, qu'il meritoit estre nõbré entre les spectacles du monde, fut assis sur pillotis en lieu de marais, pour n'estre subiet à tremblement de terre, iusques à tãt qu'un certain follastre nommé Heluidius [3], ou cõme veulent aucuns, Eratosthenes, pour se faire cognoistre et parler de luy, y mist le

Tẽple de Diane en Ephese, pourquoy fondé en lieu de marais.

[1] PLINE. *Hist. nat.* II, 91. Dromiscus et non Doromisce.

[2] SÉNÈQUE. *Questions naturelles.* VI, 1.

[3] Double erreur de Thevet. Ce n'est ni Helvidius, ni Eratosthènes, mais Erostrate qui mit le feu au temple d'Ephèse.

feu, et fut conuerty en cendres. Pour ceste mesme cause les Romains auoient edifié un tẽple excellẽt à Hercules pres le Tibre, et là luy faisoyent sacrifices et oraisons. Or le trẽblement en Canada est quelquefois si violẽt, qu'ẽ cinq ou six lieües de leurs maisons dedãs le païs, il se trouuera plus de deux mil arbres, aucunefois plus quelquefois moins, tõbez par terre tãt en mõtagnes que plat païs, rochers rẽuersez les uns sur les autres, terres enfoncées et abismées : et tout cela ne prouiẽt d'ailleurs que de ce mouuemẽt et agitation de la terre. Autãt en peut il auenir es autres cõtrées subiettes aux trẽblemẽs de terre. Voila du trẽblemẽt de terre, sans plus elõgner de nostre route.

Trẽblement de terre en Canada fort violent.

CHAPITRE LXXXII.

Du païs appellée Terre Neuue.

APRÈS estre departis de la hauteur du goulfe de Canada, fut question de passer outre, tirant nostre droit chemin au Nort, delaissans la terre de Labrador, et les isles qu'ils appellent des

Diables [1], et le cap de Marco, distant de la ligne cinquante six degrés, nous costoyames à senestre ceste contrée, qu'ils ont nomée Terre neuue, merueilleusemẽt froide : qui a esté cause que ceux qui premierement la descouurirent, n'y firent long seiour, ne ceux aussi qui quelquefois y vont pour traffiquer. Ceste Terre neuue est une regiõ [2] faisant une des extremitez de Canada, et en icelle se trouue une riuiere, laquelle à cause de son amplitude et largeur semble quasi estre une mer, et est appellée la riuiere des trois freres, distãte des isles des Essores quatre cens lieües, et de nostre France neuf cens. Elle sépare la prouince de Canada de celle que nous appellons Terre neuue. Aucuns modernes l'õt estimée estre un destroit de mer, comme celuy de Magellã, par lequel lõ pourroit entrer de la mer Oceane à celle du Su ou Pacifique [3], et de faict Gẽma Frisius, encor

Isles des Diables
Cap de Marco.

[1] Les îles des Diables sont marquées dans toutes les géographies du XVIe siècle. La carte de l'Atlantique insérée dans le *Ramusio* (II, 336) place au nord de Terre-Neuve l'île des Diables, dont on voit, en effet, une légion voltiger à l'entour. Cortereal (*Ramusio*, III, 129) donnait à une île sur la côte du Labrador le nom d'Isola de los Demonios. Ruysch dans son Atlas de 1507-1508 insère encore dans ces parages *une insula dæmonum*. Thevet dans sa *Cosmographie universelle* et Ortelius dans son *Theatrum mundi* l'enregistrent avec soin. Ces îles paraissent correspondre aux nombreux îlots qui entourent Terre-Neuve.

[2] Erreur : Terre-Neuve étant une île et non pas une presqu'île. La prétendue rivière dont parle Thevet, se nomme le détroit de Belle-Isle.

[3] Ce fut, en effet, la grande préoccupation des navigateurs du XVIe siècle : tous ils cherchaient un passage vers les Indes.

qu'il fust expert en mathematiques, a toutesfois erré nous voulãt persuader que ceste riuiere, de laquele nous parlons, est un destroit, lequel il nõme Septentrional, et mesmes l'a ainsi depaint en sa Mappemõde. Si ce qu'il en a escrit eust esté veritable, en vain les Espagnols et Portugais eussent esté chercher un autre destroit, distãt de cestuy cy de trois mil lieües pour entrer en ceste mer du Su, et aller aux isles des Moluques où sont les espiceries. Ce païs est habité de Barbares vestus[1] de peaux de sauuagines, ainsi que ceux de Canada, fort inhumains et mal traitables : comme bien l'experimentent ceux qui vont par delà

Gabotto, Cortereal, Verazzano, tous les hardis marins qui explorèrent les premiers l'Amérique septentrionale n'avaient pas d'autre but. Cartier, dans ses trois voyages au Canada, se croit toujours au moment de découvrir ce détroit. « La perfection qu'il cherche, écrira plus tard LESCARBOT, en parlant de Cartier, est de trouver un passage pour aller par là en Orient. » Au XVIIe et au XVIIIe siècle, le problème géographique qui fut discuté le plus ardemment, fut celui du fameux passage nord ouest; c'est seulement de nos jours qu'on a cessé de le rechercher pour s'occuper plus activement de la meilleure voie à suivre pour arriver au pôle nord.

[1] Un passage de la chronique de FABIEN, dans HAKLUYT, nous apprend que Sebastiani Gabotto emmena en Angleterre trois Indiens de Terre-Neuve. Le portrait de ces malheureux, arrachés à leur patrie, est assez curieux : « Ces sauvages étaient couverts de peaux d'animaux, mangeaient la chair crue, parlaient une langue que personne ne pouvait comprendre, et, dans toute leur conduite, ressemblaient à des bêtes brutes. » Ces insulaires se nommaient les Micmas. Il en reste encore quelques-uns dans l'intérieur de l'archipel. Voir GOBINEAU. *Voyage à Terre-Neuve.*

pescher les morues, que nous mãgeons par deça. Ce peuple maritime ne vit gueres d'autre chose que de poisson de mer, dont ils prennent grande quantité, specialement de loups marins, desquels ils mangent la chair, qui est tresbõne. Ils font || certaine huile de la gresse de ce poissõ, laquelle deuient apres estre fondue, de couleur roussatre, et la boiuent au repas cõme nous ferions par deça du vin ou de l'eau. De la peau de ce poisson grande et forte, cõme de quelque grand animal terrestre, ils font manteaux et vestemẽs à leur mode : chose admirable, qu'en un element si humide que cestuy là, qui est l'humidité mesme, se puisse nourrir un animal, qui aye la peau dure et seche, comme les terrestres. Ils ont semblablemẽt autres poissons vestus de cuir assez dur, cõme marsouins et chiens de mer : les autres reuestus de coquilles fortes, cõme tortues, huitres et moulles. Au reste ils ont abondance de tous autres poissons, grãds et petis, desquels ils viuent ordinairement. Ie m'esbahis que les Turcs, Grecs, Iuifs, et diuerses autres nations du Leuãt ne mangent point de dauphins, ny de plusieurs autres poissons, qui sont destituez d'escailles, tant de mer, que d'eau douce, qui me fait iuger que ceux cy sont plus sages, et mieux auisez de trouuer le goust des viandes plus delicates, que non pas ou les Turcs, ou Arabes, et autre tel fatras de peuple superstitieux. En cest endroit se trouuẽt des balenes (i'entens en la haute mer, car tel poisson ne s'approche iamais du riuage) qui ne viuẽt que de tels petis poissõs [1]. Toutesfois le poissõ qu'or-

Fol. 162.

Huile de gresse de poisson.

Superstition de diuerses nations du Leuãt.

1 Les baleines se nourrissent surtout d'un frêle crustacé,

De quels poissons vit la balene.

dinairement mange la balene, n'est plus gros que noz carpes, chose quasi incredibile pour le respect de sa grandeur et grosseur. La raison est, ainsi que veulẽt aucuns que la balene ayant le gosier trop estroit en proportion du corps, ne peut deuorer plus grãd morceau. Qui est un secret encor admirable, duquel les anciẽs ne se sont oncques auisez, voire ny les modernes, quoy qu'ils ayẽt traité des poissons. La femelle ne fait iamais qu'un petit à la fois, lequel elle met hors comme un animãt terrestre sans œuf, ainsi que les autres poissons ouiperes. Et qui est encores plus admirable, elle allaitte son petit apres estre dehors : et pour ce elle porte mammelles au ventre soubs le nombril : ce que ne fait autre [1] poisson quelconque, soit de marine ou d'eau douce, sinõ le loup. Ce que mesmement tesmoigne Pline. Ceste baleine est fort dangereuse sus la mer, pour la rencontre, ainsi que bien sçauent les Bayonnois [2] pour l'auoir experimenté, car ils sont coustumiers d'en prendre. A ce propos, lors que nous estiõs en l'Amerique, le batteau de quelque marchãt qui passoit d'une terre à l'autre pour sa traffique, ou autre negoce, fut renuersé et mis à sac, et tout ce qui estoit dedãs, par la rencõtre d'une balene, qui le toucha de sa queue. En ce mesme

Rencontre d'une balene dangereuse sus la mer.

presque microscopique, de l'ordre des branchiopodes, qui se développe en prodigieuse abondance. Les longues bandes rouges qui sillonnent l'Océan glacial proviennent des myriades de ces animalcules, dont la quantité semble demeurer toujours la même, malgré la consommation qu'en font leurs ennemis.

[1] Erreur : tous les cétacés nourrissent ainsi leurs petits.

[2] Voir THEVET. *Cosm. univ.* P. 1017.

endroit où conuerse la balene, se trouue le plus souuent un poisson, qui luy est perpetuel ennemy : de maniere que s'approchãt d'elle, ne fera faute de la piquer soubs le ventre [1] (qui est la partie la plus mollette) auecques sa langue trenchante et ague, comme la lancette d'un barbier : et ainsi offensée, à grãd difficulté se peut sauuer, qu'elle ne meure, ainsi que disent les habitans de Terre neuue, et les pescheurs ordinaires. En ceste mer de Terrė neuue se trouue une autre espece de poisson, que les Barbares du païs nomment *Hebec*, ayãt le bec cõme un perroquet et autres poissons d'escaille. Il se trouue en ce mesme endroit abondance de dauphins, qui se mõstrent le plus souuent sus les ondes, et à fleur de l'eau, sautãs et voltigeans par dessus : ce qu'aucuns estimẽt estre presage de tourmẽtes et tempestes, auec vẽs || impetueux de la part dõt ils viennent, cõme Pline recite et Isidore en ses Etymologies, de ce que aussi l'experience m'a rendu plus certain, que l'autorité ou de Pline, ou autre des anciẽs. Sãs eslongner de propos, aucuns ont escrit qu'il y a cinq especes de presage et prognostic des tempestes futures sus la mer, cõme Polybius estãt auecques Scipion Aemilian en Afrique. Au surplus y a abondãce de moulles fort grosses. Quant aux animaux terrestres, vous y en trouuerez un grand nombre, et bestes fort sauuages et dangereuses, cõme gros ours, lesquels presque tous sont blãcs. Et ce que ie dy des bestes s'estend iusques aux oyseaux desquels le plumage presque tire sur le

Poisson ennemy naturel de la balene.

Presage des tempestes.

Fol. 163.

Animaux estrãges.

[1] PLINE. H. N. IX, 5.

blanc [1] : ce que ie pense auenir pour l'excessiue froideur du païs. Lesquels ours iour et nuyt sont importuns es cabanes des Sauuages, pour mãger leurs huiles et poissons, quand il s'en trouue de reserue. Quant aux ours encore que nous en ayõs amplemẽt traité en nostre Cosmographie du Leuãt nous dirons toutefois en passãt cõme les habitãs du païs les prennent affligez de l'importunité qu'ils leur font. Dõcques ils font certaines fosses en terre fort profondes pres les arbres ou rochers, puis les couurent si finement de quelques branches ou fueillage d'arbres : et ce là où quelque essaim de mousches à miel se retire, ce que ces ours cherchẽt et suyuent diligemment, et en sont fort friands, non comme ie croy tant pour s'en rassasier, que pour s'en guerir les ïeux qu'ils ont naturellement debiles, et tout le cerueau, mesmes qu'estans picquez de ces mousches rendent quelque sang, specialemẽt par la teste, qui leur apporte grãd allegement. Il se void là une espece de bestes grãdes cõme buffles, portãs cornes assez larges, la peau grisatre, dõt ils font vestemens : et plusieurs autres bestes, desquelles les peaux sont fort riches et singulieres. Le païs du reste est mõtagneux et peu fertile, tant pour l'intẽperature de l'air, que pour la condition de la terre peu habitée et mal cultiuée. Des oyseaux, il ne s'en trouue un si grand nõbre qu'en l'Amerique, ou au Peru, ne de si beaux. Il y a deux especes d'aigles, dõt les unes habitẽt les eaües, et ne

Deux especes d'aigles.

[1] Sur les ours blancs et leur chasse, consulter les diverses relations de voyages au pôle nord insérées dans le *Tour du Monde* (Kane, Hayes, Weyprecht, etc.)

viuent gueres que de poisson, et encores de ceux qui sont vestus de grosses escailles ou coquilles, qu'ils enleuẽt en l'air, puis les laissent tõber en terre, et les rõpent ainsi pour mãger ce qui est dedãs. Cest aigle nidifie en gros arbres sus le riuage de la mer. En ce païs a plusieurs beaux fleuues, et abondance de bon poisson. Ce peuple n'appete autre chose, sinõ ce qui luy est necessaire pour substenter leur nature, en sorte qu'ils ne sont curieux en viãdes, et n'en vont querir es païs loingtains, et sont leurs nourritures saines, de quoy auiẽt qu'ils ne sçauent que c'est que maladies, ains viuẽt en continuelle santé et paix, et n'õt aucune occasion de cõceuoir enuie les uns cõtre les autres, à cause de leurs biẽs ou patrimoine, car ils sont quasi tous egaux en biẽs, et sont tous riches par un mutuel contentemẽt, et qualité de pauureté. Ils n'ont aussi aucũ lieu deputé pour administrer iustice, parce qu'entre eux ne font aucune chose digne de reprehension. Ils n'õt aucunes loix, ne plus ne moins que noz Ameriques et autre peuple de ceste terre cõtinente, sinon celle de la nature. Le peuple maritime se nourrist communement de poisson, cõme nous auõs desia dit : les autres eslongnez de la mer se cõtentẽt des fruits de la terre, qu'elle produit la plus grãd part sans||culture, et estre labourée. Et Fol. 164.
ainsi en ont usé autrefois les anciens, cõme mesme recite Pline. Nous en voyons encores assez auiourd'hui que la terre nous produit elle mesme sans estre cultiuée. Dõt Virgile recite que la forest Dodonée commençant à se retraire, pour l'aage qui la surmontoit, ou bien qu'elle ne pouuoit satisfaire au nombre de

peuple qui se multiplioit, un chascun fut contraint de trauailler et soliciter la terre : pour en receuoir emolumēt necessaire à la vie. Et voila quāt à leur agriculture. Au reste ce peuple est peu subiect à guerroyer si leurs ennemis ne les viennēt chercher. Alors ils se mettent tous en defense en la façō et maniere des Canadiens. Leurs instrumēs incitās à batailler, sont peaux de bestes tēdues en maniere de cercle, qui leur seruēt de tabourins, auec fleustes d'ossemens de cerfs, comme ceux des Canadiens. Que s'ils apperçoyuent leurs ennemis de loing, ils se prepareront de cōbatre de leurs armes, qui sont arcs et flechcs : et auant qu'entrer en guerre leur principal guide, qu'ils tiennent cōme un Roy, ira tout le premier, armé de belles peaux et plumages, assis sur les espaules de deux puissans Sauuages, à fin qu'un chacun le cognoisse, et soyent prōpts à luy obeir en tout ce qu'il cōmandera. Et quād il obtient victoire, Dieu sçait cōme ils le caressent. Et ainsi s'en retournent ioyeux en leurs loges auec leurs bāniers deployées qui sont rameaux d'arbres garnis de plumes de cygnes voltigeās en l'air, et portās la peau du visage de leurs ennemis, tendue en petis cercles, en signe de victoire, comme i'ay voulu representer par la figure precedente.

Maniere de guerroyer des Sauuages de Terre Neuue.

Bānieres estrāges.

CHAPITRE LXXXIII.

Des isles des Essores.

Il ne reste plus de tout nostre voyage, qu'à traiter d'aucunes isles, qu'ils appellent des Essores, lesquelles nous costoyames à main dextre, et non sans grand danger de naufrage : car trois ou quatre degrez deçà et delà souffle ordinairement un vent [1] le plus merueilleux, froid, et impetueux, qu'il est possible : craintes pour ce respect, et redoutées des pilots et nauigãs, comme le plus dangereux passage, qui soit en tout le voyage, soit pour aller aux Indes, ou à l'Amerique : et pouuez penser qu'en cest endroit la mer n'est ia[]mais tranquille, ains se leue contremont, cõme nous voyons souuẽtefois que le vent esleue la pouldre, ou festus de la terre, et les haulse droictement contremont, ce que nous appellõs cõmunement turbillon, qui se fait aussi bien

Isles des Essores pourquoy ainsi nommées et redoutées des nauigãs.

Fol. 165.

[1] Les Açores sont en effet sujettes à de soudaines tempêtes, à de brusques changements. Les navigateurs ne peuvent guère compter sur du beau temps durable que du solstice d'été à l'équinoxe d'automne. En hiver, sans parler des sautes de vent et de la grosse mer, tout l'archipel est sujet à des pluies et à des brouillards.

en la mer comme en la terre, car en l'un et en l'autre il se fait cõme une poincte de feu en pyramide, et esleue l'eau contremont, cõme i'ai veu mainte fois, parquoy semble que le vent a aussi un mouuement droit d'embas cõtremont, cõme mouuemẽt circulaire, duquel i'ay dit en un autre lieu. Voyla pourquoy elles

Essores.

sont ainsi nõmmées pour le grand essor [1] que cause le vent esdites isles : car essorer vaut autant à dire cõme seicher, ou essuyer. Ces isles sont distantes de nostre France enuiron dix degrez et demi : et sont neuf [2] en nombre ; dont les meilleures sont habitées auiourd'huy des Portugais, où ils ont enuoyé plusieurs esclaues, pour travailler et labourer la terre, laquelle par leur diligẽce ils ont rẽdue fertile de tous

Fertilité des isles Essores.

bõs fruits necessaires à la vie humaine, de blé [3] principalement, qu'elle produit en telle abondance, que

[1] D'après une étymologie beaucoup plus sérieuse, le nom d'Açores fut donné à ces îles par les premiers Portugais qui y abordèrent, à cause des nombreux oiseaux de proie (açor) qu'ils y rencontrèrent. Ne pas oublier d'ailleurs que cet archipel a parfois été nommé *Terceiras*, d'après l'île centrale du groupe ; et que les Anglais les appellent *Western Islands*. On trouve encore la dénomination d'*îles flamandes* à cause des familles flamandes qui les colonisèrent.

[2] On compte du moins neuf îles principales, Santa Maria, San Miguel avec les Formigas, Terceira, San Jorge, Pico, Fayal, Graciosa, Flores, Corvo.

[3] L'agriculture des Açores a traversé diverses phases de prospérité et de décadence. La canne à sucre fut d'abord cultivée, puis le pastel. Jean III, en frappant cette plante de droits énormes, tua cette industrie à laquelle succéda la culture des céréales. Aujourd'hui, la culture de la vigne et de l'oranger a pris le dessus.

tout le païs de Portugal en est fourny de là : et le trãsportent à belles nauires, auec plusieurs bons fruits, tant du naturel du païs, que d'ailleurs, mais un entre les autres nõmé *Hirci* [1], dont la plãte a esté apportée des Indes, car au paravãt ne se trouuoit nullemẽt, tant ainsi qu'aux isles Fortunées. Et mesme en toute nostre Europe, auãt que lon cõmençast à cultiuer la terre, à plãter et semer diuersité de fruits, les hõmes se cõtentoyent seulement de ce que la terre produisoit de son naturel : ayãs pour bruuage, de belle eau clere : pour vestemens quelques escorces de bois, fueillages, et quelques peaux, cõme desia nous auons dit. En quoy pouuõs voir clerement une admirable prouidence de nostre Dieu, lequel a mis en la mer, soit Oceane ou Mediterranée, grãd quantité d'isles, les unes plus grandes, les autres plus petites, soutenans les flots et tempestes d'icelle, sans toutefois aucunement bouger, ou que les habitans en soiẽt de rien incommodez (le Seigneur, cõme dit le Prophete, luy ayant ordonné ses bornes, qu'elle ne sçauroit passer) dont les unes sont habitées, qui autrefois estoient desertes : plusieurs abandõnées qui iadis auoient esté peuplées, ainsi que nous voyons aduenir de plusieurs villes et cités de l'Empire de Grece, Trapezõde, et Egypte. L'ordonnãce du Createur estãt telle, que toutes choses çà bas ne seroyent perdurables en leur estre, ains subiettes à mutatiõ. Ce que considerãs nos Cosmographes [2] modernes, ont adiousté

Hircy.

1 C'est sans doute la canne à sucre.

2 Voir plus haut. § XII.

aux tables de Ptolemée les chartes nouuelles de nostre temps, car depuis la congnoissance et le temps qu'il escriuoit, sont aduenues plusieurs choses nouuelles. Noz Essores [1] donques estoyent desertes, auant qu'elles fussent congnües par les Portugais, plaines toutefois de bois de toutes sortes : entre lesquels se trouue une espece de cedre, nõmé en lãgue des Sauuages *Oracantin*, dont ils font tresbeaux ouurages, comme tables, coffres, et plusieurs vaisseaux de mer. Ce bois [2] est à merueilles odoriferant et n'est subiect à putrefaction cõme autre bois, soit en terre ou en eau. Ce que Pline a bien noté, que de son temps lon trouue à Rome quelques liures de Philosophie en un sepulchre, entre deux pierres, dans un petit coffre, fait de bois de cedre, qui auoit demeuré soubs terre bien l'espace de cinq cens ans. L'auantage il me souuient

Oracantin, espece de cedre.

Coffre de cedre.

[1] Les Açores étaient connues des marins et des géographes de l'Europe, au moins un siècle avant que les Portugais y eussent abordé. Le père Cordeyro, auteur d'une histoire de l'archipel, raconte qu'un Grec y fut jeté par la tempête en 1370. Sur toutes les cartes du XIVe siècle, en remontant jusqu'au Portulan Médicien de 1351, sont figurées les îles avec une remarquable exactitude dans leur groupement, elles portent toutes des noms italiens (L'Ovo, Cabrera, Brazil, de Colombis, de la Ventura, San Zorzo, de Corvis marinis, etc.) Le hasard des courses maritimes avait donc révélé l'existence de cet archipel longtemps avant 1431, époque de l'arrivée des Portugais.

[2] Tous les navigateurs s'accordent à reconnaître qu'à l'époque de la découverte les îles étaient couvertes d'arbres. Fayal doit même son nom à la *myrica faya* ou arbousier hêtre qui s'y trouvait en abondance. Graciosa fut ainsi dénommée à cause de l'aspect verdoyant de ses rivages ; mais les forêts firent bientôt place aux plantations de sucre et de pastel.

auoir leu au|| trefois, qu'Alexandre le Grand passant en la Taprobane, trouua une nauire de cedre sus le riuage de la mer, où elle auoit demeuré plus de deux cens ans, sans corruption, ou putrefaction aucune. Et de là est venu le prouerbe latin, que lõ dit, *Digna cedro*, des choses qui meritent eternelle memoire. Il me semble que ces cedres des Essores, ne sont si haut eleuez en l'air, ni de telle odeur, que ceux qui sont au destroit de Magellan, encores qu'il soit quasi en mesme hauteur, que lesdites isles des Essores. Il s'y trouue pareillement plusieurs autres arbres, arbrisseaux portant fruits tresbeaux à voir, specialement en la meilleure et plus notable isle, laquelle ils ont nommée isle de Saint Michel [1] et la plus peuplée. En ceste isle a une fort belle ville nagueres bastie auec un fort, là où les nauires tant d'Espagne que de Portugal au retour des Indes abordent, et se reposent auant qu'arriuer en leur païs. En l'une de ces isles a une montagne [2] presque autant haute que celle de Tene-

Fol. 166.

Nauire de cedre.

Prouerbe.

Isle de Saint Michel.

[1] Saint-Michel a pour ville principale Ponta Delgada, qui doit son nom (pointe effilée) à la forme du cap avancé près duquel elle est bâtie ; mais l'importance de Ponta Delgada est toute moderne. La capitale de l'île, au temps de Thevet, était Villa franca do Campo. Comme elle avait été détruite en 1522 par un violent tremblement de terre, qui avait arraché de leurs fondements deux collines voisines, Lorical et Rubacal, les Portugais venaient de la rebâtir.

[2] Thevet parle sans doute du pic qui a donné son nom à l'île O Pico. Sa hauteur est de 2222 mètres. Par un temps clair on le distingue en mer d'une distance de 133 kilomètres. Bien que le sol soit pierreux et peu favorable à la culture des céréales, on y récolte encore un vin très estimé.

riffe, dont nous auons parlé : où il y a abondance de pastel, de sucre, et de vin quelque peu. Il ne s'y trouue aucune beste rauissante, oy bien quelques cheures sauuages, et plusieurs oyseaux par les boccages. De la hauteur de ces isles fut questiõ de passer outre, iusques au cap de Fine terre, sur la coste d'Espagne, où abordames, toutefois bien tard, pour recouurer viures, dont nous auions grande indigence, pour filer et deduire chemin, iusques en Bretagne, contrée de l'obéissance de France.

Cap de Fine terre.

Epilogue de l'auteur.

Voilà, Messieurs, le discours de mon loingtain voyage au Ponent, lequel i'ay descrit, pour n'estre veu inutile et pour neant auoir executé telle entreprise, le plus sommairement qu'il m'a esté possible, non parauenture si eloquemment que meritent noz aureilles tãt delicates, et iugement si exquis. Et si Dieu ne m'a fait ceste grace de consumer ma ieunesse es bonnes lettres, et y acquerir autant de perfection que plusieurs autres, ains plus tost à la nauigation, ie vous supplieray affectueusement m'excuser. Cependant si vous plait agreablement receuoir ce mien escript tumultuairement comprins et labouré par les tempestes, et autres incommoditez d'eau et de terre, vous me donnerez courage, estãt seiourné et à repos par deça, apres auoir reconcilié mes esprits, qui sont comme espandus ça et là, d'escrire plus amplement de la situation et distance des lieux, que i'ay obseruez oculairement, tant en Leuant, Midy, que Ponent : lesquelles i'espere vous monstrer à l'œil, et representer par viues figures, outre les cartes modernes, que i'oseray dire, sans offenser l'honneur de personne, manquer en plusieurs

Cartes de l'auteur cõtenans la situation et distãce des lieux.

choses, soit la faute des portrayeurs, tailleurs, ou autres, ie m'en rapporte. D'auantage, encores qu'il est malaisé, voire impossible, de pouuoir iustement representer les lieux et places notables, leurs situations et distances, sans les auoir veües à l'œil : qui est la plus certaine congnoissance de toutes, comme un chacun peut iuger et biẽ entendre. Vous voyez cõbien longtemps nous auõs ignoré plusieurs païs, tant isles que terre ferme, nous arrestans à ce qu'en auoient veu et escript les Anciens : iusques à tant, que depuis quelque temps en ça, lõ s'est hasardé à la nauigation, de maniere qu'aujourd'huy lon a decouuert tout notre Hemisphere, et trouué habitable : duquel Ptolomée, et les autres n'auoyent seulement recognu la moytié.

FIN.

TABLE DES MATIÈRES.

---

*

Pages.

FIN DE LA TABLE.

IMPRIMÉ A DIEPPE, PAR PAUL LEPRÊTRE ET Cie.

que de soy il est assez difficile à cuire et à digerer : mais quãd l'estomach est dispos, non debilité d'excessiue crapule, non seulement il pourra digerer le fourmage, fust-il de Milan, ou de Bethune, mais encores chose plus dure à un besoing. Retournons à nostre propos : ce n'est à un Cosmographe de disputer si auant de la medicine. Nous voyons les sauuages aux Indes viure sept ou huict moys à la guerre, de farine faicte de certaines racines seiches et dures, ausquelles on iugeroit n'y auoir nourrissement ou aucune substance. Les habitans de Crete et Cypre ne viuent presque d'autre chose que de laictages, qui sont meilleurs que de noz Canaries, pour ce qu'ils sont de vaches, et les autres de cheures. Ie ne me veux arrester au laict de vache, qui est plus gros et plus gras que d'autres animaux, et de cheure est mediocre. Dauantage que le laict est un tresbon nourrissemẽt, qui promptement est conuerti en sang pour ce que ce n'est que sang blanchi en la mamelle. Pline [1] au liure II, chap. 42, recite que Zoroastes a vescu ving ans au desert seulement de fourmages. Les Pamphiliens en guerre n'auoyẽt presque autres viures, que fourmages d'asnesses et de chameaux. Ce que i'ay veu faire semblablemẽt aux Arabes [2] : et nõ seulemẽt boyuẽt laict au lieu d'eau passans les

Diuers nourrissements de diuers peuples.

Le laict tresbon nourrissement.

[1] L'indication de Thevet est fausse. Voici le passage du § 97. Liv. XI, de l'*Histoire naturelle* de PLINE : « Tradunt Zoroastrem in desertis caseo vixisse annis viginti, ita temperato, ut vetustatem non sentiret. »

[2] Ne pas oublier que Thevet avait voyagé en Orient de 1537 à 1554.

deserts d'Egypte, mais aussi en donnent à leurs cheuaux. Et pour rien ne laisser qui plus appartienne à
Fol. 13. ce || present discours, les anciens Espagnols la plus part de l'année ne viuoyent que de glans : comme recite Strabon [1] et Possidoine, desquels ils faisoient leur pain, et leur bruuage de certaines racines : et nõ seulemẽt les Espagnols, mais plusieurs autres, comme dit Virgile en ses Georgiques : mais le temps nous a apporté quelque façon de viure plus douce et plus humaine. Plus en toutes ces isles les hõmes sont beaucoup plus robustes et rompus au trauail, que les Espagnols en Espagne, n'ayans aussi lettres ne

Isle de Fer est soubs la ligne diametrale.

autres estudes, sinõ toute rusticité. Ie diray pour la fin que les sçauãts et bien apris au faict de marine, tant Portugais que autres Espagnols, disent que ceste isle est droitement soubs le diametre, ainsi qu'ils ont noté en leurs cartes marines, limitans tout ce qui est du Nort au Su : comme la ligne equinoctiale de Aoest et Est, c'est assçauoir en longitude du Leuant au Ponent : comme le diametre est latitude du Nort au Su : lesqueles lignes sont egales en grandeur, car chacune contient trois cens soixante degrez, et chacun degré, comme parauant nous auõs dit dixsept lieues

Valeur du degré.

et demye. Et tout ainsi que la ligne equinoctiale diuise la Sphere en deux, et les vingt quatre climats douze en Orient, et autant en Occident : aussi ceste diametrale passant par notre isle, comme l'equinoctiale par les isles Sainct Omer, couppe les paralleles, et toute la sphere, par moytié de Septẽtrion au midy.

[1] Voir STRABON. Liv. II.

Au sur-plus ie n'ay veu en ceste isle chose digne d'escrire, sinon qu'il y a grande quantité de scorpions, et plus dangereux que ceux que i'ay veuz en Turquie, comme i'ai congneu par experience : aussi les Turcs les amassent diligemmēt pour en faire huille propre à la medecine, ainsi comme les medecins en sçauent fort bien user.

CHAPITRE VIII.

Des isles de Madere.

Isles de Madere non congneües des anciens.

Nous ne lisons poīt es Auteurs, que ces isles ayant aucunement esté congneues ne decouuertes, que depuis soixante ans en-ça que les Espagnols et Portugais se sont hazardez et etrepris plusieurs nauigations en l'Ocean. Et comme auons dit cy deuant [1], Ptolemée a bien eu cōgnoissance de noz isles Fortunées, mesmes iusques au cap Verd. Pline aussi fait mention que Iuba emmena deux chiens de la grande Canarie, outre plusieurs autres qui en ont parlé. Les Portugais doncques ont esté

[1] Voir plus haut, chapitre v.

les premiers qui ont decouuert ces isles dont nous parlons, et nommées en leur langue Madere, qui vault autant à dire comme bois [1], pourtant qu'elles estoient totalement desertes, pleines de bois, et non habitées. Or elles sont situées entre Gibaltar et les Canaries, vers le Ponent : et en nostre nauigation les auons costoyées à main dextre, distantes de l'Equinoctial enuiron trente deux degrez, et des Fortunées de soixante trois lieües. Pour decouurir et cultiver ce païs, ainsi qu'un Portugais maistre pilote m'a recité furent contraints mettre le feu dedans les bois [2] tant de haute fustaye que autres, de la plus grande et principale isle, qui est faite en forme de triangle, comme Δ des Grecs, contenant de circuit quatorze lieues ou enuiron : où le feu continua l'espace de

Madere. Que signifie en langue de Portugais.

Situasion des isles de Madere.

[1] Madeira signifie en effet bois : d'où le français madrier. L'archipel de Madère était connu des Arabes, sous le nom de *Geziret el Ghanam*, ou île du bétail, et *Geziret el Thoyour*, ou île des oiseaux. La première fut visitée par les frères Maghrurin de Lisbonne, à une date inconnue, et la seconde était connue d'Edrisi, qui la décrit dans sa géographie. Les insulæ sancti Brandani, qui figurent dans les Portulans du moyen-âge, et peut-être même l'isole dello Legname qui figure sur les cartes catalanes du XIVe et du XVe siècle avec ses appendices de Porto Sancto, Deserte, Salvatge, semblent correspondre à l'archipel de Madère. Ces îles étaient donc fréquentées avant les Portugais, et ce sont les Italiens, et spécialement les Génois qui les découvrirent. Cf. D'AVEZAC. *Iles de l'Afrique*. P. 37.

[2] D'après Cadamosto *(Prima navigazione per l'Oceano)* le feu aurait duré non pas six jours mais plusieurs années, et tous les insulaires, pour échapper à la fureur de l'incendie seraient restés deux jours et deux nuits sans nourriture, plongés dans l'eau jusqu'aux épaules.

www.ingramcontent.com/pod-product-compliance
Lightning Source LLC
LaVergne TN
LVHW010524100826
845148LV00001B/85

* 9 7 8 2 0 1 2 5 8 0 4 6 6 *